천주교와 개신교 세계관

천주교와
개신교
세계관

ⓒ 장재훈, 2019

초판 1쇄 발행 2019년 7월 8일
　　2쇄 발행 2021년 8월 18일

지은이	장재훈
펴낸이	이기봉
편집	좋은땅 편집팀
펴낸곳	도서출판 좋은땅
주소	서울특별시 마포구 양화로12길 26 지월드빌딩 (서교동 395-7)
전화	02)374-8616~7
팩스	02)374-8614
이메일	gworldbook@naver.com
홈페이지	www.g-world.co.kr

ISBN 979-11-6435-434-4 (03230)

이 도서의 국립중앙도서관 출판예정도서목록(CIP)은 서지정보유통지원시스템 홈페이지(http://seoji.nl.go.kr)와 국가자료공동목록시스템
(http://www.nl.go.kr/kolisnet)에서 이용하실 수 있습니다. (CIP제어번호 : CIP2019024865)

천주교와 개신교 세계관

장재훈 지음

천주교와 개신교는 같은 기독교지만

여러 면에서 다르면서 틀립니다

좋은땅

들어가는 말

먼저 이 책을 쓰게 된 이유는 천주교와 개신교를 추종하는 신자들 모두가 바른 성경지식과 신앙을 통해서 구원을 받게 하기 위함입니다. 그리고 잘못된 성경 이해와 해석으로 만들어진 것이 무엇이고 성경에 없는 것이 교리로 만들어진 것이 무엇인지를 알려 주기 위함입니다. 개신교 안에도 이단(가짜)들이 많습니다. 2백만 명이 넘습니다. 이들도 성경을 통해서 하나님을 믿고 진리를 가르치고 있습니다. 그런데 마치 불량식품처럼 성경을 왜곡하고 잘못 해석한 것을 믿고 가르침으로 한국교회에서 이단(가짜)으로 규정되었고 헛된 신앙생활을 하고 있습니다. 이들의 결국은 열심히 신앙생활은 했지만 그릇된 신앙 때문에 구원을 받지 못하고 지옥에 들어갈 것입니다. 사후에 영적으로 실격처리 될 것입니다.

확인한 바에 의하면 천주교도 성경에 벗어난, 없는 진리와 교리를 믿고 가르치는 부분이 상당히 많습니다. 신앙생활은 열심히 한다고 좋은 것이나 전부가 아닙니다. 바른 성경에 대한 해석을 믿고 가르쳐야 헛된 신앙이 되지 않습니다. 음식을 먹을 때 가장 중요한 것은 무엇이든지 마구 먹는 것이 아니라, 누가 주는 대로 먹는 것이 아니라, 오염되지 않고 썩지 않은 음식을 잘 판단하고 검증하여 골라 먹는 것입니다. 어느 곳에 갈 때 가장 중요한 것은 비행기나 기차나 버스를 잘 승선하고 승차하는 것입니다. 행선지를 잘못 보거나 이해하여 전혀 다른 행선지의 비행기, 기차, 버스를 타면 헛된 여행, 헛수고가 됩니다.

경기를 하는 선수들도 바른 규칙대로 경기를 하지 않으면 기록이 아무리 좋고 1등으로 피니쉬 라인을 통과했어도 실격처리 됩니다. 헛수고를 하게 됩니다. 잘 달리고 열심히 달리는 것도 중요하지만 이보다 더 중요한 것은 경기규칙을 바로 이해하고 해석한 후에 규칙대로 달리는 것입니다. 선수가 자기 이해대로 자의적으로 경기를 하면 퇴장과 실격처리가 됩니다. 학생들이 시험을 볼 때 가장 중요한 것은 시험을 열심히 보는 것보다 정확하게 정답을 쓰는 것이 제일 중요합니다. 신앙생활도 마찬가지입니다. 성경의 바른 이해와 해석에 따른 바른 진리와 교리를 믿고 가르치고 추종하는 것이 제일 중요합니다. 만일 성경사상이 아닌 자의적으로 해석하여 가르치고 만든 교리를 추종하면 실격처리 됩니다. 종국에 구원을 받지 못하여 하나님의 나라인 천국에 들어가지 못합니다. 이는 성경에 분명히 기록되어 있습니다. 하나님이시고 구세주인 예수님께서 제자들과 추종자들에게 직접 하신 말씀입니다. 신약성경책 마태복음 7장 21~23절입니다. **"나더러 주여 주여 하는 자마다 천국에 다 들어갈 것이 아니요 다만 하늘에 계신 내 아버지의 뜻대로 행하는 자라야 들어가리라 그날에 많은 사람이 나더러 이르되 주여 주여 우리가 주의 이름으로 선**

지자 노릇하며 주의 이름으로 귀신을 쫓아내며 주의 이름으로 많은 권능을 행치 아니하였나이까 하리니 그때에 내가 저희에게 밝히 말하되 내가 너희를 도무지 알지 못하니 불법을 행하는 자들아 내게서 떠나가라 하리라" 여기서 **"하늘에 계신 내 아버지의 뜻대로"**란 성삼위일체 하나님 중에서 성부 하나님을 가리키는 것으로 성경의 바른 뜻대로, 성경을 가감(加減 더하고 빼는 것)하지 않은 진리대로, 성경의 바른 이해나 해석에 따른 진리, 교리를 말합니다. 그리고 **"불법을 행하는 자들"**이란 성경을 가감(加減)하여 자기들 기준대로, 자의적으로 만든 교리와 진리대로 믿고, 가르치고, 추종한 자들을 의미합니다. 그리고 **"내게서 떠나가라"**는 말은 하나님의 나라인 천국에 들어가지 못한다는 말입니다. 선수가 반칙을 하면, 규칙대로 경기하지 않으면 실격과 0점 처리되는 것처럼 자칭 기독교인으로, 기독교 지도자로 신앙경주를 열심히 하였으나 영적으로 실격 당함을 의미합니다. 예수님과 상관없다는 뜻입니다. 학생이 열심히 공부하여 시험을 보았으나 틀린 답을 쓰므로 결국 불합격 통지서를 받아 입학하지 못한 것과 같은 의미의 말씀입니다. 이래서 바른 신앙지식, 바른 교리와 바른 믿음생활이 중요합니다.

천주교와 개신교는 서로 매우 밀접하게 연결되어 있는 관계입니다. 하나님 안에서 한 가족인데 많은 부분에서 일치하지 않는 부분이 있습니다. 서로 동일한 사상도 있지만 전혀 다른 사상도 있습니다. 어떤 것은 비슷해 보이는데 내용상 전혀 다른 것도 있습니다. 또한 천주교는 성경에서 명백하게 언급하고 있지 않은 것에 대하여 교리로 만들어 믿고 가르치지만, 개신교는 오직 신·구약 성경이 말하는 것만 믿고 가르칩니다.

건전한 개신교는 성경의 전후 문맥을 기준으로 바른 해석에 따른 교리, 진리만을 가르칩니다. 그러나 천주교에는 성경의 교리가 아닌 교리들이 한둘이 아닙니다. 성경을 가감(加減)한 것이 많습니다. 본 책에서 조목조목 확인하게 될 것입니다. 성경이 직접적으로 언급하지 않았고 전후 문맥으로 볼 때도 전혀 아닌 교리들이 어이없는 해석으로 인하여 교리로 만들어져 마치 진리처럼 가르치고 믿어오고 있는 것이 적지 않습니다. 천주교 자체적으로 인위적이고 자의적으로 만든 교리들이 많습니다.

개신교는 루터에 의한 종교개혁으로부터 출발했습니다. 천주교의 타락과 부패, 변질, 비성경적 가르침 등 진리와 영적 타락 때문이었습니다. 그 결과 천주교 신부였던 루터의 종교개혁으로 탄생한 것이 개신교입니다. 여기서 누가 먼저 생겼느냐, 누가 원조냐는 의미가 없습니다. 천주교나 개신교나 신앙의 옳고 그름의 판단 기준은 오직 성경뿐입니다. 오직 성경을 가지고만 옳고 그름을 판단하고 믿어야 하며, 성경이 침묵하는 부분은 모두 침묵하고 성경이 말하는 부분만 말해야 합니다. 또한 성경 해석을 잘 해야 합니다. 이단들처럼 어느 단어나 단문만을 가지고 '이것이다'라고 확정짓는 것이 아니라 성경 전체 사상이나, 문장의 전후 문맥을 잘 살펴야 합니다. 그러면 그 부분에 대한 다른 이해나 주장과 해석이 정리됩니다.

이는 마치 동물의 다리 부분만 만지고 보면서 이것이 '어떤 동물이다'라고 하는 것처럼 오판하고 실수할 가능성이 매우 큰 것과 같습니다. 다리만 붙잡고 말할 것이 아니라 동물 전체 모양을 보고 '어느 동물이다'라고 말을 해야 정확하게 판단이 가능한 것입니다. 천주교와 개신교는 성경의 어느 난해한 부분에 대한 성경해석의 접근과 차이 때문에 전혀 다른 주장을 하는 경우도 있고, 이런 점들 때문에 천주교와 개신교는 많은 부분에 대하여 신학과 신앙, 교리가 다릅니다. 이는 둘 중의 하나가 잘못 해석하고 믿는 것이기에 성경적으로 바르게 규명이 되어야 합니다. 본 저서에서는 핵심적인 주제들을 살펴봄으로써 어느 쪽 주장이 맞는지 객관적인 성경의 판단을 받고자 합니다. 천주교와 개신교의 각 지도자들과 신자들은 두 종교에 있어서 객관적인 유일한 판단 기준인 성경말씀을 통해서 어느 교리가 정확한 팩트(사실)인지를 확인하고 잘못된 신앙과 교리와 지식이 발견되거든 용기 있고 과감하게 신앙의 재건축을 하기 바랍니다. 버릴 것은 버리고 취할 것은 취하는 기회가 되기를 바랍니다. 바른 신앙생활을 하는 계기가 되기를 바랍니다. 천주교 신자든 개신교 신자든 냉정하고 객관적으로 이 책을 끝까지 읽고 상고하시기 바랍니다. 그리고 가톨릭교회교리에 대해서는 조영엽 박사님께서 쓰신 책에 나온 교리를 인용하였습니다. 아무쪼록 이 책이 천주교와 개신교 신자들 모두에게 큰 유익과 도움이 되었으면 좋겠습니다. 이 책을 통해서 바른 신앙지식을 소유하고 믿어 모두가 구원받고 헛되지 않은 신앙생활을 하는 기독교인들이 되기를 바랍니다. 이와 같은 책을 쓰도록 열심과 사명과 즐거움을 주신 살아 계신 성삼위 하나님께 모든 영광을 돌립니다.

2019년

장재훈

차례

Roman Catholic Church & protestantism

제1장

교황 세계관

　교황(敎皇 pope papa 가르칠 교, 임금 황)의 사전적 의미는 '가톨릭
교회의 가장 높은 지도자로서의 성직자'를 뜻합니다. 교황은 가톨릭교회
의 최고 지도자이자 로마의 주교, 바티칸 시국의 원수입니다. 가톨릭에
서 교황은 사도의 우두머리인 성 베드로의 계승자로 간주합니다. 그러나
개신교는 교황제도가 없고 교황의 존재 자체도 인정하지 않습니다. 왜냐
하면 기독교의 모든 행위와 판단의 근거가 되는 성경에 교황이라는 칭호
와 권세가 없기 때문입니다. 성경을 직접적이고 문맥적으로 해석해도 교
황은 없습니다. 성경의 직분은 단지 예수님이 이 땅에 계신 당시의 12사
도들과 초대교회 이후 장로(목회자)와 집사만 있을 뿐입니다. 나머지 칭
호와 직분과 지위들은 교회 역사에서 사람들이 인위적으로 만들어 낸 것
에 불과합니다. 그리고 성경은 교황이 베드로의 후계자라고 말하지 않기
때문입니다. 교황 제도는 성경이 세운 것이 아닌 천주교에서 자의적으로
세운 제도와 교리에 불과합니다.

천주교 교황관

교황이라는 명칭의 원어 Papa(파파, 라틴어, 아버지)는 본래 지역 천주교회의 최고 장상(주교, 대수도원장, 총주교)을 부르던 말인데 중세 초기부터 차츰 로마의 주교에게만 사용하게 되었습니다. 교황은 로마교구의 교구장 주교이며 세계 주교단의 단장으로서 현세 천주교회의 통괄적 최고 사목자입니다. 현재 교황인 프란치스코는 2013년에 선출된 제266대 교황입니다. 천주교에서 말하는 천주교의 교황 세계관은 다음과 같습니다.

1. 교황은 '사도 베드로의 후계자'라고 합니다.

주 예수께서 당신의 천주교회를 순전한 사상운동으로만 선포하지 않으시고 구체적인 공동체로 세우셨습니다. 그는 천주교회의 이념인 하느님의 나라를 선포하시면서 열두 사도들을 선택하시어 그들에게 천주교회를 지도할 권한을 주시어 파견하셨습니다(마태 10:1~4, 마태 18:18, 28:19~20, 사도 1:8). 그리스도는 사도단을 구성하실 때에 그들 중에서 시몬을 베드로(반석)라고 개명하시어 사도단의 으뜸으로 세우셨습니다(천주교의 일방적 주장). 베드로 위에 교회를 세우시겠다는 약속(마태 16:15~19), 베드로에게 다른 형제들을 부탁하신 것(루가 22:31~32), 베드로에게 양들을 맡기신 일(요한 21:15~17) 등은 분명히 베드로를 사도단의 으뜸으로 세우실 의향을 명시하는 것입니다. 초대 교회에서 베드로는 마티아를 사도로 보선하고(사도 1:15) 최초로 공개 설교를 하고(사도 2:14 이하), 유대 원로원에서 사도들의 활동을 변호하고(사도 4:8, 5:29), 이방인 개종자 문제(사도 10:24~28)와 구약율법의 문제(사도 15:7~22) 등에 있어서 단장격으로 행세하고 있습니다. 베드로는 예루살렘과 팔레스티나에서 선교하다가 로마를 떠나서 다른 곳으로 갔는데(사도 12:17) 역사의 증언에 의하면 42~43년에 로마에 가서 로마교회를 창설하였고, 거기서 그의 첫 번째 편지를 썼으며(1베드 5:13), 네로의 박해 때인 64년에 로마에서 순교하였습니다. 그래서 그의 후계자인 로마의 주교에게 당연히 베드로의 권위와 책임을 계승한 것으로 확신하였고 천주교회도 그렇게 인정하였습니다.

이와 같이 교회의 수위권(首位權 모든 주교 가운데 제1의 지위인 교황이 가진 권한)은 이론적으로 정립되기 전에 이미 고대교회에서 실시되고 있었고, 그 후 역사적인 기복을 거쳐서(교회사 참조) 제1차 바티칸 공의회(1869~1870)에서 신조(信條)로 정의되었고 제2차 바티칸 공의회(1962~1965)가 재확인하였습니다(천주교 교회헌장 22). 그러나 개신교는 성경에 근거해서 인정하지 않습니다.

2. 교황은 '세계 주교단의 단장'이라고 합니다.

교황의 수위권이 아무리 확고하고 강력할지라도 각 지역 주교들의 고

유한 사목 권한을 배제하거나, 축소하거나, 대행하지 않습니다. 주교(主教 사도들의 지위를 계승하는 자)들은 주교품을 받음으로써 사도들의 후계자가 되고, 위임된 지역 천주교회의 완전한 사목자(司牧者 양을 치는 목자)가 되며, 로마 교황과 더불어 한 주교단을 이룹니다. 베드로가 사도단의 단장이었던 것처럼(천주교의 일방적 주장) 교황도 주교단의 단장이며, 따라서 교황을 제외한 주교단이나 주교단과 유리된 교황이란 생각조차 할 수 없는 것입니다(천주교 교회헌장 22). 그리고 교황의 직무도 천주교회의 직무내용처럼 진리를 가르치는 예언직(豫言職 하느님의 부르심을 받고 그 말씀을 다른 사람에게 전하는 성직)과 이에 상응하는 교도권(敎導權 가르치는 권한), 인간을 성화하는 사제직(司祭職 그리스도의 대리자로서 미사를 봉헌하며 복음을 선포하고자 자신을 희생하는 성직)과 신품권(神品權 신권을 가진 자의 품계로 성직 계급), 교회를 다스리는 왕직(王職)과 통치권(統治權)으로 대별하여 생각할 수 있습니다. 그러나 개신교는 성경에 근거해서 부인합니다.

3. 교황은 '교도권이 있다'고 합니다.

'교도권(敎導權)'이란 천주교회의 '가르치는 권한'을 뜻합니다. 구원의 계시 진리를 가르치는 책임을 진 사람들은 "그리스도의 권위를 부여받은 주교들이다"(천주교 교회헌장 25). 주교들의 통상 권위로 가르치는 것을 통상 교도권이라 하고, 주교들이 세계 공의회를 통하여 가르치는 것과 교황이 교황직위를 발동하여 가르치는 것을 '장엄(莊嚴 교황이 교황직위를 발동하여 가르치는 것) 교도권'이라 합니다. 교황의 통상 교도권 행사는 일반 주교들처럼 공식 설교, 교리해설, 사목교서, 교구회의 등으로 하고, 또 교황령(敎皇領) 회칙(回勅 회람) 등 문서로도 하며, 교황청의 행정부서의 율령(법률의 총칭)이나 법원의 판결같이 간접적으로 행사하기도 합니다. 교황의 장엄 교도권은 세계 공의회를 통하여 행사하기도 하고, 교황 스스로 '교좌에서의 선언'에 의하여 행사하기도 합니다. 그런데 교황이 장엄 교도권으로 신앙이나 도덕에 관한 최종 결정을 하는 경우에는 절대로 거스를 수 없다는 것이 가톨릭교회의 신앙입니다. 교황의 이 특은(특별한 은총)을 **무류지권**(無謬之權 무류성)이라 합니다. 정확한 번역은 무류성인데 이 말은 교회가 신앙진리를 믿음에 있어서나 가르침에 있어서 거역할 수 없다는 것입니다(천주교의 일방적 주장).

교황이 교좌에서 선언한 것이 무류(오류가 없음)하기 위해서는 다음 조건이 채워져야 합니다. ㉠ 전체 교회의 최고 목자로서 공식적으로 선언합니다. 따라서 교황도 로마 교구장의 자격이나 개인 학자의 자격으로 주장하는 것은 무류하지 않습니다. ㉡ 계시 진리를 최종적으로 정의하려는 의도를 밝혀야 합니다. 따라서 교황의 자격으로 할지라도 통상적인 지도·권유·해설·반박·경고 등은 무류하지 않습니다. ㉢ 신앙이나 도덕에 관한 문제에 국한됩니다. 따라서 과학·예술·사회·경제·정치·기타 문제에 관한 교황의 선언은 무류하지 않습니다. 그러나 개신교는 성경에 근거하여 부인합니다.

4. 교황은 '신품권이 있다'고 합니다.

'신품'(神品)이란 말의 '품'은 '차례', '순서', '품계'(品階)를 뜻하는 라틴어 '오르도'의 역어(譯語)로 신품이란 신권(神權)을 가진 자의 품계, 즉 성직 계급을 뜻합니다. 교황의 신품권은 다른 주교들의 신품권과 같습니다. 모든 주교(主敎 사도들의 지위를 계승한 자)는 주교품을 받음으로써 완전한 신품권을 받아서 칠성사(七聖事 일곱 가지 성사)를 집전하고 모든 전례를 주관합니다. 그래서 어떤 주교가 교황으로 선출되어도 더 큰 신품권을 받는 것이 아니며, 주교 아닌 사람이 교황으로 선출되면 즉시 주교품을 받아야 로마의 주교가 되고 세계 천주교회의 교황이 됩니다. 그러나 개신교는 성경에 근거해서 성직 계급이 없습니다.

5. 교황은 '통치권이 있다'고 합니다.

교황의 통치권(천주교회를 다스리는 권한)은 그의 수위권 때문에 모든 성직자들의 통치권을 능가하고 포괄합니다. 교황의 통치권은 주교를 포함한 모든 신자에게 미치고, 천주교회의 사명 수행에 직접 관련되는 모든 사항에 해당합니다. 교황의 통치권은 천주교회를 지도하기에 필요한 입법권과 사법권과 행정권을 포함한 것입니다. 교황은 이러한 삼중 통치권을 행사할 때에 여러 가지 보좌기관(법원, 행정부서, 회의 등)을 이용하지만 최종 결정권자는 교황 자신입니다(가톨릭대사전). 교황은 세계 가톨릭의 본산인 로마 교구의 교구장이며, 바티칸 시국(市國)의 원수(元首)입니다. 그래서 교황은 명실 공히 지상에서 그리스도의 구원 사업을 떠맡은 그리스도의 대리자이며, 전 세계 가톨릭의 영도자일 뿐만 아니라, 온 세상의 정신적인 지도자입니다. 그래서 교황을 천주교회의 근본이며 으뜸이라는 의미에서 교종(敎宗 가르칠 교, 으뜸 종으로 교회의 근본이며 으뜸))이라고도 합니다(천주교의 일방적 주장). 로마는 베드로의 순교지일 뿐만 아니라, 초대 사도들의 선교의 중심지였고, 당시 정치, 경제, 사회, 문화 등의 중심지였습니다. 따라서 오늘날까지 로마는 천주교회의 중심이 되어 온 것입니다. 그리고 교황 요한 바오로 2세는 초대 교황 베드로의 264대 후계자입니다(천주교용어사전). 그러나 개신교는 성경에 근거해서 인정하지 않습니다.

개신교 교황관

개신교의 교황관에 대하여 결론을 먼저 말하면 가톨릭에서 말하는 '교황의 칭호, 그리스도의 대리자, 교회의 머리, 베드로의 후계자'라는 교리와 가르침은 인정하지 않습니다. 그 이유는 교회(천주교/개신교)의 유일한 판단 기준과 근거가 되는 성경에 그런 칭호와 가르침이 없기 때문입니다. 가톨릭은 성경 사상이 아닌 이런 용어들을 자의적으로 만들어 마치 진리나 성경적 세계관인 것처럼 교리로 만들어 가르치고 있습니다. 왕과 같은 권위를 가진 교황은 성경에 없습니다. 진리가 아닌 것은 모두 사람이 만들어 낸 것입니다. 가톨릭은 교황(敎皇 Papa/Pope)을 '파파', '그리스도의 대리자', '교회의 머리', '베드로의 후계자'라고 주장합니다. 그러나 개신교는 성경이 지지하지 않으므로 모두 인정하지 않습니다.

1. 교황은 '파파'(Papa/Father)가 아닙니다.

가톨릭은 교황을 '아버지'라고 부릅니다. 교황은 라틴어로 '파파'(Papa 아버지), 영어로는 포프(Pope)라고 부릅니다. 천주교에서 교황의 칭호를 처음으로 파파(아버지)라고 칭한 것은 이른바 제38대 교황 성 치리치오 (st. Siricus 즉위 384. 12. 15) 때입니다. 처음부터 이런 칭호가 있었던 것이 아닙니다. 그러나 성경은 교황을 영적 아버지라고 하지 않습니다. 성경은 영적 아버지와 우주 만물의 거룩하신 아버지는 스스로 존재하시는 창조주 하나님(God) 한 분뿐이라고 합니다.

마태복음 23장 9절입니다.
"땅에 있는 자를 아비(아버지)라 하지 말라 너희 아버지는 하나이시니 곧 하늘에 계신 자시니라"

거룩하신 아버지(파파)는 사람이 아니고 인간을 창조하신 성부 하나님뿐입니다. 파파는 결코 로마 교황청에 있는 교황이 될 수가 없습니다. 피조물인 인간은 지상교회에서 아버지가 될 수 없습니다. 아버지가 되고 싶어도 되지 못합니다. 피조물은 그저 피조물일 뿐입니다. 이는 마치 짐승이 아버지가 될 수 없고 인간이 될 수 없는 것과 마찬가지입니다.

고린도전서 8장 6절입니다.
"그러나 우리에게는 한 하나님 곧 아버지가 계시니 만물이 그에게서 났고 우리도 그를 위하며 또한 한 주 예수 그리스도께서 계시니 만물이 그로 말미암고 우리도 그로 말미암았느니라"

신·구약 성경이나 초대교회에서 아버지라는 칭호는 오직 하나님(God)께만 적용하였습니다. 땅에 있는 그 어떤 피조물과 사람도 아버지(파파)가 될 수 없습니다. 교회의 어떤 특정인(교황 등)을 다른 사람이나, 그리스도인이나, 지도자보다 높이어 아버지(교황)라고 칭하는 것은 성경이 금하는 교회의 군주, 성직자의 계급제도를 인정하는 것이므로 교황을 아버지라고 부르는 것은 있을 수 없는 일입니다. 이런 성경사상과 근거에 비추어 볼 때 가톨릭의 교황 호칭은 성경의 근거를 벗어난 자의적이고 인위적으로 만든 계급적 호칭이라고 할 수 있습니다. 교회의 모든 지도자들과 직분자들과 일반 신자들은 모두 동일하게 왕 같은 제사장으로 우열(優劣)이 없고 다 성부 하나님에 의하여 창조함을 받은 피조물이자 그의 자녀일 뿐입니다. 교황이나 목사가 절대로 아버지가 될 수 없습니다.

베드로전서 2장 9절입니다.
"오직 너희는 택하신 족속이요 왕 같은 제사장들이요 거룩한 나라요 그의 소유된 백성이니…"

교회 안의 모든 직분은 단지 은사를 기본으로 한 역할에서의 수직적인 질서만 있을 뿐 모두가 평등합니다. 개신교 교회 안에서는 어느 누구도 서로 주종관계나 종속관계가 성립되지 않습니다. 성직자 간에 계급이 없습니다. 그러나 가톨릭의 교황제도나 칭호는 성경 세계관에 반하는 계급의식과 주종관계와 종속관계를 만듭니다. 성경은 교회 안에 계급을 금합니다.

2. 교황은 '그리스도의 대리자'가 아닙니다.

가톨릭에서는 교황을 '그리스도의 대리자'라고 합니다. 감독들(주교들)도 그리스도의 대리자들이라고 합니다. 그러나 성경은 교황이든, 주교든 그리스도의 대리자들이라고 하지 않습니다. 그런 성경말씀이 전혀 없습니다. 천주교에서 자의적으로 해석하고 만들어낸 것입니다.

가톨릭교회교리서 제882조입니다.
"…사실 로마 교황은 그리스도의 대리자요…"

가톨릭교회교리서 제894조입니다.
"주교들(감독들)은 그리스도의 대리자들이요…"

가톨릭교회교리서 제1560조입니다.
"각 주교들(감독들)은 그리스도의 대리자들로서…"

제2차 바티칸 공의회 교회헌장 제18항입니다.

"교황은 그리스도의 대리자이며…"

성경은 그 어디에서도 교황을 '그리스도의 대리자'라고 말하지 않습니다. 그리스도께서는 교황을 자신의 대리자로 임명하신 일이 없습니다. 예수님은 육체적으로 살아 계실 때 복음전파를 위해서 12사도들을 세우셨을 뿐입니다(현재 사도는 없습니다).

사도행전 28장 19~20절입니다.

"그러므로 너희는(예수님 제자들) 가서 모든 족속으로 제자를 삼아 아버지(성부 하나님)와 아들(성자 하나님)과 성령(성령 하나님)의 이름으로 세례를 주고 내가(예수님) 너희(제자들)에게 분부한 모든 것을 가르쳐 지키게 하라…"

마태복음 10장 1절입니다.

"예수께서 그 열두 제자를 부르사 더러운 귀신을 쫓아내며 모든 병과 모든 약한 것을 고치는 권능을 주시니라"

성경은 그 어디에서도 사도들을 그리스도의 대리자들이라고 말하지 않습니다. 그러나 가톨릭은 예수님의 12사도 중 베드로를 교회의 우두머리로 세웠고, 베드로의 후계자를 **'교황'(教皇)** 이라고 하면서 '교회의 으뜸'이라고 합니다. 다른 열 한 제자의 후계자는 각 지방 **'주교'(主教)**라고 합니다. 그리고 주교를 돕는 각 지방의 사목(司牧 맡을 사, 기를 목)은 천주교 용어로 마치 양을 치는 목자가 양 떼를 돌보듯, 하나님이 당신의 백성을 보살피신다는 의미에서 비롯된 것입니다. 전에는 성직자가 신자들의 영혼을 돌보는 일이나, 성사를 집행하는 것만을 좁은 의미로 일컬었습니다. 오늘날은 넓은 의미로 보편적 구원의 성사인 천주교회가 세상과 관련을 맺은 모든 활동을 지칭하는 데 이들을 '**사제**'(司祭)라고 합니다. 이는 전혀 성경의 근거가 없고 가톨릭이 자의적으로 만든 칭호와 직분에 불과합니다. 큰 틀에서 교회 직분의 성경적 세계관은 하나님의 말씀을 맡은 목회자(감독/장로/교사)와 집사뿐입니다. 으뜸이라는 직분도 없습니다. 교회의 모든 직분은 은사가 다를 뿐이지 사역적, 수직적 우열이 없습니다. 교황은 그리스도의 대리자나 사도가 아니라 일반 목회자와 같은 평범한 목회자일 뿐입니다. 이것이 성경적 세계관입니다.

3. 교황은 '교회의 머리'가 아닙니다.

가톨릭은 교황이 교회의 머리라고 합니다. 가톨릭에서 교회의 머리를 보이지 않는 머리와 보이는 머리로 양분하고, 교황은 보이지 않는 머리이신 그리스도를 대신하는 보이는 머리라고 합니다.

가톨릭교회교리서 제765조입니다.
"…**베드로를 머리로 12(제자들)를 택하시고**…"

가톨릭교회교리서 제880조입니다.

"그리스도께서는 12사도를 세우면서…베드로를 으뜸으로 삼으셨다"(교회헌장 9조, 891조).

가톨릭교회교리서 제883조입니다.
"…교황, 머리로서 베드로의 후계자…"

성경은 교회의 머리는 교황이 아니라 그리스도뿐이라고 합니다. 또한 교회는 그리스도의 몸입니다.

에베소서 1장 22~23절입니다.
"또 만물을 그(그리스도) 발아래 복종하게 하시고 그를(그리스도를) 만물 위에 교회의 머리로 주셨느니라 교회는 그의 (그리스도) 몸이니 만물 안에서 만물을 충만케 하시는 자의 충만이니라"

에베소서 4장 15절입니다.
"오직 사랑 안에서 참된 것을 하여 범사에 그에게까지(그리스도에게까지) 자랄지라 그는(그리스도는) 머리니 그리스도라"

에베소서 5장 23절입니다.
"이는 남편이 아내의 머리됨이 그리스도께서 교회의 머리됨과 같음이니 그가 친히 몸의 구주시니라"

골로새서 1장 18절입니다.

"그는(그리스도는) 몸인 교회의 머리라 그가 근본이요 죽은 자들 가운데서 먼저 나신 자니 이는 친히 만물의 으뜸이 되려 하심이라"

성경 어디에도 교황이나 목사가 교회의 머리라는 말은 없습니다. 오직 그리스도만이 교회의 주인이시고 머리라고 합니다. 그리스도를 교회의 머리라 함은 진정한 의미에서 왕(王 King 통치자)이라는 뜻입니다. 머리는 왕, 권세, 통치의 개념을 가지기 때문입니다. 진실로 그리스도만이 교회의 유일한 머리이십니다. 피조물은 누구든지 교회의 머리가 될 수 없습니다. 모든 천주교와 개신교 지도자들은 하나님의 청지기(문지기, 일꾼, 머슴, 종)일 뿐입니다. 가톨릭 교황은 절대로 교회의 머리가 아닙니다. 이는 가톨릭이 성경을 떠나 자의적으로 만든 잘못된 교리이며, 가톨릭이 잘못 가르치고 있는 것입니다. 참과 거짓의 기준은 천주교 교리나 전통이 아니라 오직 신·구약 성경입니다. 이것이 성경적과 개신교 세계관입니다.

4. 교황은 '베드로의 후계자'가 아닙니다.

가톨릭은 교황이 베드로의 후계자라고 말합니다. 그러나 성경 어디에도 교황이 베드로의 후계자라고 하지 않습니다. 가톨릭은 사도를 연계하여 후계자로 엮으려 하는데 이는 성경을 잘못 이해하고, 해석하고, 오용한 결과입니다. 현재 사도는 없습니다. 사도직을 계승한 자들도 없습니다. 사도직은 사도시대에만 제한된 비상직분이요, 영구직분이 아니므로 사도들의 후계자란 존재하지 않습니다. 따라서 교황이나 주교들은 베드로와 사도들의 후계자들이 아니라, 이 시대에 사도적 복음전파 사명을 수행하는 자들일 뿐입니다. 개신교의 목회자들도 마찬가지입니다. 교회 역사상 교황과 주교들은 처음부터 있었던 것이 아니라 5세기경 때부터 있어 왔습니다. 이는 5세기 전에는 없었다는 말이기도 합니다. 천주교 교회 역사에서 중간에 만들어진 것입니다. 가톨릭이 교황은 사도 베드로의 후계자라고 해석했던 성경구절들은 전혀 다른 뜻입니다. 단지 가톨릭이 자의적으로 그렇게 이해하고 해석한 것입니다.

마태복음 10장 1~4절입니다.

"예수께서 그 열두 제자를 부르사 더러운 귀신을 쫓아내며 모든 병과 모든 약한 것을 고치는 권능을 주시니라 열두 사도의 이름은 이러하니 베드로라 하는 시몬을 비롯하여 그의 형제 안드레와 세베대의 아들 야고보와 그의 형제 안드레 빌립과 바돌로매 도마와 세리 마태 알패오의 아들 야고보와 다대오 가나안인 시몬과 및 가룟 유다 곧 예수를 판 자라"

마가복음 16장 15절입니다.

"또 가라사대 너희는 온 천하에 다니며 만민에게 복음을 전파하라"

마태복음 18장 18절입니다.

"진실로 너희에게 이르노니 무엇이든지 너희가 땅에서 매면 하늘에서도 매일 것이요 무엇이든지 땅에서 풀면 하늘에서도 풀리리라"

마태복음 28장 19~20절입니다.

"그러므로 너희는 가서 모든 족속으로 제자를 삼아 아버지와 아들과 성령의 이름으로 세례를 주고 내가 너희에게 분부한 모든 것을 가르쳐 지키게 하라 볼찌어다 내가 세상 끝날까지 너희와 항상 함께 있으리라 하시니라"

사도행전 1장 8절입니다.

"오직 성령이 너희에게 임하시면 너희가 권능을 받고 예루살렘과 온 유대와 사마리아와 땅 끝까지 이르러 내 증인이 되리라 하시니라"

마태복음 16장 15~19절입니다.

"가라사대 너희는 나를 누구라 하느냐? 시몬 베드로가 대답하여 가로되 주는 그리스도요 살아 계신 하나님의 아들이시니이다 예수께서 대답하여 가라사대 바요나 시몬아 네가 복이 있도다 이를 네게 알게 하신 이는 혈육이 아니요 하늘에 계신 내 아버지시니라. 또 내가 네게 이르노니 너는 베드로라 내가 이 반석 위에 내 교회를 세우리니 음부의 권세가 이기지 못하리라 내가 천국 열쇠를 네게 주리니 네가 땅에서 무엇이든지 매면 하늘에서도 매일 것이요 네가 땅에서 무엇이든지 풀면 하늘에서도 풀리리라 하시고"

누가복음 22장 31~32절입니다.

"시몬아! 시몬아! 보라 사단이 밀 까부르듯 하려고 너희를 청구하였으나 그러나 내가 너를 위하여 네 믿음이 떨어지지 않기를 기도하였노니

너는 돌이킨 후에 네 형제를 굳게 하라"

요한복음 21장 15~17절입니다.

"저희가 조반 먹은 후에 예수께서 시몬 베드로에게 이르시되 요한의 아들 시몬아! 네가 이 사람들보다 나를 더 사랑하느냐? 하시니 가로되 주여 그러하외다 내가 주를 사랑하는 줄 주께서 아시나이다 가라사대 내 어린 양을 먹이라 하시고 또 두 번째 가라사대 요한의 아들 시몬아! 네가 나를 사랑하느냐? 주여 그러하외다 내가 주를 사랑하는 줄 주께서 아시나이다 가라사대 내 양을 치라 하시고"

이 모든 말씀은 교황을 언급한 것이 아니고 교황이 사도 베드로의 후계자라는 말도 전혀 아닙니다. 위에서 언급한 성경구절들은 사도들의 사명과 사역을 언급한 것뿐이지 교황이 베드로의 후계자라고 말하는 것이 전혀 아닙니다. 다시 말하지만 교황은 사도 베드로의 후계자가 아닙니다. 가톨릭은 단지 여러 성경구절들을 자기들의 입맛에 맞게 자의적으로 해석하고 적용한 것뿐입니다. 이것이 성경적 세계관입니다.

5. 전체 천주교교회, 주교단 전체, 교황의 특별 교도권은 오류가 있습니다.

다음은 가톨릭대사전에 기록된 천주교의 입장입니다. 천주교는 '**전체 천주교교회**'가 무류하다는 입장입니다. '천주교회 전체'가 구원의 진리를 믿음에 있어서 그르칠 수 없다는 것은 성서에 의하여 명백합니다. 주께서 세우실 천주교회를 지옥문이 이기지 못할 것이라고 약속하셨고(마태 16:18), 주께서 세상 끝 날까지 천주교회와 함께 계시겠고(마태 28:20), 진리의 성령이 영원히 천주교회를 지도하시겠다(요한 14:16~17)는 약속은, 만일 진리의 전달자인 천주교회전체가 오류에 떨어질 수 있다면 무의미한 약속입니다. "하느님의 집은 살아 계신 하느님의 교회이고 진리의 기둥이며 터전이라"(1디모 3:15)고 믿기 때문에 천주교회헌장은 이렇게 말하고 있습니다. "성령의 도유를 받는 신자들의 전체는 믿음에 있어서 오류를 범할 수 없으니 주교로부터 마지막 평신도에 이르기까지 모든 이가 신앙과 도덕에 관하여 같은 견해를 표시할 때에 백성 전체의 초자연적 신앙감(信仰感)에서 이 특성이 드러난다"(천주교 교회헌장 12)

그리고 천주교는 **'주교단 전체'**가 무류하다는 입장입니다. 천주교회 전체의 무류성은 천주교회의 신앙을 가르치고 지도하는 주교단 전체에도 나타납니다. 주께서 사도들의 말을 듣는 사람은 그리스도의 말을 듣는 사람이라 하셨고(루가 10:16, 마태 10:40, 요한 13:20), 바울로는 "하늘에서 온 천사라도 우리가 이미 전한 기쁜 소식과는 다른 것을 여러분에게 전한다면 그는 저주받아 마땅하다"고 선언하였습니다. 아타나시오는 니체아 공의회를 통하여 선언된 주님의 말씀은 영구히 남으리라 하였고, 천주교 교회헌장은 "각 주교들이 무류의 특권을 누리는 것은 아니지만, 온 세계에 산재하면서 서로 일치하고 또 베드로의 후계자와 일치하여 신앙과 도덕에 관한 사정을 유권적으로 가르칠 때에 결정적인 한 가지 판단에 의견이 일치하면 그것은 바로 그리스도의 교리를 오류 없이 가르치는 것이다"(천주교 교회헌장 25)라고 하였습니다. 주교단의 장엄 교도권 행사인 세계 공의회의 무류성은 명백합니다. "주교들이 공의회에 모여서 세계 천주교회를 위하여 신앙과 도덕에 관하여 가르치고 판단할 때에 무류성은 더욱 명백한 것이니, 이 결정 사항은 신앙적 순명으로 받아들여야 한다"(천주교 교회헌장 25)

그리고 천주교는 '**교황의 특별 교도권**'은 무류하다는 입장입니다. 교황은 주교단의 단장으로서 다른 주교들과 함께 장엄 교도권을 행사하지만 공의회의 경우 천주교회의 최고 목자의 자격으로 단독적으로 장엄 교도권을 행사할 수 있습니다. 이런 경우를 교좌선언(敎座宣言)이라고 합니다. 교황(敎皇)이 교좌에서 신앙과 도덕에 관한 문제에 최종 단안을 내릴 때에는 무류(無謬 그릇됨이 없다)한 결정입니다. 역사적으로 이러한 선언은 극히 희소한 일이지만 근세에 몇 번 있었습니다. 교황의 단독 선언이 무류하기 위하여 반드시 다음 조건들이 채워져야 합니다. ① 전체 천주교회의 최고 목자로서 공식으로 선언합니다. 따라서 교황도 개인 자격으로나 로마 교구의 교구장 자격으로 선언한 것은 무류하다고 보장할 수 없습니다. ② 어떤 진리를 최종적으로 결정할 의사를 밝혀야 합니다. 따라서 교황의 통상적인 설교, 지도, 권유, 해설, 반박, 경고 등이 다 무류하지는 않습니다. ③ 신앙이나 도덕의 문제에 국한됩니다(가톨릭대사전). 그리고 제1차 바티칸 공의회(1869~1870)에서 소위 제255대 교황 비오 9세(즉위 1846.6.11~1878.2.7)는 1870년 7월 13일 교황의 수위권(首位權 모든 주교 가운데 제1의 지위인 교황이 가진 권한)과 절대 무오성(오류가 없다)을 선언하였습니다.

제1차 바티칸 21회기 중 제20회 회기입니다.

"교황이 신앙과 도덕에 관한 교리를 확정적 행위로 선포할 때에는 교황은 오류가 없다"

비오 9세입니다.

"교황의 절대 무오성에 관한 교리는 바타칸 공의회(천주교회)에서 정의되었으므로 감히 교황의 절대 무오성을 부인하는 자가 있다면 그는 바로 이단이다"

가톨릭교회교리서 제890조입니다.

"…이 직무를 수행할 수 있도록 그리스도께서는 사목자들에게 신앙과 도덕에 관한 무류성의 은사를 주셨다…"

가톨릭교회교리서 제891조입니다.

"…로마 교황은…신앙과 도덕에 관한 교리를 확정적 행위로 정의하며 선포할 때에 교황은 직무상의 무류성을 향유한다…"

신·구약 성경은 전체 천주교교회, 주교단 전체, 교황의 특별 교도권에 오류가 있고 완전하지 않다고 말합니다. 개인이든, 전체 모임이든 오류가 있다고 말합니다. 그럴 수밖에 없습니다. 개인이든, 전체 모임이든 불완전한 사람들이, 전적으로 부패하고 타락한 사람들이 모여 의논하고 결정하기 때문입니다. 성경은 교황의 신앙과 도덕의 무류성(무오성)과 기타 무오성에 대하여 전혀 지지하지 않습니다. 성경은 '의인은 없나니 하나도 없다'고 말합니다.

로마서 3장 10~12절입니다.

"기록된바 의인은 없나니 하나도 없으며 깨닫는 자도 없고 하나님을 찾는 자도 없고 다 치우쳐 한 가지로 무익하게 되고 선을 행하는 자도 없나니 하나도 없도다"

로마서 3장 23절입니다.

"모든 사람이 죄를 범하였으매…"

창세기 6장 5절입니다.

"여호와께서 사람의 죄악이 세상에 관영함과 그 마음의 생각의 모든 계획이 항상 악할 뿐임을 보시고"

성경은 모든 사람들이 죄인이고, 전적으로 부패하고, 타락했다고 말합니다. 한 마디로 누구나 불완전하고, 오류가 많고, 실수와 죄를 범한다고 합니다. 또한 예수 그리스도를 믿어 거듭났다고 해도 신분상, 그리스도의 은혜를 힘입어 선언으로 의인이라고 칭함을 받지 그리스도인의 생각과 말과 행동과 결정이 완전하고, 오류가 없다고 말하지 않습니다. 부활한 이후 천국에서나 완전하게 됩니다. 따라서 여러 사람들이 의논한다고, 공의회(공교회)가 결정한다고 완전할 수 없습니다. 여러 사람이 모여 의논함으로 결정하면 비교적 덜 부족할 수는 있어도 절대적 완전성은 확보하지 못합니다. 이런 공교회의 결정에 대하여 교황이 선포한다고 해서 완전해지지 않고 오류가 상존합니다. 교황도 죄인이고 원죄로 인하여 불완전한 인간입니다. 신(God)이 아닙니다.

천주교 역사를 보면 교황, 추기경, 감독, 신부, 수녀 등의 수많은 오류와 범죄행위는 매우 많습니다. 교황 프란치스코는 바티칸 성베드로 성당에서 한 사제 앞에 무릎을 꿇고 고해성사를 함으로 자신도 오류와 과오가 많은 죄인임을 보여 주었습니다(2014). 그 외에도 수도 없이 많습니다. 프란치스코 교황은 아동 성추행한 아르헨티나 신부를 파면했습니다(2014). 프란치스코 교황은 교황청 관리들의 위선적 생활을 비판했습니다(2014). 프란치스코 교황은 가톨릭교회의 중세 비인간적인 태도와 행동을 사과했습니다(2015). 프란치스코 교황은 볼리비아를 방문하여 "신의 이름으로 원주민들에게 중대한 죄를 저질렀다"고 사과했습니다(2015). 바티칸 고위 성직자가 자신이 동성애자임을 선언했습니다(2015). 교황청 부패와 탐욕을 고발한 두 권(성전의 상인, 탐욕)의 책이 출간되었습니다(2015). 교황 프란치스코는 르완다 대통령에게 1994년 르완다에서 벌어진 대학살 때 가톨릭교회와 교회 구성원들이 죄와 결정에 대해 용서를 구했습니다(2017).

미리내성모성심수녀회는 성당유치원생 폭행 사건을 사죄했습니다(2017). 가톨릭교회에서 수십 년에 걸쳐 벌어진 아동 성추행 스캔들을 폭로한 미국 일간지 보스턴 글로브의 기자들의 실화를 담은 영화 '스포트라이트'가 상영되기도 했습니다. 미국 보스턴 지역의 가톨릭교회 90명의 사제들이 아동을 성추행한 사건입니다. 약 600건의 스캔들 기사를 실었습니다(2017.6). 프란치스코 교황의 측근인 펠 추기경이 아동성범죄 혐의로 기소되었습니다(2017). 호주 연방정부는 가톨릭교회 성직자들의 아동성범죄 문제가 심각한 문제로 대두되자 2013년 특별조사위원회를 구성했습니다. 특별조사위원회는 1980년부터 2015년 사이 어린 시절 성추행 피해를 당한 적이 있다고 신고한 사람이 모두 4,444명이라는 충격적인 자료를 공개했습니다(2017.6). 프란치스코 교황은 로마 교황청이 처리하고 있는 성직자 성추행 사건이 2천 건에 달한다고 밝혔습니다(2017.5). 교황은 아동 성폭력 성직자 848명을 자격 박탈했습니다(2014.5). 이탈리아에서 아동 성추행을 한 가톨릭 성직자에 대하여 1년 실형이 선고 되었습니다(2014). UN은 바티칸 교황청에 아동 성추행 사제를 퇴출해 달라고 요구하기에 이르렀습니다(2014.2). 미국 시카고 대교구 성폭력 사제 30명의 신상을 공개했습니다(2014). 위에서 언급한 사건은 '매일종교신문' 온라인 홈페이지에 기사화된 내용입니다. 그리고 아프리카 남수단에 파견된 천주교 수원교구의 한 신부가 봉사하러 간 천주교 여성 신도(김ㅇㅇ 씨)를 성추행하고 강간(성폭행)을 하려다가 미수에 그쳤습니다(KBS1 9시 뉴스, 2018.02.23). 이런 사실을 두 신부에게 알렸지만 침묵했습니다.

또한 수원 교구는 성당의 신도들에게 사과 문자를 보내면서 "3일만 지나면 잠잠해 질 것이다"라는 문자까지 보냈습니다(KBS1 9시 뉴스, 2018.02.24). 한편 한 모 신부의 성폭력과 관련하여 대전가톨릭대 총장 김ㅇㅇ 신부는 2월 26일 자신의 소셜미디어에 성폭행을 한 신부를 두둔하는 듯한 글을 올려 논란이 됐습니다. 김 신부가 올린 글에는 "보도의 저의가 의심스럽다", "7년간 피해자에게 용서를 구했지만 용서받지 못했던 것 같다", "신부님이 그토록 열심히 사회 정의와 사회적 약자들을 위해 헌신하고자 했던 까닭이 자신의 죄에 대한 보속(속죄)의 의미였다고 생각한다"는 내용이 담겼습니다. 김 신부의 글에 피해자 김ㅇㅇ 씨의 심리상담사라고 밝힌 여성은 "한 신부가 지난 7년간 사죄했으나 용서 받지 못했다는 말은 사실이 아니다. 이런 내용이 계속 보도되면서 피해자에게 2차 가해가 되고 있다. 인격 모독을 당장 중지하라"고 항의했고 김 신부는 문제의 글을 삭제했습니다(C, 2018. 3. 1). 그리고 2001년 대전의 한 학교에서 대전 교구 신부로 종교교사인 장 모 신부가 여학생을 성폭행했습니다 (JTBC 8시 뉴스룸, 2018. 2. 28).

이 외에도 천주교 교황과 신부들의 타락상은 헤아릴 수 없을 정도입니다(성범죄 세계관 참조). 이처럼 과거나, 현재나 천주교의 높고 낮은 사제들에 의한 각종 성범죄행위는 줄을 잇고 있습니다. 이런 사제, 주교들이 모인 공의회(공교회)의 결정이 오류가 없다고 할 수 있습니까? 교황의 선포와 천주교 공의회(공교회)의 결정이 오류가 없다는 교리나 주장은 상식적으로나, 성경적으로나, 역사적으로나, 실제적으로나 거짓입니다. 또한 교황의 신앙과 도덕은 오류가 없다는 것도 거짓입니다. 역사적으로 보면 교황들의 부도덕도 심각합니다. 교황도 죄인이고, 불완전하고, 실수투성이 인간에 불과합니다. 신앙과 도덕이 완전하지 않습니다. 그런즉 천주교의 교황의 신앙과 도덕과 공의회의 결정의 무류성(무오성) 주장은 거짓입니다. 인간은 누구도 완전하지 않습니다. 천주교나 개신교 등 어느 공의회(공교회) 논의와 결정도 완전하지 않습니다. 교황과 목사들의 신앙과 도덕도 완전하지 않습니다. 교황도 죄를 짓고, 주교도 죄를 짓고, 신부나 사제들도 죄를 짓고, 수녀들도 죄를 짓고, 목사들도 죄를 짓습니다. 그래서 회개하고 고해성사를 하는 것이 아닙니까? 천주교 지도자든, 개신교 지도자든, 천주교인이든, 개신교인이든 다 하나님의 은혜로 삽니다. 우리가 오류가 없고 도덕적으로 완전하고 무류해서 구원을 받는 것이 아닙니다. 오직 예수님을 믿음으로 구원을 받는 것입니다. 천주교인이든, 개신교인이든 죽을 때까지 도덕적으로 완전하지 않고 성화를 이루며 사는 인생입니다. 천국(낙원)에서만 무류하고 완전하게 됩니다. 이를 부인하면 성경을 거짓 책으로 만드는 것과 같습니다. 하나님을 거짓말쟁이로 만드는 것입니다. 이것이 성경적 개신교 세계관입니다.

6. 교황은 '절대적 권위'가 없습니다.

가톨릭은 교황의 절대적 권위를 주장합니다. 그러나 개신교는 교황이나 목사의 절대적 권위를 인정하지 않습니다. 그 이유는 성경이 인정하지 않기 때문입니다. 교황의 절대적 권위에는 **교도권**(敎導權 교황을 비롯한 주교들의 권위 있는 가르침이나 가르치는 권한), **사목권**(司牧權 신자들을 맡은 자로서 지도하는 권한), **사제권**(司祭權 제사를 맡은 사제로서의 직무를 수행할 수 있는 권한)을 모두 포함합니다. 교황은 가톨릭의 최고 재판장, 최고 입법권, 최고 사령관 직입니다. 교황은 이 세직을 소유하므로 군왕이나 황제 위에 있다고 주장합니다. 가톨릭에 의하면 예수님께서 교회를 세우실 때 12제자들 중 사도 베드로를 수(首 머리)제자로 뽑아 천국열쇠를 맡기면서 교회의 수장(首長 우두머리)으로 삼으셨다고 합니다. 그 베드로의 후계자가 오늘의 교황이라고 합니다. 교황은 베드로의 모든 권한을 이어 받아 교권(敎權)을 행사한다고 주장합니다. 가톨릭에서는 교황의 권위를 수위권(首位權)이라고 합니다. 이 모든 주장은 성경에 없습니다. 천주교가 자의적으로 만든 교리일 뿐입니다.

가톨릭교회교리서 제880조입니다.
"그리스도께서 12제자를 세우실 때…베드로를 으뜸으로 삼으셨다"

가톨릭교회교리서 제881조입니다.
"…베드로에게 맡겨진 맺고 푸는 권한은 단장(교황)과 결합된 사도단에도 수여된 것이 확실하다…이 책무는 교황의 수위권 아래서 주교들에의하여 계속되고 있다"

가톨릭교회교리서 제882조입니다.
"그리스도의 대리자로서…교황은…온 교회 위에 직책상으로 완전한 최상의 보편적 권세를 가지며, 그 권세는 언제나 행사할 수 있다"(천주교 교회헌장 22조, 주교교령 29)

가톨릭교회교리서 제883조입니다.
"주교단은 단장인 로마 교황과 더불어 보편적 교회에 대한 완전한 최고 권한의 주체이다. 그러나 교황의 동의 없이는 이 권한을 행사할 수 없다"

가톨릭교회교리서 제884조입니다.

"주교단은 보편적 교회에 대한 권한을 세계 공의회에서 장엄한 양식으로 행사한다. 그러나 베드로의 후계자(교황)가 공의회로 확인하거나 적어도 인정하여야만 공의회가 성립될 수 있다"

가톨릭에서는 교황을 그리스도의 대리자, 교회의 으뜸(머리), 교회에서 최상의 권세를 가지고 있으며, 그 권세를 언제나 행사할 수 있다고 하면서 교황의 절대적 권위를 주장합니다. 그러나 성경과 개신교는 가톨릭(천주교)의 이러한 주장들에 대하여 인정하지 않습니다. 터무니없는 주장이라고 말합니다. 그 이유는 성경에 근거가 없기 때문입니다. 교회 안에서 누가 어떤 주장을 하든 성경에 근거하지 않으면 소용이 없습니다. 개신교 세계관의 기준은 교회의 전통이 아니라 오직 성경뿐입니다. 가톨릭에서는 마태복음 16장 18~19절, 요한복음 20장, 23절 등을 들어 교황의 절대적 권위를 주장하나, 이 말씀들은 교황과는 상관이 없는 말씀이고, 교황의 절대적 권위를 주장하는 말씀은 더더욱 아닙니다. 이제 가톨릭이 근거로 제시하는 성경 본문을 바르게 해석해 보겠습니다.

마태복음 16장 18절입니다.

"또 내가 네게 이르노니 너는 베드로라 내가 이 반석 위에 내 교회를 세우리니 음부의 권세가 이기지 못하리라"

이 말씀이 나오게 된 계기는 마태복음 16장 16절 베드로의 신앙고백과 연결됩니다. 예수님께서 제자들에게 자신을 누구라고 생각하느냐고 물었습니다. 그러자 성질이 급한 베드로가 말하기를 **"시몬 베드로가 대답하여 가로되 주는 그리스도시오 살아계신 하나님의 아들이시니이다"** 이런 베드로의 신앙고백에 대하여 예수님은 18절에서 **"이 반석 위에 내 교회를 세우리니"**라고 하셨습니다. 여기서 **"이 반석 위에"**란 베드로를 가리키는 것이 아니라 베드로의 굳건한 신앙고백을 말한 것입니다. 여기서 **"반석"**(페트라)은 여성 단수입니다. 베드로는 남성 고유명사입니다. 언어 구조상으로도 반석이 베드로가 될 수 없습니다. 헬라어(그리스)에는 성(性)의 구별이 있습니다. 문맥상으로도 그렇습니다. 따라서 여기 **"반석"**은 베드로가 아니라 베드로가 16절에서 고백한 신앙고백입니다. 베드로와 반석은 동일한 것이 아닙니다. 그럼에도 불구하고 가톨릭은 **"반석"**을 베드로로 해석하여 베드로 위에 교회(공교회/가톨릭)가 세워졌다고 하며 베드로의 후계자인 교황의 절대적인 권위를 주장합니다. 이런 해석과 주장을 아전인수(我田引水)라고 합니다.

요한복음 20장 23절입니다.
"너희가 뉘 죄든지 사하면(용서하면) 사하여질 것이요 뉘 죄든지 그대로 두면 그대로 있으리라 하시니라"

이 말씀 또한 교황이나 교황의 절대 권위와는 전혀 상관이 없는 말씀입니다. 이 말씀은 개신교 목사들에게도 사면권이 있다는 말씀이 아닙니다. 혹자는 이 말씀을 문자적으로 해석하여 예수님의 제자들에게도 죄 사면권이 있는 것처럼 오해하기도 합니다. 그러나 23절 말씀은 예수님 제자들의 죄 사면권에 대한 언급이 아니라 복음 증거에 있어 제자들의 막중한 책임감을 강조한 말씀입니다. 즉 제자들이 복음을 증거할 때 복음을 듣는 자가 복음을 받아들이고 회개의 열매를 맺으면 결과적으로 복음에 의해 죄(원죄)에 대한 용서가 이루어지는 것입니다. 죄(원죄) 사함은 교황, 목사, 사도들 중 그 누구도 하지 못합니다. 그런 권한이 없습니다. 우리 죄를 사함 받는 방법은 단 한 가지밖에 없습니다. 그것은 우리 죄를 위하여 단번에 십자가 위에서 완전한 희생을 담당하신 예수 그리스도를 믿고 회개하는 것뿐입니다. 그러면 죄를 용서 받습니다. 이것이 복음입니다. 누군가가 복음을 듣지 못하거나 잘못된 교훈을 받게 된다면 그것은 전적으로 복음 증거자의 직무 태만에 그 책임이 있습니다. 반대로 사도들과 그리스도인들이 복음을 전함으로 누군가가 예수님을 믿게 되면 그 사람이 죄 용서함을 받습니다. 이런 관점에서 예수님의 제자들은 사람들의 죄를 용서하거나 용서하지 않을 권세를 가지고 있다고 말할 수 있습니다.

마가복음 2장 5절입니다.

"예수께서 저희의 믿음을 보시고 중풍병자에게 이르시되 소자야! 네 죄 사함을 받았느니라 하시니라"

죄(원죄) 사함의 권세는 어떤 사람에게도 없고 오직 예수 그리스도를 믿는 것에 있습니다. 성경 어디에도 사람에게, 제자들에게, 베드로에게, 교황에게, 목사에게 죄 사함의 권세를 주셨다고 언급한 구절이 없습니다. 교황, 목사를 비롯한 사람은 누구든지 죄인이고 죄 용서함을 받을 자들이지 누구에게 죄를 사해주는 권세가 전혀 없습니다. 만일 교황에게 죄 사함의 권세가 있다면 예수님을 믿지 않고 교황을 믿으면 된다는 말인데 이는 이단사상입니다. 이런 차원에서 '고해성사'도 성경 세계관과 무관한 터무니없는 제도입니다. 천주교 신자나, 개신교 신자나 성경해석을 잘해야 합니다. 천주교나 개신교 교리와 전통과 가르침, 자체 교회 교리와 헌법이라고 무조건 믿고 따르는 자세는 어리석은 것입니다. 자의적인 성경해석에 따른 잘못된 교리, 가르침, 전통은 거부해야 합니다. 그렇지 않으면 그릇된 길로 가서 다 멸망하게 됩니다. 헛된 신앙이 됩니다. 오직 성경의 바른 해석에 따른 교리와 가르침만 추종해야 구원을 얻습니다. 하지만 성경에 대한 바른 해석의 능력이 없으면 누가 무슨 말을 해도 분변치 못하고 그대로 받아들이고, 믿고, 추종하게 됩니다. 그래서 바른 실력을 갖추어야 합니다.

마태복음 16장 19절입니다.

"내가 천국의 열쇠를 네게 주리니 네가 땅에서 무엇이든지 매면 하늘에서도 매일 것이요 네가 땅에서 무엇이든지 풀면 하늘에서도 풀리리라"

이 말씀은 가톨릭과 개신교들 사이에서 신학적인 논쟁이 되어 왔습니다. 로마 가톨릭교회는 이 말씀이 베드로의 수장권과 절대적 권한을 가리킨다고 합니다. 천주교는 이 말씀을 베드로의 후계자라고 자칭하는 교황이 공의회(공교회)의 수장이고 절대 권한을 가진 자라고 하는 것으로 연결 짓습니다. 그러나 이 19절 말씀도 교황이나 교황의 절대 권한과 아무런 상관이 없는 말씀입니다. 이 말씀의 핵심은 복음 전파의 권세를 예수님이 베드로에게 주신 천국의 열쇠라는 말입니다. 여기서 **"열쇠"**(열쇠들 Keys)란 문을 잠그기도 하고 열기도 하는 도구입니다. 이 열쇠들은 천국과 관련된 열쇠들입니다. 성경에서 열쇠는 권세와 권위의 상징입니다. 그러므로 예수님께서 베드로에게 천국의 열쇠를 주시겠다는 말씀은 베드로에게 천국 복음의 문을 여는 도구로 삼으시겠다는 뜻입니다. 복음을 전하고 가리키는 천국의 열쇠, 천국의 문은 먼저 베드로에게 주어졌지만 베드로에게 뿐만 아니라 모든 사도들에게 주어졌습니다. 베드로만 천국 열쇠를 받은 것이 아닙니다. 오늘날 모든 그리스도인들에게도 천국의 열쇠(복음전파 권세)가 주어졌습니다.

많은 사람들이 복음을 듣고 천국 문을 열고 들어갈 수 있는데 예수님은 그 열쇠, 곧 그 복음의 열쇠를 베드로와 다른 제자들에게 주신 것입니다. 그 당시 유일하게 예수님을 구세주로 확실하게 믿고 따른 제자들이 천국의 열쇠인 복음을 전하지 않으면 많은 사람들이 천국문을 열고 천국에 들어갈 수 없게 됩니다. 이 천국 열쇠(복음 전파의 권세)는 아무나 가질 수가 없습니다. 예수님을 진실로 영접한 사람뿐입니다. 그 당시 이들은 예수님의 12제자들뿐이었습니다. 그래서 예수님은 12제자들을 택하여 먼저 그들에게 자신이 구세주이신 것을 확인시켜 주신 후 확실한 신앙 고백을 들으시고(마 16:16) 천국열쇠인 복음전파 권세와 사명을 주신 것입니다. 한 마디로 천국과 땅에서 천국 문을 열고 들어 갈 수 있는 복음전파의 권세를 베드로를 비롯한 제자들에게 위임한 것입니다. 천국의 문을 열고 들어갈 수 있는 길(열쇠)은 복음, 즉 예수 그리스도의 복음을 듣고 믿는 것뿐입니다. 이런 생사(生死)가 걸린 복음전파의 권세, 권한, 책임, 사명을 베드로와 사도들에게 주셨습니다.

그리하여 제자들이 천국의 복음을 땅에서 전하므로 사람들이 믿으면 하늘에서도 허락하고(풀면), 사람들이 불신하면 하늘에서도 허락지 않을 것(매임)이라는 말씀입니다. 여기서 '매는 것'(**"매면"**)은 '금하는 것'이고, '푸는 것'(**"풀면"**)은 '허락하는 것'을 뜻합니다. 가톨릭의 해석과 주장처럼 베드로와 교황만 하는 것이 아닙니다. 가톨릭에서는 열쇠가 교회를 가리키는 권세요, 그 권세는 초대 교황 베드로에게 주어졌으며, 베드로의 후계자들인 교황들에게 주어졌다고 명백한 근거도 없는 자의적 해석에 따른 억지 주장을 합니다. 그리하여 교황의 절대적 권세를 강조합니다. 그 권세는 죄를 용서하는 권세도 포함된다고 합니다(요 20:23). 이는 절대로 아닙니다. 베드로는 교회의 머리도 아니고 교황도 아닙니다. 소위 가톨릭의 교황들은 베드로의 후계자들도 아닙니다. 로마 가톨릭이 성경을 자기들 마음대로 자의적으로 해석하고 주장하여 교리화시킨 것입니다. 사망과 음부, 천국의 열쇠를 가지신 분은 오직 예수 그리스도뿐입니다. 모든 기독교인들, 교황, 사제들, 목사들, 신자들은 복음의 심부름꾼에 불과합니다.

요한계시록 1장 18절입니다.
"곧 산 자라 내가(부활하신 예수 그리스도) 전에 죽었었노라 볼찌어다 이제 세세토록 살아 있어 사망과 음부의 열쇠를 가졌노니"

성경에 근거하지 않은 가톨릭의 주장과 교리는 성경을 가감(加減)하는 것으로 이단적 요소가 있는 매우 위험한 교리입니다. 성경은 베드로를 제자들의 머리(으뜸)라고 언급한 적이 없습니다. 성경 어디에도 베드로의 후계자들이 교황이라고도 말하지 않습니다. 성경은 그렇게 말하지 않는데 천주교 지도자들이 그렇게 만든 것입니다. 물론 개신교 목사들도 베드로의 후계자들이 아닙니다. 로마 가톨릭의 이러한 성경 해석과 주장은 이단들의 행태와 거의 유사합니다. 이단들도 많은 성경 구절을 자의적으로 해석하여 가르치고 믿게 하고 있습니다. 이것을 병원에서는 오진(誤診)이라고 하고, 운동경기에서는 오심(誤審)이라고 하고, 법원과 정치권에서는 오판(誤判)이라고 합니다. 오진, 오심, 오판은 각 분야에서 매일 발생하고 있습니다. 왜냐하면 사람은 아무리 배우고 또 배워도 불완전하고 완전하지 않기 때문입니다.

천주교인이나 개신교인들은 이런 사실을 알고 신앙생활을 해야 합니다. 누구의 가르침이든 무조건 맹신과 맹종을 하는 것은 어리석은 신자입니다. 사람과 교회, 목사와 교황, 주교, 사제는 완전하지 않고 불완전하기에 얼마든지 성경의 해석을 그릇되게 주장할 수 있습니다. 오해(誤解)할 수 있습니다. 이상하게 해석할 수 있습니다. 자기 입맛대로 할 수 있습니다. 자기들이 하고 싶은 대로 짜 맞추기로 할 수 있습니다. 그러므로 누구든지 합리적이고 객관적인 비판과 지적과 주장에 대하여 겸허하게 수용하는 자세가 요구됩니다. 상식과 합리적인 의문을 품고 살아야 합니다. 그 판단 기준은 어떤 훌륭한 성직자의 말, 목사의 말, 교황의 말, 인간이 만든 전통과 교리, 신부의 말이 아니라 오직 성경뿐입니다. 이것이 성경적과 개신교 세계관입니다.

제2장

마리아 세계관

성경에 따르면 마리아(Maria, Mary)는 육신을 입으신 예수님을 잉태하고 양육한 여자이지만, 모든 사람들과 동일한 신분과 죄성과 정체성을 가진 여자입니다. 보통 여성들과 다른 점은 단지 육체(인성)적으로 하나님의 아들인 성자를 잉태한 복된 여자일 뿐입니다. 처녀(동정녀/숫처녀) 마리아는 목수인 요셉과 결혼하기 전에 남녀 성교 없이 초자연적인 성령 하나님의 능력으로 구세주인 예수님을 잉태하고, 출산하고, 양육한 여자입니다. 그래서 성경은 여느 여자보다 복되다고 합니다. 하지만 그 이상도 이하도 아닙니다. 마리아는 다른 여자들처럼 자녀들도 여럿 낳았습니다. 그런데 가톨릭은 개신교와는 전혀 다른 주장을 합니다. 마리아는 평생 처녀로 살았다고 합니다. 개신교는 마리아를 모든 여성들과 동일하게 이해하고 다룹니다. 그 이유와 근거는 성경이 그렇게 말하기 때문입니다. 그러나 천주교는 마리아에 대하여 성경에서 벗어난 매우 위험한 주장을 합니다. 성경에 없는 사실을 가감하여 가르치고 있습니다. 그 구체적인 내용을 살펴보겠습니다.

천주교 마리아관

　교부(敎父 교회의 아버지로 5~8세기까지 교리의 정립과 신앙이나 교회생활에 중대한 영향을 미친 사람)들은 동정녀(처녀) 마리아를 '지극히 거룩한'(all holy)이라고 불렀는데, 동방교회(그리스 정교회)는 오늘날도 마리아를 그렇게 부릅니다. 천주교회는 마리아가 죄의 더러움에 물들지 않았고, 성령에 의해 새로운 피조물로 꾸며졌다고 선언하였습니다. '은총이 가득한'(루가 1:28) 마리아는 "잉태되는 첫 순간부터 성덕의 빛으로 꾸며졌다"(천주교 교회헌장 56)고 단언하는 천주교회는 마리아의 무염시태 교리를 시사하고 있습니다. 무염시태(無染始胎)란 '죄가 없는 상태'를 의미합니다. 1854년 비오 9세 교황은 "복되신 동정 마리아께서 잉태되시는 첫 순간, 인류의 구원자 예수 그리스도의 공로를 미리 내다보신 하느님께서는, 마리아에게 특은(특별한 은혜)을 베푸시어 원죄에 물들지 않게 하셨다"고 선포하였습니다(1854년 12월 8일). 마리아는 다른 이들이 세례 때 받는 은총을 출생 이전에 미리 입음으로써 구세주의 어머니가 되도록 불림 받았습니다.

　따라서 마리아의 무염시태(無染始胎 죄가 없는 상태)는 그리스도의 특전적(特典的 특별한 은총의 법)인 구속경륜입니다. 또 마리아의 거룩함은 오랜 옛날부터 내려오는 전례축일(典禮祝日)인 성모 몽소승천(蒙召昇天)에서도 드러납니다. 몽소승천(蒙召昇天 입을 몽, 부를 소)이란 '부르심을 받은 승천'이란 의미입니다. 성모승천을 말합니다. 몽소승천은 마리아의 육신과 영혼, 즉 마리아의 인격이 전적으로 부활한 그리스도와 일치함을 뜻합니다. 비오 12세 교황은 1950년 11월 1일, 일찍부터 천주교 교회가 믿어오던 마리아의 승천을 신조(信條)로 선언하였습니다. "평생 동정이신 마리아, 원죄 없으신 하느님의 모친은 지상생애를 마친 후 육신과 영혼이 천상 영광에로 올림을 받으셨다" 마리아는 몽소승천으로 자신의 충만한 구원을 드러내고 "잠든 자들의 첫 열매요"(1고린 15:20) 신랑인 그리스도의 초대에 기꺼이 응하는 흠 없는 천주교회를 표징 합니다. 하느님의 백성인 천주교회가 장차 그리스도와의 신비적 일치로써 누릴 종말적 구원이 마리아의 몽소승천에서 드러납니다.

따라서 마리아는 후세에 완성될 교회의 모상이며 시작일 뿐 아니라 지상에서 천상도성(天上都城 천국)을 향해 순례하는 하느님의 백성에게 확실한 희망과 위로의 표지가 됩니다(천주교 교회헌장 68). 마리아에 관한 호칭은 여러 가지이나 그 중에도 '천주의 모친'은 가장 탁월하고 위대한 것으로서 이미 3세기에 천주교회에서 쓰여 졌고, 마침내 에페소 공의회(제3차 공의회, 431년)에서 마리아에 대한 천주교회의 공적 신앙으로 선포되었습니다. '천주의 모친'이라는 호칭은 성자와 마리아의 밀접한 관계에서 연유됩니다. 마리아에게서 난 예수는 하느님의 아들로서 성부와 동일한 신성(神性)을 지닌 만큼 마리아는 하느님의 모친이 됩니다. 마리아는 하느님과 인간의 유일하고 참된 중개자인 성자를 낳은 모친이 되는 만큼 그리스도의 구원활동과 밀접하고 탁월한 관계를 지닙니다. 천주교 회는 마리아를 특수한 의미에서 중개자로 이해합니다. 즉 마리아는 자신 의 신앙 및 그리스도와의 일치를 통하여 그리스도의 구속활동에 가장 탁 월하고 완전하게 참여하고 있습니다.

마리아는 하느님의 어머니로서 승천 후에도 그리스도와 함께 인류구 원에 온전히 이바지하고 자신의 전구(轉求 전달하는 기도)로써 천주교회 에 구원의 은총을 얻어줍니다. 마리아는 순례하는 나그네인 천주교회를 천상에서 보살피며 하느님의 백성이자 당신의 자녀들을 구원으로 인도 합니다. 이 때문에 천주교회는 마리아를 변호자, 보조자, 협조자, 중개자 라고 불러 왔습니다. 그러나 이것은 결코 그리스도의 유일하고 참된 중 개적 지위와 역할을 감소시키지 않습니다. 그리스도의 중개자역은 완전 하고 절대적인 것이지만, 그것에 참여하는 피조물의 협력은 배제되지 않 을뿐더러 오히려 요구됩니다. 마리아는 천주교회의 생명이요 머리인 그 리스도의 모친으로서 그리스도와 신비적으로 결합된 신부인 천주교회, 즉 그리스도의 신비체인 하느님 백성의 영적 모친이 됩니다. 그리스도의 구속공로로 하느님의 자녀가 된 그리스도인들은 장차 그리스도와 함께 천상의 유산을 이어받을 '공동 상속자'(로마 8:17)로서 성부를 영원한 아 버지로 섬기게 됩니다. 그리스도의 모친 마리아는 그리스도인의 영적 모 친으로서 하느님의 백성에 속하는 각 사람이 "성숙한 인간으로서 그리스 도의 완전성에 도달하게 되기를"(에페 4:13, 골로 1:28) 바랍니다.

어머니인 마리아는 그리스도의 잉태와 탄생 및 지상생애에서 이룬 구속행위에서 뿐 아니라 천상에서도 언제나 그리스도와 일치하고 세말까지 그의 구원활동에 온전히 협력합니다. 그리스도의 모친 마리아는 하느님의 모친이요 인류와 교회의 어머니로서 인간 구원을 위해 탁월하고 능한 대도자 역할을 합니다. 성인들의 통공(通功, 교회 공동체의 모든 구성원이 공로를 서로 나누고 공유함)에 있어서도 마리아의 위치는 그 어느 성인보다 월등합니다. 따라서 교회는 마리아에 대한 전례적(典禮的 천주교 의식, 공적 예배) 공경과 아울러 교도권(敎導權 가르치는 권한)이 권장해 온 신심행위(信心行爲)를 높이 평가하고 중히 여깁니다. 교회는 구원사에 있어서 마리아가 차지하는 지위와 역할을 신자들에게 올바르게 깨우쳐 줌으로써 마리아께 대한 합당한 공경을 바치게 해야 합니다. 마리아 공경은 본질상 진리와 생명, 은총과 덕행의 근원인 성자 그리스도께로 향하는 것인 만큼 어디까지나 그리스도 중심적 의미를 지니고, 이에 따라 그 타당성이 긍정되는 것입니다(가톨릭대사전). 지금까지 마리아에 대한 천주교의 교리를 정리하면 가톨릭(천주교)은 '마리아'에 대해서 다음과 같이 주장합니다. 하나님의 어머니(성모설), 마리아는 무죄 잉태설, 평생 무죄설, 평생 처녀설, 승천설, 하늘의 여왕, 마리아 보호설, 마리아 중보설, 마리아와 성현 숭배, 영적 어머니, 구원활동에 협력 등을 주장하며 숭배합니다. 성경은 가톨릭이 주장하는 교리처럼 말한 적이 없습니다. 전혀 성경사상이 아닙니다. 이러한 주장과 교리는 가톨릭이 자의적으로 해석하여 만든 것일 뿐입니다.

개신교 마리아관

개신교는 성경에 따라 마리아를 복된 여인으로 생각하지만 성자의 육신적 모친으로만 인정합니다. 가톨릭처럼 그 이상 칭송과 숭배의 대상으로 주장하지 않습니다. 가톨릭은 마리아에 대해서 여러 주장을 하는데 이는 성경에 전혀 근거하지 않는 주장들입니다. 천주교가 자의적으로 해석하고 만든 교리들일 뿐입니다. 성경은 성경을 가감(加減)하는 자들에 대하여 구원을 받지 못하고 재앙을 받는다고 합니다(계 22:18~19). 마리아는 하나님의 어머니가 아니라 단지 예수님의 인성 부분에서 육신의 어머니일 뿐입니다. 모든 사람이 피조물이고 죄인인 것처럼 마리아도 피조물이고 죄인입니다. 마리아는 결혼해서 남편과의 성교를 통해 여러 명의 자녀를 낳았고 아내와 어머니로 살았습니다. 결코 평생 처녀가 아닙니다. 마리아는 사망 후 승천한 적이 없습니다. 성경은 마리아의 죽음과 승천에 대해서 전혀 언급한 적이 없습니다. 하늘의 여왕은 더더욱 아닙니다. 성경에 그런 언급이 전혀 없습니다.

마리아는 사람이고 이미 죽은 자이기에 성도들을 어떤 방식으로든지 보호해 주지 못합니다. 그런 존재가 아닙니다. 지상교회와 성도들을 보호해 주시는 분은 오직 살아계시고 전지전능하신 성삼위 하나님뿐이십니다. 또한 마리아는 이미 죽은 자로서 하나님의 구원사역에 전혀 협력하지 못합니다. 마리아의 중보설도 성경에 근거하지 않습니다. 인류의 유일한 중보자는 오직 예수 그리스도뿐입니다. 마리아는 인간이고 죄인으로 숭배의 대상, 기도의 대상이 아니라 그녀도 예수님을 믿고 회개해야 할 죄인입니다. 숭배의 대상은 오직 성삼위 하나님뿐입니다. 개신교에서 마리아는 성경사상에 근거하여 보통 사람과 동일한 사람으로 취급합니다. 단지 수많은 여인들 중에서 성육신 하신 구세주 예수님을 잉태의 방편으로 선택을 받았기에 복을 받은 여인으로만 말합니다. 딱 거기까지입니다. 그 외에는 일반 성도들과 동일한 여자와 삶을 살다가 죽은 자입니다. 그 근거는 성경이 그렇게 말하기 때문입니다. 이것이 마리아에 대한 성경 세계관입니다. 이제 가톨릭에서 성경의 근거 없이 주장하는 마리아의 여러 면에 대하여 하나씩 팩트 체크를 해보겠습니다.

1. 마리아는 '하나님의 어머니'가 아닙니다.

천주교(가톨릭)는 가톨릭교회교리서에서 마리아에 대하여 다음과 같이 주장합니다. 물론 전혀 성경사상이 아닙니다.

가톨릭교회교리서 제495조입니다.
"…교회(천주교)는 마리아를 참으로 하느님의 어머니라고 고백한다"

가톨릭교회 교리서 제509조입니다.
"마리아는 인간이 되신 하느님의 영원한 아들, 바로 하느님이신 그 아들의 어머니이기 때문에 참으로 하느님의 어머니이다 라고 한다"

제2차 바티칸 공의회(공교회) 목회헌장 제53항입니다.

"…가톨릭교회는 성령의 가르침을 받아 자녀다운 효성으로 마리아를 가장 사랑하는 어머니로 만든다"

제2차 바티칸 공의회(공교회) 목회헌장 제54항입니다.

"…또 한편으로는 그리스도의 어머니이시고, 인류의 어머니이시며, 특히 신자들의 어머니이신 천주의 성모님께 대한 구원받은 사람들의 의무를 성실히 밝히고자 한다"

마리아는 성삼위(삼위일체) 하나님, 예수님의 신성(하나님)까지 포함한 어머니(모친)가 절대로 될 수 없습니다. 왜냐하면 성삼위 하나님은 만세 전에 스스로 계신 분이고 형상이 아닌 영(靈)이신 창조주이지만, 마리아는 하나님, 예수님으로부터 흙으로 지음을 받은 피조물이고 죄인이기 때문입니다. 하나님이신 예수님은 마리아가 이 땅에 존재하기 전에 만세 전에 계셨습니다. 신성을 가지신 예수님은 마리아가 이 땅에 태어나기 전부터 스스로 계신 분이시고 마리아를 흙(먼지)으로 창조하신 성자 예수님이십니다. 천주교는 예수님의 신성(하나님)과 인성(사람)을 가지신 분이심을 바로 알아야 합니다. 마리아는 피조물이자 사람으로 성부, 성자, 성령 하나님께서 흙으로 창조하셨습니다. 마리아는 특별한 인간이 아닙니다. 특별하다고 할 수 있는 부분은 구세주를 임신하여 출산하고 양육한 것 외에는 특별한 것이 없습니다.

창세기 1장 1절입니다. **"태초에 하나님이 천지를 창조하시니라"** 창세기 2장 7절입니다. **"여호와 하나님이 흙으로 사람을 지으시고 생기를 그 코에 불어넣으시니 사람이 생령이 된지라"** 하나님은 마리아를 예수 그리스도의 성육신(聖肉身)의 한 방편으로만 사용하셨을 뿐입니다. 이런 면에서 마리아는 다른 여인과 다른 것뿐이고 이에 성경은 마리아를 이렇게 칭송합니다. 누가복음 1장 42절입니다. **"…여자 중에 네가 복이 있으며 네 태중의 아이도 복이 있도다"** 마리아가 복되다고 한 것은 구세주인 예수님을 초자연적인 성령 하나님의 능력으로 잉태하고 출산하는 여인으로 선택을 받고 사용되었기 때문입니다. 이런 면을 제외하면 마리아는 그 이상도 그 이하도 아닙니다. 우리와 동일한 자입니다. 단지 예수님의 양성(신성과 인성) 중 인성에 있어서 육신의 어머니라고 하는 것은 틀리지 않습니다.

그러나 예수님의 신성(神聖 하나님)까지 포함하여 하나님과 예수님의 모친이라고 부르는 것은 성경에 근거하지 않을 뿐 아니라 마리아를 신격화시켜 숭배하기 위한 것으로 성경사상에 전혀 맞지 않는 주장과 교리입니다. 이러한 가톨릭의 주장은 성경을 가감(더하고 빼는 것)하는 것입니다. 상식적으로나 성경사상에 비추어 볼 때 전혀 사실이 아닙니다. 마리아를 인류의 어머니라고 부르는 것도 잘못된 것입니다. 마리아는 어떠한 의미에서도 인류의 어머니가 될 수 없습니다. 그렇게 만들어 주고 싶어도 할 수 없습니다. 이는 마치 강아지를 사람으로 만들어 줄 수 없는 것과 같은 성질의 것입니다. 성경에 그런 말씀이 전혀 없습니다. 인류의 머리와 대표자는 최초의 인간인 아담과 하와뿐입니다.

그러므로 가톨릭(천주교)은 마리아를 하나님의 어머니, 신성을 가지신 예수님의 어머니라고 부르지도, 가르치지도 말아야 합니다. 단지 예수님의 인성 부분에 대한 육신의 어머니라고만 가르쳐야 합니다. 성자 예수님은 창세 전에 스스로 계신 하나님(God)이셨기에 절대로 피조물인 마리아의 어머니가 될 수 없습니다. 예수님은 신성과 인성을 가지신 하나님으로 마리아보다 먼저 계셨고 마리아를 창조하신 분이십니다. 예수님은 창조자이시고 마리아는 흙으로 만든 피조물에 불과합니다. 창조자와 피조물은 비교조차 할 수 없는 존재입니다. 구세주인 인성을 가지신 예수님을 임신하고, 양육했다고 전혀 다른 인간, 여자, 신분이 되는 것이 아닙니다. 하나님이신 창조주 예수님과 흙으로 만든 피조물인 마리아는 비교 자체가 될 수 없습니다. 마리아에 대하여 성경에 그런 말씀과 특은과 특전은 전혀 없습니다. 이는 상식과 공의에도 반하는 주장입니다. 마리아는 단지 복이 있는 여인일 뿐입니다. 가톨릭은 성경에 근거한 것만 교리로 만들어 가르치고 주장해야 합니다. 그렇지 않으면 요한계시록 22장 18~19절 말씀처럼 성경을 가감한 자나 그것을 믿고 추종하는 자들까지 죽음의 구덩이에 빠지고 재앙에 이르게 만드는 것이 됩니다.

2. 마리아의 '원죄 없는 잉태설'은 사실이 아닙니다.

이른바 255대 교황 비오 9세는 1854년 12월 8일 마리아의 '원죄 없으신 잉태'를 선포하였습니다. 그 이전 교황 254명은 이런 주장을 하지 않았습니다. 이들은 마리아도 죄인임을 인정했기 때문입니다. 그런데 255

대 비오 9세 교황이 마리아를 원죄가 없는 외계인으로 만들어 버린 것입니다. 성경에 없는 것을 교리로 만들었습니다. 천주교 가톨릭교회교리서는 마리아의 원죄에 대하여 이렇게 말합니다.

가톨릭교회교리서 제411조입니다.
"…그녀(마리아)는 원죄의 모든 오염으로부터 보존되었으며…"

가톨릭교회교리서 제491조입니다.
"…마리아는 잉태되는 첫 순간부터 전능하신 하느님의 특별한 은총과 돌보심으로…모든 원죄에 조금도 물들지 않게 보존되었다"

가톨릭교회교리서 제492조입니다.
"…하느님은 세상을 창조하시기 전에 그녀를 택하시어 사랑으로 당신 앞에서 거룩하고 흠 없도록 하셨다"

가톨릭교회교리서제508조입니다.
"…마리아는 잉태되는 순간부터, 원죄에서 완전히 보호되고, 일생동안 본죄에 물들지 않았다"

가톨릭교회교리서제966조입니다.
"마침내 원죄의 모든 오염으로부터 보존된 티 없이 깨끗한 동정녀는 지상생활을 마친 후에 육신과 영혼이 천상 영광으로 들리움을 받아 주님께로부터 만물 위에 여왕으로 존귀케 되었다"

가톨릭은 마리아의 '무죄 잉태설'을 주장합니다. 초기부터 이런 주장을 한 것이 아닙니다. 현 프란치스코 교황이 266대이니 11대 전인 255대 비오 9세 교황 때 선포한 것입니다. 넌센스입니다. 물론 성경의 근거는 제시하지 못합니다. 성경이 그런 말씀이 없기 때문입니다. 그러나 성경은 초자연적인 성령 하나님의 능력으로 잉태된 예수님을 제외한 모든 사람은 죄인이라고 명백하게 규정합니다. 성경이 증거입니다.

로마서 3장 23절입니다.
"모든 사람이 죄를 범하였으매 하나님의 영광에 이르지 못하더니"

로마서 3장 10절입니다.
"기록된바 의인은 없나니 하나도 없으며"

성경은 피조물인 사람, 즉 육체와 영혼만이 소유한 남녀가 성교를 통해서 임신과 출생을 한 모든 사람은 다 죄인이라고 합니다. 인류의 대표자와 머리인 아담과 하와의 모든 후손은 누구를 막론하고 다 죄인입니다. 이 죄인의 범주에는 '마리아'도 포함됩니다. 마리아는 신이 아니라 피조물인 인간입니다. 그녀의 아버지와 어머니도 죄인이고 성교(섹스)를 통해서 마리아를 낳았습니다. 성육신 하신 예수님을 임신하고 출생시킨 육신의 어머니라고 해서 원죄(본죄)에서 자유롭지 못합니다. 만약 원죄가 없다고 하면 마리아는 사람이 아니라 신(神)이 됩니다. 아담과 하와의 후손이 아닌 자가 됩니다. 이는 곧바로 우상(偶像 허수아비 우, 형상 상) 죄에 빠지게 됩니다. 예수님의 잉태는 남녀 성교를 통함이 아닌 성령 하나님의 초자연적인 역사로 처녀의 몸에서 잉태되게 하셨습니다. 이는 신비입니다. 본래 예수님은 신성만 소유하신 성삼위 하나님이셨습니다. 그러나 성부 하나님께서 모든 인류가 원죄(본죄)로 인하여 모두 영벌을 받아 영원히 죽게 될 형편에 처하자 만세 전에 택한 사람들을 원죄로부터 구원하시고자 영이신 성자 하나님께서 인간의 몸으로 이 땅에 성탄 하신 것입니다. 피를 흘리기 위함입니다. 피 흘림이 없이는 죄사함이 없기 때문입니다. 그것이 십자가 지심과 처녀 마리아를 통한 임신과 출생입니다. 처녀 마리아가 원죄가 없어서 성자 예수님을 잉태한 것이 아닙니다. 수많은 여인 중에서 단지 하나님의 선택을 받아 하나님이신 예수님을 초자연적인 성령 하나님의 능력으로 임신하고 출생시키고 양육한 것뿐입니다. 마리아는 단지 이러한 역할만 한 것입니다.

물론 예수님을 잉태한 여자이기에 어느 여자들보다도 복된 것은 사실이나 그 이상도 그 이하도 아닙니다. 예수님을 잉태하고 출생하고 양육시켰다고 해서 피조물이 아닌 것이 아닙니다. 원죄도 그대로입니다. 마리아도 예수님을 믿어야 죄(원죄) 용서함을 받고 구원을 받습니다. 다시 강조컨대 신성과 인성을 가지신 예수님은 만세 전에 스스로 계신 하나님이십니다. 따라서 하나님이신 예수님은 신성부분에서 피조물의 아들이 될 수 없고, 피조물인 어머니 마리아는 하나님이신 예수님의 신성부분에서 절대로 어머니가 될 수 없습니다. 피조물인 마리아는 단지 인성 부분에서 예수님의 어머니라고 칭함을 받을 뿐입니다. 만일 신성(神性)과 인성(人性), 즉 양성(兩性)을 가지신 예수님의 어머니라고 주장한다면 이는 그릇된 사상입니다. 하나님이신 예수님의 인성 부분을 단지 잉태하고 출생했다고 하여 신성과 인성 모두에서 예수님의 어머니라고 한다면 이는 마리아를 신격화(神格化) 시키는 우상숭배 죄에 빠지게 됩니다. 그러므로 마리아의 원죄 없는 잉태설은 성경사상에 반하고, 창조주와 피조물을 물구나무 세우는 것이고, 인간이 아닌 죄가 없는 신(神)의 자리에 오르게 하는 무서운 죄가 됩니다. 마리아는 여느 사람들처럼 원죄를 가지고 잉태한 자입니다. 예수님의 어머니라고 해서 원죄에 대하여 특전(特典 특별한 법)을 받을 수 없습니다. 특전, 특은이라는 말 자체가 어불성설(語不成說 말이 되지 않음)입니다.

모든 인간은 다 죄인이고 특전, 특은이라는 것은 없습니다. 이런 주장은 제255대 소위 교황 비오 9세가 만들어낸 것일 뿐입니다. 그 이전에는 이런 주장도 없었습니다. 이것이 팩트(사실)이고 성경적 세계관이자 개신교 세계관입니다. 참고로, 원죄(原罪 Original Sin)란 본죄(本罪)라고도 하는데, 인류의 대표자인 아담과 하와가 지은 죄를 말합니다. 이는 인류의 시조이자 머리인 아담과 하와가 하나님이 금하신 선악과를 따먹는 불순종으로 말미암아 육체적으로 반드시 죽는 죄이며, 영혼이 영원히 죽는 죄로, 아담과 하와의 모든 후손들에게는 아담의 원죄가 전가됩니다. 아담의 후손들은 억울한 측면도 있지만 어쩔 수 없습니다. 그래서 모든 사람은 한 번 태어나면 다른 여러 이유 때문이 아닌 원죄 때문에 육체적으로 반드시 사망하는 것입니다. 인간은 남녀 부부가 성교를 통해 정자와 난자가 만나 여자의 몸에서 수정되어 자궁에 착상하므로 임신이 되는 순간부터 죄인이 되고 죄인으로 출생합니다. 영혼과 육체로 결합된 모든 사람은 예외 없이 원죄를 가진 죄인으로 태어납니다. '마리아도 죄인인 부모님을 통해서 태어났기에 죄인입니다. 예수님의 인성부분에서 모친이라고 죄가 자동으로 사해지는 것이 아닙니다. 마리아도 성자 예수님을 구세주로 믿어야만 죄 용서함을 받고 구원을 받습니다.

그래서 성경은 **"의인은 없나니 하나도 없다"**(롬 3:10), **"모든 사람이 죄를 범하였다"**(롬 3:20)고 하는 것입니다. 인류의 시조인 아담과 하와의 모든 후손은 만세전에 택자든, 택자가 아니든 다 죄인으로 잉태되어 죄인으로 태어납니다. 초롱초롱한 갓난아이들도 다 죄인입니다. 사람은 누구도 예외가 없습니다. 이는 성경이 그렇게 말합니다. **"의인은 없나니 하나도 없다"**고. 마리아도 죄인으로 잉태되어 죄인으로 태어났습니다. 인성에 있어서 예수님의 모친이라고 하여 원죄 잉태가 없거나 면죄되거나 사라지는 것이 아닙니다. 마리아도 구원자이신 예수님을 믿어야 죄 용서함을 받고 구원을 받습니다. 마리아에 대한 가톨릭의 교리와 주장은 성경에 근거하지 않은 것입니다. 천주교 신자들은 이런 사실을 바로 알아야 합니다. 성경을 읽지 않고 모르면 지도자들이 가르쳐 주는 대로만 알게 되고 믿게 됩니다. 마치 중세 가톨릭 때처럼 말입니다. 그리하면 사실이 아닌 것도 사실인 것처럼 믿게 됩니다. 이제는 개신교든, 천주교든 지도자들이 주장하고 가르친다고 해서 무조건 맹신하면 실수합니다. 성경은 완전하지만 성경을 해석하고 전하는 과정에서 가감되는 것이 있습니다. 그래서 성경을 통해서 팩트 체크, 검증을 해야 합니다.

3. 마리아의 '평생 무죄설'은 사실이 아닙니다.

천주교는 말하기를 **"마리아는 하느님의 어머니이시기 때문에 원죄도 본죄(자범죄/소죄)도 없이 태어나신 '무염시태'(無染始胎 원죄 없는 잉태)의 특전을 받았으며, 죽으신 다음 육신으로 하늘에 올림을 받으신 분입니다. 이날을 성모승천 대축일(8월 15일)이라고 합니다"**라고 주장합니다. 성경은 마리아에 대하여 다른 모든 인간들처럼 전적으로 부패하고 타락한 죄인이라고 말합니다. 마리아는 죄인이고 승천한 일도 없다고 말합니다. 천주교의 가톨릭교회교리서는 이와 관련하여 다음과 같이 말합니다. 물론 성경사상은 아닙니다.

가톨릭교회교리서 제411조입니다.
"…하느님의 특별한 은혜로 말미암아 그녀(마리아)의 전(全) 지상생애 동안 어떠한 종류의 죄도 범하지 않으셨다"

가톨릭교회교리서 제493조입니다.
"…마리아는 하느님의 은총으로 그녀의 일평생 동안 어느 한 죄도 범하지 않았다"

가톨릭교회교리서 제508조입니다.
"…마리아는 그녀의 잉태의 첫 순간부터 원죄의 오염으로부터 전적으로 보존되고 그녀의 일평생을 통하여 모든 자기 죄(자범죄/소죄)에 물들지 않았다"

제2차 바티칸 공의회 교회헌장 제56조입니다.

"…마리아는 하느님의 은총으로 이생동안 어떠한 죄도 범치 않았다"

가톨릭에서는 '마리아의 전 지상생애 동안 어떠한 죄도 범치 않았다'고 말합니다. '그녀의 일평생을 통하여도 모든 자범죄(소죄)에 물들지 않았다'고 주장하므로 원죄(본죄) 뿐만 아니라 '마리아'의 자범죄(自犯罪 Actual Sins)까지도 부인합니다. 선천적으로도 원죄가 없다고 합니다. 이는 전혀 성경적이지 않습니다. 마리아를 인간이 아닌 신으로 신격화시키는 것입니다. 가톨릭이 성경의 근거 없이 만든 교리일 뿐입니다. 성경 어디에도 마리아가 원죄와 자범죄(소죄)가 없다고 말하지 않습니다. 천주교 주장대로 되려면 마리아는 피조물이 아니거나, 아담과 하와의 자손이 아니거나, 하나님이 되거나, 외계인 등이 되어야 합니다. 허나 마리아는 아담과 하와의 후손입니다. 아담과 하와의 원죄가 전가된 사람입니다. 성경은 모든 인간은 다 죄인이고 의인은 하나도 없다고 말합니다.

로마서 3장 23절입니다.

"모든 사람이 죄를 범하였으매 하나님의 영광에 이르지 못하더니"

로마서 3장 10절입니다.

"기록된바 의인은 없나니 하나도 없으며"

한 마디로 선천적으로나 도덕적으로 완전한 인간이 없다는 말입니다. 모두가 죄인이라는 말입니다. 이 말이 암시하는 바는 남녀노소를 불문하고 모든 인간은 원죄가 있고 알게 모르게 온갖 실수와 잘못을 하고 사는 자범죄(소죄)를 범하며 삽니다. 자범죄(自犯罪)란 남녀노소 사람들이 일생을 살면서 개인적으로 직접 짓는 죄를 말합니다. '개인이 짓는 죄'(Personal Sins)라고도 합니다. 자범죄(소죄)는 하나님의 계명들에 위배되는 각자 자신들의 죄악된 생각, 말, 행위들입니다. 모든 인간들은 일생동안 다양한 자범죄(소죄)를 지으며 삽니다. 오직 예수 그리스도만이 원죄와 자범죄가 없습니다. **"우리에게 있는 대제사장(예수님)은 우리 연약함을 체휼하지 아니하는 자가 아니요 모든 일에 우리와 한 결 같이 시험을 받은 자로되 죄(罪)는 없으시느니라"**(히 4:15) 과거, 현재, 미래를 막론하고 하늘 아래에 원죄와 자범죄(소죄)가 없으신 분은 오직 예수 그리스도뿐이십니다. 성경에 따르면 '마리아'는 원죄(임신과 출생부터 소유한 죄)와 자범죄(개인이 짓는 죄) 모두를 가지고 있습니다. 따라서 마리아에게 자범죄(소죄)가 없다는 천주교의 주장과 교리는 성경에 비추어 볼 때 팩트가 아닙니다. 전혀 성경사상이 아닙니다.

4. 마리아의 '평생 처녀설'은 사실이 아닙니다.

마리아의 평생 처녀설은 처음부터 주장했던 사상이 아니라 A.D. 451년 칼케톤 공의회에서 인준되었습니다. 그리고 제2차 바티칸 공의회(1962년)에서도 결의하였습니다. 전혀 성경적이지 않습니다. 성경은 요셉과 마리아 부부 사이에서 아들들과 딸들이 출생했다고 명백하게 말씀하고 있습니다. 마리아는 절대로 처녀(동정녀)가 아닙니다. 마리아는 예수님을 출산한 이후 남편 요셉과 결혼생활을 하는 동안 일반 부부처럼 성교(sex)를 하며 살았습니다. 아들과 딸을 출산한 것이 그 증거입니다.

가톨릭교회교리서 제499조입니다.
"교회는 마리아가 사람이 된 하느님의 아들을 낳는 그 순간에도 실제로 그리고 평생 동정녀이었다는 것을 고백하기에 이른다…교회의 전례는 마리아를 일평생 동정녀로 찬미한다"

가톨릭교회교리서 제500조입니다.
"…사실상 예수의 형제들이라는 야고보와 요셉(마 13:55)은 예수의 한 제자인 다른 한 마리아의 아들들이다(마 28:1). 여기서 형제들이란 구약의 한 표현으로 예수의 가까운 친척을 일컫는 말이다"

가톨릭교회교리서 제501조입니다.
"예수는 마리아의 유일한 아들이다…"

가톨릭교회교리서 제510조입니다.
"마리아는…항상 동정녀이었다"

이러한 가톨릭의 교리와 주장은 성경에 비추어 보면 명백한 거짓입니다. 성경은 마리아에게 결혼하기로 약정한 남편 요셉이 있음을 말합니다. 그러나 성령 하나님의 초자연적인 능력으로 예수님을 잉태하기 전과 출생하기까지 남편과 성교(동침)를 하지 않았다고 합니다.

마태복음 1장 18절입니다.

"예수 그리스도의 나심은 이러하니라 그 모친 마리아가 요셉과 정혼하고 동거하기 전에 성령으로 잉태된 것이 나타났더니"

마태복음 1장 24~25절입니다.

"…그 아내를 데려왔으나 아들을 낳기까지 동침치(성교) 아니하더니 낳으매 이름을 예수라 하니라"

일반적으로 볼 때 이 말이 암시하는 바는 예수님을 낳은 이후에는 동침(성교)하였음을 의미합니다. 다른 성경 구절이 명백하게 증거 합니다. 만일 동침이 없었다면 결혼한 부부가 아니었거나 결혼을 했다면 동침 전에 이혼을 했어야 말이 됩니다. 부부가 성관계를 하지 않고 산다는 것은 상상할 수 없습니다. 예수님이 탄생한 이후 요셉과 마리아는 당연히 부부간에 성교를 하였습니다. 그 증거로 예수님에게 육신의 형제와 자매들이 있었음을 성경은 증거 합니다. 예수님께서 고향의 회당에서 천국복음을 탁월하게 가르치자 나사렛에서 예수님과 함께 살았던 고향 사람들이 놀라며 한 말을 기록하고 있습니다. 예수님이 자란 나사렛 고향 사람들은 속일 수 없습니다. 나사렛 마을 사람들은 마리아의 가족에 대해서 잘 알 것입니다. 나사렛 마을 사람들이 이렇게 증거 합니다.

마태복음 13장 55~56절입니다.

"이는 목수의 아들이 아니냐 그 모친은 마리아 그 형제들(his brothers)은 야고보 요셉 시몬 유다라 하지 않느냐 그 누이들(his sisters)은 다 우

리와 함께 있지 아니하냐 그런즉 이 사람의 이 모든 것이 어디서 났느뇨 하고"

요한복음 2장 12절입니다.
"그 후에 예수께서 그 어머니와 형제들(brothers)과 제자들과 함께 가 버나움으로 내려가셨으나 거기에 여러 날 계시지는 아니하느니라"

사도행전 1장 14절입니다.
"여자들과 예수의 모친 마리아와 예수의 아우들(his brothers)로 더불어 마음을 같이하여 전혀 기도에 힘쓰니라"

예수님은 4형제들(야고보, 요셉, 시몬, 유다)뿐만 아니라 적어도 2명 이상의 여동생들도 있었음을 알 수 있습니다. 성경은 예수님의 여동생들이 둘 이상이 있었기에 "누이들"(sisters)이라고 복수로 기록하고 있습니다.

마태복음 13장 56절입니다.
"그 누이들은 다 우리와 함께 있지 아니하냐..."
(Aren't all his sisters with us?)

또 그 당시 사람들도 예수님의 친동생들과 누이들이 있었음을 증거 합니다.

마가복음 3장 31~32절입니다.

"때에 예수의 모친과 동생들이 와서(The Jesus mother and brothers arrived) 밖에 서서 사람을 보내어 예수를 부르니 무리가 예수를 둘러앉 았다가 여짜오디 보소서 당신의 모친과 동생들과 누이들이 밖에서 찾나 이다"

마가복음 6장 3절입니다.

"이 사람(예수)이 마리아의 아들 목수가 아니냐? 야고보와 유다와 시 몬의 형제가 아니냐? 그 누이들(his sisters)이 우리와 함께 있지 아니하 냐? 하고 예수를 배척한지라"

예수님께서 고향인 나사렛에 가셨을 때 고향 사람들이 예수님을 향하 여 한 말입니다. 나사렛 고향 사람들은 요셉과 마리아의 집 사정에 대해 서 잘 알고 있었습니다. 마을에서 함께 살았기 때문입니다. 그래서 예수 님의 육적 형제와 자매들이 여럿 있었던 것을 잘 알고 있었습니다. 이 말 은 마리아와 요셉이 여러 명의 아들과 딸들을 낳았음을 알 수 있습니다. 이는 마리아가 처녀가 아니라는 것을 증명합니다. 여러 자녀들이 있는데 어찌 처녀일 수가 있습니까? 그런데도 천주교는 황당하게도 마리아 처 녀설을 주장합니다. 따라서 예수님의 형제들과 자매들은 6명 이상이었 음을 알 수 있습니다. 이런 성경의 기록과 근거에 비추어 볼 때 가톨릭이 예수님의 친형제들을 '사촌'(cousin) 또는 '가까운 이웃'(neighbor)이라고 주장하는 것은 명백한 사실 왜곡과 억지로 역사적 사실과 성경의 문자적 기록과 해석을 부정하는 것입니다. 그러므로 '마리아'는 평생 처녀로 산

것이 아닙니다. 또한 가톨릭의 마리아 '평생 처녀설'은 성경 사상이 전혀 아닙니다. 성경을 가감한 교리입니다.

5. 마리아의 '승천설'은 사실이 아닙니다.

승천(昇天)이란 지상에서 하늘로 오름이나 이 세상을 떠나 천국으로 올라감을 뜻합니다. 가톨릭에서는 해마다 8월 15일을 '마리아'가 승천한 날(성모승천대축일)로 가정하고, 이날이 되면 천주교회에 나가 미사를 드립니다. 가톨릭은 마리아가 죽은 뒤 몸이 썩어 사라지지 않고 부활해 하늘로 들어 올림을 받았다고 말합니다. 너무나도 황당하고 왜곡된 주장입니다. 전혀 사실이 아닌 거짓 주장입니다. 천주교는 마리아의 승천에 대하여 자의적인 주장이 아닌 성경의 근거를 제시해야 합니다. 가톨릭의 주장은 다음과 같습니다.

가톨릭은 말하기를 **"마리아가 죽은 후 그녀의 시체는 무덤에 안치되었다. 그러나 그녀의 시체는 이 땅에서 썩지 않고 대신에 그녀의 아들 예수 그리스도께서 그녀의 육체와 영혼을 천국으로 데려갔다"**고 합니다. 교황 비오 12세(1876~1958, 교황 재위 1939~1958)는 1950년 11월 1일 **'우리는 하느님의 어머니, 평생 처녀 마리아, 그녀의 지상생애 후에 몸과 영혼이 하늘의 영광으로 올리움을 받은 것을 선언, 선포, 정의한다'**고 마리아의 승천을 선언하였습니다. 이는 성경에 근거하지 않는 선언입니다.

가톨릭교회교리서 제966조입니다.

"…마리아가 지상 생애의 여정을 마쳤을 때 몸과 영혼은 하늘 영광으로 올림을 받아 주님에 의하여 만물 위에 여왕으로 존귀케 되었다…"

제2차 바티칸 공의회 교리헌장 제59항입니다.
"…마침내 원죄의 온갖 더러움에 물들지 않으시어 티 없이 깨끗하신 동정녀께서는 지상생활의 여정을 마치시고 육신과 영혼이 하늘의 영광으로 올림을 받으시고…"

묵주기도서 영광의 신비 4단입니다.
"예수께서 마리아를 하늘에 불러올리심을 묵상합니다."

이처럼 가톨릭은 마리아의 승천을 주장합니다. 물론 성경의 근거는 전혀 없습니다. 가톨릭이 자의적으로 만든 교리입니다. 마리아의 승천은 사실이 아닙니다. 성경에 마리아 승천에 대한 언급이 전혀 없습니다. 성경은 피조물 중에 오직 두 사람만 죽음을 맛보지 않고 승천한 사실을 기록하고 있을 뿐입니다. 에녹과 엘리야입니다. 에녹은 365세에 하나님과 동행하다가 하나님이 데려가시므로 승천하였습니다.

창세기 5장 24절입니다.
"에녹이 하나님과 동행하더니 하나님이 그를 데려가시므로 세상에 있지 아니하였더라"

엘리야는 선지자로 여호와에 의한 회리바람을 타고 승천하였습니다.

열왕기하 2장 12절입니다.

"두 사람이 행하며 말하더니 홀연히 불수레와 불말들이 두 사람을 격하고 엘리야가 회리바람을 타고 승천하더라"

에녹과 엘리야는 죽음을 경험하지 않고 하나님에 의하여 승천하였습니다. 그리고 예수 그리스도께서 십자가에 달려 죽으셨다가 무덤에 계신지 3일 만에 부활하신 후 승천하셨습니다. 예수님의 승천은 자신이 하나님으로서 신적, 초자연적인 승천입니다.

요한복음 3장 13절입니다.

"하늘에서 내려온 자 곧 인자(예수님) 외에는 하늘에 올라간 자가 없느니라"

성경은 피조물 중 에녹과 엘리야 외에 어느 누구도 승천했다고 말하지 않습니다. 예수님처럼 육체가 죽었다가 부활·승천한 사람은 지금까지 아무도 없습니다. 만일 마리아가 승천하였다면 에녹과 엘리야처럼 성경에 기록하였을 것입니다. 성경의 기록이 없는데 '마리아'가 승천했다고 주장하는 것은 성경을 가감(加減)하는 거짓 주장입니다. 그러므로 마리아 승천설은 가톨릭이 성경의 근거 없이 자의적으로 만들어낸 설에 불과합니다. 천주교든, 개신교든 어떤 주장을 할 때는 반드시 성경의 근거를 제시해야 합니다. 그것도 성경에 명백하게 기록되어 있어야 하고 문맥적으로 바른 해석이 담보되어야 합니다. 성경에 근거하지 않은 교리와 주장은 어느 시기에 사람이 인위적으로 만들어낸 것에 불과합니다. 인간이 만들어 낸 허수아비와 같은 작품일 뿐입니다. 성경은 이러한 행위에 대하여 '진리를 가감(加減)하는 것'이라고 합니다. 성경을 가감하여 주장하는 자들은 주로 이단들의 행태입니다. 진리에서 벗어난 자들의 주관적인 주장일 뿐입니다. 성경에 기록되지 않은 것을 만들어서 마치 성경에 기록된 진리처럼 말하는 것은 매우 위험한 것입니다. 가톨릭의 마리아 승천설은 근거도 없고 사실도 아닙니다. 마리아 승천에 대하여 자신이 있으면 누구나 인정할 수 있는 객관적인 성경의 근거를 제시하면 됩니다.

6. 마리아의 '하늘의 여왕'은 사실이 아닙니다.

가톨릭은 피조물인 '마리아'가 승천한 후 하늘의 여왕으로 앉아 있다고 주장합니다. 세상에 소설도 이런 소설이 없고, 코미디도 이런 코미디가 없습니다. 성경에 마리아가 승천하여 하늘의 여왕이 되었다는 말씀은 어디에도 없습니다. 다음은 천주교의 주장입니다.

가톨릭교회교리서 제966조입니다.
"…주님께로부터 만물의 여왕으로 추대 받았다…"

묵주기도 영광의 신비 5단입니다.
"예수께서 마리아에게 천상 보후의 관을 씌우심을 묵상합니다"

성경 어디에도 이런 말씀이 없습니다. 또한 성경에 전혀 근거가 없는 묵주기도일 뿐입니다. 이는 가톨릭이 자의적으로 만든 소설에 불과합니다. 성경은 그 어디에서도 '마리아'가 하늘의 여왕이라고 말하지 않습니다. 구약 성경책 예레미야서에 '하늘의 여신', '하늘의 여왕'이라는 칭호가 나오기는 하지만 이는 마리아와는 전혀 상관이 없고 타락한 이스라엘 백성들이 우상인 하늘 여신(풍요의 여신)에게 제사한 것에 대한 죄악을 지적한 것입니다.

예레미야 44장 17절입니다.
"…하늘 여신에게 분향하고 그 앞에 전제(奠祭 제사의 한 가지)**를 드리리라…"**

그런데 가톨릭은 마리아를 높인다고 하면서 그녀를 '하늘의 여왕'이라고 주장합니다. 과거 역사상 이 지구상 일부 국가에 여왕은 있었지만 하늘(하늘나라)에는 여왕이 없었습니다. 기독교 역사 안팎으로 전무후무한 근거 없는 주장입니다. 이렇게 만들고 싶어도 절대로 있을 수가 없습니다. 공상 영화나 소설에나 나올 법한 주장입니다. 천지와 우주만물의 왕은 오직 예수 그리스도뿐이십니다.

디모데전서 6장 15절입니다.
"…하나님은 복되시고 홀로 한 분이신 능하신 자시며 만왕의 왕이시며 만주의 주시오"

결코 그 어떤 사람, 피조물이라도 하늘의 왕(여왕)이 될 수 없습니다.

천사나 마리아도 하늘의 여왕이 될 수 없습니다. 그러므로 가톨릭의 마리아 '하늘의 여왕' 주장은 전혀 성경에 근거가 없는 교리이자 성경을 가감하는 무서운 가르침입니다.

7. 마리아 '보호설'은 사실이 아닙니다.

이 우주 만물과 피조물들을 보호하시는 분은 오직 성삼위 하나님뿐입니다. 그리고 이 땅에 살면서 부모들이 자녀들을 보호하는 것뿐입니다. 살아 있는 사람이 일부 사람을 보호하는 정도입니다. 그런데 피조물이자 사람으로 죽은 마리아가 누구를 보호한다는 말입니까? 이는 상식적으로도 맞지 않고 성경에도 전혀 근거하지 않는 거짓입니다. 죽은 사람은 누구도 누구를 보호하지 못합니다. 이는 상식이자 성경적입니다.

가톨릭교회교리서 제971조입니다.

"…사실 복된 동정녀(처녀)는 가장 오랜 옛적부터 '하느님의 어머니' 라는 칭호로 공경을 받아 왔고 선지자들은 그들의 모든 위험들과 필요들 가운데서 보호와 도움을 청한다…"

제2차 바티칸 공의회 교회헌장 제66항입니다.

"…복되신 동정녀께서는 '천주의 성모'라는 칭호로 공경을 받으시고, 신자들은 온갖 곤경 속에서 그분의 보호 아래로 달려 들어가 도움을 간청한다."

교황 요한 바울 2세는 피격 후 고백하기를 '**성모 마리아가 자기 목숨을 보호해 주었다**'고 했습니다. 가톨릭의 이러한 주장은 성경의 근거가 전혀 없습니다. 사실이 아닙니다. 누구나 긍정할 수 있는 객관성도 없습니다. 성경은 오직 전지전능하시고 살아계신 하나님만 그리스도인(지상 교회, 신자)들을 보호해 주신다고 합니다.

시편 5편 11절입니다.
"**오직 주(하나님)에게 피하는 자는 다 기뻐하며, 다 주의 보호로 인하여 영영히 기뻐 외치며 주의 이름을 사랑하는 자들은 주를 즐거워하리이다**"

시편 16편 1절입니다.
"**하나님이여 나를 보호하소서! 내가 주께 피하나이다**"

다윗 왕도 하나님께 보호를 요청하였습니다. 마리아는 지상의 그 누구도 보호해줄 수 있는 능력, 신분, 위치에 있지 않습니다. 왜냐하면 이미 죽은 자이며, 전지전능하신 하나님이 아닌 피조물이기 때문입니다. 그런 즉 마리아에게 보호를 요청하는 기도를 하는 것은 헛된 일입니다. 마치 허수아비에 불과한 우상에게 기도하는 것과 다르지 않습니다. 우상에게 기도하는 이방 종교인들의 행위와 같습니다. 또한 마리아가 자기를 보호해 주었다고 고백하는 그 자체도 객관성이 없고 무의미합니다. 단지 교황의 주관적인 심정과 고백일 뿐입니다. 성경적 객관성이 전혀 없습니다. 사람을 죽이기도 하시고, 살리기도 하시고, 선택도 하시고, 유기도 하시고, 보호를 해 주시는 분은 오직 전능하신 성삼위 하나님밖에 없습니다. 그 어떤 사람도 하나님처럼 인간을 보호해 주지 못합니다. 따라서 마리아가 보호해 준다고 하거나 마리아에게 보호를 요청한 모든 행위는 마리아를 신격화 시키는 것이 됩니다. 아무런 효력이 발생하지 않는 헛된 기대와 기도와 수고일 뿐입니다. 마리아는 피조물이지 시간과 공간을 초월하여 역사하는 하나님이 아닙니다. 마리아는 현재 낙원(천국)에 있는 자로서 지상에 있는 신자들에게 아무런 힘을 쓰지 못하고 영향을 미치지 못합니다. 죽은 마리아가 보호해 준다는 사상은 마치 우상숭배자들과 이방인들과 불신자들이 죽은 조상들이 이 땅에 거하고 있는 후손들을 지켜주고 보호해 준다는 사상과 다르지 않고, 이에 후손들은 자기들을 보호해 주고 지켜 주시라고 절하고, 빌고, 제사를 지내는 것과 별반 다르지 않습니다. 오직 하나님만이 우리의 기도를 들으시고 우리를 보호해 주십니다. 그 외에는 다 미신이고 헛된 믿음과 주장, 교리일 뿐입니다.

8. 마리아가 '중보자'라는 주장은 사실이 아닙니다.

성경에서 말하는 중보자(仲保者)란 인류의 구세주이자 하나님의 아들인 예수 그리스도뿐입니다. 살아 계신 성자 예수님뿐입니다. 피조물과 죄인, 죽은 자는 중보자가 될 수 없습니다. 그런데 천주교는 성경에 전혀 근거가 없는 마리아가 중보자라고 가르칩니다. 다음은 천주교 주장입니다.

가톨릭교회교리서 제969조입니다.

"…하늘에 올림을 받은 후에도 이 구원의 직분을 제쳐 놓지 않고 영원한 구원의 선물들을 우리에게 주시기 위하여 그녀(마리아)의 다양한 중보사역을 계속하신다…그러므로 교회는 복된 동정녀를 변호사·보호자·형조자·중재자라는 명칭으로 기원 한다"(천주교 교회헌장 62항)

이 또한 성경의 근거가 전혀 없습니다. 사실이 아닙니다. 가톨릭이 자의적으로 만든 교리일 뿐입니다. 중보자(仲保者)란 하나님과 사람 사이에서 중간 역할을 하는 사람을 가리킵니다. 즉 죄(인류의 대표자인 아담과 하와가 선악과를 따먹은 불순종의 죄)로 인하여 하나님과 사람 사이의 관계가 단절되었는데 예수님께서 육신의 몸을 입으시고 이 땅에 성탄하시어 십자가의 대속 죽음으로 하나님과 인간 사이의 관계를 다시 연결, 회복하시는 역할을 하셨습니다. 그래서 성경은 중보자는 오직 예수 그리스도뿐이라고 합니다. 중보자는 죄인인 사람(마리아)이 절대로 될 수 없습니다. 혹 신자가 신자, 신자가 불신자들을 위해서 기도할 때 중보자라고 하지 않습니다. 살아 있는 사람이 살아 있는 사람을 위하여 중보자이신 예수님의 이름으로 하나님께 중보의 기도를 한다고 합니다. 기도할 때 마침 기도를 '예수님의 이름으로 합니다'라고 하는 것도 예수님만이 중보자이시기 때문입니다. 따라서 어떠한 경우에도 마리아가 중보자가 될 수 없습니다. 마리아는 죄인이고, 사람이었고, 이미 죽었기 때문입니다. 성경은 오직 예수 그리스도만이 인류의 유일한 중보자라고 합니다. 피조물이자 죄인인 사람은 누구든지 결코 중보자가 될 수 없습니다. 단지 이 땅에 살아있을 때 타인을 위하여 중보의 기도를 할 뿐입니다.

디모데전서 2장 5절입니다.

"하나님은 한 분이시오 또 하나님과 사람 사이에 중보자도 한 분이시니 곧 사람이신 그리스도 예수라"

따라서 마리아가 중보자라는 교리나 주장은 성경에 근거하지 않는 거짓 교리입니다. 더 나아가 이러한 거짓 교리는 하나님의 자리에 올려놓는 신성모독 죄에 해당합니다. 마리아를 신격화하는 것과 다르지 않습니다. 성경에 근거하지 않는 모든 교리와 사상은 가짜입니다.

9. 마리아는 예수님과 '공동구속자'가 아닙니다.

2017년은 포르투갈 파티마에 나타났다는 마리아의 발현 100주년을 기념하는 해입니다. '성모흠숭'(성모공경) 사상을 고양해온 신학자·성직자 단체의 하나인 국제마리안협의회(IMA)가 파티마 성모 현현의 해를 앞둔 지난 연말, 프란치스코 로마 교황에게 마리아를 '구속주 예수님과 함께 하는 공동구속자'로 부르는 칭호에 대한 공식 승인을 해 달라는 요청서를 보냈다고 밝혔습니다. 요청 대표단의 한 명인 라벗 패스티지 교수(디트로이트성심신학교, 성모학)는 이 청원의 중요성은 그리스도의 구속 사역에 동참하는 성모의 독특한 역할을 명확히 해 준다는 데 있다고 나름 취지를 밝혔습니다. 패스티지 박사는 "많은 사람들이 세상에 악이 퍼지는 것을 감지하면서 영적 어머니로서의 마리아의 역할을 강조해야 한다고 생각한다"고 주장했습니다(교회와신앙, 2017.2.27). 우리가 잘 아는 것처럼 성경은 예수 그리스도만이 인류의 유일한 구속자라고 말합니다. 혹 어떤 사람을 구속자나 공동구속자라고 한다면 가짜이자 거짓입니다.

마태복음 1장 21절입니다.
"아들을 낳으리니 이름을 예수라 하라 이는 그가 자기 백성을 저희 죄에서 구원할 자이심이라 하니라"

사도행전 4장 12절입니다.
"다른 이로서는(예수님 외에) **구원을 얻을 수 없나니 천하 인간에 구원을 얻을만한 다른 이름을 우리에게 주신 일이 없음이니라 하였더라"**

인류의 유일한 구세주(구속자)는 예수 그리스도뿐입니다. 피조물은 그 누구도 구세주가 될 수 없습니다. 마리아가 구속자라는 것이 아니라 구속사역에 있어 독특하게 협력해온 누구라는 뜻이라고 해도 천주교의 이런 말은 전혀 말이 되지 않습니다. 표현 자체가 오해를 불러일으키기에 충분합니다. 마리아는 죄인입니다. 마리아는 피조물입니다. 마리아는 협력을 하고 싶어도 인류의 구속사역에 전혀 협력하지 못합니다. 피조물은 누구든지 인류의 구속사에 관여하거나 협력하지 못합니다. 구세주인 예수님 홀로 충분합니다. 구속의 핵심인 십자가 죽음과 부활은 전적인 성삼위 하나님의 고유 사역이었습니다. 마리아는 인류의 구속사역에 그 어떠한 것도 협력할 수 없습니다. 그 이유는 피조물이고 이미 죽은 자이기 때문입니다. 하나님은 죄인인 마리아의 협력을 전혀 필요치 않습니다. 일부 가톨릭 신자들에 의한 마리아의 예수님과의 '공동구속자'라는 요청서는 예수님의 십자가 구속 사역을 훼손하고 성경을 가감(加減)하는 매우 위험한 주장과 거짓이 아닐 수 없습니다.

10. 마리아께 '기도하는 것'은 틀린 것입니다.

제266대 프란치스코 교황은 2014년 8월 15일 성모승천대축일 미사 삼종 기도에서 **"세월호 침몰 사건으로 생명을 잃은 모든 이들과 이 국가적 대재난으로 인해 여전히 고통 받는 이들을 성모님께 의탁한다"**고 말했습니다. 프란치스코 교황은 **"주님께서 세상을 떠난 이들을 당신의 평화 안에 맞아주시고, 울고 있는 이들을 위로해 주시며, 형제자매들을 도우려고 기꺼이 나선 이들을 계속 격려해 주시길 기도 한다"**고 밝혔습니다. 또 **"성모님께서 우리 중에서 고통 받는 사람들, 특별히 병든 이들과 가난한 이들, 존엄한 인간에 어울리는 일자리를 갖지 못한 이들을 자비로이 굽어보시도록 간청 한다"**고 덧붙였습니다. 또 프란치스코 교황은 **"대한민국의 해방을 기념하는 광복절을 맞아 우리는 이 고상한 나라와 그 국민을 지켜 주시도록 성모 마리아께 간구하며, 아시아전역에서 이곳 대전에 모인 모든 젊은이를 성모님의 손길에 맡긴다"**고 하였습니다. 기도는 그 어떤 사람이나 피조물에게 하지 않고 오직 하나님께만 하는 것입니다. 기도의 대상은 살아계신 하나님, 전지전능하신 하나님이지 피조물인 마리아, 이미 죽은 마리아가 아닙니다. 하나님께 하지 않는 모든 기도는 아무런 소용이 없습니다. 헛된 짓입니다. 이방인들, 미신 숭배자들이 하는 기도와 같습니다. 전지전능하시고 살아계신 하나님만 기도의 대상이시고 하나님만이 성도들의 기도를 들으십니다. 인성과 신성, 즉 양성(兩性)을 가지신 예수님께서도 이 땅에 육신의 몸으로 계실 때(공생애 기간) 항상 기도하셨습니다. 기도하시되 마리아에게 하신 것이 아니라 살아계신 하나님께 하셨습니다.

누가복음 6장 12절입니다.
"이때에 예수께서 기도하시러 산으로 가사 밤이 맞도록 하나님께 기도하시고"

마리아는 하나님이 아닙니다. 피조물이자 죄인인 인간입니다. 살았든, 죽었든 마리아에게 기도를 하는 것 자체가 틀린 것입니다. 말이 되지 않고 성경에 근거하지 않습니다. 따라서 이미 죽은 마리아는 하나님이 아니고, 사람이자 죽은 자이기에 기도를 들을 수도 없고, 기도를 응답해 줄 수도 없습니다. 기도하는 것 자체가 소용이 없는 짓입니다. 예수님께서 제자들이 어떻게 기도해야 하느냐고 묻자 다음과 같이 마리아가 아닌 하나님께 기도하라고 말씀하셨습니다.

마태복음 6장 9절입니다.
"그러므로 너희는 이렇게 기도하라 하늘에 계신 우리 아버지(성부 하나님)여 이름이 거룩히 여김을 받으시오며"

마태복음 6장 6절입니다.

"너는 기도할 때에 골방에 들어가 문을 닫고 은밀한 중에 계신 네 아버지께(성부 하나님) 기도하라 은밀한 중에 보시는 네 아버지(성부 하나님)께서 갚으시리라"

성경에 근거해서 말하면 2014년 8월 15일 프란치스코 교황이 한 기도는 잘못된 것입니다. 성경 어디에도 마리아에게 기도하라는 말씀이 없습니다. 그런 계명이 있으면 제시하기 바랍니다. 기도는 절대로 피조물이자 죄인인 마리아에게 할 수 없습니다. 기도는 오직 성삼위 하나님께 하고 하나님만이 응답하십니다. 마리아에게 하는 기도는 아무리해도 소용이 없습니다. 듣지도 못하고 응답도 하지 못하기 때문입니다. 오직 기도를 들으시고 응답하시는 분과 대상은 성삼위 하나님뿐입니다. 성경을 바로 알면 누구의 말이 진짜인지 알 수 있습니다.

11. '마리아 숭배'는 잘못된 것입니다.

칼케톤 공의회(451년)는 마리아 숭배를 제정하므로 마리아 숭배 죄를 범하였습니다. 뉴욕의 추기경 존 오 코너(John O' Connor)는 3위1체(삼위일체) 교리를 확장하여 새로운 거룩한 4위1체(사위일체)를 형성하도록 요청하고 거기서 **'마리아는 하느님의 딸이며, 성령의 배우자로 그리고 예수의 어머니로서 인정된 것이다'**라고 하였습니다. '성모송'도 마리아를 신격화하고 숭배함을 증명합니다. '성모송'은 다음과 같습니다. **"은총이 가득하신 마리아님! 기뻐하소서! 주님께서 함께 계시니 여인 중에 복되**

시며 태중의 아들 또한 복되시나이다. 천주의 성모 마리아님 이제와 저의 죽을 때에 저희 죄인을 위하여 빌어 주소서 아멘" 이와 같은 주장은 성경에 근거가 없습니다. 사실이 아닙니다. 가톨릭(천주교) 신자들은 마리아를 숭배하지 않는다고 말합니다. 하지만 마리아에 대하여 가톨릭이 추구하는 교리와 주장, 묵주기도 등을 보면 앞에서 줄곧 지적했던 것처럼 그렇지가 않습니다. 마리아 숭배와 신격화를 합니다. 교리가 그렇고 실제로 그런 행위들을 합니다. 가톨릭은 주장하기를 '마리아는 하느님의 어머니'라고 합니다. 이는 정확한 주장이 아닙니다. 피조물이 창조주의 어머니가 될 수 없습니다. 신성 부분의 어머니라고 하는 주장은 신(God) 위의 신(God)이라는 말입니다. 마리아는 단지 예수님의 양성(신성+인성) 중 인성부분인 육신의 어머니일 뿐입니다.

가톨릭은 말하기를 '마리아는 보통 사람들과 다르다'고 합니다. '원죄(임신 때부터 소유한 죄)도 없고 자범죄(개인이 지은 죄)도 없다'고 합니다. '일평생 처녀로 살았다'고 합니다. '죽음을 맛보지 않고 승천한 자'라고 합니다. '가톨릭 신자들을 보호하는 자'라고 합니다. '가톨릭 신자들의 중보자'라고 합니다. 천주교 신자들은 촛불을 켜놓고 마리아 상 앞에서 손으로 십자가 표시를 하며 합장하고 기도하기도 합니다. 천주교 성당마당에 가면 어느 곳이나 마리아 상이 있습니다. 이러한 것에 비추어 볼 때 마리아를 신(God)처럼 숭배하는 것이라고 하지 않을 수 없습니다. 따라서 가톨릭 신자들의 주장은 모순이 아닐 수 없습니다. 또한 성경은 십계명을 통해서 어떤 형상도 만들지 말고, 그것들에게 절하거나, 기도하거나, 섬기지도 말라고 하였습니다. 오직 영(靈)이신 하나님만을 섬기고 그분에게만 기도하라고 하였습니다. 그런데 마리아 상을 만들어 놓고 그 앞에서 기도 등 여러 행동을 하는 것은 성경 말씀에 반하는 행동입니다.

출애굽기 20장 3~5절입니다.

"너는 나 외에 다른 신들을 네게 있게 말지니라 너를 위하여 새긴 우상을 만들지 말고 또 위로 하늘에 있는 것이나 아래로 땅에 있는 것이나 땅 아래 물속에 있는 것의 아무 형상이든지 만들지 말며 너는 그것들에게 절하지 말며, 섬기지 말라…"(십계명 제1계명과 제2계명)

그런데 신기하게도 가톨릭에서 가르치는 교리 십계명을 보면 성경에 분명하게 명시된 첫째 계명과 둘째 계명이 없습니다(십계명 세계관에서 따로 다룸). 천주교에서 사용하고 있는 '공동번역' 성경을 보면 개신교에서 사용하는 성경과 동일하게 십계명(제1계명, 제2계명)에 우상숭배 금지와 섬김과 절 금지가 기록되어 있는데 가톨릭에서 가르치는 십계명 교리에는 없습니다. 다른 의역으로 포장된 용어(흠숭하라=공경하라)로 십계명의 제1계명과 제2계명이 채워져 있습니다. 놀라운 사실이 아닐 수 없습니다. 아마 가톨릭 신자나 개신교 신자 상당수가 이런 사실을 모를 것입니다. 성경에는 중요한 용어이자 단어인 우상숭배 금지, 조각상 숭배 금지, 형상 금지, 섬김 금지 등이 분명히 있는데 가톨릭 교리의 십계명에는 빠져 있습니다. 추측컨대 그것은 마리아 형상과 천주교내의 각종 성현들의 형상과 관계 되어 있지 않나 하는 생각이 듭니다. 왜냐하면 십계명에 있는 **"너는 나 외에 다른 신들을 네게 있게 말지니라 너를 위하여 새긴 우상을 만들지 말고 또 위로 하늘에 있는 것이나 아래로 땅에 있**

는 것이나 땅 아래 물속에 있는 것의 아무 형상이든지 만들지 말며 너는 그것들에게 절하지 말며 섬기지 말라…"(십계명 제1계명과 제2계명, 출 20:3~5)는 말씀에 정면으로 위배되기 때문이라고 생각합니다.

그렇지 않고서는 십계명 중에서 가장 중요한 1계명과 2계명을 통합하거나 핵심용어를 뺄 이유가 없습니다. 1, 2계명을 통합해서 '형상'(우상)이라는 용어 자체를 선명하지 않게 '흠숭하라'고 의역을 해 놓을 수 없습니다. 이는 어떤 의도 하에 성경을 가감(加減)하여 가르치는 것이 아닌가 하는 생각이 듭니다. 가톨릭 신자들이 성경에 무지하면 중세시대처럼 신부님들이 가르치는 것이 전부이고 사실이라고만 알 것입니다. 성경 사상 (출 20:1~5)에 따르면 교회당 안이나, 교회당 마당 뜰에 있는 마리아나 성현들의 형상은 모두 제거해야 맞습니다. 바티칸에 있는 각종 성현들의 형상들도 다 없애야 합니다. 그렇지 않으면 우상을 숭배하는 것이 됩니다. 그런데 성인들의 형상(모양)과 조각상을 그대로 두고 있습니다. 가톨릭 십계명 교리에서도 빼버렸습니다. 이는 성경을 가감하고 왜곡하는 것이며, 공동번역 성경 출애굽기 20장 1절부터 17절까지에서 확인할 수 있습니다. 성경을 가감하고 훼손하는 것은 하나님을 대적하는 일이고 재앙이 따릅니다.

제3장

고해성사 세계관

　고해성사(告解聖事 Sacrament of penance)란 가톨릭 신자가 성당에 찾아가서 자신이 지은 죄(자범죄·소죄)를 진심으로 뉘우치면서 사제(신부)에게 죄를 고백하고 용서의 은총을 받는 성사입니다. 하지만 개신교에는 이런 고해성사 행위나 교리가 없습니다. 왜냐하면 신·구약 성경에 사람의 범죄행위에 대하여 사람에게 하는 고해성사를 하고 죄 용서함을 받는다는 것이 없기 때문입니다. 죄 용서함은 하나님과 피해 당사자에게 구하는 것입니다. 다른 사람이나 성직자가 대신 다른 사람의 허물과 소죄를 사면해 주는 일은 없습니다. 원죄와 모든 자범죄(소죄)는 하나님께 용서를 구하고, 자범죄(소죄)는 피해 당사자에게도 용서함을 구해야 합니다. 제삼자인 사제들에게 고해하고 용서를 구하는 것은 있을 수 없습니다. 다 헛된 행위입니다. 원죄나 자범죄(소죄) 모두 오직 하나님만이 용서, 사해주실 수 있습니다. 하나님께서는 죄 사면권을 인간에게 하청, 위임, 맡기신 일이 없습니다. 세상 법정에서도 판사만이 유죄와 무죄의 판결권한이 있습니다. 그 누구에게도 유·무죄 판결권을 주지 않습니다. 국민재판 때에도 다른 민간인들에게 죄 사함의 권세는 주지 않습니다.

천주교 고해성사관

가톨릭에서는 교황이나, 주교들이나, 신부들은 죄 용서의 권한을 가지고 있다고 주장합니다. 왜냐하면 그들, 특히 교황은 예수 그리스도의 대리자요 절대적 권위를 가지고 권세를 행사한다고 믿고 주장하기 때문입니다. 고해성사는 천주교의 7대 성사(세례성사, 견진성사, 성채성사, 고해성사, 혼인성사, 신품성사, 병자성사)들 중의 하나입니다. 천주교(가톨릭)는 그리스도의 사죄권이 사도들에게, 사제들에게 전승되어 내려오고 있으므로 사죄권을 받은 신부들 또는 감독들만이 사죄권을 행사한다고 합니다. 천주교는 말하기를 '개신교는 가톨릭에서 떨어져나간 교회들이므로, 그리스도와 연결이 끊어진 교회이기 때문에 사죄권이 없고 개신교 목사들은 고해성사를 할 수 없다'고 합니다. 가톨릭에서는 참회의 기도를 신부 또는 감독에게 고하므로 죄를 용서받는다고 합니다. 원죄는 영세(물세례)에서 용서받고, 영세 받은 후 자범죄(소죄)들은 고해성사로 죄 사함을 받는다고 합니다. 고해(죄를 고백)받는 신부는 고해자의 죄의 질에 따라서 보속을 지정해 줍니다. 보속(補贖 속죄)이란 '지은 죄 때문에 일어난 나쁜 결과를 보상하는 일'을 말합니다. 보속에는 헌금·자선행위·이웃을 위한 봉사·자발적인 절제 등이 있습니다. 신부의 경우에는 다른 신부 또는 위에 있는 신부(영적 아버지)에게 고해합니다. 교황의 경우 추기경(교황 다음가는 성직자)이나 감독에게 고해합니다.

가톨릭교회교리서 제982조입니다.

"…아무리 중대한 잘못이라고 해도 교회(천주교)가 사해줄 수 없는 것은 없다…"

가톨릭교회교리서 제986조입니다.

"그리스도의 뜻에 따라 교회(천주교)는 세례 받은 사람들의 죄들을 용서할 권한을 가지고 있으며, 이 권한을 감독들과 사제들을 통하여 통상적으로 행사하신다"

가톨릭교회교리서 제1448조입니다.

"…교회(천주교)는 주교와 사제들을 통하여 예수 그리스도의 이름으로 죄를 용서해 주시고…"

가톨릭교회교리서 제1422조입니다.

"고해성사를 받는 신자들은 죄 용서를 받으며…교회(천주교)와 다시 화해하게 된다…"(천주교 교회헌장 11항)

가톨릭교회교리서 제1467조입니다.

"…사제들은 고백하는 사람들에게서 들은 죄에 대해 절대 비밀을 지

킬 의무가 있으며, 이를 어길 경우 매우 준엄한 벌을 받는다…이 비밀을
고해비밀이라고 부른다…"(천주교 교회법 제1388호 1장)

가톨릭교회교리서 제1495조입니다.
**"교회의 권위로부터 사죄권을 받은 신부들만이 그리스도의 이름으로
죄들을 용서할 수 있다"**

천주교에서 자신들의 고해성사를 변호하는 대표적인 성구들은 다음
과 같습니다. 마태복음 16장 19절입니다. **"내가 천국 열쇠를 네게 주리니
네가 땅에서 무엇이든지 매면 하늘에서도 매일 것이요 네가 땅에서 무엇
이든지 풀면 하늘에서도 풀리리라"** 요한복음 20장 23절입니다. **"너희가
누구의 죄든지 사하면 사해질 것이요 누구의 죄든지 그대로 두면 그대로
있으리라"** 야고보서 5장 16절입니다. **"그러므로 너희 죄를 서로 고백하
며…"** 그러나 천주교가 고해성사의 근거로 주장하는 성경말씀은 고해성
사와 전혀 상관이 없는 내용이자 말씀입니다. 이는 천주교의 아전인수와
자의적인 해석과 이해일 뿐입니다. 개신교 세계관에서 이 본문에 대하여
조목조목 설명해 드리겠습니다.

개신교 고해성사관

개신교에는 '고해성사'라는 말 자체가 없습니다. 왜냐하면 성경에는 목사들이나 어떤 사람들에게 죄를 고백(고해)하고 자백해야만 죄(자범죄·소죄)를 용서함 받을 수 있다는 말씀이 없기 때문입니다. 성경은 모든 사람들이 죄인이라고 합니다. '의인은 없나니 하나도 없다'고 합니다. 사람 위에 사람 있고 사람 아래에 사람이 있다고 말하지 않습니다. 모든 사람은 인격적으로나 죄인으로나 평등합니다. 어떤 사람이 어떤 사람의 죄들에 대하여 용서해 줄 자격과 권세가 없다고 합니다. 성경은 오직 하나님만이 원죄와 자범죄(소죄)를 용서해 주시는 분이라고 합니다.

마가복음 2장 7절입니다.

"…오직 하나님 한분 외에 누가 능히 죄를 사하겠느냐"

이 말씀은 유대 서기관들이 한 고백입니다. 서기관들은 하나님 한 분 외에는 죄사함의 권세가 없음을 분명히 알고 있었습니다. 하나님 한분 외에 그 어떤 사람도 죄 용서함의 권세가 없습니다. 구세주이자 하나님이신 예수님께서는 직접 자신이 죄사함의 권세가 있음을 말씀하십니다.

마가복음 2장 10절입니다.

"그러나 인자가 땅에서 죄를 사하는 권세가 있는 줄 너희로 알게 하려 하노라 하시고 중풍병자에게 말씀하시되"

시편 32편 5절입니다.

"내가 이르기를 내 허물을 여호와께 자복하리라 하고 주께 내 죄를 아뢰고 내 죄악을 숨기지 아니하였더니 곧 주께서 내 죄악을 사하셨나 이다"

시편을 기록한 다윗은 자기의 자범죄(소죄)에 대하여 여호와께 자복(고해)하리라고 고백합니다. 죄를 사하시는 분은 오직 하나님이시기 때문에 그리 고백한 것입니다.

요한일서 1장 7절이다.

"…그 아들 예수 그리스도의 피가 우리를 모든 죄에서 깨끗하게 하실 것이요"

우리의 모든 죄는 오직 인류의 유일한 구세주인 예수 그리스도의 십자가의 피로만 깨끗해질 수 있습니다.

요한일서 1장 9절입니다.

"만일 우리가 죄를 고백하면 그는(하나님은) 미쁘시고 의로우사 우리의 죄를 사하시며 우리를 모든 불의에서 깨끗하게 하실 것이요"

우리들의 죄에 대한 고백 대상은 사람이 아니라 하나님이시라고 합니다. 죄를 용서해 주시는 분도 오직 하나님이시라고 합니다. 예수님께서도 제자들에게 성부 하나님께 직접 죄 용서를 빌라고 가르치셨습니다.

마태복음 6장 9절과 12절입니다.

"그러므로 너희는 이렇게 기도하라 하늘에 계신 우리 아버지여!…우리가 우리에게 죄 지은 자를 사하여 준 것같이 우리 죄를 사하여 주옵시고"

예수님께서도 제자들에게 오직 하나님께 죄를 고백(고해)하고 용서를 구하라고 말씀하셨습니다. 성경에는 어디에도 교황, 추기경, 주교, 신부, 사제, 목사, 사람들에게 죄를 고백(고해)하고 용서함을 받으라고 한 말씀이 전혀 없습니다. 죄인인 모든 사람은 원죄든, 자범죄(소죄)든 다른 사람의 죄를 용서할 자격과 권세가 없습니다. 모든 사람들이 죄인이기 때문입니다. 따라서 사람에게 자기의 죄를 고해(고백)하는 것은 심리적으로 약간 가벼움은 있을지는 모르지만 아무런 의미도 없고 죄 용서함도 받지 못합니다. 성경은 오직 하나님만이 죄의 고백(고해) 대상이고 하나님만이 죄(원죄, 자범죄)를 용서해 주시는 분이라고 말합니다. 죄사함의 권세와 영역은 오직 창조주 하나님뿐입니다. 피조물인 인간은 그 누구라도 죄사함의 권세가 없습니다. 일생동안 하나님께 죄를 회개할 자일뿐입니다. 다음과 같은 것은 사람들끼리 행할 수는 있습니다. 서로에게 어떤 실수나 잘못을 했을 때 당사자 서로가 사과하고 용서해 주는 것은 있습니다. 가해자가 피해자에게 용서를 구하는 것입니다. 그렇다고 그것으로 끝나는 것이 아닙니다. 사람에게 죄를 짓고 당사자에게 용서함을 받았다고 하더라도 하나님께 회개하고 죄 용서함을 받아야 완전한 용서함을 받는 것입니다. 모든 죄는 사람에게 짓는 것이지만 동시에 하나님께 짓는 것이고 하나님 말씀에 불순종한 죄이기 때문입니다. 이는 마치 다른 사람에게 어떤 범죄를 저질렀을 때 당사자와만 화해하면 되는 것이 아니라 경찰이나 검찰의 조사와 수사를 받아 혐의가 인정되면 사법부로부터 유죄 심판을 받는 것과 같습니다. 당사자들끼리 해결했다고 다 끝나는 것이 아닙니다. 그래서 그리스도인들은 잘못을 한 다른 사람에게도 용서를 구하고 하나님께도 용서를 구하는 것입니다. 이런 성경 세계관에 비추어 볼 때 사람에게 행하는 천주교(가톨릭)의 고해성사는 성경사상이 아니고 헛된 것입니다. 천주교 신자들을 잘못된 고해성사 교리를 만들어 속이고 있는 것입니다. 천주교에서 자신들의 고해성사를 변호하는 대표적인 성구들에 대하여 성경적인 팩트체크를 해보겠습니다.

마태복음 16장 19절입니다.

"내가 천국 열쇠를 네게 주리니 네가 땅에서 무엇이든지 매면 하늘에서도 매일 것이요 네가 땅에서 무엇이든지 풀면 하늘에서도 풀리리라"

이 말씀은 교황, 추기경, 사제, 신부들의 고해성사나 사죄권과는 전혀 상관이 없는 말씀입니다. 사도들과 지상교회들의 복음전파에 따른 구원과 구원받지 못함에 대한 말씀입니다. 이 땅에서 사도들과 교회들이 천국열쇠를 상징하는 복음전파를 하여 누군가가 예수님을 믿으면 하늘에서도 그대로 인정하여 천국에 입성하고, 복음을 거부하면 하늘에서도 그대로 받아들여 천국입성을 불허한다는 말씀입니다. 이 말씀이 나오게 된 배경은 16절 베드로의 신앙고백에서 출발합니다. 어느 날 예수님께서 제자들에게 **"너희는 나를 누구라 하느냐?"**라고 물으셨습니다. 그러자 성질이 가장 급한 시몬 베드로가 가장 먼저 말하기를 **"주는 그리스도요 살아계신 하나님의 아들입니다"**(16절)라고 대답하였습니다. 이에 예수님은 이런 신앙고백을 한 베드로에게 복이 있다고 하시면서 이를 알게 한 분은 성부 하나님이시다고 말씀하셨습니다(17절). 그 다음에 하신 말씀이 **"이 반석 위에 내 교회를 세우리니 음부의 권세가 이기지 못하리라"**고 말씀하셨습니다. 이 구절에서 핵심 용어는 베드로의 신앙고백과 예수님의 교회를 가리키는 **"내 교회"**와 **"이 반석 위에"**입니다. 여기서 **"반석"**(페트라)이란 **베드로**를 가리키는 것이 아니라 여성형 일반명사로 바위 덩어리를 가리키며, 베드로(페트로스, 바위나 돌, 남성형 고유명사)와 유사하지만 일종의 언어적 유희로서 바위 덩어리와 같은 16절 베드로의 예수님에 대한 **'신앙고백'**을 가리키고 표현한 것입니다. 왜냐하면 교회의 기둥과 터는 반석(바윗돌)이나 죄인인 베드로가 될 수 없고 교회의 머리이자 주인이신 예수 그리스도이시기 때문입니다. 교회는 살아계신 하나님의 교회이고 진리의 기둥과 터라고 합니다. 교회는 반석이나 흙으로 지음을 받은 베드로 위에 세울 수 없습니다. 교회는 진리(예수님)의 기둥과 터이지 죄인인 베드로의 기둥과 터가 아닙니다. 어찌 반석이 베드로를 가리킨다고 할 수 있습니까? 절대로 베드로가 교회의 반석이 될 수 없습니다. 이는 완전히 성경과 상관이 없는 천주교의 주장입니다. 디모데전서의 말씀이 깨끗이 정리해 줍니다.

디모데전서 3장 15절입니다.
"…이 집(교회)은 살아계신 하나님의 교회요 진리의 기둥과 터이니라"

사람은 어느 누구도 교회의 머리나 주인, 기초가 될 수 없습니다. 교회가 베드로(그 반석)의 터 위에 세워진 것이 아닙니다. 이는 성경에 대한 무지이자 성경해석에 대한 오독과 난독이라고 할 수 있습니다. 아무리 교회론에 대한 성경지식이 무지하고 마태복음 16장 17절의 말씀을 오독, 난독했다고 해도 교회가 반석(베드로) 위의 터에 세웠다는 것은 상상할 수 없는 주장입니다. 사도들이든, 교황이든, 목사들이든, 누구든지 교회의 기초, 기둥, 터, 몸, 머리가 될 수 없습니다. 사도 바울이 에베소교회 성도들을 가리키면서도 반석(베드로)이 아닌 사도들과 선지자들의 터(기초) 위에 세우심을 입은 자들이라고 말합니다. 아래 에베소서 2장 20절은 교회를 건물에 비유하여 교회가 어떤 특성을 지니고 있는지를 말합니다. 사도들과 선지자들이 교회의 터(기초)라는 것은 사도들과 선지자들이 복음 계시에 대한 최초의 수납자요 선포자라는 의미에서입니다. 사도들과 선지자들이 교회의 기둥과 터(기초)라는 말이 아닙니다. 이미 앞서 말한 바대로 하나님의 교회의 기둥과 터(기초)는 진리(예수님)뿐입니다. 결코 그 어느 사람도 교회의 기둥과 터(기초), 주춧돌)이 될 수 없습니다. 예수 그리스도가 교회의 모퉁잇돌(주춧돌)이라는 것은 교회는 그 존재, 그 모습, 그 능력, 그 성장에 있어서 예수 그리스도에게 전적으로 의존되어 있음을 말해 줍니다.

에베소서 2장 20절입니다.
"너희는 사도들과 선지자들의 터(기초) **위에 세우심을 입은 자라 그리스도 예수께서 친히 모퉁이 돌**(주춧돌)**이 되셨느니라"**

성경은 교회의 주춧돌(모퉁잇돌)이 예수님이고 머리도 예수 그리스도라고 말합니다. 교회의 머리는 사도들이나, 선지자들이나, 사람이나,

베드로나, 다른 그 어떤 피조물이 될 수 없습니다.

에베소서 5장 23절입니다.
**"이는 남편이 아내의 머리됨이 그리스도께서 교회의 머리됨과 같음이
니…"**

성경은 교회는 예수 그리스도의 몸이라고 합니다. 교회는 베드로나
그 어떤 피조물이라도 교회의 몸이 될 수 없습니다.

에베소서 1장 23절입니다.
"교회는 그의 몸이니…"

지금까지 언급한 말씀은 문맥에 따라 19절의 말씀을 하신 것입니다.
따라서 **"천국 열쇠(열쇠들)를 네게(베드로) 주리니"**라는 말은 복음전파
에 대한 사도적 권한을 말한 것입니다. 이러한 권한을 베드로에게만 주
신 것이 아니라 모든 사도들에게 동일하게 주신 것입니다. 동시에 모든
신약교회들과 그리스도인들에게 주신 것입니다. 베드로는 단지 제자들
을 대표하여 예수님에 대한 신앙고백을 하였기에 모든 사도들의 이름을
일일이 언급하지 않고 베드로에게 천국의 복음전파 권한을 상징하는 천
국 열쇠를 주겠다고 표현한 것입니다. 베드로를 비롯한 모든 사도들에게
사람들이 천국에 들어갈 수도 있고 들어가지 못하게 할 수도 있는 천국
열쇠인 복음전파의 권세를 매고 푸는 권세라고 한 것입니다. '매고 푼다'
는 말은 천국을 열고 닫을 수 있는 권위, 권세를 상징합니다. 베드로를 비

롯한 사도들이 전하는 복음전파가 어떤 사람에게는 천국에 들어가지 못하게 묶기도 하고, 어떤 사람에게는 천국에 들어가도록 풀기도 한다는 뜻입니다. 이 말이 **"네가 땅에서 무엇이든지 매면 하늘에서도 매일 것이요 네가 땅에서 무엇이든지 풀면 하늘에서도 풀리리라"**는 말입니다. 이러한 사명은 12사도들에게 먼저 주셨고 신약의 모든 교회와 성도들에게 주신 권세입니다. 단지 베드로에게만 주신 천국열쇠인 복음전파 권세가 절대로 아닙니다. 베드로를 언급하며 **"네게"**라고 한 것은 단지 사도들을 대표해서 언급한 표현일 뿐입니다.

베드로에게만 복음전파 사역을 일임할 것 같았으면 12사도를 부를 이유가 전혀 없습니다. 베드로만 사도로 부르시어 베드로에게만 천국열쇠를 닫고 풀 수 있는 복음전파 사역을 맡겼을 것입니다. 나머지 11사도는 베드로의 들러리가 아닙니다. 모든 사도들에게도 동일하게 같은 복음전파(천국열쇠) 권세를 주신 것입니다. 사도들은 우열이 없습니다. 머리나 꼬리가 없습니다. 다 동일한 사도요, 동일한 사명을 받은 자요, 동일한 복음전파 권세를 받은 자들입니다. 사도들은 우열과 계급이 없습니다. 그런데 가톨릭(천주교)에서는 베드로의 한 사람에게만 그 약속(복음전파를 상징하는 천국열쇠)이 주어졌다고 합니다. 역사적으로 그 후계자인 교황에게 그 권한이 계속 부여되고 있다고 합니다. 이는 성경적으로나 상식적으로 전혀 맞지 않습니다. 예를 들어 한 사람에게만 심부름을 시키려고 하는데 11명을 함께 부르는 사람이 있습니까? 말도 안 되는 주장일 뿐입니다. 그리고 로마 가톨릭교회는 이 말씀을 베드로의 수장권(首長權)과 절대적 권한을 가리킨다고 주장합니다. 특별히 죄를 면제한다는 권한을 가리킨다고 하면서 고해성사를 변호하는 근거로 제시합니다. 이는 가톨릭의 성경에 대한 몰이해와 독해의 오류, 비상식과 자의적인 억지주장에서 비롯된 교리일 뿐입니다. 요한복음을 살펴보겠습니다.

요한복음 20장 23절입니다.

"너희가 누구의 죄든지 사하면 사해질 것이요 누구의 죄든지 그대로 두면 그대로 있으리라"

위 말씀은 제자들의 죄 사면권에 대한 언급이 아니라 복음 증거에 있어 제자들의, 사도들의 막중한 책임감을 강조한 말씀입니다. 즉 천국열쇠의 권세를 가진 복음 증거자인 사도들이나 교회들이 그 사명을 태만히 하여 누군가가 복음을 듣지 못하거나 잘못된 교훈을 받게 된다면 죄 용서함을 받지 못하므로 구원을 얻지 못합니다. 그것은 전적으로 복음 증거자의 직무 태만에 그 책임이 있습니다. 이런 관점에서 제자들(사도들)은 사람들의 죄를 용서하거나 용서하지 않을 권세를 가지고 있다는 말입니다. 그러나 가톨릭은 단순히 문자적으로 해석하여 이 말씀도 고해성사를 변호하기 위한 성구로 사용합니다. 여기서 **"너희가"**가 베드로를 위시한 이후 모든 교황과 관련된 교황권에 사죄권이 주어진다고 주장합니다. 그러나 문맥상과 직접적인 표현으로 볼 때 베드로 한 사람에게 할당된 표현으로 볼 근거는 전혀 없습니다. 교황은 더더욱 관련이 없습니다. 신·구약 성경은 누구의 죄를 사하거나 사하지 않을 권세는 오직 하나님과 예수 그리스도에게만 있다고 합니다.

마가복음 2장 5절입니다.

"예수께서 저희의 믿음을 보시고 중풍병자에게 이르시되 소자야! 네 죄 사함을 받았느니라 하시니"

마가복음 2장 10절입니다.

"그러나 인자가 땅에서 죄를 사하는(용서하는) 권세가 있는 줄을 너희로 알게 하려 하노라 하시고 중풍병자에게 말씀 하시되"

사도들과 천주교 사제들과 개신교 목사들을 포함해 그 어떤 사람들에게도 죄를 사하는 권세는 주어지지 않았습니다. 성경을 보면 사도들에게는 복음 증거의 사명과 권위가 주어졌습니다. 그리고 사도들이 복음을 증거 할 때, 그 복음을 받아들이고, 죄를 회개하고, 회개의 열매를 맺는 사람에게는 죄를 용서받는 결과가 생깁니다. 그러나 복음을 거부하는 자와 회개를 거부하는 자에게는 죄가 그대로 남아 끝내는 심판을 받아 영원한 지옥 형벌을 받게 됩니다. 이런 의미에서 사도들은 사람의 죄를 용서할 수 있는 권세를 가지고 있는 것입니다. 오늘날 이 권세는 모든 교회와 그리스도인에게 있습니다. 사도행전을 살펴보겠습니다.

사도행전 2장 38절입니다.

"너희가 회개하여 각각 예수 그리스도의 이름으로 세례를 받고 죄 사함을 얻으라 그리하면 성령을 선물로 받으리라"

이 말씀은 하나님께 자신이 죄인인 것을 인정하고, 회개하고, 예수 그리스도를 믿고 세례를 받으면 하나님으로부터 죄 사함을 얻을 것이라는 말씀입니다. 누구든지 성경사상의 본질과 기초, 그리고 문맥적으로 해석을 잘해야 합니다. 마치 수험생들이 국어시험을 볼 때 주어진 문장을 출제자가 의도한 대로 해석하지 않고 자기 주관대로 이해하고 답을 기록해 틀리게 되는 것과 같습니다. 문장이나 성경 해석의 어떠함에 따라 바른 신학과 신앙이 나오기도 하고 때론 이단과 사이비, 엉뚱한 주장이 나오는 것입니다. 그래서 학생은 시험 때 지문해석을, 교회 지도자들은 성경해석을 잘 해야 합니다. 의사는 진단을 잘 해야 합니다. 심판은 판정을 잘 해야 합니다. 운전자는 운전을 똑바로 잘 해야 합니다. 그러기 위해서는 문장과 성경 해석에 대한 실력, 은사가 있어야 합니다. 마치 국가대표 선수가 되려면 그에 걸맞은 실력이 있어야 되는 것과 같습니다. 실력이 없으면 시합과 경기에서 엉뚱한 짓을 합니다. 자동차 운전에 미숙한 사람이 운전을 하면 중앙선을 침범하거나 신호등을 위반하고 도로를 벗어나 사고를 당하는 것과 같습니다. 학생이 실력이 부족하면 시험 때에 엉뚱하게 이해하고 해석하여 확실하게 오답을 씁니다. 물론 자신은 정답이라고 확신하고 씁니다. 성경에 대한 바른 해석의 능력이 부족하면 엉뚱한 해석과 주장과 설교를 하게 됩니다. 설교를 들어보면 목사들 중에서도 성경을 잘못 해석하여 설교하는 자들이 있습니다. 성경을 잘 모르는 신자들은 그대로 받아들입니다. 위의 본문 말씀에 대한 가톨릭의 해석과 주장은 틀린 것입니다. 잘못 이해하고 해석한 것입니다.

　야고보서 5장 16절입니다.

"그러므로 너희 죄를 서로 고백하며 병 낫기를 위하여 서로 기도하라"

이 말씀도 고해성사나 교황, 사제의 사죄권을 말하는 것이 전혀 아닙니다. 여기서 강조하는 것은 교회 공동체 안에서의 **"서로"**라는 말입니다. 이 말은 상호간에 있어서 관계를 나타내는데, '죄의 고백'이나 '치유를 위한 기도'가 상호간의 관계에서 이루어져야 함을 의미합니다. 교회 성도들이 함께 모여 하나님께 기도하기 전에 천주교 신주나 사제가 아닌 하나님 앞에 자신들의 죄를 자백하여 죄를 용서받은 상태에서 기도해야 함을 말합니다. 왜냐하면 하나님은 죄를 짓고도 회개하지 않은 자들의 기도를 응답하시지 않기 때문입니다. 하나님께 범죄한 자들이 죄(자범죄, 소죄)를 자백하지 않은 채 함께 모여서 기도한다면 그런 기도는 응답받을 수 없습니다. 하나님은 죄를 품거나 죄를 지은 상태 그대로 기도하면 듣지 않으시고 거부하십니다. 하나님께 나아가기 전에, 하나님께 기도하기 전에, 하나님께 예배(미사)하기 전에 하나님께 죄를 씻김을 받아야 합니다. 하나님은 거룩하신 분이시고 죄를 싫어하시기 때문입니다. 다시 강조컨대 인간의 원죄와 자범죄(소죄)에 대한 기본적인 고해, 회개에 따른 사죄권은 오직 하나님(예수님) 뿐임을 중풍병자 치유를 통해서도 밝히 보여주셨습니다.

마가복음 2장 5절입니다.

"예수께서 저희의 믿음을 보시고 중풍병자에게 이르시되 소자야 네 죄 사함을 받았느니라 하시니"

그러므로 가톨릭(천주교)의 고해성사와 관련한 성경본문과 사제의 사죄권은 성경에 대한 잘못된 해석으로 전혀 성경적이지 않습니다. 속히 개선 조치가 이루어져야 합니다. 가톨릭이 성경 밖에서 만들어낸 인위적인 교리일 뿐입니다. 천주교 사제나 개신교 목사 등이 범죄한 자들의 내용에 대하여 들어주고, 기도해 주고, 상담은 할 수 있지만 범죄자의 죄를 사해주지는 못합니다. 원죄든 자범죄(소죄)를 용서해 주는 것은 하나님의 영역과 권세입니다. 피조물이자 죄인인 모든 인간에게는 그런 자격과 권세 자체가 없습니다. 이것이 피조물의 한계입니다. 따라서 천주교의 고해성사는 성경 밖의 그릇된 가르침이자 잘못된 교리입니다. 그런즉 고해성사는 속히 폐기처분되어야 합니다. 그렇지 않으면 헛된 고백을 하게 되고, 하나님으로부터 진정한 용서를 받지 못하고 살게 됩니다. 이것이 개신교의 고해성사 세계관입니다.

제4장

구원 세계관

구원(救援 구원할 구, 도울 원 salvation)의 사전적 의미는 '곤란한 처지에 있는 사람을 건져냄'을 뜻합니다. 기독교에서 구원이란 '인류의 유일한 구원자인 예수 그리스도께서 인류를 죄에서 건져냄'을 뜻합니다. 이를 구속(救贖 구원할 구, 바꿀 속), 대속(代贖 대신할 대, 바꿀 속), 속량(贖良 바꿀 속, 어질 량)이라고도 합니다. 한 마디로 기독교에서의 구원이란 하나님이신 성자 예수 그리스도께서 인류의 죄를 대속하기 위해서 인간의 몸으로 이 땅에 성탄(聖誕 성육신 incarnation) 하시어 죄인(하나님의 택한 백성들)들의 죄를 대신하여 십자가에 달려 죄인들의 죄값을 대신 지심으로 구원을 이루셨다는 말입니다. 따라서 누구든지 자신의 죄를 대속하신 예수 그리스도를 믿으면 은혜(선한 행위 없이 주어지는 선물)로 죄 용서함을 받고 구원을 얻는다는 말입니다. 이는 마치 살인자가 사형 확정 선고를 받고 감옥에서 죽을 날만 기다리고 사는데 어느 날 대통령이 그 사형수에게 은혜를 베풀어 특별사면을 해 준 것과 같습니다.

특별사면은 사형수나 죄인이 착한 행실이 있어서가 아닙니다. 사형수나 죄인의 선행 상관없이 대통령의 절대주권에 따라 결정하는 것입니다. 그것이 대통령의 특별사면권입니다. 특별사면의 주체는 사형수나 죄인의 착한 행실이나 선행이 아니라 대통령의 무조건적이고 일방적인 주권입니다. 죄인과는 상관이 없는 사면권 행사입니다. 죄인들이 죄 사함을 받고 사후에 천국에 들어가는 구원론도 마찬가지로 하나님의 특별은총, 특별 죄 사면으로 되어 집니다. 이것이 성경의 구원관입니다.

천주교 구원관

천주교(가톨릭)의 구원관은 믿음으로만 구원을 받은 것이 아니라 행위(선행/보속)가 있어야 한다고 주장합니다. 믿음+행위의 패키지 구원관입니다. 행위가 구원의 필수 조건이라고 말합니다. 이러한 구원사상은 자연스럽게 사람의 자유의지로 구원을 선택할 수 있다고 믿는 사상으로 넘어갑니다. 왜냐하면 행위로의 인간 자신의 자유의지의 발로이기 때문입니다. 천주교는 오직 하나님의 은혜에 따른 믿음으로만의 구원을 부인합니다. 여기에 야고보서 2장 14~26절의 말씀을 인용하면서 행위가 없으면 구원을 받지 못한다고 합니다. 야고보서 2장 14절입니다. **"네 형제들아 만일 사람이 믿음이 있노라 하고 행함이 없으면 무슨 이익이 있으리요 그 믿음이 능히 자기를 구원하겠느냐"** 그러나 야고보서 2장 14절 이

하의 말씀은 구원의 조건을 강조한 말씀이 아니라 당시 그리스도인들의 거룩하지 못한 삶의 행태들에 대하여 역설적으로 신자들의 거룩한 삶의 열매를 가질 것을 강조하고 지적한 말씀입니다. 한 마디로 '기독교인이라 말하면서 착한 행함이 없으면 되겠느냐'는 신앙과 행함이 일치하지 않는, 거룩한 행실이 부족한 신자들에 대한 책망의 말씀입니다. 결코 행위로의 구원을 말한 것이 아니라 그리스도인이라고 하면서 그리스도인답게 살지 못하는 것을 지적한 말씀입니다. 이러한 신자에 대하여 성경은 이렇게 말합니다. 야고보서 2장 17절입니다. **"이와 같이 행함이 없는 믿음은 그 자체가 죽은 것이라"** 과실수는 열매로 알 수 있듯이 기독교인에 대한 정체성도 거룩한 행실로 증명됩니다. 기독교인이라고 하면서 불신자들과 같은 불량한 언행을 하는 자들은 기독교인이 아니라는 말입니다. 사과나무라고 하는데 감이 열리면 사과나무가 아닌 것과 같습니다. 성경 구절을 잘 해석해야 합니다. 구원론과 관련하여 가톨릭교회 교리서를 살펴보겠습니다.

가톨릭 문답 성경, 354입니다.

"…우리는 예수 그리스도를 믿는 신앙은 선행의 열매를 맺지 않으면 구원적 신앙이 아니라고 믿는다. 선행은 구원을 위하여 필요하다…한 젊은 관리가 예수께 '내가 어떻게 하여야 구원을 얻으리이까?'(눅 18:18~25)라고 물었을 때 저에게 선을 행하라고 명하셨다…예수는 또한 적어도 행위와 자선에 따라 상급을 주시고 구원을 부여 하신다"

가톨릭교회교리서 제1260조입니다.

"…그리스도의 복음과 그의 교회에 대하여 무지한 사람도 자신이 이해하는 한도 내에서 진리를 찾고 하느님의 뜻을 행하는 사람은 누구나 구원을 받을 수 있다…"

가톨릭교회교리서 제1816조입니다.
"…믿음에 대한 봉사와 증언은 구원을 위해 필요하다…"

가톨릭교회교리서 제846조입니다.
"교회 밖에는 구원이 없다는…이 말은 모든 구원은 그의 몸된 교회를 통하여 (교회의) 머리이신 그리스도로부터 주어진다는 뜻이다. 공의회는 성서(성경)와 전능에 의거하여 교회는 구원에 필요하다고 가르친다… 가톨릭교회에 들어오기를 거부하거나 또는 그 안에 머물러 있기를 거부하는 사람들은 구원을 받을 수 없다"

가톨릭교회교리서 제1129조입니다.
"교회(천주교)는 신약의 성례들이 신자들의 구원을 위하여 필요하다고 말한다"

가톨릭교회교리서 제847조입니다.
"이러한 단언은 그들 자신의 잘못 없이 그리스도와 그의 교회를 알지 못하는 사람들을 대상으로 하지 않는다. 그리스도의 복음이나 또는 그의 교회를 알지 못하나 그럼에도 불구하고 진지한 마음으로 하나님을 찾으며, 양심의 명령으로 실천하려고 노력하는 사람은 영원한 구원을 얻을 수 있다"

가톨릭교회교리서 제841조입니다.

"…구원의 계획은 창조주를 인정하는 모든 사람들을 포함하는데 그 중에는 이슬람교도들도 포함된다. 그들은 아브라함의 신앙을 보전하고 고백하며 우리와 같이 마지막 날에 사람들을 심판하실 유일하시고 자비하신 하나님을 공경한다"

참고로, 천주교 교리에서 이슬람에 대하여 오해나 착각을 하고 있는 것으로 보입니다. 이슬람 구원론은 행위 구원입니다. 행위 구원이란 값 없이 주어지는 것이 아니라 사람이 어떤 행위를 잘 준수해야만 구원을 받는다는 사상입니다. 그리고 이슬람의 하나님은 단일신 하나님이고 기독교의 하나님은 삼위일체(성부 하나님+성자 하나님+성령 하나님) 하나님입니다. 이슬람과 기독교는 신론(神論)에서 완전히 다릅니다. 이슬람의 하나님과 기독교의 하나님은 전혀 다릅니다. 이슬람은 성자 예수님을 구세주와 하나님으로 인정하지 않습니다. 이슬람이 말하는 유일신과 창조주는 기독교의 유일신과 창조주와 전혀 다릅니다. 이슬람교도들은 진정으로 하나님을 공경하지 않습니다. 천주교가 이슬람의 구원론에 대하여 오해하고 있습니다. 이슬람에는 구원이 없습니다.

아무튼 천주교의 구원론은 성경과 개신교의 구원론과 같아 보이지만 전혀 다릅니다. 성경은 오직 믿음으로만의 구원을 주장합니다. 그러나 천주교의 구원론은 믿음+행위(선행)입니다. 행위나 선행이 붙으면 더 좋을 것 같지만 현재 천주교는 성경과 다른 구원론 사상을 가르치고 있습니다. 성경에 반하는 구원사상을 믿고 추종하면 구원을 받지 못합니다. 천국에 들어가지 못합니다. 이는 마치 시험을 볼 때 오답을 쓴 것과 같습니다. 정답이라고 확신하고 썼지만 정답이 아니라면 헛수고가 되고 맙니다. 신앙생활도 성경을 잘못 배우면 헛된 신앙이 되고 맙니다. 그래서 무엇이든지 맹신하지 말아야 합니다. 항상 성경에 근거하여 팩트체크를 해야 속지 않게 됩니다. 목사의 설교라고, 천주교의 교리라고 다 믿으면 큰코 닥칩니다. 천주교는 속히 바른 구원관으로 나와야 합니다. 이런 사실을 천주교 신자들이 알아야 합니다.

개신교 구원관

개신교 구원관은 '오직 믿음으로의 구원'입니다. 행위(선행)로의 구원을 배격합니다. 개신교도 그리스도인의 착한 행실, 열매가 있어야 하는 것을 강조하고 지지하지만 이는 어디까지나 거듭난 이후의 신자다운 거룩한 삶의 열매를 말하는 것이지 행위로의 구원을 인정하는 것이 아닙니다. 행위와 행위의 열매는 구원 받은 이후 거듭난 그리스도인에게 대소(大小)를 막론하고 반드시 나타나야 하는 거룩한 성령의 열매이자 삶일 뿐입니다.

에베소서 2장 8~9절입니다.

"너희가 그(하나님) 은혜(공짜/선물)를 인하여 믿음으로 말미암아 구원을 얻었나니 이것이 너희에게서(사람에게서)난 것이 아니요 하나님의 선물(공짜)이라 행위(선행/공로)에서 난 것이 아니니 이는(왜냐하면) 누구든지 자랑치 못하게 함이니라"

성경은 오직 '믿음으로만 구원을 얻는다'고 말합니다. 이 믿음은 사람에게서 나온 것이 아니라 하나님이 공짜로 주시는 선물(은혜)입니다. 하나님께서 자기의 기쁘신 뜻과 주권에 따라 만세 전에 선택한 자들에게만 믿음을 주시어 구세주인 예수님을 믿게 하시므로 죄 사함과 구원을 얻게 해 주십니다. 성경은 어디에도 행위(선행/공로) 구원을 말하지 않습니다. 단지, 구원받은 이후 선행을 강조하는 것뿐입니다.

요한복음 14장 6절입니다.

"예수께서 가라사대 내가 곧 길이요 진리요 생명이니 나로 말미암지 않고는 아버지(성부 하나님)께로 올 자가 없느니라"

구원, 영생, 천국에 들어가는 길은 오직 한 길뿐입니다. 그것은 인류의 유일한 구원자이신 예수 그리스도(성자 하나님)를 믿는 것입니다. 예수 그리스도 외에는 구원의 길이 없습니다. 지구상에는 다른 종교가 많이 있지만 타 종교에는 구원이 없습니다. 왜냐하면 인류의 유일한 구세주인 예수 그리스도가 없기 때문입니다. 이슬람교에도 구원이 없습니다. 이슬람은 구세주인 예수님 신성(하나님 되심) 자체를 부정합니다. 예수님의 십자가 죽음도 부정합니다. 이슬람에는 구원이 없습니다. 성경사상에 비추어볼 때 불교나, 유대교나, 유교나, 힌두교나, 원불교나, 기타 종교는 천국도 들어가지 못하고 구원도 받지 못합니다. 개신교가 배타적인 구원관을 가졌다고 공격을 해도 어쩔 수 없습니다. 성경이 그렇게 말하기 때문입니다.

무엇이든지 진짜는 하나입니다. 세상에 아버지들과 어머니들이 많지만 진짜 아버지와 진짜 어머니는 한 분밖에 없습니다. 여기저기에 자기 아버지와 어머니가 있다고 한다면 말이 되지 않습니다. 진짜는 오직 한 분이고 나머지는 모두 가짜입니다. 진짜 구원관도 하나일 수밖에 없습니다. 성경사상에 비추어볼 때 나머지 종교의 구원관은 가짜일 수밖에 없습니다. 타종교의 가르침도 윤리적이고 도덕적인 면에서는 좋은 가르침입니다. 단지, 명심보감과 같은 선한 교리와 도덕을 가르치고 추구하기는 하지만 구원은 없습니다. 대부분의 종교가 선을 추구하고 착하게 살면 사후에 좋은 데 간다고 하지만, 기독교는 모든 세계 종교 가운데 유일하게 오직 인류의 유일한 구세주인 예수 그리스도를 믿어야만 구원을 받고 사후에 천국에 들어간다고 주장합니다. 착한 행위로는 절대로 구원을 받지 못한다고 말합니다. 이것이 다른 종교와 완전히 다른 성경이 말하는 구원관입니다.

갈라디아서 2장 16절입니다.

"사람이 의롭게 되는 것은 율법의 행위로 말미암음이 아니요 오직 예수 그리스도를 믿음으로 말미암는 줄 알므로 우리도 그리스도 예수를 믿

나니 이는(왜냐하면) 우리가 율법의 행위로써가 아니고 그리스도를 믿음으로써 의롭다 함을 얻으려 함이라 율법의 행위로써는 의롭다 함을 얻을 육체가 없느니라"

성경과 개신교를 제외한 모든 종교는 선행(착한 일/사람의 공로)으로의 구원을 말합니다. 천주교도 마찬가지입니다. 그러나 성경은 명백하게 율법의 행위로는 의롭다(의인/구원/죄 사함)할 육체(사람)가 없다고 말합니다. 만일 율법의 행위, 공로, 선행으로 죄 사함을 받고 구원을 받는다면 예수님의 십자가 죽음은 헛된 것이 됩니다. 예수님께서 이 땅에 성탄(성육신) 하신 목적은 죄가 없는 사람은 오직 성탄하신 예수님밖에 없기에 인류의 죄를 대신 갚기 위해서 육신의 몸으로 성탄하신 것입니다. 그것도 죄인인 마리아의 몸을 통해서 임신되고 출생해야 하기에 성령 하나님의 초자연적인 능력으로 잉태한 것입니다. 그래서 예수님은 죄가 없으셨지만 죄인들의 죄를 대신하여 피를 흘리고 죽어야 하기에 십자가에 달려 죽으셨던 것입니다. 이것을 대속죽음이라고 합니다. 쉽게 말해서 하나님의 택한 모든 사람들의 죄 숙제를 대신 해 주셨습니다. 이에 인류는 대속죽음을 하신 예수님을 믿기만 하면 죄 용서함을 받고 언제 죽으나 구원을 얻습니다. 그래서 대통령의 특별사면처럼 은혜(선물)라고 하는 것입니다. 구원은 오직 믿음뿐입니다. 구원과 행위, 죄 사함과 행위는 전혀 상관이 없습니다. 착한 행실, 선행의 열매는 예수님을 믿어 거듭난 이후의 삶으로 나타나야 합니다. 그것이 구원 받은 자들의 특징이자 증거입니다. 이런 사실을 바로 알아야 합니다. 선행과 공로와 행위로의 구원은 그럴듯해 보이지만 가짜 구원론 사상입니다. 성경이 증거입니다.

요한복음 3장 16절입니다.

"하나님이 세상을 이처럼 사랑하사 독생자(예수님)를 주셨으니 이는 (왜냐하면) 저를(예수님을) 믿는 자마다 멸망치 않고 영생(구원)을 얻게 하려 하심이니라"

본래 신성(神性)만을 가지신 하나님이신 성자 예수님께서 죄로 인하여 하나님의 택한 자들이 지옥에 가는 멸망을 당하지 않고 영생(구원)을 얻게 하시려고 이 땅 베들레헴에 성탄(聖誕 성육신) 하신 것입니다. 이는 하나님의 무조건적인 사랑에 기초합니다. 하지만 예수님을 믿지 않는 자들은 예수님의 성탄과 아무런 상관이 없습니다. 진실로 성탄하신 예수님이 구세주이신 것을 믿고 그 말씀대로 사는 사람에게만 성탄이 의미가 있고 기쁜 소식입니다. 성탄에서 가장 중요한 핵심은 성탄하신 예수님을 구세주로 믿는 것입니다. 성탄절에 가난한 이웃을 돕는 것이 성탄의 본질과 핵심이 아닙니다. 불우이웃을 돕기 위해서 하나님이신 예수님께서 인간의 몸을 입고 낮고 천한 베들레헴 말구유에 성탄하신 것이 아닙니다. 불우이웃돕기는 기독교인들이 1년 내내 평상시에 하는 것입니다. 단언컨대 예수님은 가난한 사람들을 돕기 위해서 성탄하신 것이 아닙니다. 죄인들을 구원하시려고 성탄하신 것입니다. 그런데 오늘날 성탄은 많이 변질되었습니다. 불우이웃돕기의 날로 확 변했습니다. 미사나 설교가 그런 쪽으로 흐릅니다. 이는 성탄의 본질에 비추어볼 때 성탄의 참된 의미를 왜곡시키는 것으로 성경사상이 아닙니다. 잘못된 것입니다. 이는 마치 현충일을 식목일로 만드는 것과 같습니다. 성탄절에 좋은 일만 하면 되는 것이 아닙니다. 성탄절의 본질과 핵심 의미를 잘 선포해야 합니다.

지금까지 성경에 기초해서 살펴본 바대로 '오직 믿음으로만' 구원을 얻는다는 것이 개신교 구원 세계관입니다.

제5장

베드로 세계관

베드로(Peter 바위)의 본명은 '시몬'(갈대)입니다. 베드로(아람어로는 게바)라고 이름을 지어준 분은 예수님이십니다. 전지전능(全知全能)하신 예수님께서는 시몬의 변화된 미래를 보시고 본래 갈대와 같이 흔들리는 시몬이었는데 거듭난 이후 요동하지 않는 반석인 베드로라고 이름을 지어주신 것입니다. 베드로는 갈릴리 호수에서 물고기를 잡아 살아가던 학력이 일천한 어부였습니다. 베드로는 예수님의 12사도(제자) 중 한 명으로 예수님을 세 번이나 부인했던 믿음이 연약하고 부실했던 사람입니다. 갈릴리 바다(호수)에서 잠시 물 위를 걷기도 하였습니다. 베드로는 예수님께서 십자가에 달려 죽으셨다가 3일 만에 부활·승천하신 후 성령세례를 받은 이후 담대하게 복음을 전하고 설교를 하며 살다가 붙잡혀 나무에 거꾸로 매달려 순교를 당했다고 전해 내려오고 있습니다. 베드로는 신약성경 '베드로 전·후서'를 기록하였습니다. 그는 결혼한 사도입니다. 천주교에서는 결혼한 베드로를 초대 교황이라고 하면서 모순되게도 교황들은 결혼하지 못하게 제도로 막고 있습니다. 결혼한 베드로가 초대 교황이라면 그 이후의 모든 교황들도 결혼시켜야 합니다. 물론 주교, 신부, 사제들도 다 결혼을 허용하는 것이 이치에 맞습니다. 그런데 천주교 지도자들은 수녀들까지 결혼을 금하고 있습니다. 이는 앞뒤가 맞지 않는 모순된 것입니다. 베드로는 12사도 중 하나일 뿐이지 으뜸은 아닙니다. 물론 첫째 교황도 아닙니다. 성경에 그런 근거나 주장이 전혀 없습니다. 황당한 해석이자 교리입니다.

천주교 베드로관

다음은 '가톨릭사전'에 기술된 베드로에 대한 내용입니다. 천주교에서 베드로는 아주 특별한 사람으로 추앙을 받습니다. 첫 번째 교황이며 십이 사도들의 지도자입니다. 갈릴리에서 어부 요나의 아들로 태어나 아우 안드레아와 함께 어부 생활을 하던 중 예수의 제자가 되었습니다. 그의 원 이름은 시몬이었으나 예수가 그에게 베드로 또는 아람어로 게파(Cephas)라는 이름을 지어주었는데(요한 1:42) 베드로나 게파는 둘 다 '바위'라는 뜻입니다. 이러한 이름은 그의 강한 성격에도 어울리지만 후에 그리스도가 **"너는 베드로이다 내가 이 반석 위에 내 교회를 세울 터인즉 죽음의 힘도 감히 그것을 누르지 못할 것이다"**(마태 16:18)라고 하심으로써 그의 이름에 특별한 의미를 부여하셨습니다. 베드로가 사도들 중에서 지도자적 역할을 담당했었다는 것은 부인할 수 없는 사실입니다. 성서에서 그의 이름은 사도들의 명단 중 언제나 제일 처음에 기록되었으며(마르 3:11) 다른 어떤 사도들의 이름보다 빈번히 복음서에 나타나고 있습니다(루가 5:10). 베드로는 사도들의 대변인 역할을 했으며 예수가 사도들에게 질문할 때마다 그들을 대신하여 답변하곤 하였습니다. 베드로는 또한 예수의 거룩한 변모의 증인이며(마태 17:1~8) 예수가 야이로의 딸을 살려냈을 때 그와 함께 있었고(루가 8:51) 게세마니에서 그리스도가 공포와 번민에 싸여 기도하고 있을 때도 그와 함께 있었습니다(마르 14:33). 예수는 자신과 베드로를 위하여 성전세를 바치셨으며(마태 17:24~27) 그리스도가 부활하셨음을 알려주면서 천사는 "가서 제자들과 베드로에게 전하라"(마르 16:7)고 말하였습니다. 예수가 십자가에 못박히신 후에 베드로는 유다의 후계자를 뽑는 모임을 마련했으며(사도 1:15~26) 바울로와 바르나바가 참석했던 예루살렘 회의를 주관하고 논쟁을 잠잠케 하는 연설을 하기도 하였습니다(사도 15:6~12). 4복음서에 기록된 그 밖의 많은 일화들이 베드로의 지도자적 역할을 명백히 해주고 있으며 그는 "내 양들을 잘 돌보아라" 하신(요한 21:16~17) 그리스도의 마지막 말씀에 진심으로 순종하였습니다.

베드로는 여러 가지 강점들을 지니고 있었으나 때로는, 인간적인 결함을 드러내기도 했습니다. 그의 성급함은 키드론 골짜기 건너편 동산에서 대사제의 종 말코스의 오른쪽 귀를 잘라버린 사건에서도 잘 나타나고 있습니다(요한 18:10). 그는 메시아적 사명을 잘못 해석하여 예수의 꾸지람을 듣기도 했고(마르 8:33) 예수와 자신과의 관계를 부인하는 비겁함을 드러내고는 몹시 부끄러움을 느끼기도 하였습니다(루가 22:54~62). 그러나 이러한 인간적인 약점들 중의 그 어느 것도 예수가 그에게 "나는 너에게 하늘나라의 열쇠를 주겠다"(마태 16:19)고 말씀하심으로써 부여한 그의 역할의 중요성을 감소시키지는 않습니다. 그리스도의 승천 후 베드로는 그리스도 교회의 지도자가 되었으며 아그리파(Herod Agrippa) 1세에게 붙들렸다가 도망하여 소아시아 및 안티오키아에서 전도하였습니다. 전승에 의하면 그는 로마에서 잠깐 동안 그리스도 교단을 주재하였으나 네로의 폭정 아래 순교하였다고 합니다. 그는 후에 로마 초대 교황으로 추대되었습니다(가톨릭사전). 천주교에서 베드로의 신분에 대한 핵심적인 주장은 **'초대 교황이다'**, **'사도들의 으뜸이다'**, **'그리스도 교회의 수장이다'**라고 하는 부분입니다. 그러나 성경에는 베드로가 교황이니, 사도들의 으뜸이니, 교회의 수장이니 하는 계명이나 표현들이 전혀 없습니다. 이는 가톨릭이 성경을 자의적으로 해석하고 표현한 심각한 오류입니다. 성경에 없는 것은 그 누구의 주장과 교리도 진리가 아닙니다. 다른 복음입니다. 아무런 가치가 없는 헛된 교리입니다. 속히 개선되어야 합니다.

개신교 베드로관

개신교는 베드로에 대하여 성경에 나와 있는 그대로만 주장합니다.

베드로는 허물이 많은 죄인이었습니다. 그는 예수님을 믿고 구원을 받았습니다. 베드로는 평범한 어부로 살다가 예수님으로부터 부름을 받고 사도(제자)가 된 자입니다. 예수님께서 부활 승천하기 전까지는 매우 연약한 신앙을 소유했던 사람입니다. 그 단적인 예가 예수님께서 잡히신 이후 세 번이나 그를 부인한 데서 알 수 있습니다. 예수님께서 십자가에 달려 죽으셨다가 3일 만에 다시 살아나신 후 부활승천 하셨는데 오순절에 성령세례를 받은 이후 아주 바위 같은 믿음의 사람으로 거듭나 언제 어디서나 담대하게 복음을 전했습니다. 그러다가 결국 순교하여 천국으로 들어갔습니다. 개신교는 베드로가 **'초대 교황'**(가톨릭교회의 최고 지도자이자 로마의 주교, 바티칸 시국의 원수/아버지)이 아니라고 합니다. 교황이라는 말 자체도 인정하지 않습니다. 왜냐하면 성경에 베드로를 교황이라고 언급한 말씀이 전혀 없기 때문입니다. 베드로는 단지 12사도 중 하나에 불과합니다. 가톨릭(천주교)이 베드로가 초대 교황임을 근거로 내세우는 성경 말씀은 마태복음 16장 18절입니다. **"너는 베드로라 내가 이 반석(신앙고백) 위에 내(예수님) 교회를 세우리니…내가 천국열쇠(복음 전파의 권세)를 네게 주리니"**

천주교는 이 말씀에 근거하여 베드로 이후의 모든 교황들은 **"천국열쇠"**를 가진다고 합니다. 성경은 베드로 위에 교회를 세운다고 하지 않고 마태복음 16장 16절의 베드로의 신앙고백 위에, 즉 구세주인 예수 그리스도의 위에 하나님의 교회를 세우시겠다고 하신 말씀입니다. 그리고 **"천국열쇠"**란 베드로에게 천국에 들어 갈 수 있는 실제적인 열쇠(결정권/권세)를 준 것이 아니라 이 말은 사람들이 천국에 갈 수도 있고 그렇지 못할 수도 있는 것이 복음을 전파했을 때 '믿느냐 믿지 않느냐'인데 이런 복음전파의 권세를 가리켜서 **"천국열쇠"**라고 한 것입니다. 실제적인 천국열쇠를 가지신 분은 오직 하나님이신 예수 그리스도뿐입니다. 사람은 그 누구도 이런 권세를 가질 수 없습니다. 오직 하나님만이 죄인들을 천국에 들어가게도 하시고 들어가지 못하게 하시는 분이십니다. 그리고 천국열쇠와 같은 복음전파 사역은 신약의 모든 교회들과 그리스도인들에게 주어진 것입니다. 12사도들에게만 주어진 것이 아닙니다.

그리고 가톨릭(천주교)은 베드로가 **'사도들의 으뜸'**(수장)이라고 주장합니다. 이런 주장의 근거로 요한복음 21장 15~17절 말씀을 동원합니다. 그러나 이 말씀은 '사도들의 으뜸'(수장)을 지칭하는 것과는 전혀 상관이 없는 말씀입니다. 잘 살펴보시기 바랍니다. **"저희가 조반 먹은 후에 예수께서 시몬 베드로에게 이르시되 요한의 아들 시몬아 네가 이 사람들보다 나를 더 사랑하느냐 하시니 가로되 그러하외다 내가 주를 사랑하는 줄 주께서 아시나이다 가라사대 내 어린양을 먹이라 하시고 또 두 번째 가라사대 요한의 아들 시몬아 네가 나를 사랑하느냐 하시니 가로되 주여 그러하외다 내가 주를 사랑하는 줄 주께서 아시나이다 가라사대 내 양을 치라 하시고 세 번째 가라사대 요한의 아들 시몬아 네가 나를 사랑하느냐 하시니 주께서 세 번째 네가 나를 사랑하느냐 하시므로 베드로가 근심하여 가로되 주여 모든 것을 아시오매 내가 주를 사랑하는 줄 주께서 아시나이다 예수께서 가라사대 내 양을 먹이라"** 이 말씀은 가톨릭의 주장처럼 베드로가 기독교 교회의 수장(사도들의 으뜸)임을 의미하는 말씀이 아니라 단지 과거 예수님을 세 번씩이나 부인했던 것을 상기시키면서 사도로써, 예수님의 제자로써 변치 않고 하나님의 백성들(양들)을 잘 섬기고, 다스리고, 치리할 것을 강조와 강조를 통해서 목회사역을 부탁하신 말씀에 불과합니다.

이 말씀을 가지고 베드로가 '사도들의 으뜸'(수장)이라는 근거로 이용하고 내세우는 것은 자의적 해석의 극치를 보여 주는 코미디입니다. 정리하면 베드로는 단지 12사도 중 하나일 뿐입니다. 사도들은 신분이나 사역 등에 있어서 우열이 없습니다. 그 이상도 이하도 아닙니다. 모든 사도들은 평등합니다. 베드로는 교황이 아니고 초대 교황도 아닙니다. 예수님은 제자들 중 어느 하나를 교황(가르치는 왕)으로 세우신 적이 전혀 없습니다. 성경도 그런 언급이 전혀 없습니다. 그리고 베드로만 천국의 열쇠를 가진 것도 아닙니다. 모든 사도들과 신약의 교회들과 그리스도인들이 다 천국열쇠(복음전파 권세)를 가졌습니다. 베드로는 사도들의 으뜸(수장)이 아니라 도리어 사도들 중에 가장 고개를 들 수 없는 과거사를 가지고 있는 사도입니다. 예수님을 세 번이나 부인했기 때문입니다. 성경과 동떨어진 이런 가톨릭의 주장은 매우 위험하고 부적절한 주장입니다. 가톨릭이 성경을 가감하고 자의적으로 해석하여 만들어낸 성경에 반하는 교리와 주장일 뿐입니다. 성경이 거울이 되어 비춰줄 것입니다. 이것이 베드로에 대한 개신교 세계관입니다.

제6장

천주교/개신교 창립 세계관

기독교(基督敎 그리스도교 Christianity)는 예수 그리스도에 의해 창시된 계시 종교입니다. 두 종류로만 나누면 천주교(로마가톨릭교회 Roman Catholic Church)와 개신교(改新敎 프로테스탄트교회 Protestant Church)가 있습니다. 기독교 시작은 천주교가 먼저입니다. 그러나 천주교의 신학과 도덕의 변질과 타락과 부패가 극에 달한 중세시대에 천주교의 타락상을 더 이상 참고 볼 수 없었던 루터 신부는 종교개혁을 외치며 개신교(프로테스탄트)를 창립하였습니다. 가톨릭(천주교)은 '모든 곳에 있는', '보편적'이라는 의미를 지닌 희랍어 '카톨리코스'(katholikos)에서 유래된 명칭으로, 로마 가톨릭(Roman Catholic) 또는 가톨릭교회 (Catholic Church)라고도 합니다. 한국 · 중국 · 일본 등지에서는 구교 (舊敎)나 천주교(天主敎)라고 합니다. 개신교(改新敎)는 마틴 루터에 의해 천주교로부터의 종교개혁 이후 개혁 신앙의 원리를 받아들이는 종파입니다. 천주교에서 분파되어 창립된 것이 개신교입니다. 개신교란 프로테스탄트(Protestant)를 일컫는 말로 신교(新敎)라고도 합니다. 천주교와 개신교는 동일하게 예수 그리스도와 성경을 믿는 기독교지만 교리(신학), 예배, 신앙의 양태 등에 있어서 많은 차이가 있습니다. 천주교와 개신교 창립 세계관에 대해서는 깊게 기술하지 않고 이에 대한 지식이 없는 자들이나 정확히 모르는 자들과 오해를 예방하는 차원에서 객관적인 출처에서 기술한 내용으로 아주 짧게 언급하겠습니다.

천주교 창립관

천주교는 사도(使徒) 베드로의 후계자로서의 교황을 세계교회의 최고 지도자로 받들고 그 통솔 밑에 있는 그리스도교의 교파입니다. 가톨릭교회는 나사렛 예수라고 불리는 유대인의 가르침에 의해 창립되었습니다. 이 예수를 그리스도(구세주)라고 믿는 사람들이 이 교회에 속하였습니다. 예수는 제자 중에서 12명을 선정하여 그 장(長)에 베드로를 임명하고 그에게 전체 교회를 통치하는 권위를 부여하였습니다(마태 16:18~19). 그리고 성직자나 수도자의 무지와 도덕성의 퇴폐도 심하여 개혁을 요구하는 목소리가 높아지게 되었고 M.루터의 등장으로 결정적 단계를 맞게 되어 가톨릭교가 분리되면서 프로테스탄트교회(개신교)가 성립하였습니다. 16세기 이후 유럽 통일이 붕괴되면서 근대국가가 탄생하여 주권의 독립을 주장하게 되자 가톨릭교는 이들 국가와 정교조약(政敎條約)

을 맺었습니다. 1929년에는 이탈리아 정부와 로마가톨릭 사이에 '라테란 협정'이 체결되어 세계 최소의 독립국 바티칸시국(市國)이 승인되었습니다(두산백과).

기독교의 창립은 천주교(로마 가톨릭교회)로 시작은 했지만 중세시대(16세기)에 신학과 도덕적인 심각한 부패와 타락, 변질과 진리의 배교로 인한 '루터' 신부의 종교개혁을 계기로 개신교(프로테스탄트, 신교)가 창립하게 되었습니다. 만일 천주교가 변질, 타락, 부패가 되지 않았다면 개신교(프로테스탄트)는 창립되지 않았을 것입니다. 이런 차원에서 천주교의 책임이 크며 개신교에 대하여 가타부타할 수 없습니다. 무엇이든 제아무리 먼저 시작하고 세워졌어도 부패하고 타락하면 무용지물이 되고 새로운 싹이 나오는 법입니다. 음식이나 생선이나 심각하게 부패하고 썩으면 버리고 새것을 구매합니다. 집도 낡고 썩고 무너지면 재건축을 합니다. 먼저 세워진 집이라고 자랑하고 우기는 것은 아무런 의미가 없습니다. 집의 연수를 떠나 집다운 집이 가장 가치가 있고 좋은 평가를 받습니다. 교회도 마찬가지입니다. 누가 먼저 세워졌느냐는 문제가 되지 않습니다. 누가 나중에 세워졌느냐도 문제가 되지 않습니다. 천주교든, 개신교든 성경 진리를 믿고 따르기 때문에 누가 가장 성경적이고 진리 위에 바로 서 있느냐가 제일 중요한 관건입니다. 그런즉 천주교와 천주교인들은 먼저라는 장자의 위치에 있는 것을 내세우지 말아야 합니다. 누가 가장 진리 위에 바로 서 있느냐를 따져야 합니다.

개신교 창립관

16세기의 종교개혁(16~17세기 유럽에서 로마 가톨릭교회의 쇄신을 요구하며 등장했던 개혁운동) 이래 로마 가톨릭교회에서 분파(分派)한 각종 기독교회에 귀속한 사람들을 프로테스탄트(개신교/신교도)라고 합니다. 가톨릭교회의 부패가 심각해지자, 교회를 개혁하자는 이야기가 흘러나왔고 마침 교황 레오 10세는 성 베드로 대성당을 고쳐 지을 계획을 세우고, 각 지역의 신부들에게 헌금을 걷어오라고 했습니다. 그런데 독일에서는 이 돈을 모으기 위해 천주교가 돈을 받고 '면벌부'(면죄부)를 판매했습니다. 면벌부를 산 자는 죄를 지으면 받아야 하는 벌을 면죄해 준다는 것입니다. 이것을 '대사'(大赦)라고 합니다. 성경은 성당 건축헌금을 내면 죄든, 죄의 벌이든 면죄(대사)해 준다는 말씀이 어디에도 없습니다. 이는 매우 부패하고 타락한 반성경사상입니다. 성경을 가감(加減)한 무서운 죄입니다. 매우 심각한 거짓 주장입니다. 죄든, 죄의 벌이든 면죄해 주시는 분은 오직 예수 그리스도뿐이지 성당 건축헌금이 아닙니다. 면죄부가 아닙니다. 교황도 면벌부 판매를 허락했습니다. 이 말은 그 당시 교황도 성경에 근거가 없는 것을 허락함으로 범죄를 저지른 것입니다. 권력이 약한 독일의 황제는 천주교회에서 하는 일에 대해 비판하지 못했습니다. 하지만 신학 대학의 교수였던 '루터'는 비텐베르크 성당 벽에 면벌부(면죄부)에 반대하는 이유 95가지를 적어서 붙였습니다. 그는 말하기를 '오직 믿음만 있으면 구원받을 수 있고, 모든 사람은 신 앞에서 평등하다'고 주장했습니다(21세기 정치학대사전). 이를 계기로 종교개혁이 일어나 개신교가 탄생한 것입니다. 개신교의 탄생은 천주교의 부패와 타락으로 인한 결과물입니다. 천주교가 영적, 도덕적으로 타락하고 변질 되지 않았다면 종교개혁도 일어나지 않았고 개신교도 창립되지 않았을 것입니다. 이것이 개신교 창립 세계관입니다.

제7장

술과 담배 세계관

천주교와 개신교는 술과 담배에 대하여 다른 입장을 취합니다. 이에 객관적인 근거와 성경사상에 따라 사실관계를 살펴보겠습니다. 하루 한두 잔의 적포도주가 심장 건강에 좋다는 속설 등과 달리 소량일지라도 음주는 건강에 해롭다는 연구 결과가 나왔습니다. 2018년 8월 23일(현지시간) 미국 CBS방송 보도에 따르면 미국 워싱턴대학 연구진은 세계 2천800만 명의 음주 관련 자료를 분석한 결과, 음주로 인한 위험을 고려할 때 "안전한 수준의 술을 없다"고 밝혔습니다. 또 영국 의학학술지 '랜싯'(Lancet) 최신호에 실린 연구진의 논문에 따르면 전 세계에서 매년 280만여 명이 술과 관련한 질병 등으로 사망합니다. 이 중 연간 전체 여성 사망자의 2%, 남성 사망자의 7% 가량이 술로 인한 건강 문제로 사망하는 것으로 나타났습니다. 주기적으로 술을 마시는 것은 신체 내 장기와 조직 등에 부정적 영향을 줄 수 있는데, 더욱이 폭음은 부상이나 알코올중독으로 이어질 수 있다고 연구진은 설명했습니다. 2015년 기준 강력

범죄자 중 주취자 비율이 30%에 달합니다.

'술'은 세계보건기구(WHO)에서 1급 **'발암물질'**로 규정하였습니다. 술에 대한 대표적인 암이 '간암'이지만 '식도암'과 '구강암', '인·후두암' 등을 빼놓을 수 없습니다. 술의 주성분은 **'에탄올'**이라는 '알코올'입니다. 암 발생 위험은 술의 종류와 상관없이 이 에탄올을 얼마나 많이, 자주 섭취하는가에 따라 다릅니다. 에탄올이 몸속에서 흡수, 분해될 때 **'아세트알데히드'**라는 물질이 생깁니다. 이 성분은 두통 등 숙취의 주요 원인일 뿐 아니라 암을 일으킬 수 있는 **'독성물질'**이기도 합니다. 술로 인한 피해와 불행한 일들은 말로 다 설명할 수 없을 정도로 많고 매일 같이 발생하고 있습니다. 술로 인한 폭언, 폭력, 싸움, 교통사고, 방료, 성폭력, 살인, 이혼, 경제적 손실, 이성마비, 장애인, 병원 입원과 수술, 가족에게 고통 주기, 이웃에 피해 주기 등 그 해악이 너무 심합니다. 사람에게 거의 이로운 것이 없습니다. 그것이 '술'입니다. 이런 술을 남녀노소를 불문하고 음료수처럼 마십니다. 사람에 따라서는 이젠 식사 때마다 물처럼 마십니다.

'담배'도 발암물질로 사람의 몸에 하나도 도움이 되지 않고 고통과 불행만 가져다줍니다. 고대안산병원은 중장년층 984명을 대상으로 뇌 용적 MRI로 4년 동안 추적한 결과 "운동량이 적은 흡연자는 뇌의 노화속도가 5배 빨라진다"고 2018년 7월 31일 밝혔습니다. 문제는 이처럼 뇌가 작아지면서 사망 위험이 커지는 것은 물론이고 치매, 우울증, 운동 장애 등의 발병 확률 역시 높아진다는 점입니다. 우리나라에서 해마다 17,000여 명이 폐암으로 사망하는데, 폐암 환자의 90%는 담배 때문입니다. 2014년 기준으로 한국의 사망자는 26만7,692명인데 부동의 사망원인 1위는 암입니다. 흡연남성들의 10명 중 8명이 정자 기능에 이상이 있다는 결과도 나왔습니다. 담배에는 7천여 종류의 화학물질이 함유되어 있습니다. 가장 으뜸으로 문제가 되는 물질은 '니코틴'(Nicotine)과 '타르'(Tar)입니다. 담배를 피우지 않으면 견딜 수 없도록 하는 원인은 바로 '니코틴'이라는 물질 때문입니다. 그래서 '담배중독'은 '니코틴 중독'이라고 말합니다. 이처럼 술과 담배는 사람이나 짐승들이나 식물들에게도 치명적인 독성물질입니다. 사람에게 하나도 유익한 것이 없습니다. 사람의 몸과 마음과 신앙과 생활을 망가지게 할 뿐입니다. 그래서 불신자들 중 상당수가 건강을 위하여 멀리하고 있습니다.

그런데 하나님을 믿는 신앙인들이 이를 가까이하고 있는 것이 너무 안타깝습니다. 성경은 단지 '술 취하지 말라'고만 했기 때문에 적당히 마시면 된다고 말합니다. 예수님도 가나의 혼인 잔칫집에서 포도주를 허용하시고 제공하셨다고 말합니다. 술과 담배는 기호식품이라고 합니다. 술과 담배는 각 나라의 문화라고 하면서 일부 국가 목회자들도 마신다고 합니다. 술과 담배를 하는 것과 구원은 상관이 없기 때문에 술과 담배를 해도 된다고 말합니다. 그것은 술과 담배에 대한 오해와 성경에 대한 무지·오독에 따른 결과입니다. 일반상식만 있어도 술과 담배는 멀리 합니다. 서두에서 언급했지만 술은 세계보건기구(WHO)에서 규정한 1급 발암물질입니다. 발암물질을 적당히 마시면 됩니까? 어느 나라 목회자들이 마시면 그것이 진리이고 다른 신자들도 마실 수 있는 것입니까? 아닙니다.

장기 흡연은 중독에 빠지게 되고 그 결과 대부분 각종 암에 걸립니다. 담배를 피워도 당장 암에 걸리지 않으니 흡연을 계속 해야 합니까? 결론을 말씀 드리면 성경은 마치 본래 이혼을 허락지 않은 것처럼 술과 담배도 본래 모두 금합니다. 왜 금하는지, 왜 술을 마시고 담배를 피우면 안 되는지 개신교 세계관에서 성경의 명백한 근거를 제시하며 설명하겠습니다. 성경의 근본사상에 대한 이해나 독해능력이 부족하면 오독과 난독을 하여 엉뚱한 주장을 하게 됩니다. 그래서 성경을 이해할 때는 성경을 주신 하나님의 깊은 의도를 먼저 헤아려야 하고, 그 다음으로 성경의 전후 문맥을 바로 독해할 수 있어야 합니다. 그렇지 않으면 이단들처럼 표면적인 이해를 가지고 확신 있게 주장하고 가르치고 고집 부리게 됩니다.

천주교의 술과 담배관

천주교는 술과 담배를 허용하는 것으로 알고 있습니다. 천주교는 음주를 금하지 않습니다. 성경에서 음주를 원칙적으로 금지하지 않고 있다는 것이 이들의 주장입니다. 한국 천주교 주교회의 관계자는 말하기를 "성경에 보면 예수님 본인도 금주를 하지 않았고 가나안 혼인 잔치에도 포도주를 먹는 이들과 같이 어울린 것으로 나온다"고 설명합니다. 또한 "십계명에도 금주에 대한 내용은 없다"고 하면서 "천주교에서는 술을 마시지 말라고 단정 짓기보다는 절제하라고 이야기한다"고 강조합니다. 실제로 사제들도 포도주를 비롯해 약간의 음주를 즐기는 편입니다. 심지어 담배를 피우는 사제들도 종종 있습니다. 제266대 프란치스코 교황은 젊은 시절 음주가무를 즐겼던 것으로 알려졌습니다. 프란치스코 교황도 와인(포도주)만큼은 즐깁니다. 추기경 시절에는 아르헨티나 와인 '알타 비스타 클래식 또론테스'를 특별 주문해 마셨던 것으로 알려졌습니다. 역대 교황들 중 비오 12세와 요한 23세 등은 담배를 피우는 애연가(愛煙家)들이었습니다. 심지어 비오 12세는 폐렴이 심해져 담배를 끊기 전까지 코담배를 즐겼다고 전해집니다.

안양시(安養市) 중심가에서 남서로 4km지점에 있는 수리산의 한 골짜기에는 수산리라는 마을이 있습니다. '담배골'이라고도 불리는 이곳은 주민의 대부분이 천주교 신자인 50여 호의 조그마한 마을입니다. 이곳은 격심한 천주교 박해를 피해 숨어든 교우들에 의해 19세기 초에 이룩된 마을입니다. 이곳에 순례자의 발길이 끊이지 않는 이유는 성인 최경환(崔京煥, 방지거) 일가의 순교애화가 살아 숨 쉬고 있기 때문입니다. 최경환은 최양업 신부(우리나라 2번째 신부)의 아버지로 1804년 충청도 홍주(현 洪城)에서 태어났으나 박해를 피해 고향을 떠나 서울의 벙거지골(笠洞), 강원도 금성, 경기도 부평 등지로 옮겨 다니다가 정착한 곳이 이곳 수리산 골짜기로, 산을 일구어 담배를 재배하며 신앙생활을 지켜나갔습니다(가톨릭대사전). 담배는 본래 원료 자체가 사람들의 정신과 몸과 신앙과 가정을 해치는 독소가 많이 함유되어 있기 때문에 재배와 생산을 해서도 안 되고 유통과 판매나 이용을 해서도 안 되는 것입니다. 이는 자기사랑, 이웃사랑, 가족사랑, 나라사랑, 환경사랑과 배치되는 것입니다.

자신을 포함하여 모든 사람들에게 정신적, 물적, 생명의 피해를 줍니다. 술과 담배는 1급 발암물질이 들어 있습니다. 그 외에도 수백 가지 이상의 독소들이 함유되어 있습니다. 그래서 국가에서도 금주와 금연을 권장하고 있습니다. 게다가 성경은 말하기를 신자의 몸은 성령 하나님이 거하시는 성전(聖殿)이라고 하면서 성전을 더럽히는 자는 멸하시겠다고 하였습니다.

고린도전서 3장 16~17절입니다.

"너희가(그리스도인) 하나님이 성전(신자)인 것과 하나님의 성령이 너희 안에 거하시는 것을 알지 못하느뇨 누구든지 하나님의 성전을 더럽히면 하나님이 그 사람을 멸하시리라 하나님의 성전은 거룩하니 너희도 그러하니라"

술과 담배는 성전(신자)을 훼손하고, 더럽히고, 병들게 하는 것입니다. 불신자들도 멀리하는 술과 담배를 기독교인들이 가까이하는 것은 매우 옳지 않고 바른 신앙의 자세가 아닙니다. 사람들은 건강을 위해서 운동하고, 건강식품도 먹고 사는 판에 건강을 해치는 술과 담배를 조금이든, 많이 즐기든 합당하지 않습니다. 이런 점을 천주교는 간과한 것이 아닌가 하는 생각이 듭니다.

개신교의 술과 담배관

대부분의 개신교는 성경 사상에 따라 술과 담배를 금하지만, 특히 개혁주의와 보수주의 신학과 신앙을 추구하는 개신교는 술과 담배를 더욱 엄격하게 금합니다. 그 이유는 성경이 금하고 있고, 구약과 신약에서 포도주를 마신 이후 매우 수치스럽고 부끄러운 근친상간의 성범죄를 발생시킨 원흉이 되기도 했기 때문입니다. 지금도 구약시대에 발생했던 성범죄, 각종 범죄, 수치스러운 일들, 사망 등이 술과 관련하여 지구촌 곳곳에서 매일같이 발생하고 있습니다. 예수님도 가나의 혼인 잔치 집에서 포도주를 제공하셨고 허락하셨다는 말씀에 근거하여 술을 마셔도 된다고 말하는 사람들이 있습니다.

요한복음 2장 1~11절입니다.

"사흘 되던 날에 갈릴리 가나에 혼인이 있어…포도주가 모자란지라…이제는 떠서 연회장에게 갖다 주라 하시매 갖다 주었더니 연회장은 물로 된 포도주를 맛보고…예수께서 이 처음 표적을 갈릴리 가나에서 행하여 그 영광을 나타내시매 제자들이 그를 믿으니라"

가나 혼인 잔치에서 물로 포도주로 변하게 하신 표적 사건은 본질(핵심)이 혼인 잔치 집의 포도주가 아니라 메시야(구세주) 증명으로 성탄하신 예수님께서 제자들과 육신의 어머니 마리아에게 하나님의 아들이심을 드러내므로 믿게 하는 데 있었습니다. 가나 혼인 잔치 사건의 결론은 11절에 있습니다. **"예수께서 이 처음 표적을 갈릴리 가나에서 행하여 그 영광을 나타내시매 제자들이 그를 믿으니라"** 핵심은 그렇다 치고 술을 허용하는 천주교와 술을 마시는 사람들이 이 말씀을 근거로 합리화합니다. 그러나 이는 합리화의 논리가 약합니다. 가나 혼인 잔치 집에서 예수님께서 제공하신 포도주는 오늘날의 포도주와는 제조과정과 성분, 의미와 가치에 있어서 전혀 다릅니다. 예수님은 육신의 어머니인 마리아와 하인들에게 항아리에 물을 가득 채우라고 하신 후 초자연적인 신적 능력으로 이 땅에 존재하는 그 어떤 포도주와 비교할 수 없는 그 당시 단 한 번만 있고 인체에 해롭지 않은 포도주를 제공하신 것입니다. 전무후무한 포도주였습니다. 오늘날 화학 성분이 들어 있어 암을 유발시키는 포도주(술)와는 전혀 다름을 알고 주장해야 합니다. 사람들이 일상적으로 마시는 각종 술과 전혀 다릅니다. 그리고 성경에 '술 취하지 말라'고 했기에 술을 취하지 않게만 마시면 된다고 주장합니다. 에베소서 5장 18절입니다. "술 취하지 말라 이는 방탕한 것이니…" 이 말의 본래 깊은 의도는 방탕하게 만드는 술을 멀리하라는 뜻이지 취하지만 않게 마시라는 의미가 아닙니다. 극히 일부 사람을 제외하고는 술을 마시면서 술 취함 정도를 알고 절제하기란 쉽지 않습니다.

특히 우리나라 사람들처럼 술을 강제로 권하고 1차로 끝나지 않고 2차, 3차까지 가서 경쟁하듯이 술을 마셔대는 문화에서는 술을 취하지 않게 마시는 것은 불가능에 가깝습니다. 경험자들은 이 말이 무슨 뜻인지 잘 알 것입니다. 술을 취하지 않게 마시고 일어서거나 절제하기란 '하늘의 별 따기'처럼 어렵습니다. 술 자체가 처음엔 '한두 잔만 마시고 끝내겠다'고 다짐하지만 분위기와 상황이 자기 뜻대로 만들어지지가 않습니다. 게다가 한두 잔 술이 들어가면 술이 술을 마시게 되고 결국 술이 사람을 마십니다. 그렇게 되면 이성이 마비되어 인사불성이 되어 버립니다. 그 이후에 벌어지는 일은 우리가 잘 아는 것들입니다. 그래서 한번 술자리에 앉게 되고 술을 마시게 되면 술 취하는 것은 기정사실이 됩니다. 이제 구약으로 넘어가 보겠습니다. 노아가 포도주를 마시고 취하여 이성을 잃고 자기 하체를 드러낸 사건입니다.

창세기 9장 20~22절입니다.
"노아가 농업을 시작하여 포도나무를 심었더니 포도주를 마시고 취하여 그 장막(텐트) 안에서 벌거벗은지라 가나안의 아비 함이 그 아비 하체를 보고 밖으로 나가서 두 형제에게 고하매"

이는 노아가 포도주를 많이 마신 후 취하여 하반신을 모두 벌거벗은 수치스러운 모습을 기술하고 있습니다. 이 사건은 단순한 것이 아님을 25절 노아가 아들 '함'에게 저주를 내리는 장면에서 잘 암시합니다. **"이에 가로되 가나안은 저주를 받아 그 형제의 종들의 종이 되기를 원하노라"** 포도주를 마시고 취하여 부끄러움 행태를 보인 결과 아버지 '노아'가 둘째 아들 '함'에게 저주선언을 한 사건입니다. 아버지 노아에게나 아들 함에게나 씻을 수 없는 불행한 사건이 아닐 수 없습니다. 이 불행의 중심에는 포도주가 있습니다. 노아가 마신 포도주는 오늘날의 포도주와 다른 순수한 발효된 포도주였습니다. 에탄올이라는 화학 약품은 들어 있지 않았지만 그래도 마시면 취하여 이성을 마비시키는 포도주였습니다. 포도

주도 일반 술처럼 위험하기는 마찬가지입니다. 이제 소돔과 고모라 성에 살았던 '롯'에 대하여 살펴보겠습니다. 소돔과 고모라에서 나온 뒤 어느 산속 동굴에 거한 롯은 두 딸과 근친상간을 하고 말았습니다. 술에 취해 자기 딸들인지도 모르고 성관계를 가져 자녀까지 낳았습니다.

창세기 19장 30~38절입니다.

"롯이 소알에 거하기를 두려워하여 두 딸과 함께 소알에서 나와 산에 올라가되 그 두 딸과 함께 굴에 거하였더니…우리가 우리 아버지에게 술을 마시우고 동침(잠자리/섹스)하여 우리 아버지로 말미암아 인종을 전하자 하고 그 밤에 그들이 아비에게 술을 마시우고 큰딸이 들어가서 그 아비와 동침하니라…이 밤에도 그들이(두 딸) 아비에게 술을 마시우고 작은딸이 일어나 아비와 동침하니라 그러나 그 아비는 그 딸의 눕고 일어나는 것을 깨닫지 못하였더라 롯의 두 딸이 아비로 말미암아 잉태하고 큰딸은 아들을 낳아 이름을 모압이라 하였으니 오늘날 모압 족속의 조상이요 작은딸도 아들을 낳아 이름을 벤암미라 하였으니 오늘날 암몬족속의 조상이었더라"

참으로 기막힌 일이 아닐 수 없습니다. 두 딸들이 고의적이고 계획적으로 근친상간을 한 것입니다. 그것도 자기를 낳아 준 아버지와 말입니다. 이런 친족 성범죄에 동원된 것이 '술'입니다. 술이 아비의 이성을 마비시킨 것입니다. 성경이 이런 기록을 굳이 남긴 이유를 생각해야 합니다. 오늘날도 성범죄의 상당수가 각종 술에 취해 일어납니다. 성경은 일부 사람들이 주장하는 것처럼 술에 대하여 그리 관대하지 않습니다. 술을 마시고 술을 허용하는 사람들과 천주교에서는 자기들에게 유용한 성경 말씀만을 동원하여 합리화를 시키지만 성경은 이런저런 논쟁을 종식할 수 있는 술(포도주)에 대하여 결정타를 가합니다.

잠언 23장 31절입니다.
"포도주는 붉고 잔에서 번쩍이며 순하게 내려가나니 너는 그것을 보지도 말지어다"

술(포도주)에 대한 성경의 결론은 술 취하지 말라는 정도가 아니라 아예 '쳐다보지도 말라'고 합니다. 그러면서 술을 마신 이후 나타나는 불행한 현상을 31절 전후로 언급합니다.

29~30절입니다. **"재앙이 뉘게 있느뇨 근심이 뉘게 있느뇨 분쟁이 뉘게 있느뇨 원망이 뉘게 있느뇨 까닭 없는 창상(찢긴 상처)이 뉘게 있느뇨 붉은 눈이 뉘게 있느뇨 술에 잠긴 자에게 있고 혼합한 술을 구하러 다니는 자에게 있느니라"**

32~35절은 술을 마신 자가 이성을 잃고 공격적인 악한 행동을 하는 것과 증상을 묘사하고 있습니다.

"이것이 마침내 뱀같이 물것이요 독사같이 쏠 것이며 또 네 눈에는 괴이한 것이 보일 것이요 네 마음은 망령(헛된)된 것을 발할 것이며 너는 바다 가운데 누운 자 같을 것이요 돛대 위에 누운 자 같을 것이며 네가 스

스로 말하기를 사람이 나를 때려도 나는 아프지 아니하고 나를 상하게 하여도 내가 감각이 없도다 내가 언제나 깰까 다시 술을 찾겠다 하리라"

이처럼 술은 인체와 신자에게 백해무익합니다. 술을 마시면 잠시 잠깐 즐겁고 희희낙락할 수 있지만 그 이후에 나타나는 증상과 발생하는 일들은 끔찍한 것들뿐입니다. 마치 하얀 눈이 오면 아름답게 보이지만 후에 햇빛에 의하여 눈이 녹으면 기뻐할 수 없는 진흙탕이 되어 버리는 것과 같습니다. 마실 물이 없어서 어쩔 수 없이 술을 마실 수밖에 없는 극단적인 상황은 예외로 하고 마실 물과 다른 음료수들이 있는데 굳이 몸에 해로운 술(포도주)을 찾고 마시는 것은 정신적, 육체적, 애국적, 신앙적, 환경적, 이웃 사랑으로 볼 때 결코 옳지 않습니다.

이제 담배(흡연)에 대하여 살펴보겠습니다. 성경은 금연(禁煙)을 주장합니다. 성경은 담배, 흡연을 비롯해서 마약 등 모든 해로운 것을 일일이 다 언급한 책이 아닙니다. 이런 것들에 대한 직접적인 언급은 없지만 '신자는 곧 성전(聖殿)이다'는 개념을 통해서 인체에 해로운 것은 모두 금합니다. 그러면 신자들은 왜 인체에 해로운 모든 것을 먹고, 마시고, 피우지 말아야 하는지에 대하여 이해와 설득이 됩니다. 그리스도인의 몸은 단순히 육체와 영혼이 결합된 인체가 아닌 하나님이 거하시는 성전(聖殿 하나님이 임재한 곳)입니다. 이에 성경은 성전을 더럽히는 자는 멸하신다고 경고합니다.

고린도전서 3장 16~17절입니다.

"너희가(그리스도인) 하나님이 성전(신자)인 것과 하나님의 성령이 너희 안에 거하시는 것을 알지 못하느뇨 누구든지 하나님의 성전을 더럽히면 하나님이 그 사람을 멸하시리라 하나님의 성전은 거룩하니 너희도 그러하니라"

사람인 그리스도인이 성전이라는 말은 오직 인류의 유일한 구원자이신 예수님을 믿고 거듭난 자들에게만 해당되는 말씀입니다. 예수님을 믿는 신자 한 사람 한 사람이 하나님이 통치하시고 거하시는 성전이기에 모든 그리스도인들은 말과 마음과 생각과 행동과 육체와 모든 먹고 마시고 피우는 것에 대하여 거룩해야 합니다. 마시는 물처럼 깨끗해야 합니다. 정결해야 합니다. 말과 음식과 마시는 것과 행동하는 것 등에 있어서 구별되게 살아야 합니다. 만일 세상 사람들과 성경이 해롭다고 금하는 것들을 먹고, 마시고, 취하고, 놀고 행한다면 성전을 더럽히는 것이 됩니다. 특히 술과 담배는 발암물질입니다. 몸과 마음, 신앙을 파괴하는 물질입니다. 모든 그리스도인의 몸은 사람의 것이 아닙니다. 본래 하나님이 창조한 하나님의 것이지만 예수님께서 십자가에 달려 죽으신 피값으로 우리를 사셨습니다. 그것을 속량하셨다고 합니다. 우리의 몸은 우리의 것이 아닌 하나님의 것입니다. 따라서 우리 마음대로 먹고, 마시고, 행동하고 살 수 없습니다. 하나님의 기쁘신 뜻대로만 먹고, 마시고, 행동하고 살아야 합니다.

그것이 성전된 그리스도인의 삶입니다. 마치 종(노예)이 자기가 하고 싶은 대로 먹고 마시고 살지 못하고 오직 주인의 명령과 뜻대로 살아가는 것처럼 말입니다. 우리 주인이신 하나님께서 성전을 더럽히지 말라고 합니다. 만일 성전을 더럽히면 멸하시겠다고 하셨습니다. 그런즉 참 기독교인들은 이미 과학적으로나 기타 의학적으로 인체에 무익하다는 결론이 난 술과 담배는 금해야 합니다. 몸과 마음과 인생을 망가지게 하기에 불신자들도 멀리하고 금하는 술과 담배를 먹고, 마시고, 피울 이유가 하나도 없습니다. 혹자는 말합니다. 사회생활과 인간관계와 사업을 위해서는 술과 담배는 필수라고 합니다. 그러면 술과 담배를 하지 않는 사람들도 엄청 많은데 그런 사람들은 사회생활과 인간관계가 다 엉망입니까? 그렇지 않습니다. 모두 핑계일 뿐입니다. 술과 담배는 성전인 그리스도인들의 몸과 마음과 신앙을 해치고 더럽히는 것입니다. 이웃과 국가에도 큰 해를 끼칩니다. 술과 담배를 취함으로 병이 들거나 사고가 발생하면 자신은 말할 것도 없고 이웃들을 해치고 국가 경제에도 큰 손해를 입힙니다. 몸이 상하여 병원에 가서 진료와 치료와 수술을 받으면 각 병원은 보험공단에 치료비를 청구합니다. 보험금은 국민들이 낸 세금입니다. 국가 재정입니다. 한 마디로 술과 담배를 함으로 각종 암과 질병과 사고가 발생하여 사회적 비용이 많이 들어갑니다. 술과 담배는 이처럼 개인적으로나, 가정적으로나, 이웃에게나, 국가적으로 큰 피해를 입힙니다. 동시에 하나님이 주신 성전된 육체와 마음을 더럽힙니다. 환경도 파괴하고 미세먼지도 일으킵니다. 그래서 성경이 금합니다. 그러므로 기독교인들은 핑계치 말고 술과 담배는 이유를 불문하고 하나님의 영광을 위해서, 자신과 이웃을 위해서, 국가건강보험 절약과 환경 보존을 위해서 마시고 피우지 말아야 합니다. 이것이 성경에 근거한 술과 담배에 대한 개신교 세계관입니다.

제8장

죽은 자를 위한 기도 세계관

기독교인이라면 누구나 잘 아는 것처럼 기도의 대상은 오직 스스로 계시고 살아계신 하나님뿐입니다. 이러한 것은 신앙의 기본 중의 기본입니다. 사람을 위하여 할 때는 오직 살아 있는 불신자와 산 신자를 위해서만 기도할 뿐입니다. 이웃을 위한 중보의 기도는 살아있는 사람에게만 합니다. 이는 경배나 숭배 차원이 아닌 사랑, 구원, 보호, 인도, 믿음의 차원에서 합니다. 그런데 천주교(가톨릭)는 죽은 자들을 위하여도 기도합니다. 성경에는 죽은 자를 위하여 기도하라는 말씀이 전혀 없습니다. 천주교가 죽은 자를 위하여 기도하는 것은 죽은 자들을 위하여 기도하면 어떤 영향과 결과가 나타난다고 가르치고 믿기 때문입니다. 그러나 개신교는 산 사람을 위해서만 기도하지 죽은 자들을 위해서는 기도하지 않습니다. 왜냐하면 성경이 금하기 때문이고, 죽은 사람은 육체에서 영혼이 떠나 시체이기에 아무런 기도의 영향을 받지 못하기 때문입니다. 사람이 죽으면 즉시 영혼이 육체를 떠나 천국이 아니면 지옥으로 갑니다. 천국과 지옥으로 떠난 사람을 위하여 기도하는 것은 아무런 효력이 발생하지 않습니다. 그래서 죽은 자를 위해서 기도하는 것은 헛된 것이고 기도의 영향을 전혀 받지 않습니다. 죽은 자들을 위하여 기도하는 것은 마치 죽은 식물이나, 나무나, 짐승에게 물을 주고 먹을 것을 주고 어떤 일이 일어나게 해 달라고 기도하는 것과 같습니다. 죽은 식물이나 나무나 짐승을 위하여 아무리 열심히 기도하고 정성을 다해서 그 무엇을 해도 소용이 없습니다. 전혀 다른 영향이 나타나지 않습니다. 죽었기 때문입니다. 성경은 죽은 자들을 위하여 기도하라는 말씀이 전혀 없고 오직 이 땅에 살아 있는 자들에게만 기도하라고 합니다. 기독교인이라면 무엇이든지 일반상식과 이성으로 판단하고 성경을 통해서 최종적으로 검증을 해야 합니다.

천주교의 죽은 자를 위한 기도관

천주교(가톨릭)는 죽은 자들을 존중히 여기며 위하여 하나님께 기도합니다. 죽은 자들을 대신하여 자선과 보속과 고해성사를 합니다. 그리하면 죽은 자에게 어떤 영향이 미치고 어떤 놀라운 일들이 일어난다고 가르치고 믿습니다. 이것을 위령기도(慰靈祈禱) 혹은 연도(煉禱)라고 합니다. 위령기도란 천주교에만 있는 기도로 사람이 사후에 천국에 들어가지 못하고 중간지대인 연옥(煉獄)에 있는 자를 위하여 드리는 기도를 말합니다. 죽은 자들을 위하여 기도하는 것은 천국과 지옥의 중간지대인 연옥과 연관되어 있습니다. 가톨릭은 매년 '위령성월'(慰靈聖月)이라는 것을 준수합니다. '위령성월'이란 "가톨릭교회가 세상을 떠난 이들의 영혼을 기억하며 기도하는 달이다. 한국 교회(천주교)는 위령의 날(11월 2일)과 연관시켜 11월을 위령성월로 정해 놓았다. 이달에 신자들은 이미 세상을 떠난 부모나 친지(親知)의 영혼, 특히 연옥(煉獄) 영혼들을 위해 기도와 희생을 바쳤는데 이는 영원한 삶에 대한 믿음에서 비롯된 것이다"(가톨릭대사전).

그리고 천주교는 '성인의 통공'을 믿고 고백합니다. '성인의 통공'이란 세상에 살고 있는 신자들과 천국에서 천상의 영광을 누리는 이들과 연옥에서 단련 받고 있는 이들이 모두 교회(천주교회)를 구성하는 일원인데, 이들이 기도와 희생과 선행으로 서로 도울 수 있게 결합되어 있는 현상이다. 교회는 전통적으로 "모든 성인의 통공을 믿으며"(사도신경) 신앙 고백을 하여 왔다. 세상에 살고 있는 신자들은 동일한 신앙을 고백하며 동일한 권위에 복종하고 있는 신자 상호 간에 기도와 선행으로 서로 돕고 또한 천국에 있는 성인들을 공경하며 그들의 영광에 참여할 수 있도록 도움을 청하고 성덕(聖德)을 본받으려고 노력하며 연옥에 있는 영혼들을 기도와 희생을 통하여 도울 수 있다. 이 '성인들의 통공'에 대한 믿음에서 '위령성월'(11월 2일)과 '모든 성인들의 축일'(11월 1일)을 기념하는 것이다"(가톨릭대사전). 이를 뒷받침하는 가톨릭교회교리는 다음과 같습니다.

가톨릭교회교리서 제958조입니다.

"죽은 사람과의 친교…기독교의 초기부터 매우 존경하여 죽은 사람을 기억하며 존경해 왔다…죽은 사람들을 위한 우리의 기도는 그들을 도울 뿐만 아니라 또한 우리를 위한 그들의 중재간구는 효과 있게 한다"

가톨릭교회교리서 제1032조입니다.

"…교회(천주교)는 처음부터 죽은 자를 존중하고 기념하였으며, 그들을 위하여 기도하며, 무엇보다도 미사성체를 드렸다. 그것은 그들이 정화되어 하나님의 지복직관에 이르도록 하기 위함이다…단, 교회(천주교)는 죽은 자를 대신하여 자선·보속·고해성사의 일을 권고 한다…죽은 이들을 위한 우리의 제사가 그들에게 위로를 준다는 것을 왜 의심하였는가? 죽은 사람들에게 도움을 주고 그들을 위하여 기도하는 것을 주저하지 말자"

가톨릭교회교리서 제1371조입니다.

"성찬례의 제사는 또한 그리스도 안에서 죽었지만 아직 완전히 정화되지 못한 죽은 신자들을 위해서, 그들이 그리스도의 빛과 평화를 얻을 수 있도록 바치는 것이기도 하다"

제2차 바티칸 공의회 교회헌장 제50항입니다.

"…죽은 이들을 위하여 그들이 죄에서 벗어나도록 기도한다는 것은 거룩하고 유익한 생각이기 때문에 교회는 죽은 이들을 위하여 대리 기도를 바친다…"

마카비 2서 제12장 42~46절입니다.

"그리고 죽은 자들이 범한 죄를 모두 용서해 달라고 애원하면서 기도를 드렸다. 고결한 유다는 군중들에게 죄지은 자들이 받은 벌이 죽음이라는 것을 눈으로 보았으니 이제는 그들도 죄를 짓지 말라고 권고하였다. 그리고 유다는 각 사람에게 모금을 하여 '은 이천 드라크마'를 모아 그것을 속죄의 제사를 위한 비용으로 써 달라고 예루살렘으로 보냈다. 그가 이와 같이 숭고한 일을 한 것은 부활에 대해서 생각하고 있었기 때문이다. 만일 그가 전사자들이 부활할 수 있다는 희망을 가지고 있지 않았다면 죽은 자들을 위해서 기도하는 것이 허사이고 무의미한 일이었을 것이다. 그가 경건하게 죽은 사람들을 위한 훌륭한 상이 마련되어 있다는 생각을 하고 있었으니 그것이야말로 갸륵하고 경건한 생각이었다. 그가 죽은 자들을 위해서 속죄의 제물을 바친 것은 그 죽은 자들이 죄에서 벗어날 수 있게 하려는 것이었다"

참고로, 마카비는 성경이 아닌 외경(外經)입니다. 가톨릭은 1546년 트렌트 종교회의(1545~1563)에서 외경들(마카비 1서/마카비 2서/토빗서/유다서/지혜서/시락서/바룩서 등 외경 7권)을 성경에 추가시켰습니다. 종교개혁 이후 모든 개혁교회들은 신구약 성경 66권 이외의 외경들은 성경으로 인정하지 않습니다. 아무튼 성경 어디에도 죽은 자를 위한 기도를 하라는 말씀이 전혀 없습니다. 성경은 죽지 않은 신자나 불신자들을 위해서만 기도하라고 합니다. 죽은 자를 위한 기도는 상식적으로도 전혀 맞지 않고 성경에 전혀 언급하지 않고 있습니다. 이는 가톨릭(천주교)의 일방적인 교리일 뿐입니다.

개신교의 죽은 자를 위한 기도관

개신교는 죽은 자들을 위해서 기도하지 않습니다. 위령기도(慰靈祈禱)라는 것이 없습니다. 그것은 성경이 금하기 때문이기도 하지만 죽은 자에게 하는 기도는 아무런 효과나 효력, 영향이 없는 헛되고 헛된 쓸모없는 짓이기 때문입니다. 이것은 성경 말씀을 떠나 기본상식입니다. 개신교는 성경사상에 따라 살아 있을 때 기도해 줍니다. 죽은 자를 위하여 기도하라는 성경 말씀은 어디에도 없습니다. 개신교는 이러한 성경말씀을 철저하게 지키고 따릅니다. 예수님께서도 제자들에게 이르시기를 살아서 제자들을 핍박하는 자를 위하여 기도하라고 하셨습니다.

마태복음 5장 44절입니다.
"나는 너희에게 이르노니 너희 원수를 사랑하며 너희를 핍박하는 자를 위하여 기도하라"

예수님은 제자들과 그리스도인들을 과거에 핍박하다가 죽은 자들을 위하여 기도하라고 하지 않으시고 현재 살아서 핍박하는 불신자들을 위하여 기도하라고 하셨습니다. 사도 바울은 데살로니가 교회 성도들에게 선교활동을 하고 있는 바울 일행을 위하여 기도해 달라고 부탁합니다.

데살로니가전서 5장 25절입니다.
"형제들아 우리를 위하여 기도하라"

기도는 살아 있는 성도들끼리 서로를 위하여 하나님께 하는 것입니다. 또 사도 바울은 살아 있는 데살로니가 성도들을 위하여 기도한다고 말합니다.

데살로니가후서 1장 11절입니다.
"이러므로 우리도 항상 너희를 위하여 기도함은…"

그리고 성경은 모든 사람을 위하여 기도하라고 합니다. 특히 세상 왕들과 높은 지위에 있는 모든 사람을 위하여 기도하라고 합니다.

디모데전서 2장 1~2절입니다.
"그러므로 내가 첫째로 권하노니 모든 사람을 위하여 간구와 기도와 도고와 감사를 하되 임금들과 높은 지위에 있는 모든 사람을 위하여 하라 이는 우리가 모든 경건과 단정한 중에 고요하고 평안한 생활을 하려 함이니라"

성경은 하나 같이 살아 있는 신자, 불신자, 국가 지도자들을 위하여 기도하라고 합니다. 성경 어디에도 죽은 자를 위하여 기도하라는 말씀이 없습니다. 하나님께서는 다윗 왕이 '우리아'의 아내 '밧세바'를 빼앗아 간통 죄악을 범함으로 얻은 첫째 아들을 징벌하심으로 인하여 그 아들이 몹시 아팠습니다. 이에 다윗은 그 아들의 치유를 위하여 금식하며 기도했습니다. 그러나 결국 그 아들이 죽자 더 이상 죽은 아들을 위하여 금식하고 기도하는 것이 소용이 없다는 것을 알고 금식과 기도를 멈추고 정상적인 생활을 합니다.

사무엘상 12장 1~23절입니다.

"…15) 나단이 자기 집으로 돌아가니라 우리아의 처가 다윗에게 낳은 아이를 여호와께서 치시매 심히 앓는지라 16) 다윗이 그 아이를 위하여 하나님께 간구하되 금식하고 안에 들어가서 밤새도록 땅에 엎드렸으니…18) 이레(7일) 만에 그 아이가 죽으니라 그러나 다윗의 신복들이 아이의 죽은 것을 왕에게 고하기를 두려워하니…19) 다윗이 그 신복들의 서로 수군거리는 것을 보고 그 아이가 죽은 줄을 깨닫고 그 신복들에게 묻되 아이가 죽었느냐 대답하되 죽었나이다 20) 다윗이 땅에서 일어나 몸을 씻고 기름을 바르고 의복을 갈아입고 여호와의 전에 들어가서 경배하고 궁으로 돌아와서 명하여 음식을 그 앞에 베풀게 하고 먹은지라 21) 신복들이 왕께 묻되 아이가 살았을 때에는 위하여 금식하고 우시더니 죽은 후에는 일어나서 잡수시니 어찜이니이까 22) 가로되 아이가 살았을 때에 내가 금식하고 운 것은 혹시 여호와께서 나를 불쌍히 여기사 아이를 살려 주실는지 누가 알까 생각함이어니와 23) 시방(지금)은 죽었으니 어찌 금식하랴 내가 다시 돌아오게 할 수 있느냐 나는 저에게로 가려니와 저는 내게로 돌아오지 아니하리라"

다윗 왕은 살아 있는 아이(아들)를 위하여 금식하며 기도했지만 죽은 이후에는 금식과 기도를 멈추었습니다. 왜냐하면 다시 살아 돌아오게 할 수 없었기 때문이라고 고백합니다(23절). 죽은 자를 위하여 기도하는 것은 아무런 영향과 효력이 발생하지 않는다는 것을 알았기 때문입니다.

죽은 자들에게는 그 어떤 기도도 아무런 영향을 미치지 않습니다. 그런 즉 살아 있을 때 잘하고 기도하되 죽은 다음에는 일절 죽은 자를 위하여 기도하는 일은 하지 말아야 합니다. 죽은 자를 위하여 기도하는 것은 미신을 섬기는 불신자들이 하는 어리석고 헛된 기도와 다를 바가 없습니다. 개신교는 상식과 성경에 근거하여 다윗 왕처럼 죽은 자를 위하여 기도하지 않습니다. 성경을 잘못 이해한 자들이나, 성경에 무지한 자들이나, 어리석은 자들이나, 상식과 이성이 빈약한 자들이나 허수아비와 같은 죽은 자를 위하여 기도하고 위령제를 지냅니다. 죽은 자는 이미 영혼이 천국 아니면 지옥으로 떠났기에 기도든, 위령제든 아무런 소용이 없습니다. 그러나 천주교는 죽은 자를 위하여 위령기도와 위령미사를 드립니다.

　'가톨릭사전'에는 다음과 같이 기록되어 있습니다. "위령기도는 전에 연도(煉禱 연옥에 있는 자를 위하여 드리는 기도)"라고 하였으며, 세상을 떠난 교우들을 위해 바치는 기도를 말한다(가톨릭 기도서 74쪽). 이는 시편(129편, 50편)과 기도문으로 되어 있다. 이는 세상에서 보속을 다 못하고 죽은 사람은 천국에 들어갈 때까지 연옥에서 정화되는 과정을 거쳐야 하는데, 이때 고통 중의 연옥 영혼을 위해 하는 기도를 말한다. 연옥의 영혼은 자력으로 천국에 올라갈 수도, 고통을 덜 수도 없으므로 지상의 교우들이 기도와 희생으로 빨리 천국에 오르도록 기도해야 한다. 그 기도 중에 가장 중요한 기도는 역시 위령 미사이다. 이 미사에는 기일 미사, 장례 미사, 보통 미사 등이 있는데, 그때마다 미사 예물과 함께 사제에게 미사 봉헌 신청을 해야 한다" 성경은 연옥(煉獄)을 부정합니다. 성경에는 연옥이라는 말씀 자체가 없습니다. 가톨릭이 지어낸 말이자 유령장소(폐이퍼플레이스)입니다. 마치 자금 세탁을 하기 위한 페이퍼컴퍼니(유령회사)와 같은 곳입니다. 성경은 죽은 사람이 머무는 중간지대는 없다고 합니다. 사람이 죽은 즉시 천국 아니면 지옥으로 들어갑니다. 예수님께서 십자가에 달리실 때 양 옆에 죄수 두 사람도 함께 십자가에 달렸습니다. 행악자 중 하나는 예수님을 조롱하고 믿지 않았지만 다른 한 사람은 하나님의 나라를 믿고 예수님을 믿었습니다. 이에 예수님은 다음과 같이 그 행악자에게 말씀하셨습니다.

누가복음 23장 43절입니다.
"예수께서 이르시되 내가 진실로 네게 이르노니 오늘 네가 나와 함께 낙원(천국)에 있으리라 하시니라"

나쁜 짓만 하다가 결국 십자가에 달린 행악자가 마지막 죽기 전에 예수님을 만나 믿고 구원을 받았습니다. 천주교식이라면 이 강도는 선행이 턱없이 부족하기에 천국이 아닌 중간지대인 연옥으로 갔어야 정상이지만 곧바로 낙원(천국)으로 갔습니다. 예수님은 말씀하시기를 십자가에 달린 행악자에게 죽으면 연옥에 가지 않고 곧바로 예수님과 함께 낙원(천국)에 있을 것이라고 말씀하셨습니다. 사람이 사후(死後)에 가는 곳은 오직 두 곳 뿐입니다. 영벌에 따른 지옥(음부/불못)과 영생에 따른 천국(하나님의 나라)뿐입니다. 그곳에서 영원히 삽니다. 다른 곳은 없습니다. 연옥은 없습니다. 이 두 곳은 오직 믿음의 가부에 따라서만 들어갑니다. 선행이나 행위로 결정되지 않습니다. 천주교는 다르게 가르칩니다. 구원 열차를 잘못 타고 있다는 말입니다. 천국의 구원열차는 오직 믿음으로만 탈 수 있고 믿음+선행으로 타지 못합니다.

마태복음 25장 46절입니다.

"저희(왼편에 있는 자, 불신자)는 영벌(지옥)에 의인(오른편에 있는 자/참 그리스도인)들은 영생(천국/낙원)에 들어가리라 하시니라"

다시 강조컨대 성경에 천국과 이 땅의 중간지점인 연옥은 없습니다. 사람이 살다가 사후에 가는 곳은 오직 천국(낙원) 아니면 지옥(불못)뿐입니다. 그리고 아무리 무지한 농부라도 죽은 식물과 살아있는 식물 중 어느 것에 물과 비료를 주어야 하는지는 압니다. 산 가축과 죽은 가축 중 어느 것에 사료를 주어야 헛되지 않은지를 잘 압니다. 어느 나라 농부든지 죽은 식물, 죽은 과실수, 죽은 가축, 죽은 씨앗에는 수고를 하지 않습니다. 그 이유는 간단명료합니다. 소용이 없기 때문입니다. 무슨 정성과 수고와 기도를 해도 헛된 짓이라는 것을 잘 아기 때문입니다. 물고기를 키우는 어촌 어장 경영자는 죽은 물고기를 사오거나 키우지 않을 뿐만 아니라 죽은 물고기에게 물고기 밥을 던져주지 않습니다. 기독교인들은 누가 무슨 말을 하든지, 어떻게 가르치든지 무조건 맹신하지 말고 최소한 상식적으로 생각을 하고 살아야 합니다. 따라서 죽은 자들을 위하여 기도하는 것은 아무런 의미나 효력과 영향이 없는 헛된 짓으로 천주교(가톨릭)의 위령기도와 가르침은 잘못된 것입니다. 코미디 중의 코미디입니다. 이것이 개신교의 죽은 자를 위한 기도 세계관입니다.

제9장

연옥 세계관

연옥(煉獄)은 천주교(가톨릭)에만 있는 사상입니다. 사후세계에 대한 교리입니다. 연옥의 사전적 의미는 **"죄를 범한 사람의 영혼이 천국에 들어가기 전에, 불에 의한 고통을 받음으로써 그 죄가 씻어진다는 곳"**을 뜻하며, 천국과 지옥 사이에 있다고 합니다. 천주교는 연옥사상을 믿지만 개신교는 연옥사상을 인정하지 않습니다. 성경에 연옥이 없기 때문입니다. 그리고 연옥교리는 구원론 교리와 연결되어 있습니다. 연옥에 있는 천주교 신자가 천국에 들어가기 위해서는 지상에 살아남은 천주교 신자 가족과 지인들이 연옥에 있는 자를 위하여 온갖 선행(행위)을 하면 천국에 들어간다고 말합니다. 이는 오직 믿음으로 만의 구원사상을 부정하는 것이며, 인류의 유일한 구세주인 예수 그리스도의 성탄과 십자가 대속죽음을 헛되이 만드는 교리입니다.

천주교 연옥관

천주교(가톨릭)는 천국과 지옥 사이에 제3의 대기 장소인 연옥이 있다고 말합니다. 연옥은 신구약 성경(聖經)에는 없고 외경(外經)에서만 나타납니다. 연옥교리는 처음부터 있었던 것이 아니라 1439년 플로런스 공의회에서 유게니우스 4세가 선포하였습니다. 가톨릭의 연옥설을 플로런스 공의회(1431~1445)와 트렌트 공의회(1543~1563)에서 확정하였습니다. 연옥설에 의하면 완전히 순결한 신자들은 사후에 즉시 천국으로 가지만, 악한 신자는 대죄(大罪 원죄)를 지었으므로 사후에 즉시 지옥으로 들어간다고 합니다. 그러나 완전히 순결하지 못한 신자는 자범죄(소죄)를 지었으므로 정화의 장소인 연옥에 들어가서 완전히 깨끗이 정화되고 형벌의 대가를 치른 다음에 천국에 들어간다고 합니다. 특히 연옥에서 빨리 나오기 위해서는 지상에 살아 있는 자들이 자선·보속(보상)·고해성사를 해야 한다고 권합니다. 연옥은 천국에 들어가기 위하여 그 죄에 해당하는 보속(보상)을 치르는 곳이라고 합니다. 연옥사상에 따르면 천주교의 구원론은 믿음으로 가는 곳이 아닌 인간의 선행으로 가는 것임을 스스로 자인하는 것이 됩니다. '가톨릭사전'은 연옥에 대하여 다음과 같이 기록하고 있습니다.

"가톨릭에 있어서의 연옥은 일반적으로 세상에서 죄를 풀지 못하고 죽은 사람이 천국으로 들어가기 전에, 불에 의해서 죄를 정화(淨化)한다고 하는, 천국과 지옥(地獄)과의 사이에 있는 상태 또는 장소를 말한다.

대죄(大罪)를 지은 사람은 지옥으로 가지만, 대죄를 모르고서 지은 자 또는 소죄(小罪)를 지은 의인의 영혼은 그 죄를 정화함으로써 천국에 도달하게 된다. 바로 이 '일시적인 정화'를 필요로 하는 상태 및 체류지가 '연옥'이다. 연옥의 영혼은, 이 세상에서의 경우 은총의 도움에 의해서 행하여진 애덕(愛德)에 따른 통회(痛悔)와 기도에 의하여 소죄가 정화되는 것과 마찬가지로, 연옥에 있어서도 소죄가 정화된다. 하지만 죄에 대한 슬퍼함이 벌에 영향을 주지는 않는다. 즉 여기서는 적극적으로 착한 일을 하거나 공덕을 쌓는 상태가 아니라, 단지 하느님의 정의에 의해서 내려진 벌의 고통을 견디는 것만으로 정화와 속죄가 되는 상태이다.

내세(來世)에서는 공덕을 쌓을 수가 없기 때문이다. 연옥의 영혼은 신이 내리는 고통을 즐겁게 수용함으로써 죄에 대한 유한적인 벌의 보상을 하면 확실하게 정화되는 것이다. 연옥의 고통이란 모든 사람에게 동일한 것이 아니고, 각자의 죄에 상응하는 것임은 물론이다. 그 고통의 기간이나 엄중함도, 지상의 신자의 기도와 선업(善業), 즉 신자의 전구(轉求 전달하는 기도)에 의해서 단축 또는 경감된다. 신학자들의 주장에 의하면 연옥의 영혼은 지상의 사람들을 위하여 전구(轉求 전달하는 기도)를 할 수가 있다. 그들은, 지상의 신자에게 연옥의 영혼의 전구를 기도하도록 권장하고 있다. 그러나 이 연옥의 영혼에 대하여 성 토마스는, 연옥의 영혼이 우리를 위하여 기도하지는 못하며, 또한 지상의 일에 관하여 지식을 갖지 못한다고 주장하였다. 하지만, 벨라르미노(Robertus Bellarminus, 1542~1621), 수아레스(Francisco de Suarez, 1548~1617), 구트베를레트(Konstantin Gutberlet, 1837~1928), 셰벤(M. J. Scheeben,

1835~1888), 바우츠(Bautz), 두르스트(B. Durst)등 신학자(가톨릭 신학자)는 연옥의 영혼이 그 형벌 상태 아래 있다는 이유 때문에 자신에게는 공덕이 없지만, 우리를 위해 기도할 수 있다는 주장이다. 공심판(公審判 인류 최후의 심판) 뒤에 연옥은 존재하지 않게 되는 것이지만, 하나하나의 영혼에 있어서는 그 벌로부터 해방되기까지 이어질 것으로 본다. 정화가 끝나면 영혼은 곧 천국으로 들어가 버린다"

가톨릭교회교리서 제1030조입니다.
"하느님의 은총과 사랑 안에서 죽었으나 완전히 정화되지 않은 사람들은 그들의 영원한 구원이 보장되기는 하지만 하늘나라의 기쁨으로 들어가기에 필요한 거룩함을 얻기 위해 죽은 후에 그 영혼이 정화를 거쳐야 한다"

가톨릭교회교리서 제1031조입니다.
"교회(천주교회)는 선택된 자들이 거치는 이러한 정화를 '연옥'이라고 부르는데 이는 단죄 받은 자들이 받는 벌과는 완전히 구별되는 것이다. 교회(천주교회)는 연옥에 관한 신앙교리를 특히 프로렌스(피렌체) 공의회와 트렌트 공의회에서 확정하였다. 교회의 전승(전통)은 성서의 어떤 대목들을 참고로 해서 정화하는 불이 있다고 이야기한다"

가톨릭교회교리서 제1032조입니다.
"…또 교회(천주교회)는 죽은 이들을 위한 자선과 대사(大赦 일반사면)와 보속(보상)을 권고한다. …죽은 이들을 위한 우리의 제사가 그들에

게 위로를 준다는 것을 왜 의심하겠는가? 죽은 사람들에게 도움을 주고 그들을 위하여 기도하는 것을 주저하지 말자"

제2차 바티칸 공의회 교회헌장 제49항입니다.
"…어떤 이는 이 삶을 마치고 정화를 받으며, 또 어떤 이는 바로 삼위 (三位)이시며 한 분이신 하느님을 계시는 그대로 분명하게 뵈옵는 영광 을 누리고 있다"

토마스 아퀴나스(Thomas Aquinas)입니다.
"지옥에서 버림받은 자들을 괴롭히는 불과 연옥에서 의인들을 괴롭히 는 불은 동일한 불이다. 연옥에서의 가장 작은 고통도 금생(현세)에서 당 하는 가장 큰 고통을 능가 한다"

천주교(가톨릭)는 연옥교리를 주장하면서도 그에 대한 성경의 근거 는 제시하지 못합니다. 성경 밖에서 자의적으로 만든 것이기 때문입니 다. 성경에 근거하면 연옥은 없습니다. 이 연옥 교리는 처음부터 있었던 교리가 아니라 1445년경(플로런스 공의회)과 1563년경(트렌트공의회)에 천주교에서 인위적으로 만든 교리일 뿐입니다. 오직 믿음이 아닌 인간의 선행으로 천국에 들어간다는 성경에 반하는 구원사상이기도 합니다. 그 런즉 연옥교리는 성경사상이 아니므로 속히 폐기되어야 합니다. 더 이상 신자들에게 가르치지 말아야 합니다. 성경에 없는 것을 가감(加減)하는 것은 재앙을 자초하는 일입니다.

요한계시록 22장 18절입니다.

"내가 이 책의 예언의 말씀을 듣는 각인에게 증거 하노니 만일 누구든지 이것들 외에 더하면 하나님이 이 책에 기록된 재앙들을 그에게 더하실 터이요"

개신교 연옥관

개신교는 천주교의 연옥사상을 부정합니다. 천주교 연옥사상은 선행으로 구원을 받는다는 사상이기도 합니다. 성경은 천국과 지옥 사이에 제3의 장소가 있다고 말하지 않습니다. 성경은 사람이 사망하면 즉시 천국(낙원)과 지옥(불못)으로 간다고 말합니다. 물론 선행으로의 구원도 인정하지 않습니다. 성경은 오직 믿음으로만 죄 용서함을 받고, 오직 믿음으로만 천국에 들어가고 구원을 받을 수 있다고 합니다. 성경 어디에도 연옥도 선행으로 천국에 들어간다는 말씀도 없습니다. 그래서 개신교는 성경에 근거하여 연옥설을 인정하지 않습니다. 가짜라고 합니다. 다른 복음이라고 합니다.

누가복음 23장 43절입니다.

"예수께서 이르시되 내가 진실로 네게 이르노니 오늘 네가 나와 함께 낙원(천국)에 있으리라 하시니라"

이 말씀에 주어진 상황은 예수님께서 우리 죄를 대신하여 십자가에 달리셨을 때 좌우에 중범죄를 범한 죄인 두 사람이 십자가에 매달렸습니다. 이때 한 죄인이 다음과 같은 신앙고백을 하였습니다.

누구복음 23장 42절입니다.
"가로되 예수여 당신의 나라에 임하실 때에 나를 생각하소서 하니"

중죄인의 이런 신앙고백을 들으신 예수님께서 그 죄인이 십자가에서 죽는 즉시 낙원(천국)에 들어가리라고 말씀하셨습니다. 천주교식으로 말하면 십자가에 달린 이 중죄인은 대죄(大罪)는 말할 것도 없고 자범죄 (소죄)를 범하여 십자가에 달렸기 때문에 곧바로 천국(낙원)에 들어가지 못하고 연옥에 들어가야 마땅합니다. 그러나 예수님은 그 죄인에게 연옥에 있다가 정화가 되면 천국에 들어오라고 하지 않으시고 곧바로 낙원 (천국)에 있을 것이라고 말씀하셨습니다. 천국입성, 구원은 오직 참된 신앙고백, 예수님을 믿는 믿음으로만 갑니다. 선행이나 다른 공로로 가거나 죄가 사해지지 않습니다. 죄 사함은 인간의 수고인 공로, 선행, 금식, 기도, 보속(속죄), 고해성사, 헌금, 자선 등으로 되지 않습니다. 성경 어디에도 이런 노력과 수고와 과정을 통해서 죄 용서함을 받고 천국에 들어간다고 말하지 않습니다. 성경은 오직 믿음뿐이라고 말합니다.

에베소서 2장 8~9절입니다.
"너희가 그(하나님) 은혜(공짜/선물)로 인하여 믿음으로 말미암아 구원을 얻었나니 이것이 너희에게서 난 것이 아니요 하나님의 선물이라 행

위(선행)에서 난 것이 아니니 이는 누구든지 자랑치 못하게 함이니라"

사도행전 16장 31절입니다.

**"가로되 주 예수를 믿으라 그리하면 너와 네 집이 구원을 얻으리라
하고"**

성경에 의하면 죄 용서함과 구원과 천국입성은 오직 믿음으로만 가능
합니다. 천주교가 주장하는 것처럼 선행으로 천국에 들어가지 못합니다.
오직 예수 그리스도에 대한 믿음뿐입니다.

로마서 1장 17절입니다.

"…의인은 오직 믿음으로 살리라"

마태복음 25장 46절입니다.

**"저희(왼편에 있는 자, 불신자)는 영벌(지옥)에 의인(오른편에 있는
자/참 그리스도인)들은 영생(천국/낙원)에 들어가리라 하시니라"**

성경은 사후세계, 즉 사망 후에 들어가는 곳은 오직 두 곳 뿐임을 말
합니다. 한 곳은 예수님을 진실로 믿지 않은 자들이 사후에 가는 지옥(불
못, 음부인 영벌의 장소)이고, 또 한 곳은 예수님을 진실로 믿은 자들이
들어가는 천국(낙원, 하나님의 나라)이라는 영생의 장소입니다. 그 외에
는 다른 제3의 장소(연옥)는 없습니다. 로마 가톨릭교회의 부패에 반기
를 든 독일의 종교개혁자 마틴 루터(Matin Luther 1483~1546)는 그의 95

개 항의 논제들 중에서 연옥설을 반박하였습니다.

제10항 "죽은 자에게 대하여 연옥을 내세워서 종교상의 속죄를 보류하는 사제들은 무지하고 어리석은 자이다"

제11항 "성경 속의 벌을 연옥의 벌로 변경시키는 '가라지'는 확실히 감독들이 잠자는 동안에 심어진 것이다"

제22항 "교황은 연옥에 있는 영혼에 대해서 어떤 형벌도 사할 수 없으며, 오히려 이 형벌은 교회법에 의하여 현세에서 받아야만 하는 것이다"

제27항 "연보궤 안에 던진 돈이 딸랑 소리를 내자마자 영혼은 연옥에서 벗어나온다고 말하는 것은 인간의 학설이다"

제35항 "연옥으로부터 영혼을 속량하는 것 또한 고백한 사제는 마음대로 선택하는 사람에게는 참회할 필요가 없다고 가르치는 자는 비기독교적 교리를 가르치는 사람이다"

개신교는 성경에 근거하여 연옥설, 연옥교리 자체를 부정합니다. 연옥설은 성경사상이 아니고 인간이 만들어낸 작품입니다. 그리고 성경은 천국, 낙원, 구원, 죄 사함은 오직 예수 그리스도를 믿음으로만 가능하다고 말합니다. 성경은 인간의 자선, 기도, 금식, 선행, 헌금, 보속, 고해성사로 죄가 정화되거나 천국에 들어간다고 말하지 않습니다. 혹 누군가가 오직 믿음 외에 다른 방법으로 천국에 들어간다고 한다면 이는 거짓이고 다른 복음입니다. 속이는 것입니다. 성경에 비추어보면 연옥은 없습니다. 성경의 구원론에 비추어보면 연옥사상은 허구입니다. 성경의 천국입성 사상에 비추어보면 행위(선행)로의 구원을 말하는 연옥교리는 가짜입니다. 이것이 개신교 연옥 세계관입니다.

제10장

수녀 세계관

수녀(修女)란 가톨릭에서 여자 수도자를 일컫는 말입니다. 수녀들의 복장은 일반인들과 복장에서 두드러지게 차이가 나서 쉽게 구별할 수 있습니다. 개신교에는 수녀라는 제도가 없습니다. 대신 천주교의 수녀와는 전혀 다른 여성 사역자들이 있습니다. 천주교 수녀들과 개신교 여성 사역자들은 여러 면에서 차이가 있습니다. 개신교 여성 사역자들은 신학교에서 신학을 배우고 전국 어느 곳이나 자기가 원하는 교회에 지원하여 허락이 되면 일을 합니다. 자기 집에 거하며 출퇴근을 하고, 결혼도 합니다. 물론 매월 사례비도 받고, 휴가도 가고, 남성 목회자들과 동등하게 식사도 하고, 인격적으로 대우를 받습니다. 천주교의 수녀들은 그렇지 않은 것으로 알고 있습니다. 천주교의 수녀는 각 수도원의 회헌(會憲)에 따라 사목(司牧 교회가 세상과 관련 맺은 모든 활동), 전교(선교), 교육 사업 등에 종사합니다.

그리고 바티칸 여성지의 여성 에디터들이 수녀들에 대한 교회 내 성폭력을 폭로한 뒤 편집권 간섭과 불신의 분위기가 팽배해졌다며 이에 항의하는 의미로 전원 사퇴했습니다. 바티칸 신문 로세르바로테 로마노의 여성 월간지인 '위민 처치 월드'(Women Church World)의 루세타 스카라피아(70) 창립자는 모두 여성인 이 잡지의 에디터 11명이 총사퇴했음을 밝혔다고 BBC방송이 26일(현지시간) 전했습니다. 앞서 지난달 1일 위민 처치 월드는 교회 내에서 사제들이 수녀들에게 성폭력을 가하는 일이 만연함을 고발하는 기사를 내보냈습니다. 이후 프란치스코 교황이 교회 내에서 성폭력이 일어나고 있음을 공개석상에서 처음으로 인정하기도 했습니다. 스카라피아는 교황에게 쓴 공개서한에서 이 기사가 보도된 뒤 에디터들이 "불신과 끊임없이 권위를 실추하려는 분위기에 휩싸였다고 느껴 사퇴를 결심했다"고 밝혔습니다. 그러면서 로세르바로테 로마노의 신임 편집장인 안드레아 몬다가 위민 처치 월드의 편집위원회에 외부 인사를 영입하는 등 편집권을 통제하려 했다고 지적했습니다. 그는 "그들은 확실히 순종할 여성만을 선호하는 관행으로 복귀하고 있다"고 짚으며 교황이 그토록 부르짖었던 '파레시아'(표현의 자유ㆍ진실을 말하는 용기)가 훼손됐다고 강조했습니다. 스카라피아는 고발 기사에 대해서는 비록 수녀들이 겪은 성폭력을 처음 언급한 것은 아니지만, 피해 사실이 드러났고 학대당한 여성들에게서 편지도 받은 뒤 "우리는 더 침묵할 수 없었다"고 펜을 든 이유를 설명했습니다(매일종교신문, 2019.3.27). 이들에 의하면 소리소문없이 수녀들이 사제들에 의해서 성폭력을 당하고 있습니다. 참으로 안타까운 일이 아닐 수 없습니다.

천주교 수녀관

교회법(천주교)으로 설립된 특정 수도회의 고유법에 따라 정결, 청빈, 순명(기쁜 마음으로 명령을 따르는 마음 자세)의 세 가지 복음적 권고를 공적으로 선서함으로써 그 수도회에 합체되고 수도회 소속 수도원에서 공동체 생활을 하는 신자(교회법 제607조)를 **수도자(修道者)**라고 합니다. 지원기와 청원기를 마치고 공적으로 첫 서원을 하면 수도자가 되며, **남자는 수사(修士: 남자 수도자), 여자는 수녀(修女 여자 수도자)**라고 합니다. 회헌에 따라 공동생활을 하는 수도자들의 단체를 **수도회(修道會)**라고 합니다. 승인된 회헌이나 회칙에 따라 사는 공적 수도 서원을 한 회원으로 구성되며 교황청이나 교구장(주교)의 인가를 받아야 합니다. 구성원에 따라 남자 수도회와 여자 수도회(수녀회), 성직 수도회와 평수사회, 설립 주체에 따라 교황청 설립 수도회와 교구 설립 수도회로 구분됩니다(천주교용어자료집). 천주교 수녀들은 모두 미혼이고 독신입니다. 평생을 독신으로 살면서 헌신합니다.

교황청 기관지 로세르바토레 로마노 산하 월간지이자 여성 저널리스트와 학자들이 발행하는 **'여성, 교회, 세계'** 3월호는 1일 '수녀들의 (거의) 무임금 노동'이라는 제목의 기사를 게재했습니다. 이 기사에서는 수녀들의 불공평한 위상과 그 가운데 겪는 육체적·정신적 고통을 다뤄 놓아 바티칸의 '미투' 운동으로도 보입니다. '여성, 교회, 세계'는 로마 바티칸에서 요리와 청소 및 식사 시중 등 추기경·주교·신부를 위한 지루하고 고

된 허드렛일에 시달리는 수녀들의 삶을 소개해 놓았습니다. 한 수녀는 **"교회의 남성 사제들을 위해 새벽부터 일어나 아침을 준비하고 저녁을 차려준 뒤 잠들 수 있으며, 남성 사제 숙소의 빨래와 청소, 다림질까지 해야 한다"**고 말했습니다. 그리고 기자가 들은 가장 슬픈 일화는 **"수녀들은 그들이 시중드는 식탁에 함께 앉아서 식사하자는 얘기조차 거의 듣지 못한다"**는 것이었는데, 시중을 마친 수녀들은 부엌에서 따로 식사를 한다고 전했습니다. 또 다른 한 수녀는 **"신학이론 같은 주제로 박사학위를 받고도 (천주교회로부터) 아무런 설명을 듣지 못한 채, 그들의 지적 성취와 관계없는 집안일이나 허드렛일을 명령받은 동료 수녀들을 알고 있다"**고 전했습니다. 바울이라는 가명의 수녀는 **"이 모든 일은 여성이 남성보다 덜 가치 있고, 특히 교회(천주교/가톨릭) 내에서 신부는 절대적이지만, 수녀는 아무것도 아니라는 불행한 사고가 여전하다는 것을 보여 준다"**고 꼬집었습니다. 특히 과거에는 바티칸의 남성 사제의 주거지나 신학교에서 가사를 돕는 수녀들이 대부분 현지인이었습니다. 하지만 최근 몇 년 전부터 아프리카, 아시아와 개발도상국에서 온 많은 수녀들이 이런 일을 돕고 있는 상황입니다.

프란치스코 교황은 2016년 5월 수도원 대표들이 참석한 알현에서 **"성직에 임명된 여성들이 봉사가 아닌 노예노동을 하는 걸 자주 봤다"**며 **"수녀의 소명은 봉사, 교회(천주교)에 대한 봉사이지 노예노동이 아니다"**라고 지적한 바 있다고 미국 '뉴욕타임스'가 전했습니다. 또 영국 '가디언'은 프란치스코 교황이 전임자들과 달리 호텔처럼 운영되는 바티칸 게스트 하우스에 머문다고 전했습니다. 식사도 임금을 받는 웨이터들이 서빙

한다는 설명입니다. 반면 1978년부터 2005년까지 교황을 역임한 고 **요**
한 바오로 2세 때는 교황의 고국 폴란드 출신 여성 수녀 5명이 팀을 이뤄
사도궁전에 있는 교황 관저의 일을 맡았습니다. 2013년 사임한 베네딕
트 교황은 메모레스 도미니라고 알려진 교황 조직의 여성 멤버 8명이 관
저를 돌봤습니다(매일종교신문, 2018.03.03). "교황청 봉헌생활회와 사
도생활단성(수도회성) 장관인 호세 로드리게스 카르바요 추기경은 지난
31일 교황청 기관지 로세르바토레 로마노와의 회견에서 2015~2016년
성직을 떠난 전 세계 신부와 수녀가 약 2천300명에 달한다고 밝혔습니
다"(매일종교신문, 2017.02.02). 보통 우리가 알고 있었던 수녀들에 대한
지식과 이미지와 생활과는 많은 차이가 있어 충격적입니다. 수녀들에 대
한 천주교교리는 다음과 같습니다.

가톨릭교회교리서 제923조입니다.
**"수녀들은 처녀들로서 천주 성자 그리스도께서 신비적으로 약혼되며
교회의 봉사에 헌신한다…"**

성경은 나실인 외에는 결혼을 금하고 있지 않습니다. 나실인 결혼 여
부도 강제 계명이 아닙니다. 삼손도 나실인이었지만 결혼을 하기도 했습
니다. 그런데 천주교는 교리로 수녀들에게도 독신을 강제하고 있습니다.
결혼하고도 얼마든지 헌신과 봉사를 할 수 있습니다. 천주교에서 초대
교황이라고 황당한 주장을 하는 베드로도 독신자가 아닌 결혼을 한 자입
니다. 다른 사도들도 아내가 있었습니다. 이런 사실에 비추어 볼 때 현재
수녀들에 대한 독신교리는 인위적으로 만든 것으로 성경사상이 아닙니

다. 성경에 반하는 수녀들에 대한 전통과 생활과 봉사와 독신제도는 하루 속히 폐기되어야 합니다.

개신교 수녀관

개신교에는 수녀라는 용어나 신분이 없습니다. 물론 개신교에도 교회에서 근무하는 여자 사역자들이 있습니다. 그러나 천주교와는 달리 남성 목사들의 수종을 들지 않습니다. 남성 사역자들의 밥을 챙겨주고, 빨래를 해 주고, 허드렛일 등을 맡아 하지 않습니다. 기본적으로 모든 일을 각자가 알아서 해결합니다. 남녀 사역자들 관계에서 주종관계가 없습니다. 여성 사역자들은 주로 교육자와 전도자, 심방자로서 사역합니다. 자기 전공을 살려서 유급 봉사를 합니다. 결혼도 하고 매월 사례비도 받습니다. 천주교의 수녀들처럼 독신과 무임금으로 살거나 봉사하지 않습니다. 이동도 자기 주권에 따라 자유롭게 합니다. 결코 노예노동은 하지 않습니다. 남성 사역자들과 동등한 존중과 권리를 행사하고 성도들과 교회를 섬깁니다. 개신교 여성 사역자들은 성경사상에 따라 결혼도 하고, 급여도 받고, 자기 재능과 은사에 따라 자유롭게 교회사역을 합니다. 특히 일꾼이 삯(급여)을 받는 것이 마땅하다고 합니다.

누가복음 10장 7절입니다.

"그 집에 유하며 주는 것을 먹고 마시라 일군이 그 삯을 얻는 것이 마땅하니라 이 집에서 저 집으로 옮기지 말라"

디모데전서 5장 18절입니다.

"성경에 일렀으되 곡식을 밟아 떠는 소의 입에 망을 씌우지 말라 하였고 또 일군이 그 삯을 받는 것이 마땅하다 하였느니라"

여성 사역자라고 해서 어떠한 형태의 차별대우나 노동착취를 당하지 않습니다. 남자와 여자 사역자들은 인격적으로 동등합니다. 교회 안에서 자유롭게 사역합니다. 이것이 여성 사역자들에 대한 개신교 세계관입니다.

제11장

십계명 세계관

　십계명(十誡命 Ten Commandments)이란 B.C. 1446년경 이스라엘 민족의 지도자였던 하나님의 사람 모세가 출애굽 여정 중 지금의 사우디 아라비아의 시내산에서 하나님으로부터 받은 10개의 계율을 말합니다. 이 십계명은 거룩한 신자들과 이스라엘 공동체(교회 공동체/모든 그리스도인)가 하나님과 인간관계에서 핵심적으로 지켜야 할 계명을 압축한 말씀입니다. 그런데 이 십계명에 대하여 천주교와 개신교 교리에 차이가 있습니다. 천주교는 성경의 기록과 달리 제1계명과 제2계명을 하나로 묶었고, 열 번째 계명을 둘로 나누어 십계명을 가르치고 있습니다. 그러나 개신교는 성경 기록대로 1계명과 2계명을 하나로 묶지 않고 따로 명시하고 있으며, 열 번째 계명은 하나로 하여 십계명을 가르치고 있습니다. 이러한 교리 차이에 대한 옳고 그름의 의문은 구약성경 출애굽기 20장과 신명기 5장의 말씀을 앞뒤 문맥에 맞게 바로 이해하면 어느 쪽이 바른가를 알 수 있습니다. 천주교 십계명 교리를 자세히 살펴보면 계명이 비슷하다고 다른 것을 하나로 묶고(제1,2계명), 다르지 않은 것을 다르게 이해하여 둘로 나눈 것(제10계명)을 확인할 수 있습니다. 이는 난독과 오독이라고 하지 않을 수 없습니다. 아니면 제2계명의 **"우상숭배"**와 관련해서 다른 어떤 숨은 의도가 있을 수 있다는 의문도 듭니다. 왜냐하면 천주교 교회 안에는 십계명 2계명이 금하는 우상과 같은 각종 형상(조각 성상)들이 많기 때문입니다. 성경의 십계명을 확인하면서 천주교와 개신교에서 가르치는 십계명이 성경본문과 어떻게 다른지를 확인하기 바랍니다.

눈여겨보아야 할 계명은 제1, 2계명과 제10계명입니다. 이 중에서 십계명 제2계명의 **"아무 새긴(조각한) 우상, 형상들을 만들지 말고 그것들에게 절하지도 말고 섬기지도 말라"**는 말씀입니다. 개신교는 이런 용어를 성경 그대로 사용하고 가르치고 있는 데 천주교는 이런 핵심적이고 가장 중요한 직접적인 용어를 십계명 교리에서 사용하지 않고 의역된 용어로 바꾸고 통합해 버렸습니다. 그렇게 되면 성경을 읽는 독자들은 본래 성경 저자의 의도와 내용이 전혀 다른 의미로 이해하게 되고 모르게 됩니다. 말이라는 것은 '아' 다르고 '어' 다르다고 했습니다. 이는 어떤 자들이 순수하지 않은 돈을 세탁하듯이 어떤 핵심적인 용어(**"우상"**, **"형상"**)를 세탁한 것이 아닌가 하는 의심이 들게 합니다. 천주교 내의 각종 새겨만든 성상, 성인 형상의 존재, 설치와 관련된 것이 아닌가 하는 의혹이 있습니다. 사실 로마 바티칸과 천주교교회 안팎에 조각되어 설치된 각종 성인 형상들은 십계명 제2계명에 정면으로 위배됩니다. 그래서 천주교는 십계명 1, 2계명을 손보지 않았나 하는 의혹이 듭니다. 그렇지 않고서야 다르게 가르칠 이유가 하나도 없습니다. 그리고 제10계명은 전체 내용이 하나의 계명이지 두 계의 계명의 뜻이 아닙니다. 기본지식과 지문 독해력과 이해력이 있는 신자라면 쉽게 알 수 있습니다. 그런데 두 개의 계명으로 나누어 10계명을 채웠습니다. 성경에 기록된 십계명은 다음과 같습니다.

출애굽기 20장 3~17절입니다.

"① 너는 나 외에는 다른 신들을 네게 있게 말찌니라 ② 너를 위하여 새긴 우상(偶像 idol)을 만들지 말고 또 위로 하늘에 있는 것이나 아래로 땅에 있는 것의 아무 형상(形像)이든지 만들지 말며 그것들에게 절하지 말며 그것들을 섬기지 말라 나 여호와 너희 하나님은 질투하는 하나님인 즉 나를 미워하는 자의 죄를 갚되 아비로부터 아들에게로 삼 사대까지 이르게 하거니와 나를 사랑하고 내 계명을 지키는 자에게는 천대까지 은 혜를 베푸느니라 ③ 너는 너의 하나님 여호와의 이름을 망녕되이 일컫지 말라 나 여호와는 나의 이름을 망녕되이 일컫는 자를 죄 없다 하지 아니 하리라 ④ 안식일을 기억하여 거룩히 지키라 엿새 동안은 힘써 네 모든 일을 행할 것이나 제칠일은 너의 하나님 여호와의 안식일인즉 너나 네 아들이나 네 딸이나 네 남종이나 네 여종이나 네 육축이나 네 문안에 유 하는 객이라도 아무 일도 하지 말라 이는 엿새 동안에 나 여호와가 하늘 과 땅과 바다와 그 가운데 모든 것을 만들고 제칠일에 쉬었음이라 그러 므로 나 여호와가 안식일을 복되게 하여 그날을 거룩하게 하였느니라 ⑤ 네 부모를 공경하라 그리하면 너의 하나님 나 여호와가 네게 준 땅에서 네 생명이 길리라 ⑥ 살인하지 말찌니라 ⑦ 간음하지 말찌니라 ⑧ 도적 질하지 말찌니라 ⑨ 네 이웃에 대하여 거짓 증거하지 말찌니라 ⑩ 네 이웃의 집을 탐내지 말찌니라 네 이웃의 아내나 그의 남종이나 그의 여종이나 그의 소나 그의 나귀나 무릇 네 이웃의 소유를 탐내지 말찌니라"

천주교 십계명관

1계 "한 분이신 하느님을 흠숭하여라"(천주교 십계명 교리)

(공동번역 성서와 다른 성경 출애굽기 20장 3~4절로 1, 2계명입니다.

"3) 너희는 내 앞에서 다른 신을 모시지 못한다. 4) 너희는 위로 하늘에 있는 것이나 아래로 땅에 있는 것이나, 땅 아래 물속에 있는 어떤 것이든지 그 모양을 본따 새긴 우상을 섬기지 못한다. 그 앞에 절하며 섬기지 못한다…")

천주교 십계명 교리 1계는 본래 성경의 제1계명과 제2계명입니다. 그리고 흠숭이라는 용어는 개신교에는 사용하지 않습니다. 십계명 1, 2계에도 없습니다. 천주교에서만 사용하고 있습니다. 흠숭(欽崇 흠모하고 공경함)이란 '공경한다'라는 뜻입니다. 그리고 천주교 교리 1계는 본래 성경(성서)대로 한다면 1,2계명으로 나누어야 맞습니다. 십계명 1,2계를 합친 1계에 대한 천주교의 교리는 다음과 같습니다. "이는 하느님을 창조주, 가장 높으신 주님으로 알아, 최고의 공경과 흠숭을 드리라는 것이다.

즉 하느님을 내적으로 흠숭(신, 망, 애 삼덕으로 하느님을 흠숭)하고, 기도, 전례 성사 등 외적 공경을 드리라는 것이다. 또한 이는 하느님께만 드릴 공경을 다른 이에게 바치지 말라는 것이다. 그래서 미신, 마술, 마법, 신강술, 관상, 토정비결, 손금 등을 금하며, 축성된 성물을 매매하는 행위, 신앙을 거스르거나 해치는 말이나 독서, 하느님의 전지전능이나 지혜, 인자 등을 시험하는 행위도 금한다. 이는 신덕을 거스르는 행위이기 때문이다"

천주교에서 사용하고 있는 '공동번역 성서'에도 '흠숭'이라는 단어는 없습니다. 도리어 **"모양"**(형상), **"새긴 우상"**에 절하지 말고 섬기지 말라는 단어가 있습니다. 그런데 천주교 십계명 교리에는 성경에 나와 있는 단어는 없애고 성경에 없는 용어(흠숭=공경)를 가르치고 있습니다. 이는 성경의 본래 뜻과 의도를 전혀 다르게 왜곡하고 숨긴 것입니다. 성경을 가감한 것입니다. 기독교는 본래 성경에 나온 대로 교리로 만들고, 가르치고, 지키게 해야 합니다. 무엇을 그리 가르쳐야 합니까? 성경(성서)대로 어떤 모양(형상)이나, 새긴 조각상(우상)을 만들어 절하거나, 섬기지 말라고 가르쳐야 합당합니다. 성경은 누구도 손을 대지 못합니다. 성경에 기록된 단어나 용어를 빼거나 더하지 못합니다. 단, 해석에 따른 단어나 용어 선택은 다르게 할 수 있습니다. 이때도 성경구절에 대하여 그 뜻이 직접적으로 충분히 전달되게 해석하고 설명해야 합니다. 천주교 십계명 교리 1계는 아무리 생각해도 납득이 되지 않습니다. 성경의 1, 2계명을 통합하고, 그것도 부족하여 핵심적인 용어 혹은 단어(형상, 모양, 새긴 우상)를 빼버리고, 어떤 모양(형상)이나 새긴 우상을 섬기거나 절하지 말라는 말이나 해석이 전혀 없습니다. 이것은 성경을 가감(加減)한 것으로 매우 큰 잘못입니다.

2계 "하느님의 이름을 함부로 부르지 마라"
(공동번역 성서와 다른 성경은 3계명입니다)

"이는 하느님의 거룩한 이름을 정성되이 부름과 맹세와 허원을 지키라는 것이다. 맹세(盟誓)란 전능하신 하느님을 사실의 증거자로 부름을 말한다. 그러므로 합당한 맹세가 되기 위해서는 진실 되고 의로우며 신중하게 이루어져야 한다. 그리고 맹세가 유효하기 위해서는 맹세할 의향을 갖고 외적 형식으로 표현되어야 하며, 이는 반드시 지켜져야 한다. 허원(許願)이란 하느님을 위해 어떤 특정한 선행을 하기로 결심하고, 그것을 완수하지 않으면 죄가 되는 것을 하느님께 자유 의지로 하는 약속을 말한다. 이는 일반적으로 결심이나 의향이 아니고, 의무를 지니는 하느님께 대한 약속이다. 그런데 허원은 사적, 공적 두 가지 경우가 있다. 사적 허원은 신자가 개인적으로 하는 허원이며, 공적 허원은 수도자가 공적으로 청빈, 정결, 순명으로 일생을 하느님께 봉헌하겠다는 것을 말한다. 2계에서 금하는 것은 하느님의 거룩한 이름을 모독하지 말라는 것이다. 이는 하느님을 업신여기는 마음을 갖거나 멸시하는 것, 혹은 하느님의 이름을 빌려 남에게 재앙이 되기를 비는 것 등을 말한다. 특히 참된 종교를 욕하는 것도 하느님을 욕되게 하는 것이다"

3계 "주일을 거룩히 지내라"

(공동번역 성서와 다른 성경은 4계명입니다)

"교회는 사도 시대 전통을 따라 그리스도 부활 날에 그 기원을 두고, 8일째마다 파스카의 신비를 경축한다. 이날은 주일(主日)로서 신자들이 함께 모여 하느님의 말씀을 듣고 미사 성제에 참여함으로써, 그리스도의 수난과 부활과 영광을 기념하며 하느님께 감사를 드린다. 주일은 원래 안식일(安息日)이었다. 안식일은 하느님의 창조 사업과 이스라엘을 이집트의 노예 생활에서 구출하신 것을 기념하는 일이다. 그리고 신약 시대에는 모든 이에게 기쁨과 희망의 원인이 된 그리스도의 부활과 성령이 강림하시어 구원 사업을 완성하심을 기념하는 날로 연결되었다. 그러나 그날이 일요일이었으므로 토요일이었던 안식일이 일요일로 바뀌었다. 주일을 거룩하게 지내기 위해서는 미사성제에 참여하고, 과중한 노동을 피함으로써 신심의 휴식을 취하며, 주님을 섬기는 날이 되도록 해야 한다. 그러나 시대와 환경의 변화로 주일을 지키기 어려운 이들에게, 교회는 주일의 본분을 다른 날에 이행할 수 있도록 특전도 베풀고 있다.

즉 일요일과 의무적 축일 미사를 전날 저녁 미사에 참여(土曜 特典 미사)함으로써 주일 의무를 대신할 수 있도록 하였다. 이 특전(特典) 미사는 2차 바티칸 공의회 후, 주일 미사의 참여 기회를 넓히기 위해 단행한 전례 개혁 중 하나이다" 참고로 주일은 주일입니다. 개인과 교회 사정에 따라 임의로 주일성수가 그 전날인 토요일 저녁으로 될 수가 없습니다. 이것은 특전이 아니라 주일성수를 어기는 것입니다. 누가 특전을 줍니까? 성경이 확고부동하게 정한 진리와 계명은 그 어느 누구도 임의로 변경시킬 수 없습니다. 주일성수와 관련한 특전이란 있을 수 없습니다. 이는 마치 현충일이나 기타 국가 기념일을 개인과 지자체가 사정이 있다고 하여 그 전날이나 후일에 기념하는 것과 같습니다. 세상에서도 그렇게 하지 않습니다. 진리는 더더욱 사람이 자의적이고 임의로 좌지우지하지 못합니다. 이는 성경을 가감하는 무서운 죄악입니다. 성경은 진리를 이런 식으로 하여 특전을 주지 않습니다. 이는 천주교의 자의적인 특전주기일 뿐입니다. 잘못된 것입니다.

4계 "부모에게 효도하여라"
(공동번역 성서와 다른 성경은 5계명입니다)

"부모는 자녀들의 영혼과 육신을 돌보고, 자녀는 부모를 공경하고 부모에게 순종해야 한다는 것이다. 그리고 윗사람도 공경하며 사랑해야 한다. 또한 부모는 자녀들을 위해 기도하고 모범으로 자녀들을 가르치며, 신앙을 굳게 하고 유혹에 빠지지 않도록 보호하고 잘못을 사랑으로 고치도록 해야 한다(에페 6,4). 특히 부모는 자녀에 대한 신앙 교육의 임무에 충실해야 한다. 자녀들은 가정의 산 멤버로 그들 나름대로 부모들의 성화에 이바지하며, 감사하는 마음과 효심과 신뢰로써 부모에게서 받은 은혜에 보답해야 한다. 그리고 부모가 역경에 처하거나 노후의 고독 중에 있을 때, 자녀답게 봉양해야 한다"

5계 "사람을 죽이지 마라"
(공동번역 성서와 다른 성경은 6계명입니다)

"이는 인간의 육신 생명을 존중하고 구원에 힘써야 한다는 것이다. 즉 인간의 생명은 하느님의 선물인 만큼, 자기가 타인의 생명 또는 이에 직결되는 육체에 대해서 존엄성을 인정해야 한다. 따라서 남이나 자기의 생명과 영혼을 해치지 말아야 한다. 부당하게 남을 죽이거나 남의 건강을 상해하거나 모욕하거나 학대하지 말아야 한다. 이는 하느님의 사랑을 거스르는 행위이며, 남의 권리를 직접 침해하는 것이고, 이웃 사랑의 계명을 어기는 것이 되기 때문이다. 그래서 자살(自殺)은 자신의 생명의 존엄성을 해치는 큰 잘못이다. 이상은 생명에 대한 절대권을 가진 하느님의 권위를 침해하고 하느님의 사랑을 거스르는 행위이다. 그래서 천주교 교회에서는 확실하게 자살한 자를 위한 공식 예절, 즉 위령 미사나 고별 기도 등을 금하고 있다. 따라서 인간은 육신 생명을 경솔하게 여기지 말고, 하느님께서 창조하셨고 세상 마치는 날에 부활시키실 육신을 존중해야 한다"

6계 "간음하지 마라"

(공동번역 성서와 다른 성경은 7계명입니다)

"이 계명은 정조(貞操)를 보호하고 정당한 부부 관계 외에 모든 정조의 남용을 금하는 것을 말한다. 만일 남용을 허용한다면 혼인의 목적 달성이 불가능하며, 인간 사회에 큰 혼란이 일어나 인간이 동물과 같게 될 것이다. 따라서 간음과 사음뿐만 아니라, 온갖 음란하고 부정한 행실과 그러한 행위로 이끄는 모든 위험한 기회까지 금한다. 인간은 하느님의 모상으로 창조되었으며 그분의 자녀이다. 그러므로 거룩하고 결백하게 살도록 해야 한다"

7계 "도둑질을 하지 마라"
(공동번역 성서와 다른 성경은 8계명입니다)

"남의 재물을 존중하라는 이 계명은 사유 재산권을 보호하고 그것을 인정하는 것을 전제로 한다. 인간은 누구나 가족의 생활, 자유와 행복을 위해 재물을 소유할 권리가 있다. 그러나 하느님이 정하신 대로 인간은 자기의 활동으로 이 권리를 확보해야 한다. 공정한 분배와 질서를 지키는 사회 제도는 하느님 계명의 요구에 맞갖은(꼭 맞음) 것이다. 따라서 지상의 것은 하느님의 뜻에 따라 사용하고 나누며, 사회 공익을 위해 선용해야 한다. 그러므로 남의 소유물에 대한 강도, 사기, 절도, 부당한 고리 대금, 부당한 수단으로 남에게 손해를 끼치는 일은 없어야 한다. 그밖에도 지나친 유흥, 가산의 탕진, 남의 생계 수단을 빼앗거나 방해하는 일도 없어야 한다. 그리고 직업에의 불충, 재산의 낭비 등도 금한다"

8계 "거짓 증언을 하지 마라"
(공동번역 성서와 다른 성경은 9계명입니다)

"이는 말과 행실을 성실히 하고 남의 명예를 존중하라는 것이다. 정직하고 남의 명예를 존중하며, 하느님의 영광을 위하고 타인의 모범이 되고, 자신의 의무를 완수하기 위해서 필요하다면 자신의 명예도 존중해야 한다. 따라서 거짓말, 위선, 허세, 위증, 비방, 억측, 남의 명예를 손상시키는 모든 일을 금한다. 특히 자만하거나 악담을 하는 것은 자신의 명예를 높이는 것이 아니라, 겸손의 덕을 거스르게 된다"

9계 "남의 아내를 탐내지 마라"
(공동번역 성서와 다른 성경은 10계명입니다)

"네 이웃의 집을 탐내지 말찌니라 네 이웃의 아내나 그의 남종이나 그의 여종이나 그의 소나 그의 나귀나 무릇 네 이웃의 소유를 탐내지 말찌니라"

"부부는 마음과 몸의 정결을 지키고 서로에게 충실해야 한다. 부부 자신도 하느님의 모상으로 인간의 참된 존엄성을 향유하면서, 같은 애정과 같은 생각과 서로를 성화시키려는 노력으로 하나가 되어야 한다. 따라서 6계에 금하는 것 외에 그러한 행위에 대한 마음까지도 금하는 것이다"

10계 "남의 재물을 탐내지 마라"
(공동번역 성서와 다른 성경은 10계명입니다)

"네 이웃의 집을 탐내지 말찌니라 네 이웃의 아내나 그의 남종이나 그의 여종이나 그의 소나 그의 나귀나 무릇 네 이웃의 소유를 탐내지 말찌니라"

"이 계명 역시 남의 재물을 존중하라는 것이다. 인간은 자신의 물건에 대한 소유권을 인정받으면서 행사하고 싶어 한다. 그렇다면 우리도 남의 소유권을 존중해 주어야 한다. 따라서 남의 재산을 부당한 수단으로 취득하려는 욕망까지도 금한다. 즉 사기, 횡령, 도둑질할 마음, 남에게 손해를 끼쳐 재물을 모을 생각, 자기의 이익을 위해 남의 손해를 바라는 마음까지도 없애야 한다"(가톨릭사전 십계명 해설/박도식, 천주교 주요 교리) 천주교 십계명은 개신교에서 제1계명(**"너는 나 외에는 다른 신들을 네게 있게 말찌니라"**)과 제2계명(**"너를 위하여 새긴 우상을 만들지 말고 또 위로 하늘에 있는 것이나 아래로 땅에 있는 것이나 땅 아래 물속에 있는 것의 아무 형상이든지 만들지 말며 그것들에게 절하지 말며 그것들을 섬기지 말라"**)으로 나눈 계명을 하나로 묶어서 1계로 하여 **"한 분이신 하느님을 흠숭하여라"**로 하였습니다. 본래 계명 말씀과는 전혀 다르게 만들었습니다. 흠숭(欽崇 흠모하고 공경함)이란 천주교에서는 '공경하다'와 같은 뜻으로 신, 망, 애 삼덕으로 하느님을 공경하는 것을 의미합니다. 천주교의 십계명 1계는 본래 하나님이 말씀하신 계명 자체를 의역한 것입니다. 의역을 하면 본래의 의미가 대폭 반감되고 변합니다. **"우상숭배"**와 **"형상"**을 만들지 말고 절하지도, 섬기지도 말라는 말이 사라졌습니다. 천주교의 십계명 1계는 납득이 되지 않습니다. 천주교회당 안에 많은 형상(조각 성상)이 있기 때문에 이를 피해가기 위해서나 2계명과 충돌이 되니까 대폭 의역을 해 버린 것이 아닌가 하는 의문이 듭니다. 천주교에서 사용하고 있는 '공동번역 성서'에도 '흠숭'이라는 말(계명)은 없습니다. 십계명 1계를 이렇게 의역한 것은 심각한 문제입니다. 계명을 해석하여 설명할 때에는 '흠숭'이라는 말도 사용할 수 있지만 계명 자체를 교리로 정리할 때 의역으로 넣는 것은 요한계시록 22장 18~19절에서 무섭게 경고

한 성경을 가감(加減)하는 것이 됩니다. 성경은 누구든지 성경을 가감하면 재앙을 당한다고 경고합니다. **"내가 이 책의 예언의 말씀을 듣는 각인에게 증거하노니 만일 누구든지 이것들 외에 더하면 하나님이 이 책에 기록된 재앙들을 그에게 더하실 터이요"** 그런즉 누구든지 성경을 가감하지 말아야 합니다.

그리고 천주교는 제10계명(**"네 이웃의 집을 탐내지 말찌니라 네 이웃의 아내나 그의 남종이나 그의 여종이나 그의 소나 그의 나귀나 무릇 네 이웃의 소유를 탐내지 말찌니라"**)을 둘로 나누었습니다(⑨**"남의 아내를 탐내지 마라"** ⑩**"남의 재물을 탐내지 마라"**). 제10계명은 내용상 본래 한 계명의 말씀임을 알 수 있습니다. 여기서 **"집"**과 **"소유"**는 같은 의미의 다른 표현이고, 소유는 집에 대하여 구체적으로 설명한 것일 뿐입니다. 그런데 천주교는 같은 내용을 둘로 만들었습니다. 그렇게 나눌 것 같으면 아내만 계명에 넣을 것이 아니라 남종, 여종, 소, 나귀 등까지 다 나누어 10계명 이상으로 만들어야 일관성이 있는데 그렇지 않습니다. 이 또한 모순되고, 옳지 않고, 납득할 수 없는 일입니다. 1, 2계를 하나로 묶어 십계명이 되지 않으니 10계를 둘로 나누어 십계명을 채운 것이 아닌가 하는 의문이 듭니다. 그렇지 않고서야 누가 봐도 10계를 둘로 나눌 이유가 전혀 없습니다. 나누어서도 안 됩니다. 이런 나눔과 하나로 묶음은 어떤 불순한 의도 하에 십계명을 왜곡하고, 포장하고, 성형 수술한 것으로 의심을 받기에 충분합니다. 이런 오해와 의심을 받기 싫으면 지금이라도 성경에 나온 대로 교리를 재구성해야 합니다. 아무튼 천주교 십계명 교리 1계와 10계는 대단히 잘못되었습니다. 속히 개선해야 합니다. 성경에 기록된 대로 교리로 만들어 가르쳐야 합니다.

개신교 십계명관

십계명은 하나님 사랑과 이웃 사랑이 무엇인지를 압축해서 구체적으로 기술한 계명입니다. 개신교는 천주교처럼 제1계명과 제2계명을 통합하거나 의역하지 않고, 제10계명도 본래 성경에 있는 계명 그대로 가르칩니다. 십계명은 신·구약 66권을 압축해 놓은 성경 말씀입니다. 하나님의 백성들이 이 땅에 사는 날 동안 하나님과 사람과의 관계를 어떻게 해야 하는지, 어떻게 살아야 하는지를 구체적으로 요약하여 제시한 계명입니다. 제1계명부터 제4계명까지는 하나님과의 관계에서 지켜야 할 계명입니다. 제5계명부터 제10계명까지는 인간관계에서의 지켜야 할 계명입니다. 인간관계의 계명들은 개인의 성성 유지와 더불어 공동체(교회와 사회)를 보호하기 위함입니다. 십계명을 간단하게 핵심만 살펴보겠습니다. 개신교 십계명관은 천주교에서 사용하고 있는 '공동번역 성서'에 기록된 계명 그대로입니다. 개신교는 천주교 십계명 교리와 달리 십계명을 의역하거나 핵심적인 단어, 용어, 말을 빼거나 더하지 않고 그대로 쓰고 있습니다. 출애굽기 20장 3~17절입니다.

제1계명 "너는 나 외에는 다른 신들을 네게 있게 말지니라"

이 말씀은 오직 여호와 하나님 외에는 다른 신이 없음을 말합니다. 유일신(有一神 있을 유)이 아니라 유일신(唯一神 오직 유)을 언급한 것입니다. 여러 신들 중에 하나가 아니라 다른 신은 없고 참 신은 오직 여호와 하나님 밖에 없다는 말입니다. 이슬람의 유일신 사상과 전혀 다릅니다. 이슬람은 삼위일체 하나님을 부인하는 단일신을 주장합니다. 오직 여호와 하나님만을 섬기는 것이 하나님을 사랑하는 것입니다.

제2계명 "너를 위하여 새긴 우상을 만들지 말고…아무 형상이든지 만들지 말며, 그것들에게 절하지 말며, 그것들을 섬기지 말라"

이 말씀은 돌과 동과 나무와 그림 등으로 새겨 만든 우상(偶像 허수아비)을 만들지 말고 그것들에게 예배하거나 찬양하지 말라는 말입니다. 사람들이 만든 우상은 허수아비이고 하나님이 아니기 때문입니다. 앞에서도 여러 번 언급했듯이 가톨릭(천주교)은 십계명 1, 2계명에 우상, 형상이라는 단어와 부분이 없습니다. 가르치지 않습니다. 만약 1, 2계명을 가르치면 성당 안에 있는 형상(성상)들을 모두 없애야 하기 때문입니다. 현재 천주교는 성당 안팎으로 '마리아'를 비롯한 각종 조각 형상(우상)들이 많습니다. 성경은 교회 안팎에 있는 모든 조각 형상(모양)들을 다 금합니다. 갤러리에 전시한 것을 금하는 것이 아닙니다. 이렇게 새긴 우상을 만들지 않고, 그것들에게 절하지 않고, 섬기지 않는 것이 하나님을 사랑하는 것입니다.

제3계명 "너는 하나님 여호와의 이름을 망령되이 일컫지 말라"

이 말씀은 여호와의 이름을 헛되이, 생각 없이, 장난으로, 이용하려고, 무책임하게 언급하거나 사용하지 말라는 것입니다. 우리들은 하나님의 이름을 맹세 등에 너무 가볍게 부르고 사용하는 경우가 많습니다. 두렵고 떨림으로 칭하고 사용해야 합니다. 예배 때, 찬양 때, 간증 때, 교제 때, 전도 때, 하나님의 이름을 동원하여 어떤 약속과 맹세를 할 때, 다짐할 때 경외하는 마음으로 하나님의 이름을 일컬어야 합니다. 이렇게 하는 것이 하나님을 사랑하는 것입니다.

제4계명 "안식일을 기억하여 거룩히 지키라"

안식일(오늘날 주일/일요일)이란 기본적으로 영리를 추구하는 모든 노동을 금하고 쉬면서 하나님을 예배하고 주의 백성들과 친교하며 거룩하게 지내는 날입니다. 오전만 지키는 반쪽 주일 성수가 아닌 온종일 지키는 온전한 주일 성수를 말합니다. 안식일이 주일로 된 것은 예수님의 부활이 전환점이 되었습니다. 예수님의 부활로 토요일 안식일이 주일(일요일)로 성취된 것입니다. 또한 초대교회 성도들도 예수님이 부활하신 이후 안식 후 첫날인 오늘날 주일(일요일)에 모여 예배를 드렸습니다. 주일(인식일)은 공익과 생존과 사람을 살리는 업무 외에는 노동을 금해야 합니다. 사익과 탐욕을 추구하기 위한 일과 업무는 온 종일 금해야 합니다. 예배를 드리고 와서 주일 날 가게 문을 여는 것은 금해야 합니다. 세속적인 오락도 금해야 합니다. 예를 들어 주일날 노래방, 나이트클럽 등에 가서 노래하고, 춤추고 하는 것 등은 금해야 합니다. 천주교처럼 개인 사정에 따라 토요일로 주일성수를 하는 것을 인정하지 않습니다. 주일날은 개인 사정에 따라 임의적으로 변개가 가능한 날이 아닙니다. 국가 국경일도 이런 식으로 하지 않습니다. 아무 때나 주일날이 아닙니다. 자기들 마음대로 토요일을 일요일로, 일요일을 월요일로 지킬 수 없습니다. 하나님의 계명은 목사나 신부 등이 편리에 따라 임의적으로 변경하지 못합니다. 이는 마치 헌법을 누구도 변경할 수 없는 것과 같습니다. 성경사상에 따라 주일을 잘 준수하는 것이 하나님을 사랑하는 사람입니다.

제5계명 "네 부모를 공경하라"

부모공경이란 말과 마음과 물질로 섬기는 것을 말합니다. 인간관계에서 가장 우선적으로 공경해야 하는 사람은 부모입니다. 부모는 이 세상에서 자녀들을 양육하고 돌보게 위임한 하나님의 대리자입니다. 따라서 부모를 대적하는 것은 하나님을 대적하는 것이 됩니다. 부모 공경은 마음과 물질과 순종으로 합니다. 부모를 존중하고, 물질로 부양하고, 올바른 지도와 지시에 대하여 순종하는 것입니다. 부모를 공경하지 않으면 주의 복이 임하지 않습니다. 이렇게 하는 것이 부모공경이고 이웃을 사랑하는 사람입니다. 하나님을 사랑하는 신자입니다.

제6계명 "살인하지 말지니라"

살인이란 자살, 타살, 낙태(친자태아살인), 안락사, 명예훼손과 중상모

략과 거짓말과 거짓 증거(인격살인), 미움(지속적인 미움/마음 살인), 성폭행(영혼살인) 등입니다. 인간 창조와 살인, 즉 출생과 죽음은 오직 하나님의 고유 권한과 영역입니다. 사람을 죽이는 것은 정당방위(침략 당한 전쟁과 외통수 상황에 처해서 생명의 위협을 받았을 때) 때만 허용됩니다. 그 외에는 개인적인 감정과 보복차원의 살인은 절대적으로 금합니다. 그리스도인은 사람을 사랑하고 이해하고 용서하는 일만 해야 합니다. 살인은 이웃을 해치는 것입니다. 이웃 사랑이 아닙니다. 이렇게 살인하지 않는 것이 이웃을 사랑하는 사람입니다. 하나님을 사랑하는 신자입니다.

제7계명 "간음하지 말지니라"

간음이란 법적 배우자가 아닌 모든 이성이나 동성과의 성관계를 말합니다. 서로 좋아해서하든, 사랑해서 하든지 결혼 전에 하는 성관계는 모두 간음입니다. 또한 성경이 허락하지 않은 이혼으로 재혼한 자도 간음한 자입니다. 육체뿐만 아니라 마음으로 음욕을 품는 것도 간음입니다. 그런즉 음란물들을 보지 말아야 합니다. 이성과 단둘이 시험에 들 만한 장소 등은 피해야 합니다. 결혼하기 전까지 자기 관리를 잘 해야 합니다. 자기 배우자로 만족해야 합니다. 이렇게 간음하지 않는 것이 이웃을 사랑하는 사람입니다. 하나님을 사랑하는 신자입니다.

제8계명 "도적질하지 말지니라"

도적질이란 자기 소유가 아닌 이웃의 모든 소유를 탐하여 정당하지 않은 방법을 통해 자기 것으로 만드는 것입니다. 하나의 불로소득입니다. 도적질의 유형으로는 사기를 치는 것, 법정에서 위증하는 것, 부동산 불로소득, 부동산 투기행위, 허위광고, 페이퍼컴퍼니(유령회사) 설립과 이용, 일반 상식에 반하는 폭리, 모든 종류의 담합행위, 가짜 세금계산서, 공적 지원금 유용, 이중장부, 가짜 뉴스와 가짜 정보의 생산과 유통, 거짓말은 도적질입니다. 또한 공문서를 위조하여 이윤을 추구하는 것, 근무를 하지 않고 근무를 한 것처럼 추가 근로 수당을 타는 것, 저울을 속여 이득을 챙기는 것도 도적질입니다. 또한 고의적으로 탈세하는 것, 은행이나 개인에게 돈이나 기타의 것을 차용한 후 약속한 날짜에 갚지 않는 것도 도적질입니다. 또한 자기의 것이 아닌 것은 무엇이든지 훔치지 말아야 합니다. 상품에 대한 양과 가격을 속이는 것, 유통기한이 지난 것을 사용하는 것, 저급한 재료를 사용하고는 비싸게 받는 것, 앞에서 주고 뒤로 돌려받는 것, 뇌물을 주고받는 것, 각종 대금 부풀리기 등은 도적질입니다. 은행으로 대출을 받고 어떤 기관과 사람으로부터 돈이나 기타의 것을 빌린 자들은 반드시 갚아야 합니다. 하루에 한 끼를 먹으면서라도 반드시 빚부터 갚아야 합니다. 부당하게 이웃에게 피해를 입히는 모든 행위는 도적질입니다. 이런 다양한 종류의 도적질을 하지 않는 것이 이웃을 사랑하는 사람입니다. 하나님을 사랑하는 신자입니다.

제9계명 "네 이웃에 대하여 거짓 증거 하지 말지니라"

거짓증거란 주로 법정에서나 일반적인 분쟁 시 사실이 아닌 말을 하는 것을 말합니다. 법정에서나 일반적으로 사실을 가감(加減)하지 않는 행위입니다. 일상생활에서도 이웃에게 크고 작은 거짓 증거의 말은 하지 말아야 합니다. 거짓 증거는 이웃을 해치는 것입니다. 이웃 사랑이 아닙니다. 범죄행위입니다. 그리스도인은 항상 진실만을 말해야 합니다. 이렇게 거짓 증거를 하지 않는 것이 이웃을 사랑하는 사람입니다. 하나님을 사랑하는 신자입니다.

제10계명 "네 이웃의 집(소유)을 탐내지 말지니라"

이웃의 집이란 이웃의 아내, 남종, 여종, 소, 나귀 등 이웃의 모든 소유를 말합니다. 성경은 자기의 소유가 아닌 것은 일절 탐내지 말라고 합니다. 누구든지 자기의 소유로 충분합니다. 그런즉 자기 소유로 지족하고 만족해야 합니다. 자기의 것이 아닌 모든 이웃의 것은 일절 탐하지 말아야 합니다. 이웃의 집을 탐내는 것은 이웃을 해치는 것입니다. 이렇게 이웃의 집(소유)을 탐내지 않는 것이 진실로 이웃을 사랑하는 사람입니다. 하나님을 사랑하는 신자입니다. 십계명에 대하여 정리합니다. 참 그리스도인은 하나님의 계명인 십계명을 사랑하고 잘 준수하고 준수하려고 최선을 다합니다. 불편해하지 않고 기뻐합니다. 십계명 준수는 마치 포도나무의 포도 열매처럼 그리스도인이라는 나무에 열리는 기본 열매입니다. 십계명은 범죄로부터 그리스도인을 보호하기 위함이기도 합니다. 교회와 사회공동체를 보호하려는 것입니다. 이러한 십계명을 존중하고, 준수하고, 사랑하는 자만이 진실로 하나님을 사랑하는 자입니다. 하나님을 사랑하는 것은 입술이나, 예배 의식이나, 경건의 모양이 아닌 계명 준수입니다. 그리스도인들 중에는 하나님을 사랑하지 않으면서 하나님을 사랑하고 있다고 오해하거나 착각하는 자들이 많습니다. 하나님 사랑은 찬양, 헌금, 봉사 등이 본질이 아닙니다. 하나님을 사랑하는 본질과 근거는 계명 준수입니다.

요한일서 5장 3절입니다.
"하나님을 사랑하는 것은 이것이니 우리가 그의 계명을 지키는 것이라"

요한복음 14장 21절입니다.
"나의 계명을 가지고 지키는 자라야 나를 사랑하는 자니…"

요한복음 14장 23절입니다.
"예수께서 대답하여 가라사대 사람이 나를 사랑하면 내 말을 지키리니…"

요한복음 14장 24절입니다.
"나를 사랑하지 아니하는 자는 내 말을 지키지 아니하나니…"

진실로 하나님을 사랑하는 신자는 십계명뿐만 아니라 그 외 신·구약 66권의 계명을 잘 준수하거나 준수하기 위해서 몸부림치는 사람입니다. 이웃 사랑과 하나님 사랑에 대하여 오해하고 착각하고 사는 신자들이 적지 않습니다. 하나님 사랑과 이웃 사랑은 말과 지식으로 하는 것이 아닙니다. 유대 바리새인들과 서기관들처럼 외식하는 경건한 신앙생활이 아닙니다. 하나님의 계명을 지킴으로 하는 것입니다. 입으로만 '주여' '주여'

하는 사람은 진실로 하나님을 사랑하는 사람이 아닙니다. 종교인에 불과합니다. 언제, 어디서나, 이해관계를 떠나서 항상 십계명대로 살려고 신중하고 몸부림치는 사람이 진실로 하나님을 사랑하고, 자기를 사랑하고, 이웃을 사랑하는 신자입니다. 이것이 개신교 십계명 세계관입니다.

제12장

성범죄 세계관

2018년 들어서 '미투'(#Me Too' 나도 당했다) 폭로가 활발하게 이루어지고 있습니다. 이로 인하여 그동안 문화계, 연예계, 방송계, 교육계, 종교계, 법조계 등 생각지 못했던 많은 사람들이 성범죄를 저지른 것으로 드러났습니다. 물론 빙산의 일각일 것입니다. 개신교나 천주교도 예외는 아니었습니다. 최근 우리나라 천주교에서도 수원과 대전의 모 신부의 성범죄가 드러나 방송과 언론에 나오기도 했습니다. 천주교에 비하면 조족지혈이지만 개신교 일부 목사 중에도 성범죄를 저지른 경우가 종종 나타납니다. 여하튼 전 세계적으로 드러난 천주교 신부(사제)들의 엄청난 아동 성범죄 사실을 알게 되면 천주교(가톨릭) 신자들은 큰 충격을 받을 것입니다. 믿을 수 없는 일이라고 할 것입니다. 그러나 언론에 보도된 신부(사제)들의 아동 성추행 사건은 다 사실입니다. 일반인이나 종교인들이나, 보이는 것이나, 자신이 알고 있는 것이 전부가 아닙니다. 자기가 알고, 듣고, 믿고 있는 것이 전부가 아닙니다. 보이지 않게 은밀하게 악한 짓을 하는 자들이 매우 많습니다. 이런 사실을 조직적으로 은폐하는 경우도 있습니다. 그래서 개신교인이나, 천주교인이나 잘 모르고 사는 자들이 훨씬 많습니다. 지금부터는 언론에 보도된 천주교와 개신교 성범죄 내용을 중심으로 살펴보겠습니다.

천주교 성범죄관

천주교는 성경사상에 따라 모든 성범죄를 금합니다. 그런데 역사적으로 볼 때 교황을 비롯한 많은 신부(사제)들이 성범죄를 저질렀습니다. 성범죄 대상은 주로 아동들이었습니다. 그것도 한두 건이 아닌 충격적일만큼 많습니다. 미국, 호주, 유럽, 한국 등 전 세계적인 현상입니다. 이러한 사실을 대부분의 사람들과 천주교 신자들은 잘 모를 것입니다. 그러나 이것이 사실이고 현실입니다. 개신교에도 일부 목사들이 성범죄를 저지른 기사가 나오기도 하지만 천주교에 비하면 비할 바가 되지 못합니다. 천주교 교황, 사제와 신부들의 성범죄는 가히 충격적인 숫자이고 전 세계적입니다. 천주교와 개신교 사역자들의 성범죄 차이는 아마 독신제도에서 나온 결과가 아닌가 하는 생각이 듭니다. 전적으로 부패하고 타락한 인간의 기본적인 욕구는 참는다고, 교리와 제도와 신앙으로 억제하거나 강제한다고 해결되는 것이 아니라 강물처럼 흐르게 하고 합당하게 해결해야 넘치지 않습니다. 인간의 가장 기본적인 욕구는 크게 식욕과 수면욕과 성욕입니다. 이러한 욕구는 제도나 법으로 어찌한다고 해결되지 않습니다. 예를 들어 인간의 기본 수면욕구인 잠을 자지 못하게 한다고 하여 잠을 자지 않을 수 없습니다. 어떤 식으로 자든지 아니면 죽든지 해야 합니다. 인간의 기본욕구는 정상적으로 해결해 주어야 다른 나쁜 방법으로 해결하지 않습니다. 그러나 천주교의 독신제도는 연약한 인간이 성적 욕구를 법과 제도로 강제하기에 근본적으로 해결하지 못하는 한계가 있습니다. 그래서 천주교 사역자들에게서 성범죄가 어느 나라에 국한하지 않고 전 세계적으로 만연해 있다고 감히 주장합니다. 그리고 이러한 실제적인 펙트(사실)로 볼 때 천주교의 교황과 주교단회의 무류성(오류가 없음) 교리는 한편의 코미디이자 넌센스(무의미)에 불과합니다. 교황과 주교단, 사제단의 전체 회의 무류성은 절대로 있을 수 없습니다. 사실이 아닙니다. 틀린 것입니다. 무류성은 성경적, 역사적, 실제적 사건으로 볼 때 터무니없는 교리입니다. 구체적인 실제 사례를 살펴보겠습니다.

프란치스코(현 제266대) 교황은 아동을 성추행한 아르헨티나 신부를 파면했습니다. 파문된 호세 메르카우 신부는 청소년 4명을 성추행했다고 자백했습니다(매일종교신문, 2014. 11. 8). 가톨릭교회에서 수십 년에 걸쳐 벌어진 아동 성추행 스캔들을 폭로한 미국 일간지 보스턴 글로브의 기자들의 실화를 담은 영화 **'스포트라이트'**가 2016년 2월 24일 상영되었습니다. 이 '스포트라이트'는 미국 보스턴 지역의 가톨릭교회 90명의 사제들이 아동을 성추행한 사건입니다. 약 600개의 스캔들 기사를 실었습니다(2018. 4. 4). 美 시카고 대교구는 성폭력 사제 30명의 신상을 공개했습니다. 시카고 언론 보도에 따르면 시카고 대교구는 지난 2014년 1월 15일 교구 내 사제들에 의해 자행된 성폭력 범죄 등에 관한 총 6천 페이지 분량의 문서를 공개하면서 "피해자와 그 가족들의 마음에 치유를 불러올 수 있기 바란다"고 밝혔습니다(매일종교신문, 2014. 1. 16). 유엔 아동인권위원회는 2014년 2월 5일 보고서를 통해 구체적으로 바티칸이 성추행 사실이 확인됐거나 의혹을 받는 이들을 즉각 현직에서 배제하고 관련 사안을 주재국 법집행 당국에 넘겨 수사하고 기소하도록 해야 한다고 강조했다고 영국 BBC 등 외신들은 전했습니다(매일종교신문, 2014. 2. 6). 성직자의 아동 성폭행과 성추행 사건에 대해 미온적인 태도를 보여 비판을 받아 온 교황청이 아동 성추문을 일으킨 성직자 848명의 성직 자격을 박탈했습니다.

AP통신과 월스트리트저널은 2014년 5월 7일 교황청 실바노 대주교가 스위스 제네바에서 열린 유엔 고문방지위원회 회의에 참석해 "2004년 이후 현재까지 성직자 아동 성폭행 사건 3,400여건이 보도되는 등 수치스러운 일이 발생했다"며 "성추문 성직자 848명에 대해 성직 자격을 박탈하고 2,572명에 대해서 평생 속죄하며 지내는 것은 물론이고 공직 취임을 금지했다"고 보도했습니다. 아동 성폭행 및 성추행 사건으로 2011년 43명, 2012년 70명의 성직자가 성직 자격에서 쫓겨났으며 이보다 낮은 제재를 받은 성직자는 2011년 358명, 2012년에 348명입니다(매일종교신문, 2014. 5. 9). 유엔 아동인권위원회와 교황청이 성직자들의 아동 성추행 문제를 둘러싸고 대립한 가운데 이탈리아 시칠리아의 한 성직자가 어린이들에게 돈을 주고 성행위를 했던 사실이 드러나 1년형을 선고받았습니다. 이탈리아 언론들이 보도한 바에 따르면 팔레르모에 거주하는 '알도 누볼라'는 몇 달 전 경찰에 체포됐고 성직이 박탈당한 상태입니다. 이탈리아 경찰은 살인사건을 수사하다 한 살인혐의자와 이 성직자의 대화를 도청하다 이 신부가 수차례 미성년자들과 관계를 했다는 사실을 알게 됐습니다(매일종교신문, 2014.2.19). 프란치스코 교황의 측근인 교황청 재무원장인 조지 펠(76세) 추기경이 호주에서 오래전에 아동성범죄를 저지른 혐의로 기소되었습니다. 호주 연방정부는 가톨릭교회 성직자들의 아동성범죄 문제가 심각한 문제로 대두되자 2013년 특별조사위원회를 구성했습니다. 특별조사위원회는 1980년부터 2015년 사이 어린 시절 성추행 피해를 당한 적이 있다고 신고한 사람이 모두 4,444명이라는 충격적인 자료를 공개했습니다(매일종교신문, 2017.6.29).

2017년 7월 7일 연합뉴스 보도에 따르면 프란치스코 교황 최측근의 비서가 교황청 소유의 아파트에서 동성애 환각파티를 벌인 혐의로 체포되었다고 영국 일간 '더 타임스'와 '텔레그래프'가 이탈리아 현지 언론을 인용해 6일 보도했습니다. 경찰이 도착했을 당시 현장에선 다수 마약이 발견되었고, 남성들은 성행위를 하고 있었습니다. 폴란드 북부 펠프린 교구의 교구장인 리차르드 카시노 주교는 21일(현지시간) 세계주교대의원회의 정기총회(주교 시노드)가 열리기 전인 지난 2일 커밍아웃(동성자임을 밝힘)한 크시슈토프 올라프 하람사(43) 신부의 성직자로서 자격을 박탈한다고 발표했습니다. 앞서 교황청 신앙교리성에서 일하던 하람사 신부는 동성 파트너와 함께 이탈리아, 폴란드 언론과 인터뷰를 갖고 "자신이 행복하고 동성애자 성직자로서 자랑스럽다면서 자신의 남자 친구를 사랑한다"고 밝혔습니다. 또한 그는 교회 내에서 동성애자에 대한 차별이 극심하다고 비판하는 한편 바티칸의 내막에 관한 책을 출간하겠다고 선언해 교단에 충격을 주었습니다(매일종교신문, 2015.10.22).

"1991년 미국 보스턴 대교구 신부 존 게이건(1935~2003)이 30여 년간 130여 명의 소년을 성추행·성폭행했으며 피해자 대부분은 초등학생이었고, 4세 소년도 있었습니다. 2002년 1월 보스턴 글로브(Boston Globe)지는 특집기사를 통해 교회가 조직적으로 그의 범죄 사실을 감추거나 묵인하며 매번 다른 교회로 인사이동을 단행, 사실상 성범죄를 도왔다고 폭로했습니다. 요한 바오로 2세 교황이 게이건의 성직을 박탈했습니다. 그 무렵 메릴랜드 주 볼티모어 대주교였던 추기경 윌리엄 킬러(William Keeler, 1931~2017)는 아동 (성적)학대로 기소돼야 마땅할 성직자 57명의 명단을 대교구 홈페이지에 공개했습니다(한국일보, 2018.3.23). 프랑스 70대 가톨릭 신부가 40명의 어린이(12~14세)를 대상으로 성범죄를 저지른 혐의로 기소되었습니다(KBS뉴스, 2017.9.10). "칠레 주교단이 가톨릭 사제의 아동 성학대 사건 은폐에 대한 책임을 지고 집단 사직서를 제출한 가운데 칠레 사법당국이 13일(현지시간) 2개 도시에 있는 산티아고 대주교 관할 교회 재판소를 압수수색해 파문이 일고 있습니다. AP통신에 따르면 칠레 검·경찰은 이날 성학대 의혹과 관련된 문서와 수사 자료 등을 확보하기 위해 산티아고의 교회 재판소 본부와 중부 랑카과의 주교 사무소를 압수수색했습니다. 랑카과는 미성년자와 성관계를 한 혐의를 받고 있는 사제 14명이 소속된 곳입니다"(매일종교신문, 2018.06.14).

"교황 세르기우스 3세(A.D. 904~911)는 살인을 통해 교황직을 얻었고, 여자와 관계해 불법으로 사생아를 낳았습니다. **교황 요한 12세(A.D. 955~964)는** 성적으로 문란해 교황청에 창녀들을 불러들였고 도덕적 부패가 극에 달했는데 주교 50명이 성베드로 성당에 모여 교황을 절도, 성직매매, 위증, 살인, 간음, 근친상간으로 고소했으나, 교황 요한 12세는 오히려 추기경과 주교들을 채찍으로 때리고 팔과 코와 귀를 자르는 보복을 하였습니다. **교황 요한 15세(A.D. 985~996)는** 교회 재정을 자기 친척들에게 나누어 줘 부패한 자라는 소리를 들었습니다. **교황 베네딕트 8세(A.D. 1012~1024)는** 공개적으로 뇌물을 주고 교황직을 산 부도덕한 인물입니다. **교황 베네딕트 9세(A.D. 1033~1045)는** 대낮에 살인과 간통을 자행했고, 순례자들을 강탈하다가 추방당했습니다. **교황 이노센트 3세(A.D. 1160~1216)는** 종교재판소를 창설해 성경대로 믿는 그리스도인을 백만 명 이상 살해했습니다. **교황 요한 23세(A.D. 1410~1415)는** 주교와 사제로 구성된 37명의 증인에 의해 음행, 간통, 근친상간, 남색, 성직매매, 도둑질, 살인죄로 고소당했고, 300명의 수녀들을 겁탈하였고, 바티칸 기록에 의하면 그는 자기 형제의 아내와 변태 성행위를 자행하였고, 수백 명의 처녀들과 성관계를 가졌고, 결혼한 여자들과 간음을 행함으로써 공개적으로 악마의 화신이라고 불리었습니다. **교황 비오 2세(A.D. 1458~1464)는** 육욕에 빠지는 방법을 가르쳤고, 많은 사생아의 아버지였습니다. **교황 바오로 2세(A.D. 1464~1484)는** 비싸고 호화로운 왕관을 쓰고, 궁전에 많은 첩을 두었습니다. **교황 식스투스 4세(A.D. 1471~1484)는** 교회 직분을 경매로 팔아 전쟁자금을 충당했고, 친척들에게 치부한 돈을 나누어 주었으며, 어린 조카 8명을 추기경으로 임명하였고, 사치스럽고 화려한 잔치를 종종 열었습니다. **교황 이노센트 8세 (A.D. 1484~1492)**는 여러 여인과 성관계를 통해 16명의 자녀를 두었고, 자녀 중 몇 명은 바티칸에서 결혼식을 거행하였고, 교회 직분을 늘려 돈을 받고 팔았고, 성 베드로 광장에서 투우 경기를 벌였습니다. **교황 알렉산더 6세(A.D. 1492~1503)**는 추기경을 뇌물로 매수해 교황직에 선출되었고, 품행이 나쁜 자기 젊은 아들을 발렌시아의 대주교로 앉혔으며, 자기의 두 누이와 근친상간하고, 자기의 딸 루크레티아에게서 자녀를 두었습니다. **교황 레오 10세(A.D. 1513~1521)**는 8세에 수도원장이 되었고, 13세에 추기경에 되었으며, 값비싼 유흥과 연회를 통해 술 마시고 흥청망청 놀았으며, 교황의 궁전에서 12명의 벌거벗은 소녀에게 저녁 시중을 들게 했습니다"(한겨레 커뮤니티 2006.8.3).

"영국 작가 **나이젤 코손**이 지구상에서 「금욕」과 「순결」을 상징하는 대표적 인물인 교황들의 성생활에 관한 책을 펴내 바티칸의 심기를 불편하게 만들었습니다. 독일 슈피겔지는 **'교황들의 성생활'**이란 책을 통해 코손이 교회문제 전문가답게 이 책을 통해 지금까지 알려지지 않은 교황들의 세속적 성생활을 상세하고 일목요연하게 정리했다고 소개했습니다. 코손은『고대 로마시대부터 나폴레옹시대까지 1500년간 세속의 때가 묻지 않은 교황은 거의 찾아보기 어렵다』고 주장 했습니다. 다음은 그가 소개하는 몇몇 불경스런 사례들입니다. **호노리우스 2세는** 늙어 성기능을 제대로 발휘하지 못할 때까지 외경스러울만큼 정력이 강했습니다. 그는 여자가 옆에만 있으면 성직자이기를 단념하고 「미소년」처럼 행동 했습니다. 그는 자신의 성기능이 떨어지자 포고령을 내려 정력을 신에게 바치라며 모든 사람들에게 반강제적으로 순결을 강요했습니다. **이노센트 1세(교황재임기간 401~407)는** 묘령의 미소녀를 탐미한 반면 식스투스 3세(432~440)는 성숙한 수녀들에게 휩싸여 정력을 낭비했습니다. **요한 12세(955~963)는** 아예 베드로성당에 유곽을 차려 운영하면서 많은 정부를 거느렸는데 그중 한 여인이 남편에게 발각돼 살해될 때까지 환락에 빠져 있었습니다. **바오로 2세(1464~1471)는** 심한 고뇌에 시달릴 때 나체의 남자를 보면서 심신을 달랜 동성연애자로서 창남(娼男)과 섹스를 즐기다 상대와 함께 얽힌 채 급사 했습니다. **알렉산데 6세는** 매일 밤 창녀 25명과 정열을 불살랐습니다. **그레고리 16세(1831~1846)는** 이발사의 아내를 자신의 침실 옆방에 재우며 관계를 가졌는데 그가 얻은 7자녀 중 막내는 이 여인과의 사이에서 태어났을 것으로 추측됩니다. 반면 평소 행실이 좋았던 **콜레스틴 5세(1294)는** 여자를 가까이하지 않고 신에 대한 순종의 표시로 당나귀를 탔던 교황입니다. 그는 추기경들에게 그들의 많은 첩들을 수도원에 보내고 순결하게 살도록 명령했습니다. 그러나 **이노센트 3세(1198~1216)의 경우** 당시 이단으로 지목되던 순결파 순회설교자들이 「철저한 금욕」을 요구하는데 노여움을 참을 수 없었습니다. 그는 벌겋게 달아오른 쇠막대 위에 죽을 때까지 앉혀놓는 형벌을 고안, 윤리문제를 설파하는 이들에게 이 형벌을 가했습니다. 물론 교회 안에는 금도를 지키는 교황과 성직자들이 없지 않았습니다. **그레고리 1세(590~604)는** 순결을 특별히 중요하게 여겨 자위행위까지 육체에 반해 행하는 죄악이라고 보았습니다. 그는 자기도 모르게 몽정했을 경우 7일간 단식하며 회개하게 했고 자위행위를 했을 경우의 단식 형벌은 20일로 규정했습니다. 또 여성과 성관계를 가진 것으로 밝혀졌을 경우에는 물과 빵만으로

2년 동안 목숨을 연명하게 했고 처녀를 욕보인 사람은 3년간 단식해야 했습니다. 특히 당시 만연했던 성직자의 축첩과 관련해서는 거세 위협을 가했습니다.

그러나 동성연애의 경우 상대적으로 죗값이 가벼웠고 성직자들도 쿨라기움이라 불리는 일종의 섹스 세금만 내면 자유로이 성생활을 할 수 있는 뒷문이 열려있기도 했습니다. **베네딕트 8세(1012~1024)는** 수녀들과의 사이에 많은 자녀를 두었고 나이 어린 조카딸과도 동침했습니다. **이노센트 8세(1484~1492)는** 부인과의 사이에서 난 8명의 딸을 건드렸으며, **율리우스 3세(1550~1555)는** 두 아들과 관계를 맺었습니다. 그는 그 대가로 15세가 된 아들을 추기경에 임명하기도 했습니다. 퇴폐적 사생활의 절정은 호색정치를 실시한 **알렉산더 6세(1492~1503)입**니다. 그는 매일 밤 25명의 아리따운 창녀를 로마로 불러들여 정력을 불태운 그는 아들의 신부와 딸 어머니 할머니를 모두 첩으로 삼았습니다"(AntiBible.co.kr, 2013.9.16).

"칠레를 방문 중인 프란치스코 교황이 16일(현지 시간) 현지 일부 사제의 아동 성추행·성폭행에 대해 "고통과 수치심을 느낀다"며 공개 사과하는 한편 비공개로 피해자들을 만나 이야기를 듣고 함께 눈물을 흘렸습니다. 교황은 이날 오전 칠레 산티아고의 라 모네다 대통령궁에서 연설을 통해 "몇몇 사제가 어린아이들에게 회복할 수 없는 상처를 입힌 것에 대해 고통과 수치심을 느낀다"고 말했습니다. 이어 "우리가 이런 일이 다시는 일어나지 않게 하겠다고 약속하고 용서를 구하며 피해자들을 돕는 데 모든 노력을 기울이는 것이 올바른 일"이라고 덧붙였습니다. 연설 후 교황은 산티아고 주재 바티칸 대사관에서 비공개로 사제 성추행 피해자들을 만나 이야기를 들었습니다. 그레그 버크 바티칸 대변인은 "피해자들이 피해 사실을 교황에게 말할 수 있도록 교황과 피해자 이외엔 아무도 배석하지 않았다"면서 "교황은 그들의 이야기를 들은 후 함께 기도하고 울었다"고 전했습니다. 교황은 성직자의 아동 성추행을 눈감았다는 의혹이 제기된 후안 바로스 주교를 2015년 칠레 남부 오소르노 교구 주교로 임명하면서 비판을 받았습니다. 바로스 주교는 수십 명의 미성년자를 성추행한 사실이 드러나 2011년 면직당한 페르난도 카라디마 신부의 제자로, 카라디마 신부의 범죄행위를 눈감아주고 때로는 성추행에 함께 가담했다는 의혹을 받아왔습니다"(매일종교신문, 2018. 1. 18).

"프란치스코 교황은 13일(현지시각) 로마 교황청이 처리하고 있는 성직자 성추행 사건이 2천여 건에 달한다"고 시인했습니다. AP 통신에 따르면 교황은 이날 포르투갈 방문을 마치고 교황청으로 돌아가는 길에 기자들과 만나 이같이 밝히고 처리 속도가 늦다는 비판도 정당하다고 말했습니다. 그러나 교황은 조사 위원회에 직원들을 추가로 투입했다고 설명하고, 로마 교황청이 올바른 길을 걷고 있다고 주장했습니다. 교황의 이번 발언은 교황청 산하 아동보호위원회의 마리 콜린스 위원이 성추행 사건 조사에 대한 교황청의 비협조와 저항에 좌절을 토로하며 지난 3월 사표를 낸 후 처음 나온 것입니다. 교황은 "마리 콜린스는 위대한 여성이며 사건 처리 속도가 늦어진 것에 대해 불만을 제기한 것은 일면 올바른 것이기도 하다"고 말하고 "그러나 2천여 건의 사건이 밀려있기 때문에 우리는 올바른 길을 걷고 있는 것"이라고 덧붙였습니다. 교황은 사건 처리의 효율성을 개선하기 위해 위원회에 직원을 추가로 투입했으며, 교황청에 사건 조사 보고서를 제출하는 주교들의 문서 작업을 추가 지원하기 위한 협상도 진행 중이라고 설명했습니다. 교황은 아동 성추행 사건을 조사하기 위한 아동보호위원회를 설치하고 성추행 성직자들에 '무관용 원칙'을 지키겠다고 약속하며 좋은 평가를 받았습니다. 그러나 아동보호위원회는 콜린스 위원이 사퇴하면서 신뢰를 잃었습니다"(매일종교신문, 2017.5.14). 2001년 대전의 한 학교에서 대전 교구 신부로 종교교사인 장 모 신부가 여학생을 성폭행했습니다(JTBC 8시 뉴스룸, 2018.02.28).

캐나다 의회는 가톨릭교회 운영 기숙학교가 캐나다 원주민들에게 자행한 만행에 대해 프란치스코 교황이 직접 사과할 것을 요구하는 결의안을 통과시켰습니다. 원주민 기숙학교 문제는 캐나다 역사의 어두운 단면을 보여주는 사건 중 하나입니다. 문제를 해결하기 위해 6년 간 조사를 벌여 온 진실화해위원회는 2015년 보고서를 내고 이 사건을 '문화적 집단학살'로 규정하기도 했습니다. BBC에 따르면 약 15만 명의 원주민 아동이 1880년부터 1996년 사이 강제로 가톨릭교회가 운영하는 기숙학교로 보내졌으며, 이 중 상당수가 신체적학대, 성학대, 영양실조 등으로 사망했습니다. 뉴욕타임스는 "가톨릭 학교의 몇몇 성직자와 수녀들은 전기의자로 학생들에게 고문을 한 사건 등에 연루돼 있었다"고 덧붙였습니다. 원주민 아동들은 학교에서 원주민 고유의 언어와 문화도 금지 당했습니다(매일종교신문, 2018.05.03).

교황청은 28일(현지시간) 성명을 내고 미국 시어도어 매캐릭(88) 추기경이 전날 밤 교황에게 사직서를 제출했으며, 프란치스코 교황이 이를 수리했다고 밝혔습니다. 교황은 가톨릭교회 재판에서 이번 성추문 의혹이 조사될 때까지 기도와 속죄 속에서 생활할 것을 매캐릭 추기경에게 지시했다고 성명은 전했습니다. 미국 사회에서 신망이 높던 매캐릭 추기경은 미성년자들과 성인 신학생들을 성적으로 학대했다는 의혹이 불거지면서, 지난달 모든 공적 직무를 맡지 말라는 교황청의 명령을 받았습니다. 매캐릭 추기경을 둘러싼 의혹에 대해 조사를 벌여온 미국 가톨릭교회는 매캐릭 추기경이 약 50년 전 11세의 소년을 성적으로 학대했다는 의혹이 신빙성이 있다고 결론짓고, 이런 조사 결과를 지난달 발표한 바 있습니다. 그 이후, 다른 사람들도 신학생 시절 매캐릭 추기경과 함께 잠을 자도록 강요받았다고 폭로하며 그를 더욱 궁지로 몰았습니다. 하지만, 매캐릭 추기경은 당시 성명을 내고 결백을 주장하며, 자신에 대한 조사에 전면적으로 협조하겠다고 밝혔습니다. 매캐릭 추기경의 성추문 연루는 그가 '교회의 꽃'으로 불리는 교황 다음의 고위직인 추기경 신분인 데다, 종교계를 넘어 미국 사회 전체에서 수십 년 동안 폭넓게 존경받아 온 인사라는 점에서 큰 충격을 줬습니다.

1958년 사제 서품을 받은 매캐릭 추기경은 2001~2006년 미국의 수도인 워싱턴 DC 대주교를 지냈습니다. 국제무대에서 가장 저명한 미국 추기경으로 꼽히는 그는 80세가 넘은 터라 공식적으로는 은퇴했으나, 최근에도 세계 여러 곳을 정기적으로 오가며 인권보호 등을 위해 활발히 활동해 왔습니다. 교황이 아직 매캐릭 추기경에 대한 의혹을 밝힐 교회재판이 시작되지도 않은 상황에서 그의 추기경 사퇴를 수락하고, 속죄 명령을 내린 것은 가톨릭교회를 뒤흔들고 있는 사제들의 성추문에 대한 단호한 대처 의지를 보여주는 것이라는 해석이 나오고 있습니다. 교황은 과거에 신학생을 성추행했다는 의혹이 제기된 스코틀랜드 출신의 키스 오브라이언 추기경의 경우, 사건이 처음 폭로된 것은 2013년이지만, 이로부터 2년 후 교황청 조사단이 이에 대한 조사를 완전히 끝마친 후에야 사임을 수락한 바 있습니다. 한편, 성직자에 의한 성추문 의혹이 처음 불거진 지 십수 년이 지났으나 가톨릭교회는 여전히 이 문제로 인해 골치를 썩고 있습니다. 최근 들어서만 해도 칠레 주교단 31명이 칠레 가톨릭교회를 뒤흔든 사제의 아동 성학대 은폐 사건의 책임을 지고 지난 5월 프란치스코 교황에게 집단으로 사직서를 제출했습니다. 호주에서는 필립 윌슨 애들레이드 교구 대주교가 1970년대 아동 성학대 사건을 은폐한 혐의가 인정돼 이달 초 징역 1년 형을 선고받았습니다. 그는 아동 성범죄를 숨겼다는 이유로 기소되고 유죄 판결을 받은 가톨릭게 인사로는 최고위급입니다. 교황은 지난 21일에는 성추문 의혹을 받고 있는 중미 온두라스 수도 테구시갈파 대교구의 보좌주교인 후안 호세 피네다의 사표를 수리했습니다. 프란치스코 교황의 최측근이자 교황청 서열 3위인 조지 펠 교황청 국무원장(추기경) 역시 과거에 저지른 아동 성학대 혐의로 현재 호주에서 재판을 받고 있는 처지입니다(매일종교신문, 2018.07.29).

미국 펜실베이니아주 가톨릭교구의 성직자들이 과거 아동을 대상으로 상습적이고 광범위한 성학대를 자행했다는 조사 결과가 나왔습니다. AP통신과 CNN방송 등이 14일(현지시간) 보도한 바에 따르면 2016년 펜실베이니아주 검찰총장이 소집한 대배심은 지난 2년여 간 주내 6개 가톨릭교구를 상대로 성직자에 의한 아동 성학대 의혹을 조사한 끝에 이날 이 같은 내용을 담은 보고서를 발표했습니다. 대배심은 보고서에서 "가해 성직자만 300명이 넘고, 피해 아동은 1000명을 웃돈다"고 밝혔습니다. 대배심은 지난 1940년대부터 70여년에 걸친 기간을 조사했으며, 수십 명의 목격자와 6개 가톨릭교구와 관련된 수십만 페이지 분량의 내부 자료를 검토해 이 같은 결론을 내렸습니다. 대배심은 일부 기록이 없어졌거나 피해자들이 피해 사실을 고백하기를 꺼린 점 등을 고려하면 아동 성학대 피해자의 실제 숫자는 수천 명이 될 수 있다고 지적했습니다. 피해자 대부분은 사춘기 이전의 소년들이었던 것으로 전해졌습니다. 일부는 성추행을 넘어 성폭행까지 당한 것으로 알려졌습니다. 가톨릭교회가 아동 성학대를 감추기 위해 사건을 조직적으로 은폐한 사실도 보고서에 포함됐습니다. 조시 셔피로 펜실베이니아주 검찰총장은 기자회견에서 "2년여 간의 조사에서 주 교구 및 바티칸의 고위 성직자들에 의한 조직적인 은폐가 있었다"며 "은폐는 정교했고, 놀랍게도 교회 지도부가 성학대와 은폐 기록을 보존했다"고 말했습니다. 조직적인 은폐가 이뤄지면서 사건이 외부에 공개되지 못한 탓에 상당수 가해 성직자들은 이미 사망했거나 너무 오랜 시간이 흘러 공소시효가 지나면서 법적 처벌을 하기 어려운 것으로 전해졌습니다(매일종교신문, 2018.08.16).

최근 미국 펜실베이니아주 가톨릭 사제들의 집단 아동 성추행 사건 공개 이후 교황청 차원에서 성명을 냈지만, 성난 여론이 사그라지지 않자 직접 사과에 나선 것입니다. 교황이 추기경들에게 서한을 발송한 적은 있지만, 12억 가톨릭 신자 전체에게 편지를 보낸 것은 처음입니다. 그러나 여론은 여전히 싸늘합니다. 더 이상 말이 아닌 구체적 행동을 보이라는 주문입니다. 프란치스코 교황은 20일(현지시간) 발표한 서한에서 사제 개인들의 일탈 행위와 함께 이를 은폐한 교회 조직에 대해 강도 높게 성토했습니다. 그는 '한 사람이 고통에 처하면, 모두가 고통을 겪게 된다'는 성경 구절을 인용, "가톨릭교회가 성학대 피해자들의 고통을 무시하고 외면했으며, 결국 그들을 저버렸다"고 사죄를 구했습니다. 그러면서 은폐에 가담한 관련자들에 대한 철저한 조사와 처벌이 이뤄져야 한다고 강조했습니다. 그러나 교회 내부에선 시기와 내용 모두 진정성이 떨어진다는 비판이 적지 않습니다. 먼저 뒷북 대응이란 지적입니다. 당장 펜실베이니아주 가톨릭 사제들의 아동 성추행 사건 보고서가 공개된 것은 지난 14일에도 교황청은 침묵하다 이틀이 지나서야 성명을 냈지만, 교황의 발언은 담기지 않았습니다. 19일 바티칸에서 열린 공개 예배에서도 교황은 이에 대해 언급조차 않았습니다.

미국 CNN은 25일부터 아일랜드 더블린에서 열리는 가톨릭 신자들의 최대 행사인 '세계가정대회' 방문을 앞두고 교황이 여론 압박에 밀려 부랴부랴 공개서한을 발표했다고 지적했습니다. 사제들의 아동 성추문 사태가 자신의 리더십 논란으로 이어지자 책임을 피하기 위해 긴급 진화에 나섰다는 분석입니다. 교황이 성직자들의 조직적 은폐를 문제 삼았지만, 사후 대응 조치에선 구체성이 떨어진다는 지적도 나왔습니다. 영국 가디언은 사설에서 "교황의 편지는 후회와 분노로 가득 찼지만, (문제를 해결하기 위해) 기도를 넘어서는 구체적인 대책이 없다"고 꼬집었습니다.

이어 "(공개서한은) 끔찍할 정도로 늦었고, 판에 박힌 식상한 문구들로 만 채워져 있다"고도 했습니다. 늘 반복해왔던 유감 표명의 재탕이란 얘기입니다. 가톨릭교회 내부에선 가해자들에 대한 공소시효 폐지에 교황청이 앞장서야 한다는 목소리가 커지고 있습니다. 미국 워싱턴포스트는 "가톨릭 교구들은 아동 성범죄와 관련해 공소시효를 연장하려는 움직임을 저지하고자 로비를 일삼고, 피해자들에게 보상금을 주는 방식으로 대처하고 있다"며 "교회의 조직적 저항을 어떻게 극복해 나갈 지 관건이다"고 지적했습니다. 교황이 아동 성학대 문제를 해결하겠다며 만든 교황청 아동보호위원회 위원으로 활동하다 지난해 3월 사퇴한 마리 콜린스는 영국 BBC와의 인터뷰에서 "교황의 말을 뒷받침할 행동이 나와 주길 기대한다"고 잘라 말했습니다(매일종교신문, 2018.08.22).

지난 2018년 8월 미국 펜실베이니아주(州)에서는 가톨릭 교구 성직자들이 수십 년에 걸쳐 수천 명의 아동을 성학대했다는 조사 결과가 나왔습니다. 가해 성직자는 300명 이상이며, 피해 아동은 1,000명이 넘습니다. 사제가 수술 후 병원에 입원해 있던 7세 소녀를 강간한 사례와 어린 소녀를 임신시키고 낙태하게 한 사례가 알려지면서 전 세계를 충격에 빠뜨렸습니다. 여기에 가톨릭이 아동 성학대 문제를 은폐하려고 했다는 지적이 나오면서 가톨릭교회는 비판에 직면했습니다. 이에 대하여 프란치스코 교황은 2018년 12월 21일 바티칸에서 추기경·주교 등 쿠리아(교황청 최고 행정조직) 고위 성직자를 대상으로 한 성탄 연설에서 아동 성학대 문제를 수면위로 올려 단호한 태도를 보여 주었습니다(매일종교신문, 2018.12.22).

"프란치스코 교황(제266대, 현 교황)이 전 미국 추기경의 성학대 의혹 은폐에 관여했다는 주장으로 가톨릭 내 보혁 갈등이 계속되는 가운데 교황청이 2000년부터 이 의혹을 알고 있었음을 시사하는 서한이 공개됐습니다. 교황청 수뇌부가 가톨릭 고위 성직자의 성학대 의혹을 알고도 눈감았다는 폭로를 둘러싼 논란이 더욱 격화할 전망입니다. 가톨릭뉴스서비스(CNS)는 지난 2006년 교황청 측에서 시어도어 매캐릭 전 미국 추기경의 성학대 의혹을 알려온 신부에게 보낸 서한을 공개했다고 AP통신이 8일(현지시간) 보도했습니다. 앞서 2000년 11월 보니파스 램지 신부는 미국 뉴저지주 세튼 홀 대학 신학대 학생들을 대상으로 자행된 매캐릭 전 추기경의 성적 비행을 교황청에 알렸습니다. 램지 신부는 당시 신학대학 교수였습니다. 램지 신부는 매캐릭 전 추기경이 학생들을 통해 해변 자택으로 불러 동침하곤 했다는 얘기를 너무 많이 들어, 당시 워싱턴 주재 교황청대사였던 고(故) 가브리엘 몬탈보 대주교 요청으로 이런 내용의 서한을 교황청에 보냈다고 밝혔습니다"(매일종교신문, 2018.09.09).

"미국과 칠레에 이어 독일에서도 지난 70년 동안 사제가 저지른 '성학대' 사례가 3,700여 건에 달했다"는 의혹이 제기돼 프란치스코 교황에 대한 보수파의 공세가 구체화할 것이라는 예상이 나오고 있습니다. 독일 유력지 슈피겔과 디 차이트가 독일주교회에서 확인한 조사결과, 독일 가톨릭 사제가 1946년에서 2014년 사이에 저지른 성학대는 최소 3,677건입니다. 성학대에 가담한 사제는 1,670명에 달했고 학대사례 가운데 6건은 성폭행이었습니다. 피해자 대부분은 남자아이로 절반 이상이 13살 이하입니다. 현재까지 가해자의 38%만 기소돼 대부분 가벼운 징계에 그쳤습니다. 독일주교회는 이번 조사가 "피해자를 위해서 뿐만이 아니라 교회 스스로 실수를 반복하지 않기 위해 필요했다"고 밝혔습니다(매일종교신문, 2018.09.14).

"프랑스의 천주교 신부가 여성 신자의 딸을 성추행한 의혹에 휩싸이자 스스로 목숨을 끊었습니다. 19일(현지시간) 프랑스 언론에 따르면 지난 18일 노르망디 지방 중심도시 루앙의 한 가톨릭 성당에서 이 성당 소속 사제 장밥티스트 세브(38) 신부가 숨진 채 발견됐습니다. 경찰은 세브 신부가 스스로 목숨을 끊은 것으로 보고 정확한 경위를 조사 중입니다. 세브 신부는 최근 한 여성 신자의 딸을 추행했다는 의혹이 제기된 상태였습니다. 그는 숨지기 하루 전 이 의혹과 관련해 대주교관에 소환돼 조사를 받은 것으로 전해졌습니다. 세브 신부는 지역 대학 신학교육 과정의 주임 신부도 맡는 등 여러 방면에서 활동해온 사제로 알려졌으며, 그의 자살소식이 지역사회에 큰 충격을 주고 있다고 프랑스3 방송이 전했습니다. 노르망디 지방의 중심도시 루앙은 백년전쟁의 영웅으로 프랑스에서는 성녀로 추앙받는 잔 다르크가 화형당한 곳으로, 가톨릭 전통이 뿌리 깊은 곳입니다. 이번 사건은 미국, 칠레, 호주 등지에서 가톨릭 사제에 의한 아동 성학대 추문이 잇따라 수면 위로 드러나 바티칸이 곤욕을 치르고 있는 가운데 또다시 발생해 파문을 일으키고 있습니다. 프랑스에서는 1980년대 리옹에서 한 신부가 보이스카우트 소년들을 성추행한 사건을 은폐한 혐의로 필리프 바르바랭 추기경에 대한 사법 절차가 진행되고 있습니다"(매일종교신문, 2018.09.20).

"독일주교회의가 가톨릭교회 내에서 벌어진 아동 대상 성범죄를 외면한 데 대해 부끄럽게 여긴다"고 공개적으로 시인하고 반성의 뜻을 밝혔습니다. 주교회의는 25일(현지시각) 지난.1946년부터 2014년까지 약 70년간 성직자 1600여 명의 13세 이하 아동 성범죄 3600여 건에 대한 조사 결과를 발표하면서 이 같은 입장을 내놓았다고 현지 언론이 보도했습니다. 라인하르트 마르크스 추기경은 이날 성명에서 성학대는 범죄이고, 범죄자들은 희생자들에게 가한 아픔과 고통에 대해 용서를 구하기 전에 처벌받아야 한다고 밝혔습니다. 마르크스 추기경은 성명에서 "신뢰가 무너지고, 성직자들이 범죄를 저지른 데 대해 부끄럽게 여긴다"면서 "많은 사람이 벌어진 일을 직시하지 않고 외면했으며, 희생자들을 돌보지 않은 데 대해서도 부끄럽게 생각한다"고 말했습니다. 성명은 또 "우리는 교회를 위하고, 주교들과 신부들을 보호하려고만 해서 (진실과) 너무 멀리 떨어져 있었다"면서 "성폭력의 희생자들에게 정의가 실현돼야 한다"고 밝혔습니다. 마르크스 추기경은 교회가 이런 일에 대해 책임을 져야 하며 신뢰를 다시 구축해야 한다고 강조했습니다. 독일주교회의는 미국을 비롯한 일부 국가에서 가톨릭교회 내 성학대에 대한 의혹이 제기된 뒤인 지난 2010년부터 교회 내 성범죄에 대해 조사해왔습니다"(매일종교신문, 2018.09.26).

교황청 관료조직인 쿠리아에서 근무하는 고위 사제가 10년 전 고해성사 도중 수녀(당시 25세)를 성추행했다는 의혹에 휘말려 교황청이 그의 사표를 수리했다고 29일(현지시간) 밝혔습니다. 헤르만 가이슬러(53) 신부는 교황청 신앙교리성에서 아동 성학대를 저지른 성직자들을 처벌하는 부서 책임자였습니다. 오스트리아 출신인 그는 2009년 고해성사 도중 동료 수녀에게 부적절한 행동을 한 혐의를 받고 있습니다. 교황청은 이날 성명을 내고 "가이슬러 신부가 신앙교리성과 자신이 속한 수도회에 피해가 가는 것을 막기 위해 자리에서 물러나기로 결정했다"며 "그는 해당 혐의가 사실이 아니라고 주장하고 있으며, 교회 내 법적 절차가 계속 진행되기를 요청하고 있다"고 밝혔습니다. 가이슬러 신부는 의혹을 제기한 전직 수녀를 명예훼손으로 제소하는 방안도 고려하고 있는 것으로 전해졌습니다. 독일 출신 전직 수녀인 도리스 바그너는 사제에 의해 성학대를 당한 여성들이 피해를 고발하기 위해 지난해 11월 로마에서 개최한 행사에서 자신이 당한 사례를 폭로했습니다. 그는 당시 가이슬러 신부의 실명을 밝히지 않았으나 추후 인터뷰에서 신원을 공개했습니다. 바그너는 가톨릭매체 CNS와의 인터뷰에서 "그는 나를 얼마나 사랑하는지를 털어놓았다. 이어 나도 그를 사랑한다는 것을 알고 있다고 말했다. 그는 또 우리가 결혼을 할 수는 없지만 다른 방법이 있다면서, 껴안고 키스를 하려고 해 고해성사실에서 도망쳤다"고 털어놓았습니다. 바그너는 사건 2년 뒤 수녀를 그만뒀고, 지금은 한 아이의 어머니로 지내고 있는 것으로 알려졌습니다(매일종교신문, 2019.1.31).

프란치스코 교황이 교회 내에서 사제들이 수녀들을 대상으로 성적인 폭력을 저지르는 일이 있었음을 공개석상에서 처음으로 인정했습니다. AP통신은 교황이 5일(현지시간) 아랍에미리트에서 교황청으로 돌아가는 비행기 속에서 기자회견을 갖고, 공개적으로 이 의혹을 시인했다고 전했습니다. 어린이를 상대로 한 성직자의 성범죄와 그것을 무마하고자 하는 고위층의 추문에 대해 논의할 주교회의를 주재하기 불과 2주일 전에 나온 교황의 발표입니다. 교황은 사제가 성인 여성을 상대로 하는 성범죄에 대해 질문에 대해 "모든 사람들이 그렇지는 않지만 그러한 사제와 주교가 있었다"며 "(성범죄는) 계속되고 있으며 가톨릭교회는 범죄를 멈추게 하려는 노력을 이미 시작했다"고 밝혔습니다. 교황은 아울러 전임 베네딕토 16세가 2005년 즉위 직후 성학대 문제로 여성 수도회 한곳을 해산시킨 적도 있다고 말하면서 이곳에서 벌어진 일이 '성노예' 수준이었기 때문이라고 설명했습니다. 지난해 불거진 '미투' 운동 이후 가톨릭교회의 성학대 의심 범위는 기존 미성년자뿐만이 아닌 성인층까지 넓어졌습니다. 특히 가톨릭교회의 교육 및 봉사 등에서 중추를 이루는 수녀들에 대한 성직자들의 성학대 의혹이 불거지기 시작했습니다. 이미 지난 해 AP통신과 다른 언론은 인도, 아프리카, 유럽, 남아메리카에서 학대받은 수녀들의 사례를 보도하면서 그 문제가 특정 지역에만 국한된 것은 아니라는 증거를 제시했습니다. 교황의 이례적 인정은 미성년자와 성인 신학생을 학대한 혐의로 기소된 전 미국인 추기경 시어도어 매캐릭 사건에서 비롯된 것으로 추정됩니다. 이 사건은 또한 학대와 권력 관계 문제에 초점을 맞추고 가톨릭교회는 직업에서 학업 및 급여까지 모든 것을 통제하는 사제와 주교와 비교할 때 신자와 자매를 "취약한 성인"으로 간주해야 하는지 여부에 주목합니다(매일종교신문, 2019.2.6).

'교황청의 3인자'로 꼽히던 호주의 조지 펠(77·사진) 추기경이 아동 성폭행 혐의로 6년형을 선고받았습니다. 펠 추기경은 아동 성폭행 혐의로 실형을 선고받은 로마 가톨릭교회의 최고위급 성직자가 됐습니다. 오스트레일리아 빅토리아주 법원은 13일 펠 추기경에게 징역 6년을 선고하며 3년 8개월 동안은 가석방이 불가하다고 밝혔습니다(매일종교신문, 2019. 3. 13).

미국 일리노이주에서 미성년자를 상대로 성학대를 자행한 혐의를 받는 가톨릭 성직자 395명의 명단이 공개됐습니다. 미네소타주에 기반을 둔 아동학대 전문 로펌 '제프 앤더슨 앤드 어소시에이츠'는 20일(현지시간) 시카고 대교구 포함 일리노이주 6개 교구에서 아동 성학대 혐의로 고소·고발된 성직자 395명의 이름과 사진, 신원정보, 약력, 혐의 내용 등이 담긴 총 182쪽 분량의 보고서를 펴내고 회견을 열어 피해자 증언을 들었습니다. 이 명단에는 수녀와 부제, 교회학교 교사, 평신도 등도 포함돼있으나 대다수는 사제라고 전했습니다. 이날 공개된 명단에는 작년 말 일리노이 가톨릭교회 측이 발표한 185명도 포함돼있습니다. 당시 일리노이주 검찰은 자체 수사 내용을 토대로 아동 성학대에 연루된 성직자 수가 교회 측 발표보다 최소 500명 이상 많을 것으로 추산한 바 있습니다. 로펌 대표 앤더슨 변호사는 "미성년자를 성적으로 학대한 사제 규모가 어느 정도인지 보여주는 자료"라며 "그럼에도 교회(천주교) 지도부는 오랫동안 이렇게 많은 피해자 주장을 믿지 않았고, 범죄 혐의를 받는 성직자들과 연루된 이들의 신원을 비밀에 부치는 등 교회가 제도적으로 사건을 은폐해왔다"고 주장했습니다. 그는 자체 집계 결과, 가톨릭교회 안에서 아동 성학대 피해를 입은 일리노이 주민이 수백 명에 달하는 것으로 나타났다고 밝혔습니다. 이날 증언에 나선 조 아이아코노는 11세 때 일리노이주 스프링필드 교구 신부에게 성추행 당한 일을 털어놓으며 눈물을 보였습니다. 메리 제인 도어 시카고 대교구 아동·청소년보호국장은 "명단과 상관없이 교회 안에서 학대로부터 아동을 보호하기 위해 노력하고 있다"면서 "지금은 모든 고소·고발이 신중하게 다뤄지고 있다"고 강조했습니다. 앤더슨 보고서에 오른 395명 가운데 교회 측이 혐의 개연성을 인정한 경우는 192명에 불과합니다. 교회가 발표한 185명보다 7명 더 늘어난 숫자입니다. 존 오말리 시카고 대교구 변호사는 교회 측 발표와 앤더슨 보고서 간 차이에 대해 "교회는 아직 수사가 진행 중인 사례와 혐의가 제기되기 전 세상을 떠난 성직자의 이름은 명단에 올리지 않았다"고 설명했습니다. 이어 "제기된 주장이 개연성을 얻기 전까지는 명예가 지켜져야 한다"고 말했습니다. 시카고 대교구 측은 교회가 공개한 명단에 속하지 않은 이름 가운데 22명의 신원을 제공했습니다. 이들은 "이 가운데 2명에 대해서는 지금까지 수사가 진행 중이나, 이미 해임됐다"면서 "다른 10명은 첫 고소·고발이 제기되기 전 세상을 떠났고, 또다른 8명은 제기된 혐의를 입증할 수 없다는 결론이 내려졌다"고 부연했습니다. 나머지 2명 가운데 1명은 범죄 대상이 미성년자가 아닌 것으로 확인됐고, 마지막 1명은 1993년 범죄 혐의로 기소된 전 신학생으로 드러났습니다. 22명 가운데 단 1명만 현재 시카고 교회에 남아있는 것으로 전해졌습니다. 대교구 측은 "경찰 수사 결과 혐의가 입증되지 않았다"고 전했습니다. 한편 앤더슨 측은 아동 성학대 혐의가 제기된 성직자들을 앞으로도 지속적으로 찾아내 명단을 업데이트해나갈 것이라고 밝혔습니다(매일종교신문, 2019.3.21).

현 프란치스코 교황이 칠레 최대 교구인 수도 산티아고 대교구의 수장인 리카르도 에사티(사진) 대교구장(추기경)의 사퇴를 승인했습니다. 교황청은 23일(현지시간) 성명을 내고 교황이 에사티 추기경의 산티아고 대교구장직 사표를 수리했다고 발표했습니다. 77세의 에사티 추기경은 관할 교구에서 벌어진 여러 건의 아동 성학대 추문을 은폐하거나 제대로 대처하지 못했다는 의혹을 받고 있습니다(매일종교신문, 2019. 3. 24).

지금까지 드러나고 열거한 것만 보아도 천주교 신부(사제)들에 의한 성범죄는 상상을 초월합니다. 충격 그 이상입니다. 아마 대부분의 사람들과 천주교 신자들과 일반 사람들도 이런 사실을 모를 것이고 믿기지 않을 것입니다. 드러난 것만 이 정도입니다. 하지만 객관적인 팩트(사실)입니다. 그럼에도 불구하고 천주교에서는 주교단 전체와 교황의 특별 교도권은 오류가 없다고 말합니다. 이는 성경적이지도 않고 실제 교황과 사제들의 성범죄와 각종 불의에 비추어 볼 때 틀린 주장입니다. 성경과 하나님 외에는 그 어떤 결정과 주장도 완벽하지 않습니다. 반드시 오류가 있습니다. 모든 일과 모든 사람과 모든 것은 눈에 보이는 것이나 알려진 것이 전부가 아닙니다. 눈에 보이지 않고 외부로 드러나지 않은 것들이 훨씬 많습니다. 부부끼리도 서로 모르고 사는 것이 많은데 제3자들은 말할 것도 없습니다. 당사자가 고백과 시인을 하지 않으면 다른 아무리 가까운 지인이라도 모릅니다. 아무튼 신부(사제)들의 겉모습과 이미지와는 너무나 다릅니다. 너무나도 많은 신부들이 성범죄를 저지르고 있습니다. 어느 한 지역이나 국가에서 발생한 것이 아닌 전 세계적인 현상입니다. 이것이 암시하는 바는 가톨릭 교황들과 사제들에 의한 성범죄는 구조적이라는 것을 말해 줍니다. 이는 성직자 독신제도와 무관하지 않습니다.

천주교 사제들의 성범죄는 크게 세 가지 요인이 있다고 봅니다. 첫째는 인간의 전적 타락이고, 둘째는 독신제도이고, 셋째는 아동들과 항상 접촉할 수밖에 없는 환경이 문제라고 봅니다. 그런즉 먼저 성경적이지 않은 독신제도를 풀어야 합니다. 식욕, 수면욕, 성욕 통제는 법과 제도로 강제한다고 해결되는 것이 아닙니다. 이것은 인간의 본능입니다. 계속 독신제도를 고집하는 한 사제(신부)들의 성범죄는 근절되지 않을 것입니다. 인간의 본능적 욕구는 무엇으로도 막을 수 없습니다. 그런즉 정상적인 방법으로 성욕을 해소하게 만들면 됩니다. 그것은 합당한 결혼을 통한 성욕해소입니다. 이에 성경은 성욕을 절제할 수 없거든 속히 결혼하라고 합니다.

신약성경책 고린도전서 7장 9절입니다.
"만일 절제할 수 없거든 혼인(결혼)하라 정욕이 불같이 타는 것보다 혼인하는 것이 나으니라"

결혼의 목적이 성욕해소가 아니지만 성범죄 예방에 큰 역할을 합니다. 그리고 신부들은 아동들과의 잦은 접촉을 삼가야 합니다. 성욕이 불타오르는 데 아동들과 자주 접촉할 기회가 생기면 아동들이 성범죄 표적이 됩니다. 이런 근본적인 해결책만이 성범죄 예방에 대한 답입니다. 이렇게만 한다면 천주교 신부(사제)들의 성범죄는 대폭 감소할 것입니다. 천주교는 더 늦기 전에 독신교리와 제도에 대한 변화가 있어야 합니다.

성경이 금하는 성직자 독신제도는 하루속히 폐지되어야 합니다. 그래야 수많은 전 세계 천주교 성직자들이 성범죄부터 자유로울 것입니다. 그렇지 않으면 더 은밀하고 교묘하게 성직자 성범죄는 지속되고 반복될 것입니다. 인간의 기본욕구인 성욕은 죽을 때까지 사라지지 않습니다.

개신교 성범죄관

개신교도 성경사상에 따라 각종 성범죄를 금합니다. 성경과 개신교는 이유를 불문하고 성희롱, 성추행, 성폭행, 간음, 간통, 유사성행위(타인이 성기나 기타 신체를 손과 입으로 혹은 도구로 애무하는 것), 성매매, 매춘산업, 동성성교, 각종 동성성행위 등을 금합니다. 그 이유는 하나님이 세우신 성행위 창조질서가 아니기 때문입니다. 그럼에도 불구하고 개신교에서도 일부 목사와 가짜목사와 이단목사들이 성범죄를 저지르고 있습니다. 2019년 1월 7일 JTBC 취재결과, 아동 청소년에게 성범죄를 저지르고 법적 처벌을 받은 목사들은 2005년부터 2018년까지 모두 79명에 달했습니다. 미국 텍사스주 지역신문 〈휴스턴크로니클〉과 〈샌안토니오 익스프레스뉴스〉가 미국 남침례회 소속 리더십과 자원봉사자들의 성폭력을 추적한 결과, 1998년부터 2018년 사이에 범죄를 저지른 가해자 380명을 찾았다고 보도했습니다. 대부분 목사이며 교회학교 선생님 21명, 자원봉사자 22명도 포함돼 있습니다. 두 언론은 2월 10일, 남침례회 소속 목회자들의 성범죄를 고발한 기사를 연속 보도했습니다. 피해자 700여 명 중 연락이 닿는 사람들을 인터뷰하고, 피해자가 세상을 떠난 경우 가족을 만나 이야기를 들었습니다. 각급 법원의 재판 기록, 판결문을 전수 조사해 성범죄자 목록을 만들고 이름, 주州, 직위에 따라 검색할 수 있도록 데이터베이스를 만들었습니다. 가해자 380명 중 유죄판결을 받거나 기소된 사람은 220명입니다. 그중 90명은 여전히 감옥에 수감 중이며 100명은 검색 가능한 성범죄자 명단에 올라 있습니다. 피해자들은 대부분 10대였습니다. 조언을 구하며 목사를 찾았던 이들이 피해자가 됐습니다. 교회는 피해자들을 외면했으며 그들은 살기 위해 교회를 떠나야 했습니다. 그들 중 몇몇은 낙태를 강요받거나 가해자를 용서하라는 요구에 시달렸다고 두 언론은 전했습니다(뉴스앤조이, 2019. 2. 12).

모든 성범죄는 인간의 성적 욕망과 탐욕으로 문란하고 타락한 죄악입니다. 그래서 성경은 절대로 각종 성범죄를 금합니다. 성경이 허용하는 섹스(Sex 성교)는 오직 법적으로 결혼한 이성 부부 뿐입니다. 그 외 모든 성교(섹스)는 절대로 금합니다. 설사 성년이든, 미성년이든 이성과 동성 간에 서로 좋아하고, 사랑하고, 합의해서 하였다고 하더라도 성범죄로 간주합니다. 성경은 세상 법보다 더 엄격합니다. 세상 법은 간통도 처벌하지 않고 성인이 서로 합의해서 성교를 하면 처벌을 받지 않지만 하나님은 그렇지 않습니다. 이성을 바라보고 상상하여 마음으로 음욕을 품은 것일지라도 간음이라고 말합니다. 성경은 육체적으로나 마음으로 음란한 짓을 한 것을 다 성범죄로 간주합니다.

출애굽기 20장 14절입니다.

"간음하지 말지니라"

미혼자든 기혼자든 간음하지 않아야 합니다. 미혼자가 다른 이성이나 동성과 성교하는 것, 기혼자가 배우자 외에 다른 이성이나 동성과 성교하는 행위는 모두 성범죄인 간음에 해당합니다. 어떤 이유로 해서 간음을 했든 변명의 여지가 없습니다.

마태복음 5장 28절입니다.

"나는 너희에게 이르노니 여자를 보고 음욕(음탕한 욕심)을 품는 자마다 마음에 이미 간음하였느니라"

성경은 높은 수준의 순결을 요구합니다. 성경은 단지 육체적으로 불법적인 성교만 간음으로 취급하지 않습니다. 눈에 보이지 않는 마음으로 음욕을 품어도 간음으로 간주합니다. 성경은 기독교인들에게 높은 수준의 정결한 마음, 거룩한 마음, 순결한 마음을 원합니다. 그런즉 야한 그림, 비디오, 영상, 글, 상상, 여자나 남자 주시, 나체 등을 멀리해야 합니다. 혹 이런 것을 보고 마음으로 음욕을 품지 않도록 조심해야 합니다. 이에 성경은 음행을 피하라고 합니다. 성적 유혹과 음욕은 요셉처럼 피하는 것만이 해답입니다.

고린도전서 6장 18절입니다.

"음행을 피하라 사람이 범하는 죄마다 몸 밖에 있거니와 음행하는 자

는 자기 몸에게 죄를 범하느니라"

오물과 불과 독사와 음행은 피해야 안전이 보장됩니다. 이를 피하지 않고 가까이 하면 반드시 해를 당합니다. 음행을 피하지 못해서 인생을 망친 사람들이 한둘이 아닙니다. 현재 '미투'(# Me Too 나도 당했다) 운동이 그것입니다. 유명한 배우, 연예인, 종교인, 언론인, 방송인, 법조인, 정치인, 기업인, 교수 등 특권층들이 과거 성범죄 행위가 밝혀져서 하루아침에 추풍낙엽이 되고 있습니다. 현재 과거사재조사위원회가 10년 전에 있었던 김OO 별장 성접대 혹은 특수강간 사건과 장OO 성상납 사건을 재조사하고 있습니다. 누구든지 음욕과 음행을 피하지 못하게 되면 하루아침에 혹 갑니다. 이 세상에서만 혹 가는 것이 아닙니다. 향후 하나님께서도 심판하신다고 합니다.

히브리서 13장 4절입니다.
"모든 사람은 혼인(결혼)을 귀히 여기고 침소(부부의 침대)를 더럽히지 않게 하라 음행하는 자들과 간음하는 자들을 하나님이 심판하시리라"

모든 범죄는 이중적인 처벌을 받습니다. 이 세상의 법률과 하나님의 법에 심판을 받습니다. 세상에서 처벌을 받았다고 해서 그것으로 끝나는 것이 아닙니다. 이 세상의 창조자요 주인이신 하나님으로부터 최종적이고 확정적으로 최후 심판을 받게 됩니다. 이런 사실을 알고 깨끗하게 살아가야 합니다. 혹 알게 모르게 성범죄를 저지른 기독교인들은 속히 하나님과 당사자에게 사죄하고 회개하며 반듯하게 살아가야 합니다. 그렇지 않고 계속 성범죄를 저지르고 살게 되면 하나님의 나라(천국)에 들어가지 못하게 됩니다. 사후에 영벌을 받고 지옥에 들어가게 됩니다. 특히 개신교 안에는 순간의 성적 유혹을 이기지 못하고 성범죄에 빠지는 목회자들이나 성도들도 있지만 고의적이고 지속적으로 교회당에 출입하는 성도들을 성추행과 성폭행을 하는 일부 목회자들도 있습니다. 2018년 10일과 11일 연일 JTBC 뉴스룸에서 서울에 있는 '만민중앙성결교회' 이○○ 목사의 성폭행 건에 대하여 보도한 바 있습니다. 물론 해당 교회는 부인하고 있습니다. 한두 명을 성폭행한 것이 아니라 오랜 세월 동안 여러 성도들을 모처에서 성폭행했다는 의혹을 제기하고 있습니다. 이○○ 목사는 한국교단에서 이단(가짜)으로 규정된 목사입니다. 그런즉 엄격하게 말하면 목사가 아닙니다. 그냥 가짜 종교 교주에 불과한 자입니다. 가장 크게 이슈가 되었던 사람은 전에 서울에 있는 삼일교회 담임이었던 전○○ 목사입니다. 그의 혐의는 담임목사 실에 일부 여자 성도들을 불러서 유사성행위와 성추행을 한 것으로 큰 반향을 일으켜 기존 교회를 사임하고 다른 곳에서 개척을 하였습니다. 처음엔 자신의 성범죄를 시인하였으나 나중엔 부인하였습니다. 피해자들은 있는데 가해자는 없는 해괴한 사건입니다. 피해 당사자와 가해자와 하나님은 잘 알 것입니다.

참 목회자들은 범죄를 저지른 후에 누가 지적하고 책망하면 다윗 왕처럼 즉각 시인하고 회개합니다. 책임을 집니다. 그러나 가짜 목회자들과 성도들은 성범죄를 부인하고 도리어 피해자와 성범죄 의혹을 보도한 언론에 대하여 명예훼손으로 고소합니다. 가짜인 이단과 사이비 목사들과 뻔뻔한 악인들의 전형적인 수법입니다. 기독교인들은 성경말씀에 따라 순결을 지켜야 하며, 이웃의 아내나 남편, 이웃의 이성을 탐내지 말아야 합니다. 성욕을 절제할 수 없거든 속히 결혼해야 합니다. 결혼한 기혼자들은 자기 배우자로 만족하고 살아야 합니다. 혹 자기 배우자로도 만족이 되지 않으면 병원의 정신과 등을 찾아가서 상담과 치료를 받아야 합니다. 그대로 두면 불행한 일이 발생합니다. 모든 기독교인들은 성욕과 음욕을 불러일으켜 성범죄를 저지르게 하는 모든 것들을 멀리해야 합니다. 성적 욕망은 나이를 불문하고 죽기 전까지 꿈틀거리는 것입니다. 그런즉 평생 경계하고 관리를 잘해야 합니다. 향후 우리 사회는 소돔과 고모라와 주변 도시들처럼 성적 타락이 극심하고 성범죄가 난무할 것입니다. 이런 시대이기에 일찍 결혼하고, 일찍 성교육을 철저하게 시켜야 합니다. 동시에 성범죄 유혹에 빠지지 않도록 늘 깨어 기도해야 합니다. 그렇지 않으면 누구든지 하루아침에 훅 갑니다. 누구도 장담할 수 없는 것이 성범죄입니다. 하나님의 마음에 합한 다윗 왕도 아내가 있었음에도 불구하고 목욕하는 우리아의 아내 밧세바를 보고 그녀를 취하여 그만 간통, 성범죄를 저질러 출산까지 시켰습니다. 그 일로 다윗은 하나님으로부터 심한 질책과 벌을 받았으며, 남의 아내를 탐욕한 성범죄에 대하여 시인하고 회개함으로 용서함은 받았으나 평생 눈물로 침대를 적시며 살았고, 불륜으로 얻은 첫째 아들은 하나님께서 질병으로 죽이셨습니다.

이는 오늘날 기독교인들에게 큰 교훈을 주고 있습니다. 개신교인들도 전적으로 부패하고 타락한 인간입니다. 신자라 할지라도 본능적으로 불타오르는 정욕이 잠재되어 있습니다. 또한 강한 자 같지만 육체적, 정신적, 신앙적으로 연약합니다. 그 결과 얼마든지 유혹과 미혹에 빠져 성범죄를 저지를 수 있습니다. 그런즉 정신을 바짝 차리고 살되 성범죄에 빠지지 않도록 범사에 조심하고, 피할 것은 피하고, 보지 않을 것은 보지 말고(자극적인 영화, 동영상, 그림, 만화, 책, 글, 상상), 가까이 해서는 안 될 사람은 멀리하면서 일생동안 조심해야 합니다. 성적 욕망을 이기지 못할 것 같으면 속히 결혼하고 결혼한 이후에는 오직 배우자하고만 성교를 가져야 합니다. 결혼한 사람들은 배우자가 성적으로 배고프지 않도록 배려하고 충분한 관계를 맺어야 합니다. 기혼자들은 사업상 거래가 아닌 이유로 다른 이성을 자주 만나는 것은 조심해야 합니다. 남녀노소는 결혼여부와 나이를 불문하고 이성과 자주 만나면 끌리게 되어 있습니다. 이상한 감정이 싹틉니다. 그러니 일평생 조심하고 조심해야 시험에 들지 않습니다. 이것이 개신교 성범죄 세계관입니다.

제13장

성직자 독신 세계관

독신(獨身)이란 결혼하지 않고 혼자서 평생을 지내는 것을 말합니다. 오늘날 독신으로 사는 자들이 적지 않습니다. 소위 셀프 독신입니다. 일부 종교 중에서도 지도자들에 대해서 제도적으로 독신을 강제하고 있기도 합니다. 불교(대한불교조계종 종헌 제3장 종단 제9조 1항에서 승려는 독신자라야 한다고 합니다. ① 승려는 구족계와 보살계를 수지하고 수도 또는 교화에 전력하는 독신자라야 한다)와 천주교가 그렇습니다. 이와 연관하여 각종 성범죄가 발생하기도 합니다. 인간에게는 인간 스스로 관리와 통제가 거의 불가능한 근본적인 욕구, 욕망이 있습니다. 가장 대표적인 것이 식욕과 수면욕과 성욕입니다. 이는 참거나 법과 제도로 완전히 해결되는 것이 아닙니다. 인간의 기본 욕구와 욕망은 때에 따라 알맞게 채워져야 합니다. 그래야 어느 정도 해갈이 됩니다. 그렇지 않고 출구와 입구를 다 막아 버리면 불미스러운 문제가 발생합니다. 엉뚱한 곳에서 터져버립니다. 법과 제도로 인간의 기본 욕구와 욕망을 강제하면 불법과 편법과 은밀한 범법을 통해서 욕구를 충족하려고 합니다. 그것이 인간입니다. 짐승들도 굶주리면 목숨을 걸고 민가로 내려옵니다. 그래서 셀프 독신이든, 제도적 강제 독신이든 그리 만만하거나 단순하지 않습니다.

천주교 성직자 독신관

천주교(가톨릭)는 성직자들과 수녀들의 독신을 제도로 강제합니다. 현재 사제들과 수녀들은 결혼하고 싶어도 결혼하지 못합니다. 가톨릭교회교리로 금하고 있기 때문입니다. 처음부터 독신을 강요한 것이 아닙니다. 사제의 독신제도는 4세기 이래 기정사실로 되어 왔으며, 11세기 이후로는 의무와 필수가 되었습니다. 제1차 라테란 공의회(1123년)에서 제162대 교황 칼릭스투스 2세(즉위 1119년 2월 8일~1124년 12월 13일)는 사제의 결혼을 금했습니다. 다시 말해서 제161대 교황까지는 사제들의 독신을 금하지 않았고 결혼을 했었습니다. 천주교는 처음부터 독신을 금한 것이 아니라는 말입니다. 천주교에서는 사도 베드로(A.D 60년경 순교)가 제1대 교황이라고 주장합니다. 그러나 베드로는 결혼한 자입니다. 독신자가 아니었습니다. 다른 사도들도 아내를 데리고 다니면서 복음을 전했습니다. 천주교의 신품성사(성직계급/성직자)에 대한 독신제도는 이런 사실과 배치됩니다. 참고로 **신품성사**(神品聖事)란 성스러운 일을 맡은 성직계급을 말합니다. 그러니까 천주교의 모든 지도자를 가리킵니다.

가톨릭교회교리서 제1579조입니다.

"**라틴교회(가톨릭)의 안수 받은 모든 신부들은**···**원칙적으로 독신으로 살고 또 하늘나라를 위하여 독신생활을 계속할 의지를 가진 남자들 가운데서 선발한다. 온전히 주님과 주님의 일에 전념하도록 부름 받은 이들은 자신들을 전적으로 하느님과 사람들에게 바친다**···"

가톨릭교회교리서 제1580조입니다.

"···**이미 신품성사(성직자/수녀)를 받은 사람은 더 이상 혼인할 수 없다**"

가톨릭교회교리서 제1599조입니다.

"**라틴교회**(로마 가톨릭)**에서는 원칙적으로 하느님 나라와 사람들에게 기꺼이 봉사하려는 마음 때문에 자유로이 독신생활을 할 태세가 갖추어져 있고 그 뜻을 공적으로 표명하는 후보자들에게 신품성사를 준다**"

제2차 바티칸 공의회 사제생활 제16항입니다.

"**하늘나라를 위하여 지키는 완전하고 영구적인 금욕으로 주 그리스도께서 권고하였다**···**교회**(천주교)**는 언제나 사제 생활의 특수형태로 이를 대단히 중요시 하고 있다**···**처음에는 사제들에게 권장되던 독신제가 나중에는 라틴 교회**(로마 가톨릭)**에서 성품에 오르는 모든 이에게 법으로 규정되었다**···"

가톨릭교회교리서 제923조입니다.

"수녀들은 처녀들로서 천주 성자 그리스도께서 신비적으로 약혼되며 교회(천주교)의 봉사에 헌신한다…"

2017년 5월 15일 뉴스한국 기사에 따르면, 프랑스 사제들은 성직자 독신규정 폐지를 촉구했습니다. 천주교 성직자들에 대한 독신제도가 가톨릭계의 끊임없는 성범죄와 무관하지 않기 때문입니다. 교황청에 따르면 지금까지 교황청에 접수된 아동 성추행 사건은 3,000건에 이른다고 합니다. 성추문 사건에 연루된 성직자만 300여 명에 이를 것으로 추정됩니다. 가톨릭교회 내 성직자들의 도덕적 타락이 교회 지도부에 문제가 있다는 비판의 목소리가 나오고 있습니다. 오스카르 아리아스 코스타리카 대통령은 2017년 5월 7일 "가톨릭계가 성직자들에게 성관계를 금지하는 것은 자연의 순리에 어긋나는 것"이라며 "그 실수를 바로 잡아야 한다"고 지적했습니다. 천주교의 독신제도 문제를 연구하는 신학자들은 성경 어디에도 "성직자는 독신이어야 한다"는 내용이 없다고 주장합니다. 지금까지 전 세계적으로 천주교 성직자들에 의한 성범죄는 엄청납니다(성범죄 세계관 참조). 일반 기혼자들도 성범죄를 저지르지만 가톨릭 성직자들의 성범죄는 이와는 비교할 수 없을 정도로 많습니다. 이는 현실이고 팩트(사실)입니다. 천주교는 성직자 결혼금지제도에 대한 객관적인 근거를 제시해야 합니다. 앞에서도 언급했지만 제1대 교황이라고 하는 사도 베드로도 독신이 아닌 기혼자였습니다. 성경에도 나실인(하나님께 헌신을 표하는 금욕적인 사람/하나님 섬김이 독신 목적인 사람)에 한하여 독신이 언급되었지만 성직자들은 반드시 독신이어야 한다는 말씀은 없습니다. 따라서 천주교 성직자 독신제도는 성경에 없는 교리입니다. 하나님께서 금하지 않은 교리를 만들어 강요하고, 지키고 있습니다. 그 결과 심각한 부작용이 전 세계적으로 발생하고 있습니다. 그런즉 성경사상이 아닌 성직자와 수녀에 대한 천주교의 '독신제도'는 속히 폐기되어야 마땅합니다.

개신교 성직자 독신관

개신교는 성직자에 대한 독신을 법과 제도로 금하지 않습니다. 그런 규정 자체가 없습니다. 도리어 지역교회를 담당하는 목회자는 반드시 결혼을 해야 합니다. 왜냐하면 성경에 성직자들에 대한 결혼금지 말씀, 근거, 명령이 없고 결혼을 지지하기 때문입니다. 성경은 기본적으로 성직자든, 성도들이든, 일반인이든, 모든 사람은 결혼하라고 합니다.

창세기 2장 18절입니다.

"여호와 하나님이 가라사대 남자가 독처하는 것이 좋지 못하니 내가 그를 위하여 돕는 배필을 지으리라 하시니라"

천국에서는 생육하고 번성할 필요가 없기 때문에 결혼을 하지 않습니다. 결혼제도는 오직 이 땅에서만 있습니다. 이 땅에서는 출산, 즉 생육하고 번성하여 땅에 충만해야 하기 때문입니다. 하나님께서 결혼제도를 만드신 것은 하나님의 나라 확장과 천지창조와 직접적으로 연결되어 있습니다.

창세기 1장 27~28절입니다.

"하나님이 자기 형상(하나님의 일반 성품) 곧 하나님의 형상대로 사람을 창조하시되 남자와 여자를 창조하시고 하나님께서 그들에게 복을 주시며 그들에게 이르시되 생육하고 번성하여 땅에 충만하라 땅을 정복하라 바다의 고기와 공중의 새와 땅에 움직이는 모든 생물을 다스리라 하시니라"

하나님께서 이 땅에 남자와 여자를 창조하신 후 결혼제도를 만드신 이유는 출산을 위한 것입니다. 하나님의 창조의 뜻을 실현하기 위함입니다. 그래서 남녀를 창조하시고 결혼제도를 만드셔서 거룩한 부부를 통해 자녀를 출산하게 하신 것입니다. 사도 바울은 에베소교회 목회자인 디모데에게 교회 지도자인 감독은 한 아내의 남편이어야 한다고 말합니다.

디모데전서 3장 2절입니다.

"그러므로 감독은 책망할 것이 없으며 한 아내의 남편이 되며 절제하며 근신하며 아담하며 나그네를 대접하며 가르치기를 잘하며"

교회의 봉사자들인 집사들도 한 아내의 남편이 되어야 한다고 말합니다.

디모데전서 3장 12절입니다.

"집사들은 한 아내의 남편이 되어 자녀와 자기 집을 잘 다스리는 자일 찌니"

교회의 성직자든, 일반 직분자들이든, 성도들이든, 성경은 기본적으로 다 결혼하라고 합니다. 천주교에서 제1대 교황이라고 칭하는 사도 베드로는 결혼한 자임을 성경은 말합니다. 베드로에게는 아내의 어머니인 '장모'(丈母)가 있었습니다. 이 말은 베드로가 결혼을 했다는 뜻입니다.

마태복음 8장 14절입니다.

"예수께서 베드로의 집에 들어 가사 그의 장모가 열병으로 앓아누운 것을 보시고"

이러한 말씀은 천주교 성직자 독신제도 시행의 모순을 드러냅니다. 사도 바울은 고린도전서에서 사도들도 아내들이 있었음을 언급합니다.

고린도전서 9장 5절입니다.

"우리가 다른 사도들과 주의 형제들과 게바와 같이 자매 된 아내를 데리고 다닐 권이 없겠느냐"

사도들도 결혼하여 아내들이 있었습니다. 게바(베드로)도 아내가 있었음을 언급합니다. 개신교는 성경이 언급한 것까지만 주장합니다. 성경은 성직자들의 결혼을 금지한 일이 없습니다. 그래서 개신교 성직자(목사, 강도사, 전도사, 선교사 등)들은 성경 사상에 따라 모두 결혼합니다. 특별한 경우를 제외하고 보통 결혼하지 않으면 목사 안수를 받지 못합니다. 교리나 법으로 독신을 금하지 않습니다. 그렇게 하는 이유는 성경이 금하지 않기 때문입니다. 목회자들은 다 결혼해야 합니다. 이것이 개신교 성직자 독신 세계관입니다.

제14장

사죄권 세계관

사제의 사죄권(赦罪權 용서할 사, 허물 죄, 권세 권)이란 고해성사를 집전하는 사제가 참회자(고해자)에게 죄를 용서해 주는 권한을 말합니다. 그리고 낙태죄에 대한 사제의 사죄권입니다. 이 사죄권을 면죄권(免罪權 벗을 면, 허물 죄, 권한 권)이라고도 합니다. 이러한 사제의 사죄권(면죄권)은 개신교에는 없고 오직 천주교에만 있습니다. 그러나 성경은 전혀 다르게 말합니다. 원죄(아담으로부터 전가 된 전 인류의 죄)와 자범죄(소죄) 모두를 사하는 권세는 오직 성삼위 하나님만 가지고 있다고 합니다. 사람에게는 죄를 사하는 권세가 주어지지 않았습니다. 사람은 누구를 막론하고 하나님께 원죄와 자범죄(소죄)를 고백하고 회개할 수 있는 기회만 부여 받았습니다. 이는 마치 오직 심판만이 선수들의 반칙(불법/죄)을 지적, 선언, 경고, 퇴장을 줄 수 있는 권한이 있는 것과 같은 것입니다. 선수나 양팀 감독 그 누구도 경기 중 선수들의 반칙에 대하여 용서와 심판을 할 수 있는 권한이 없습니다. 오직 심판만이 이렇게도 하고 저렇게도 할 수 있습니다. 이처럼 인간에 대한 사죄권도 인류의 심판자 이신 하나님만이 가지셨고 그 어떤 인간도 사죄권이 없습니다. 이것이 성경사상입니다.

천주교 사죄권관

천주교는 그리스도의 사죄권이 사도들과 사제들에게 전승되어 내려오고 있기 때문에 사죄권을 받은 사제(신부) 또는 감독들만이 사죄권을 행사한다고 말합니다. 그리고 프란치스코 교황(제266대)은 2016년 11월 21일 전 사제들에게 낙태죄를 용서할 수 있는 권한을 부여하겠다고 선언했습니다. 이는 2015년 12월 8일 '자비의 희년'에 사제들에게 한시적으로 부여한 권한을 무기한 연장하겠다는 것입니다. 이는 너무나도 황당한 처사입니다. 교황이 하나님입니까? 하나님의 고유권한을 어찌 자기 마음대로 부여 합니까? 있을 수 없는 일입니다. 이는 마치 대통령, 왕의 고유권한을 다른 부하나 장관이 마음대로 행사하는 것과 같습니다.

가톨릭교회교리서 제982조입니다.

"…아무리 중대한 잘못이라고 해도 교회(천주교)가 사해줄 수 없는 것은 없다…"

가톨릭교회교리서 제986조입니다.

"그리스도의 뜻에 따라 교회(천주교)는 세례 받은 사람들의 죄들을 용서할 권한을 가지고 있으며, 이 권한을 감독들과 사제들을 통하여 통상적으로 행사하신다"

가톨릭교회교리서 제1448조입니다.

"…교회(천주교)는 주교와 사제들을 통하여 예수 그리스도의 이름으로 죄를 용서해 주시고…"

가톨릭교회교리서 제1422조입니다.

"고해성사를 받는 신자들은 죄 용서를 받으며…교회(천주교)와 다시 화해하게 된다…"(천주교 교회헌장 11항)

가톨릭교회교리서 제1467조입니다.

"…사제들은 고백하는 사람들에게서 들은 죄에 대해 절대 비밀을 지킬 의무가 있으며, 이를 어길 경우 매우 준엄한 벌을 받는다…이 비밀을 고해비밀이라고 부른다…"(천주교 교회법 제1388호 1장)

가톨릭교회교리서 제1495조입니다.

"교회(천주교)의 권위로부터 사죄권을 받은 신부들만이 그리스도의 이름으로 죄들을 용서할 수 있다"

천주교의 이러한 어처구니없는 '사제의 사죄권'에 대한 성경의 인용 근거는 더욱 황당합니다.

마태복음 16장 19절입니다.

"내가 천국 열쇠를 네게 주리니 네가 땅에서 무엇이든지 매면 하늘에서도 매일 것이요 네가 땅에서 무엇이든지 풀면 하늘에서도 풀리리라"

요한복음 20장 23절입니다.

"너희가 누구의 죄든지 사하면 사해질 것이요 누구의 죄든지 그대로 두면 그대로 있으리라"

이 말씀들은 천주교 사제들의 사죄권 부여나 권한에 관한 말씀이 아니라 복음전파의 결과에 대한 예언입니다(개신교 사제 세계관 참조). 또한 성경 어디에도 천주교 사제들에게 낙태죄에 대한 사죄권이 있다고 말하지 않습니다. 원죄와 자범죄(소죄), 낙태죄 등의 모든 사죄권한은 오직 하나님만이 가지십니다. 사죄권은 천주교와 개신교 성직자를 막론하고 그 어떤 사람에게도 주어진 적이 없습니다. 그런즉 천주교의 사죄권은 잘못된 것입니다. 성경사상이 아닙니다.

개신교 사죄권관

개신교는 성경 어디에도 사제들에게 사죄권을 부여한 적이 없다고 말합니다. 모든 죄 사함의 권세는 오직 삼위일체 하나님만이 가지고 있는 신적 권한입니다. 성경은 하나님만이 원죄와 자범죄(소죄)를 용서해 주시는 분이라고 합니다. 피조물(교황, 신부, 목사 등)은 그 어떤 사람일지라도 죄 사함의 권세가 없습니다. 사람으로서 인간의 사죄권을 행사하는 것은 하나님의 신적 영역을 침범하는 큰 죄가 됩니다.

마가복음 2장 7절입니다.
"…오직 하나님 한분 외에 누가 능히 죄를 사하겠느냐"

누가복음 5장 20~21절입니다.
"예수(하나님)께서 저희 믿음을 보시고 이르시되 이 사람아 네 죄 사함을 받았느니라 하시니 서기관과 바리새인들이 의논하여 가로되 이 참람(신성모독)한 말을 하는 자가 누구뇨 오직 하나님 외에는 누가 능히 죄를 사하겠느냐"

누가복음 5장 24절입니다.
"그러나 인자(예수님)가 땅에서 죄를 사하는 권세가 있는 줄을 너희로 알게 하리라 하시고 중풍병자에게 말씀하시되 내가 네게 이르노니 일어나 네 침상을 가지고 집으로 가라 하시매"

누가복음 24장 47절입니다.

"또 그의 이름(예수님)**으로 죄 사함을 얻게 하는 회개가 예루살렘으로부터 시작하여 모든 족속에게 전파될 것이 기록되었으니"**

시편 32편 5절입니다.

"내가 이르기를 내 허물을 여호와께 자복하리라 하고 주께 내 죄를 아뢰고 내 죄악을 숨기지 아니하였더니 곧 주께서 내 죄악을 사하셨나이다"

시편을 기록한 다윗은 자기의 자범죄(소죄)에 대하여 여호와 하나님께 자복(고해)하리라고 고백합니다. 죄를 사하시는 분은 오직 하나님이시기 때문입니다. 신부나 다른 그 어떤 사람에게 죄를 고백하는 것(고해성사)은 아무 소용이 없습니다. 죄 사함과 전혀 상관이 없습니다. 신부나 어떤 사람이 어떤 죄를 사해주는 행위도 아무 소용이 없습니다. 헛되고 헛된 행위입니다. 아무런 법적, 성경적 효력이 없습니다.

요한일서 1장 7절이다.

"…그 아들 예수 그리스도의 피가 우리를 모든 죄에서 깨끗하게 하실 것이요"

우리의 모든 죄는 오직 인류의 유일한 구세주인 예수 그리스도의 십자가의 피로만 깨끗해질 수 있습니다.

요한일서 1장 9절입니다.

"만일 우리가 죄를 고백하면 그는(하나님은) 미쁘시고 의로우사 우리의 죄를 사하시며 우리를 모든 불의에서 깨끗하게 하실 것이요"

우리들의 죄에 대한 고백 대상은 사람(신부)이 아니라 하나님이시라고 합니다. 죄를 용서해 주시는 분도 오직 하나님이십니다. 신부나 목사가 아닙니다.

요한복음 20장 23절입니다.

"너희가 누구의 죄든지 사하면 사해질 것이요 누구의 죄든지 그대로 두면 그대로 있으리라"

위 말씀은 제자들의 죄 사면권에 대한 언급이 아니라 복음 증거에 있어 제자들의, 사도들의 막중한 책임감을 강조한 말씀입니다. 즉 천국열쇠의 권세를 가진 복음 증거자인 사도들이나 교회들이 그 사명을 태만히 하여 누군가가 복음을 듣지 못하거나 잘못된 교훈을 받게 된다면 죄 용서함을 받지 못하므로 구원을 얻지 못한다는 말씀입니다. 그것은 전적으로 복음 증거자의 직무 태만에 그 책임이 있습니다. 이런 관점에서 제자들(사도들)은 사람들의 죄를 용서하거나 용서하지 않을 권세를 가지고 있다는 뜻입니다. 그러나 가톨릭은 문자적으로 해석하여 이 말씀도 고해성사를 변호하기 위한 성구로 오용합니다. 그래서 **"너희가"**가 베드로를 위시한 이후 모든 교황에게 사죄권이 주어진다고 주장합니다. 전혀 그렇지 않습니다. 오늘날 교황이나 신부들은 당시 사도들도 아니고, 문맥상과 직접적인 표현으로 볼 때 베드로 한 사람에게 할당된 표현으로 볼 근거는 전혀 없습니다. 예수님은 당시 모든 사도들에게 권세(사죄권이 아닌 복음전파 권세)를 주신 것입니다. 교황은 더더욱 관련이 없습니다. 아무리 자의적으로 해석을 하고 갖다 붙인다고 해도 정도껏 해야 합니다. 신·구약 성경은 누구의 죄를 사하거나 사하지 않을 권세는 오직 하나님과 예수 그리스도에게만 있다고 말합니다.

마가복음 2장 5절입니다.
"예수께서 저희의 믿음을 보시고 중풍병자에게 이르시되 소자야! 네 죄 사함을 받았느니라 하시니"

마가복음 2장 10절입니다.
"그러나 인자가 땅에서 죄를 사하는(용서하는) 권세가 있는 줄을 너희로 알게 하려 하노라 하시고 중풍병자에게 말씀 하시되"

사도들, 천주교 사제들, 개신교 목사들, 그 어떤 사람들에게나 죄(원죄, 소죄, 낙태죄 등)를 사하는 권세는 주어지지 않았습니다. 성경을 보면 사도들에게는 복음 증거의 사명과 권세만 주어졌습니다. 그리고 사도들이 복음을 증거 할 때 그 복음을 받아들이고, 죄를 회개하고, 회개의 열매를 맺는 사람에게는 죄를 용서받는 결과가 생깁니다. 그러나 복음을 거부하는 자와 회개를 거부하는 자에게는 죄가 그대로 남아 끝내 심판을 받아 영원한 지옥 형벌을 받게 됩니다. 이런 의미에서 사도들은 사람의 죄를 용서할 수 있는 권세를 가지고 있다고 한 것입니다. 오늘날 성직자들뿐만 아니라 복음을 전하는 모든 그리스도인들이 이런 권세를 가지고 있습니다. 천주교와 개신교를 떠나 복음을 전하는 모든 신자들에게 이런 권세가 주어졌습니다. 그런즉 천주교 사제(신부)들에게 일상생활에서 짓는 죄(소죄)를 범하고 고해성사를 하거나 친자태아살인인 낙태죄에 대하여 고해성사를 하면 사제들로부터 죄 용서함을 받는다는 주장은 전혀 성경사상이 아닙니다. 성경 본문을 잘못 이해하고 해석하여 그릇되게 믿고 가르치는 것입니다. 해당 본문 앞뒤 문맥을 바로 이해하고, 창조주와 피조물의 경계와 한계와 권한을 제대로 알고 있으면 이런 엉터리 주장은 하지 않게 됩니다. 피조물은 피조물일 뿐입니다. 주인처럼 죄에 대한 사죄권이나 생사권을 소유하지 못하고 행사할 수 없습니다. 그것이 인간의 한계입니다. 이런 성경의 근거와 상식에 비추어 볼 때 천주교의 사죄권은 아무런 의미도 없는 헛된 가르침입니다. 천주교가 성경을 잘못 이해하고 해석한 것으로 자의적으로 만든 교리일 뿐입니다.

제15장

면죄부 세계관

　면죄부(免罪符 벗을 면, 허물 죄, 증거 부)란 죄를 사면해 준다는 일종의 헌금증서입니다. 금전이나 재물을 바친 사람에게 죄(죄에 대한 벌)를 면해 준다는 뜻의 교황청이 발행한 것으로 알려진 증서를 말합니다. 면죄부 제작과 판매는 교황 율리오 2세(재위기간 1503. 11. 1~별세 1513. 2. 21)였습니다. 그는 1506년 4월 18일 '대 성 베드로 사원' 기공 공사를 시작하였는데, 건축비가 엄청나게 많이 소요되므로 건축기금을 충원하기 위하여 면죄부 제작과 판매 포고령을 선포하고 즉시 실행하였습니다. 참고로 이와 더불어 가톨릭에서는 고해성사로 자신이나 또는 죽은 사람의 죄에 대한 형벌을 경감 또는 면죄 받는다고 주장합니다. 이것을 대사(大赦 큰 용서)라고 합니다. 하지만 성경에는 그런 말씀이 전혀 없습니다. 천주교가 인위적으로 만들어낸 엉터리 주장일 뿐입니다. 성경이 잘 증명해 줍니다.

천주교 면죄부관

천주교는 주장하기를 면죄부란 '죄'가 아니라 '죄의 벌'을 면제해 주는 '대사'(큰 용서)인데 이를 악의적으로 오역한 말이라고 항변합니다. 면죄부가 '죄의 벌'을 사면해 주는 것이라고 할지라도 성경사상에 비추어 보면 말이 되지 않습니다. 대사(大赦)란 죄를 지은 사람이 진정으로 자신의 죄를 뉘우치고 다시는 죄를 범하지 않겠다고 결심한 사람에게 죄를 사면해 주는 것을 말합니다. 이러한 대사는 교황이나 신부에게 고백성사를 통하여 이루어집니다. 하지만 그 죄에 따른 벌, 즉 잠벌(暫罰)은 여전히 남아 있다고 합니다. 이 잠벌은 자신의 죄를 속죄하는 보속을 통하여 사면될 수 있다고 합니다. 보속(補贖)이란 속죄(贖罪)라고 말할 수 있는데, 이는 지은 죄에 대하여 그 대가(對價)를 치르는 것, 죄에 해당하는 벌을 받음을 의미합니다. 현세에서 보속을 하지 못한 경우 연옥(천국과 이 땅의 중간에 있는 정화장소)에서 보속을 하지 않으면 안 된다고 천주교회는 가르치고 있습니다. 이 보속을 면제해 주는 것을 대사라고 합니다. 대사는 교황이나 주교들이 줄 수 있는데, 대사의 근거는 그리스도와 성인들이 쌓아 놓은 공로의 보고(寶庫, treasury)에 있는 공로를 천주교회의 권리로 각 영혼들에게 나눠줄 수 있다는 데 있습니다. 이러한 대사는 보통 전대사(全大赦)와 한대사(限大赦)로 나눠집니다. 전대사란 죄인이 받아야 할 벌을 전부 없애 주는 것이고, 한대사란 그 벌의 일부분을 없애 주는 것을 말합니다(가톨릭대사전). 이에 대한 가톨릭교회교리서는 다음과 같습니다.

가톨릭교회교리서 제1471조입니다.

"교회(천주교)에서 대사(大赦 큰 용서)에 대한 교리나 관습은 고해성사의 효과들과 밀접한 관계를 가지고 있다"

가톨릭교회교리서 제1479조입니다.

"정화중에 있는 신자들도 성도들과 같은 지체들이므로, 우리는 그들을 위한 다른 도움과 더불어, 특히 그들의 죄들로 인한 일시적 형벌들을 면하게 되는 대사(大使 특명전권대사)로서 그들을 도울 수 있다"

가톨릭교회교리서 제1498조입니다.

"신자들은 대사(大使 큰 심부름꾼)로서 자신들과 또한 연옥에 있는 영혼들을 위하여 죄의 결과인 일시적 형벌을 면제받을 수 있다"

면죄부는 연옥설과도 연결되는데, 천주교는 여전히 연옥설과 면죄부가 옳다고 말합니다. 면죄부를 정당화하기 위하여 출애굽기 32장 30~32절, 욥기 1장 15절, 고린도후서 12장 15절, 갈라디아서 6장 2절, 디모데후서 4장 6절 등을 근거로 드는데 이는 해당 본문을 왜곡 해석한 것입니다. 면죄부와는 전혀 상관이 없는 성경 구절들입니다. 성경 본문의 뜻과 전혀 다른 가톨릭의 자의적이고 아전인수로 오독한 것입니다. 가톨릭은 다른 부분에서도 이런 식의 성경해석이 너무 많습니다. 본문 해석에 대한 무지로 이단자들처럼 성경을 가감(加減)하는 위험에 빠져 있습니다.

개신교 면죄부관

개신교는 면죄부나 연옥 자체를 인정하지 않습니다. 왜냐하면 성경에 면죄부나 연옥이 없기 때문입니다. 죄와 죄의 벌을 사해주시는 분은 오직 삼위일체 하나님뿐입니다. 모든 피조물은 그 누구도 자신과 타인의 죄와 죄의 벌을 경감시켜 주거나 사해줄 수 없습니다. 인간에게는 그런 권한 자체가 없습니다. 인간은 죄를 범한 이후 하나님께 그저 회개하고 용서를 구하는 기도를 하는 것 외에는 하지 못합니다. 살아 있을 동안 자신과 이미 죽은 누군가의 죄와 죄의 벌에 대하여 티끌만큼도 사면해 줄 수 없으며, 영향도 미치지 못합니다. 죄와 죄의 벌에 대한 경감이나 완전한 용서는 오직 하나님의 절대주권 영역입니다. 사람이 이 땅에서 그 어떤 공로나, 선행이나, 헌금을 한다고 하더라도 아무런 영향을 미치지 못합니다. 소용이 없습니다. 신자가 어떤 행위를 한다고 하여 죄와 죄의 벌이 좌우되지 못합니다. 프란치스코 교황은 2016년에 낙태죄에 대하여 사제들에게 사죄권을 부여했는데 이는 성경의 근거가 전혀 없을 뿐만 아니라 하나님의 영역을 침범한 무서운 죄입니다. 고해성사를 통한 사제들의 사죄행위도 성경의 근거가 없는 신의 영역을 넘어선 죄입니다. 어떤 죄와 벌에 대해서도 목사, 교황, 사제는 사죄할 권한이 전혀 없습니다. 교황, 사제, 목사 등은 죄에 대해서 경고하고, 죄의 용서를 촉구하고, 기도는 할 수 있지만 산 신자나 죽은 신자들의 죄와 벌에 대한 사죄권은 전혀 없습니다. 지금까지 고해성사나, 면죄부나, 대사(큰 용서)나, 연옥 등과 관련하여 사죄를 선언하는 행위를 했다고 하더라도 아무런 효력이 발생하지 않습니다. 그저 인간들의 퍼포먼스(공연)에 불과합니다. 지금까지 천주교 사제들은 헛수고를 한 것이라는 말입니다. 이를 믿고 좋아한 천주교 신자들은 헛된 기대와 신앙을 가진 것입니다. 이제는 천주교가 면죄부의 근거로 인용하는 성경구절을 살펴보겠습니다.

출애굽기 32장 30~32절입니다.

"이튿날 모세가 백성에게 이르되 너희가 큰 죄를 범하였도다 내가 이제 여호와께로 올라가노니 혹 너희의 죄를 속할까 하노라 하고 여호와께로 다시 나아가 여짜오되 슬프도소이다 이 백성이 자기들을 위하여 금신을 만들었사오니 큰 죄를 범하였나이다 그러나 합의하시면 이제 그들의 죄를 사하시옵소서 그렇지 않사오면 원컨대 주의 거룩하신 책에서 내 이름을 지워 버려주옵소서"

이 말씀은 B.C. 1446년경 출애굽한 이스라엘 백성들이 출애굽 여정 중에 지금의 사우디아라비아에 있는 시내산 아래에 40일 정도 머무는 동안 시내산에 오른 모세가 내려오지 않자 금송아지를 만들어 신으로 숭배한 사건을 언급한 내용입니다. 우상숭배는 하나님이 제일 싫어하시는 영적간음 행위로 중범죄에 해당합니다(십계명 1, 2계명을 어김). 이로 인하여 하나님께서 이스라엘 백성들을 멸하시려고 하자 모세가 자기 목숨을 걸고 하나님께 탄원, 중보의 기도를 한 내용입니다. 이는 천주교에서 말하는 사제들에게 사죄의 권한을 부여한 면죄부와는 전혀 상관이 없습니다. 천주교는 이 말씀을 하늘에 쌓아놓은 '교회의 보고'(寶庫 보물처럼 귀중한 것이 잘 챙기어 간수한 곳)를 '공로의 보고'라고 하며 면죄에 필요할 때 그 공로의 보고를 끌어다 사용할 수 있다고 합니다. 이러한 해석과 주장은 지록위마(指鹿爲馬 사슴을 말이라고 함)라고 하는 주장과 다르지 않습니다. 엉터리 성경 해석과 주장입니다. 아무리 자의적이고 아전인수를 한다고 해도 황당하기 그지없는 해석과 주장입니다. 이 말씀을 면죄부의 근거로 인용하는 것은 번지수가 완전히 틀렸습니다. 이는 마치 자기 아파트가 아닌데 다른 아파트에 가서 자기 집이라고 우기는 것과 다르지 않습니다. 자기 집과 비슷하다고 자기 집이 아닌 것입니다. 빨간색이면 다 피가 아닙니다. 천주교는 또 욥기의 말씀을 난독하여 면죄부의 근거로 사용합니다.

욥기 1장 5절입니다.

"그 잔치 날이 지나면 욥이 그들을 불러다가 성결케 하되 아침에 일어나서 그들의 명수대로 번제를 드렸으니 이는 욥이 말하기를 혹시 내 아들들이 죄를 범하여 마음으로 하나님을 배반하였을까 함이라 욥의 행사가 항상 이러하였더라"

이 말씀도 면죄부와는 전혀 상관이 없고 욥이 얼마나 하나님 앞에 경건했고 경건하게 살려고 했는지를 설명하고 있는 내용입니다. 욥은 당대에 가장 큰 부자이면서도 하나님을 잘 경외하며 악을 떠난 사람이었습니다(1절). 그에게는 아들이 일곱, 딸이 셋이 있었습니다. 아들들의 생일이면 아버지 욥의 집에 모두 모여 생일잔치를 벌였습니다. 그 당시 축제는 부모의 집에서 행해졌습니다. 생일잔치는 먹고 마시는 기쁨의 교제였고 이러한 잔치는 며칠 씩 계속되었습니다. 잔치가 한 차례 돌고 나면 욥은 자녀들을 불러 모았는데 혹시라도 범했을지 모르는 죄를 씻는 제사에 참석하기 위해서였습니다. 욥의 아들들은 자신과 그 형제들의 연이은 생일잔치로 신앙적 해이 상태에 빠졌을지 모르기에 욥은 이와 같은 적절한 시기에 그들을 성결케 함으로써 그들의 신앙을 재고하고 혹시 있을지 모를 불미스러운 일들을 사전에 방지하고자 했던 것입니다. 그래서 하나님께 번제를 드렸던 것입니다. 욥은 신앙의 결백증이 있는 것이 아닌가 하는 의심을 받을 정도로 영적으로 민감하고, 깨어 있었고, 조심했습니다. 욥의 행사가 항상 그랬다고 성경은 말하고 있습니다. 이 말씀이 어찌 사제에게 사죄권을 부여하는 면죄부와 관련이 있습니까? 천주교는 이 본문을 사람이 자기의 '공로의 보고'로 이미 죽어 연옥에 있는 다른 사람의 죄를 속할 수 있다고 주장합니다. 욥은 죽은 사람을 위한 번제가 아닌 산 사람을 위한 번제를 드렸습니다. 천주교의 이러한 주장은 역시 지록위마(指鹿爲馬 사슴을 말이라 함)와 같은 주장이라고 할 수 있습니다. 면죄부와 전혀 상관이 없는 말씀입니다. 다른 인용 말씀도 대부분 이런 식의 황당한 해석과 주장일 뿐입니다. 완전히 틀린 주장입니다. 신약성경을 보면 사죄권, 면죄권은 오직 하나님만이 가지고 있는 것임을 밝힙니다.

마가복음 2장 7절입니다.

"…오직 하나님 한분 외에 누가 능히 죄를 사하겠느냐"

하나님 한분 외에는 죄 용서함의 권세가 없습니다.

시편 32편 5절입니다.

"내가 이르기를 내 허물을 여호와께 자복하리라 하고 주께 내 죄를 아뢰고 내 죄악을 숨기지 아니하였더니 곧 주께서 내 죄악을 사하셨나이다"

시편을 기록한 다윗은 자기의 자범죄(소죄)에 대하여 여호와께 자복하리라고 고백합니다.

요한일서 1장 7절이다.
"…그 아들 예수 그리스도의 피가 우리를 모든 죄에서 깨끗하게 하실 것이요"

우리의 모든 죄는 오직 인류의 유일한 구세주인 예수 그리스도의 십자가의 피로만 깨끗해질 수 있습니다.

요한일서 1장 9절입니다.
"만일 우리가 죄를 고백하면 그는 미쁘시고 의로우사 우리의 죄를 사하시며 우리를 모든 불의에서 깨끗하게 하실 것이요"

우리들의 죄를 용서해 주시는 분은 오직 하나님이시라고 합니다. 예수님께서도 제자들에게 성부 하나님께 직접 죄 용서를 빌라고 가르치셨습니다.

마태복음 6장 9절과 12절입니다.
"그러므로 너희는 이렇게 기도하라 하늘에 계신 우리 아버지여!…우리

가 우리에게 죄 지은 자를 사하여 준 것같이 우리 죄를 사하여 주옵시고"

예수님께서도 제자들에게 오직 하나님께만 죄를 고백하고 용서를 구하라고 말씀하셨습니다. 구약시대에도 대제사장만이 이스라엘을 대표해서 하나님께 속죄제를 드렸습니다. 그렇다고 대제사장이 이스라엘의 죄를 사해준 것이 아닙니다. 신약이든, 구약이든 죄와 죄의 벌에 대한 사죄권, 면죄권은 오직 하나님 외에는 없습니다. 구약의 제사장들도, 신약의 사도들도, 사죄권이 없습니다. 천주교의 사제들이나 개신교의 목사들에게도 사죄권은 없습니다. 성경에 의하면 개신교 목사들이나 천주교 사제들에게 사죄권, 면죄권을 부여한 적이 없습니다. 천주교에서 주장하는 사제들의 사죄권, 면죄권은 성경에 근거가 전혀 없습니다. 천주교가 일부 성경구절을 자의적으로 오독, 오해하여 만든 교리에 불과합니다. 마치 병원에서 의사들의 오진으로 인하여 약을 잘못 처방한 것과 같은 이치입니다. 이를 솔직하게 인정하고 바로 잡아야 합니다. 성경을 가감(加減)하는 것은 천국에 들어가지 못할 수도 있다고 성경은 경고하기에 위험천만한 일입니다. 성경사상이 아닌 것을 가르치는 자나, 사실이 아닌 가르침을 받는 자나, 다 영적 시각장애인으로 영벌의 구렁텅이에 빠질 수 있습니다.

그런즉 교황, 사제, 신부, 목사의 가르침을 무조건 맹종하지 말고 상고함으로 오직 성경사상만을 추구하는 지혜롭고 똑똑한 신자들이 되어야 합니다. 교리든, 주장이든, 가르침이든, 설교든, 미사를 드릴 때 신부의 강론이든 항상 성경사상인가를 팩트체크 해야 합니다. 그래야 실족하지 않습니다. 속지 않습니다. 헛된 신앙의 길로 가지 않습니다. 그릇된 영적 시각장애인과 같은 지도자나, 교리나, 가르침을 따라가면 깊은 웅덩이에 빠질 수 있습니다. 구원도, 영생도, 천국도 담보하지 못합니다. 그래서 바른 지도자를 만나야 하고 바른 가르침을 받아야 하는 것입니다. 목자인 지도자의 책임이 큽니다. 하나님의 양들인 신자들은 목자인 교회 지도자들이 가르치고 설교하는 대로 믿고 따르기 때문입니다. 음식을 먹을 때 분변치 못하고 부패한 음식을 먹으면 식중독에 걸려 위험에 처해질 수 있듯이 성경사상이 아닌, 성경을 잘못 해석한 부패한 가르침을 먹고 살면 영원한 생명을 잃을 수도 있습니다. 이는 마치 버스나 기차를 잘못 타고 가면 행선지나 목적지가 전혀 다른 곳에 내리게 되는 것과 같으며, 시험을 볼 때 오답을 쓰면 합격을 못하는 것과 같습니다. 시험을 볼 때 정답을 써야 합니다. 그래서 열심히 공부하고 수고하는 것입니다. 천주교와 개신교 안에도 오답을 가르치는 경우들이 있습니다. 교리도 그렇고 설교도 그렇고, 신앙교육도 그렇습니다. 교황, 주교, 신부, 사제, 목사, 교수, 교사, 방송, 유튜브, 개인 방송인 팟케스트, 각종 언론과 방송 기사나 보도, 각종 세마나 등의 가르침을 무조건 맹종하는 것은 어리석은 사람이자 신자입니다. 교회 안팎에 사실이 아닌 그릇된 가르침이 난무하는 시대입니다. 교묘하게 포장하여 유통시킵니다. 소위 가짜뉴스와 가짜 정보가 판을 치고 있습니다. 그래서 속고 또 속는 것입니다. 이젠 성경을 바로 알고 신앙생활을 하지 않으면 천주교 신자든, 개신교 신자든지 이용당하거나 속게 되어 있습니다. 속이는 자들도 나쁘지만 반복해서 속는 신자들도 어리석고 책임이 큽니다. 이것이 개신교 면죄부 세계관입니다.

제16장

우상 세계관

우상(Idol 偶像 허수아비 우, 형상 상)이란 나무, 돌, 쇠붙이, 흙 따위로 만든 신불(神佛 신과 불상)이나 사람의 형상을 말합니다. 이를 비실재(非實在)라고도 합니다. 그리고 성화(聖畵)란 종교적 사실이나 인물 또는 전설 따위를 주제로 한 그림을 뜻합니다. 여기에는 각종 그림과 조각상이 포함됩니다. 그림과 조각상이 단순한 전시물이 아닌 섬기는 대상이나 어떤 종교적 의미를 부여하면 우상(神)이 됩니다. 우상(偶像)은 크게 두 가지가 있습니다. 하나는 가시적인(외적) 우상과 비가시적인(내적) 우상입니다. 가시적인 우상이란 사람이 만든 어떤 형상을 숭배하는 것으로 눈으로 볼 수 있는 것을 말합니다. 비가시적인 우상이란 형상도 없고 눈에 보이지도 않으나 사람들이 숭배하는 것을 말합니다. 그것은 각 사람의 깊은 마음속에 숨어 있는 탐심입니다. 적지 않은 사람들이 이 둘 중의 하나를 우상으로 섬기며 살고 있습니다. 하나님을 믿으면서도 다른 신(gods 우상)을 섬기며 사는 자들이 있습니다. 이런 우상들을 의지하고 믿고 숭배하는 자들은 우상들이 자기를 보호해 주고, 지켜준다고 믿고 그 앞에서 빌고, 의지하고 삽니다. 이런 차원에서 과거나, 현재나, 국가나, 종교를 막론하고 가시적인 우상과 비가시적인 우상들을 섬기는 자들이 많습니다. 성경은 우상(형상/모양)을 섬기지 말라고 합니다. 그 이유는 우상(형상)은 살아계신 하나님이 아니며, 생명이 없는 허수아비와 같기 때문입니다. 생명이 없는 물질에 불과합니다.

천주교 우상관

천주교는 우상들이 많습니다. 천주교 성당에 가면 성당 뜰과 안에 각종 그림들과 조각상들이 세워져 있고, 벽에 걸려 있고, 붙어 있습니다. 예수님, 예수님의 제자들, 성현들, 두 날개가 펴 있는 천사들이 성당 단상 전면을 중심으로 좌우로 부착되어 있습니다. 천주교 신자들 집에 가면 성화나 성인 그림이나 형상들이 있습니다. 천주교 신자들은 이런 성화와 조각상 앞에 합장하여 기도를 하기도 하고 허리를 굽혀 절도 합니다. 어떤 소원도 빕니다. 마리아 초상에 입을 맞추기도 합니다. 이러한 행위를 지적하면 단지 성인들을 공경하는 것뿐이라고 주장합니다. 하지만 그것은 천주교의 일방적인 주장일 뿐입니다. 성경이 금합니다. 천주교 성인 형상과 조각품에 대한 천주교의 가르침은 다음과 같습니다.

제2바티칸 공의회, 전례에 관한 헌장 125장입니다.

"신도들이 공경하도록 성당 안에 성화상을 전시하는 관행은 계속되어야 한다"

가톨릭교회교리서 제1160조입니다.

"그리스도교의 성화상은 성서가 언어로 전하는 복음의 메시지를 형상으로 옮긴다. 형상과 언어는 서로를 분명하게 해 준다"

가톨릭교회교리서 제1162조입니다.

"성화상의 아름다움과 색채는 나의 기도를 고무시킨다. 전원 풍경이 나의 마음을 자극하여 하느님의 영광을 찬미하게 하는 것처럼 성화상을 보는 일은 하느님의 말씀에 대한 묵상과 전례의 찬미와 합쳐져, 전례 거행의 표징들과 조화를 이룬다. 그 결과로 전례가 기념하는 신비가 마음속에 기억되고 나아가 신자들의 새로운 생활로 표현 된다"

가톨릭교회교리서 제1192조입니다.

"성당과 집에 있는 성화상들은 그리스도의 신비 안에서 우리의 신앙을 일깨우고 기르기 위한 것이다. 우리는 하느님의 거룩하신 어머니와 천사들과 성형들의 성화상을 공경한다"

가톨릭교회교리서 제2132조입니다.

"그리스도교의 성화상 공경은 우상을 금지하는 첫째 계명에 어긋나는 것이 아니다. 과연 '어떤 성화에 대한 공경은 그 본래의 대상에게 소급되며', '어떤 성화를 공경하는 사람은 누구나 그 성화에 그려진 분을 공경하는 것이다' 성화에 표하는 공경은 '존경을 표하는 공경'이지 하느님만 드려야 하는 흠숭은 아니다"

천주교(로마 가톨릭)는 말하기를 '교회 안팎의 성화나, 성인 그림이나, 조각상에 대하여 숭배하는 것이 아니라 공경하는 것'이라고 합리화를 시킵니다. 이는 마치 일제강점기 때 일본군이 평양에서 신자들에게 신사참배를 강요할 때 우상숭배라고 하지 않고 '국가의식'이라고 교묘하게 꾀어 신사참배를 하도록 유도한 것과 다르지 않습니다. 신사참배를 주장하고 강요한 자들은 국가의식일지 몰라도 기독교인들에게는 우상숭배일 뿐입니다. '신사'(神社)란 일본에서 황실의 조상이나 국가에 공로가 큰 사람(전범들)을 신(神 우상)으로 모신 사당을 의미합니다. 신사(神社)는 좋은 일을 했든, 나쁜 일을 했든 이미 죽은 자들로 신(神 우상)으로 여기는 자들입니다. 이미 죽어 신(神)처럼 생각하고 그 앞에서 합장과 절을 하는 행위를 '신사참배'(神社參拜)라고 합니다. 공경이라는 것은 산 자들에 대하여 표하는 예의 규범입니다. 그래서 산 사람들에게는 공경과 존중의 표시로 절(인사)을 하지만 죽은 자들이나 무덤에는 절하지 않는 것입니다. 공경이라는 말은 살아있는 부모나 어떤 사람에게 하는 표현이자 행위입니다. 성화를 성당 안팎에 전시해 놓고 단지 존경을 표하는 공경이라고 하는 것은 교묘한 말장난에 불과합니다. '참배'(參拜)란 신이나 부처에게 절하고 비는 것, 무덤이나 기념탑 등의 앞에서 절하고, 칭찬하고, 기억하는 것을 의미합니다. 그런데 이것이 어찌 '국가의식'입니까? 말장난입니다. 속이는 것입니다. 천주교(로마 가톨릭)가 성당 안팎에 각종 성인들의 성화와 조각상(형상/모양)을 만들어 놓고 공경(흠숭)하게 하는 것도 마찬가지입니다. 말이야 공경하는 의미라고 하지만 사실 숭배입니다. 이미 죽어 아무런 의미, 영향, 효력, 응답 등이 없고 공경 받을 수 없는 성화, 성인 조각상에 어떤 의미를 부여하며 공경하는 것은 헛되고 헛된 짓입니다. 말이 공경이지 일본인들이 해마다 하는 신사참배처럼 섬기는 것입니다. 우상숭배입니다.

천주교는 성경이 교회 안팎의 각종 성인과 인물에 대한 형상(모양)과 그림과 조각상을 금하니까 교묘하게 '공경'이라는 말로 피해가려는 꼼수를 부린 것입니다. 천주교 십계명 교리에도 제2계에 언급된 '새긴 우상'과 '형상'이라는 용어를 없앴습니다. '흠숭'이라는 듣지도 알지도 못한 용어를 사용하고 있습니다. 가톨릭대사전에 의하면 흠숭에 대하여 이렇게 기록하고 있습니다. "흠숭하다'라는 말은 '공경하다'와 같은 뜻이나, 오직 '흠숭'이라는 용어는 하느님한테만 쓰인다. 이리하여 '흠숭지례'라고 할 때는 '천주에게만 드리는 최고의 공경'을 지칭한다" 그러면서도 천주교는 각종 성인 형상과 조각상과 그림을 만들어 세워놓고 보는 것은 공경하는 차원에서 섬긴다는 모순된 말을 합니다. 천주교인들은 이런 사실을 바로 알아야 합니다. 성경은 십계명 제2계에서 분명하게 금지합니다. 성경은 어떤 경우를 막론하고 교회당, 성당 안팎에 각종 그림과 조각과 형상 등을 조각하거나 만들어 놓고 그것들에게 어떤 마음과 뜻으로든지 절하지도, 섬기지도, 공경하지도 말라고 합니다. 어떤 이유를 불문하고 하지 말라는 것이 성경말씀입니다.

이러한 행위는 무슨 말을 해도 하나님이 제일 싫어하는 우상숭배이기 때문입니다. 공경심을 갖고 공경하는 행위는 오직 언제 어디서나 살아 있는 사람과 살아계신 하나님에게만 하는 것입니다. 죽은 자들을 어떤 의미와 생각과 마음으로부터 산 사람과 하나님처럼 공경하는 것은 우상숭배입니다. 그래서 개신교인들은 성경 사상에 따라 죽은 시체를 묻은 무덤이나 영정사진 앞에서 공경한다고 절하지 않습니다. 조상께 후손들을 잘 보호해 달라고 빌지 않습니다. 연옥(정화의 장소로 천국과 현세 사이에 있는 중간지대)에 있는 자들을 위해서 보속(속죄)을 하지 않습니다. 음식을 차려 놓고 절하거나 술을 무덤에 뿌리지 않습니다. 성경이 금하는 부질없고 헛된 짓이기 때문입니다. 이것이 우상을 섬기는 다른 종교와 개신교의 차이점입니다. 그런데 천주교는 자기들의 기준과 논리와 의미를 내세우고 담아서 성경이 금하는 각종 성인들의 형상들을 만들어 세워놓고 지냅니다. 이는 틀린 것입니다. 신앙생활은 하나님의 소원, 성경의 기준대로 하는 것이지 사람이 나름 논리와 의미를 부여하여 성경에 반하는 것을 행하는 것이 아닙니다. 이런 차원에서 볼 때 천주교 성당 안팎에 있는 모든 형상들은 성경이 금하는 것이니 즉시 없애야 합니다. 기독교인이라면 형상이 아닌 눈에 보이지 않는 영(靈)이신 하나님만을 생각하고 섬겨야 합니다. 그것이 바른 신앙입니다.

개신교 우상관

개신교는 교회 안팎에 기독교 인물들에 대한 성화, 조각, 동상 등을 전시하거나, 세워놓고 공경하거나, 어떤 표를 하거나, 의미를 부여하며 종교적 행위를 하지 않습니다. 개혁교회는 교회 안에 종교적 형상인 십자가도 걸지 못하게 합니다. 이렇게 행하는 근거는 성경이 금하기 때문입니다.

출애굽기 20장 3~5절입니다.

"너는 나 외에는 다른 신들을 네게 있게 말찌니라 너를 위하여 새긴 우상을 만들지 말고 또 위로 하늘에 있는 것이나 아래로 땅에 있는 것이나 땅 아래 물속에 있는 것의 아무 형상(모양)이든지 만들지 말며 그것들에게 절하지 말며 그것들을 섬기지 말라…"

하나님은 사람과 달리 눈에 보이지 않는 살아계신 영(靈)이십니다. 그래서 참 기독교인은 하나님을 눈에 보이는 어떤 형상으로 만들어 놓고 섬기지 않습니다. 이것이 이방인들과 전혀 다른 모습입니다. 불교를 비롯해서 기독교를 제외한 모든 종교는 눈에 보이는 신(神)을 만들어 놓고 섬깁니다. 그것이 나무, 돌, 청동, 금과 은, 그림 등으로 만든 우상입니다. 그런데 어리석은 기독교인이나 사이비 기독교인들은 이방인들처럼 출애굽한 이스라엘 일부 백성들이 사우디아라비아에 있는 시내산 아래에서 '금송아지'를 조각하여 만들어 놓고 그것이 자기들을 애굽에서 인도해 낸

신(하나님)이라고 외치고, 먹고, 춤추고, 경배하였습니다. 하나님에 대한 참 믿음이 없었기 때문에 눈에 보이는 신(우상)을 만들어 섬겼던 것입니다. 사람들(불신자들과 믿음이 연약한 신자들)은 하나님이 눈에 보이지 않으면 의심하고 불안해합니다. 두려워 합니다. 그래서 자꾸 눈에 보이는 하나님(조각된 형상)을 찾고, 눈으로 보려고 하고, 체험하려고 합니다. 하나님께서는 금송아지 우상을 섬긴 자들 중 끝까지 회개하지 않은 사람에 대하여 모세는 레위지파를 사용하여 3천명을 칼로 쳐 죽였습니다. 아무리 입으로 주여! 주여! 해도 가짜 신 우상을 섬기면 결국 죽임을 당합니다. 그리스도인은 하나님과 우상을 겸하여 섬길 수 없기 때문입니다. 영이신 하나님만 섬기든지 형상인 우상을 섬기든지 결단해야 합니다. 영이시고 스스로 살아계신 하나님은 인간들이 어떤 형상을 만들어 놓고 그것을 하나님이라고 하는 것에 대하여 참을 수 없는 치욕과 모독을 느끼시고 질투를 하십니다. 그래서 무섭게 진노를 발하십니다.

요한복음 4장 24절입니다.
"하나님은 영(靈 형상이 아님)이시니 예배하는 자가 신령(성령)과 진정(진리)으로 예배할찌니라"

기독교인들은 눈에 보이지 않는 영이신 하나님을 성령과 진리로 예배합니다. 어떤 형상을 조각하거나, 그래서 붙여 놓거나 세워놓고 생각하며 예배하는 자들이 아닙니다. 그렇게 하면 영이신 하나님을 피조물로 격하하는 죄를 범하게 됩니다. 하나님을 모독(욕되게)하는 것이 됩니다. 하나님은 이 계명에서 종교적인 목적이나 예배를 위하여 어떠한 형상이나, 성화나, 조각상을 만들어 어찌하는 것을 금하셨습니다. 어떤 조각상, 성화, 형상 등 앞에서 합장을 하고, 허리를 굽혀 절하고, 종교적 의미를 부여하고, 기도를 하는 행위는 아무리 공경과 존중의 마음으로 한다고 하더라도 신(우상)에게 예배하는 행위입니다. 성인 조각상과 형상들을 공경하는 것이 아니라 숭배하는 행위입니다. 어떤 마음으로 하는 것이 중요한 것이 아니라 성경이 금한 것에 대하여 어떤 마음으로 했든 계명을 위반하는 것입니다. 이런 사실을 알아야 합니다.

성경은 사람들이 손으로 그리고, 만들고, 조각하고, 세운 것들을 교회 안팎에 두는 행위를 금하는데 그것이 4절의 **"새긴 우상들"**이라고 합니다. 성화나 성인들을 종이, 금, 동, 나무, 은, 돌로 만든 우상들을 가리킵니다. 성경은 이런 것들을 섬기지 말라고 합니다. 공경하지 말고, 절하지 말라고 합니다. 공경하고 절하는 것은 죽은 자가 아닌 산 자들에게만 행하는 행위들입니다. 성경은 생명이 없는, 죽은 그 어떤 것에도 그 어떤 의미나 마음을 담아 공경하거나, 절하거나, 섬기지 말라고 합니다. 숭배하지 말라고 합니다. 개신교는 성경사상에 따라 이런 것들을 일절 행하지 않습니다. 교회당 안과 교회당 뜰에 이런 우상들이 없습니다. 그 앞에서 합장하거나, 허리를 굽히거나, 절하거나, 기도하거나, 공경하지 않습니다. 우상을 섬기는 불자들을 보면 부처 동상(우상) 앞에서 합장을 하고 허리를 굽히며 소원을 빕니다. 미신을 섬기는 자들도 촛불을 켜고 물을 담아 놓고 빌고, 기도하고, 허리를 굽힙니다. 천주교와 달리 개신교는 이런 것을 절대로 하지 않습니다.

시편 115편 4~8절입니다.

"저희 우상(偶像 허수아비 형상)은 은과 금이요 사람의 수공물(手工物 손으로 만든 물건)이라 입이 있어도 말하지 못하며 눈이 있어도 보지 못하며 귀가 있어도 듣지 못하며 코가 있어도 맡지 못하며 손이 있어도 만지지 못하며 발이 있어도 걷지 못하며 목구멍으로 소리도 못하느니라 우상(偶像)을 만드는 자와 그것을 의지하는 자가 다 그와 같으리로다"

이것이 우상입니다. 그래서 생명이 없는 우상을 공경하고 숭배하는 자들이 어리석은 것입니다. 이는 마치 죽은 나무에 물과 비료를 주고 어떤 기대를 하는 무지하고 미련한 농부와 같습니다. 지혜로운 농부는 절대로 그렇게 하지 않습니다. 죽었기에 아무리 정성과 공경을 다해도 소용이 없기 때문입니다. 혹 미술품, 조각품, 공예품 등은 우리가 잘 아는 것처럼 갤러리(미술전시관)에 전시해놓고 예술적 관점에서 감상만 하는 것은 우상숭배가 아닙니다. 문제는 장소가 중요합니다. 집을 비롯한 종교적 장소에 이런 것들이 있으면 종교성을 띱니다. 그러나 갤러리에 전시해 놓으면 종교성을 띠지 않습니다. 감상으로서 끝납니다. 천주교 성당 안과 바깥뜰에 이른바 성인들의 각종 성화나 조각상이 있는 것은 무슨 말을 해도 종교성을 띱니다. 믿음이 연약한 사람들은 신앙적 의미를 부여하게 만듭니다. 괜히 경건하게 행동합니다. 그것이 사람입니다. 그러니 오해를 사지 않기 위해서라도 성당 안과 뜰에 있는 모든 형상들은 다 제거하고 다른 전시실을 만들어 감상하게만 해야 합니다. 그렇지 않으면 어떤 말을 해도 우상숭배가 됩니다. 천주교 신자들이 어떤 마음과 자세로 하든지 성당과 가정 안팎에 성인들의 어떤 형상과 조각상을 세워

놓거나, 걸어놓거나, 붙여놓고 사는 것은 성경에 반합니다. 모든 피조물, 특히 생명이 없거나 이미 죽은 그 어떤 사람(성인)과 형상일지라도 공경(흠숭)과 경배와 절과 신앙과 합장과 기도의 대상이 아닙니다. 오직 영이신 하나님만 숭배의 대상입니다. 사실 일부 사람들을 성인(聖人)이라고 하는 것도 맞지 않습니다. 진실로 예수님을 믿는 모든 사람들은 성령 하나님의 지배와 통치를 받기 때문에 다 성인, 성자입니다. 이미 죽은 일부 사람들을 성인이라고 우열을 가려 조각하여 어떤 형상을 만들어 공경하는 것은 성경에 맞지 않습니다. 진짜 공경과 숭배는 오직 하나님께만 해야 합니다. 그것이 인간이 창조된 목적과 존재하는 이유입니다. 이것이 개신교 우상 세계관입니다.

제17장

진화론 세계관

    진화(進化)의 사전적 의미는 "생물이 오랜 시간에 걸쳐 조금씩 변화하여 보다 복잡하고 우수한 종류의 것으로 되어가는 일"을 뜻합니다. 진화론(進化論)이란 "모든 생물은 원시적인 종류의 생물로부터 진화해 왔다는 다윈의 학설"입니다. 그래서 다윈이즘(Darwinism)이라고 합니다. 그가 바로 찰스 다윈(Darwin, Charles, 영국, 1809~1882)입니다. 가톨릭사전의 진화론은 "일반적인 개념으로는, 생물이 극히 원시적인 생물로부터 진화하여 고등한 것이 되었다는 이론인데 라마르크(J. Lamarck, 1744~1829)와 다윈(Charles Darwin, 1809~1882)이 대표적인 창시자이다"라고 말합니다. 가장 뜨거운 논쟁은 인간의 진화입니다. 인간은 원숭이가 진화된 것이라고 하면서 인간의 조상이 원숭이라고 말합니다. 인간과 관련하여 큰 두 축이 있는데 진화론과 창조론(創造論)이 있습니다. 창조론은 오직 기독교에서만 주장하는데 '생물이 오랜 세월 동안 조금씩 진화된 것이 아니라 스스로 계신 전능하신 하나님께서 완전하게 창조하셨다'고 하는 것입니다. 특히 '흙으로 사람을 창조하셨다'고 합니다. 기독교 진리인 성경(聖經 Bible)은 어떤 종류의 진화론도 절대로 인정하지 않습니다. 본래 생물 자체, 본질, 정체성은 결코 진화나 변화가 없다고 주장합니다. 생물의 본체가 변한 것이면 모를까 겉모습이 변한 것은 진화라고 할 수 없습니다. 그러나 어떤 생물이든 본체는 변하지 않습니다.

지금까지 어느 누구도 생물 본체가 많은 시간이 지남에 따라 완전히 다른 종으로 진화되었다는 근거와 논리는 제시하지 못했습니다. 왜냐하면 그런 일이 전혀 없었기 때문입니다. 콩 심은데 콩 나고 팥 심은데 팥 나는 법입니다. 콩을 심었는데 시간이 지나자 팥이 나고 팥을 심었는데 시간이 지나자 콩이 나는 일은 절대로 없습니다. 본질은 아무리 오랜 세월이 흘러도 그대로입니다. 단지 겉모습이나 색깔은 환경과 적응에 따라 약간 변할 수는 있습니다. 그러나 생물의 본체, 본질, 오장육부, 고유 성질 등은 절대로 변하지 않습니다. 이것이 상식이자 기본 원리입니다. 세월이 아무리 흘러도 콩은 콩이고 팥은 팥입니다. 원숭이는 영원히 원숭이이고 사람은 영원히 사람입니다. 이런 상식과 기본적인 면을 이해하면 진화론이 얼마나 허황된 것인지를 쉽게 알 수 있습니다. 천주교와 개신교는 진화론에 큰 차이를 보입니다.

천주교 진화론관

천주교(로마 가톨릭)는 기독교지만 개신교와는 전혀 다른 진화론에 대한 입장을 취합니다. "하느님이 원초적인 생물체에서 인간생물체로 진화 발달하도록 안배하여 창조했을지 모른다는 종교적인 진화론은 가톨릭 신앙과 위배되지는 않는다"(가톨릭사전) 제266대 프란치스코 교황은 2014년 10월 28일 바티칸에서 열린 교황청과학원 회의에서 "진화론도 옳다"고 하면서 "창조 후 진화가 이루어졌다"고 말했다고 가디언 등 외신은 전했습니다. 또 프란치스코 교황은 다음과 같이 말했습니다. "오늘날 우리가 세상의 기원으로 여기는 빅뱅이론(우주대폭발)이 하느님의 신성한 창조를 부정하는 것이 아니다"면서 "오히려 창조론이 필요하다"고 설명했습니다. "진화라는 것은 진화할 존재의 창조가 있어야 하기 때문이다" 라고 말했습니다. 프란치스코 교황은 28일 바티칸에서 열린 교황청 과학원 회의에서 "창세기를 읽다 보면 하느님이 모든 것을 가능케 하는 지팡이를 지닌 마법사인 것처럼 여길 위험이 있지만 이는 사실이 아니다"며 "하느님은 인간을 창조했고 인간이 각자에 주신 규칙에 따라 성장해 사명을 완수하도록 하셨다"고 말했습니다. 참고로 하나님은 모든 것을 가능케 하시는 마법사 이상의 능력을 소유하신 전지전능하신 분이십니다. 오직 말씀으로만 천지만물을 창조하신 분이십니다. 말씀만 하시면 무엇이든지 행하시는 분이십니다. 마법사와 비교하는 것 자체가 불신앙이고 불경입니다. 하나님의 전능성을 훼손하고 제한하는 주장입니다.

프란치스코 교황은 빅뱅이론과 진화론을 인정했습니다. 하지만 하느님의 개입이 있었다고 말합니다. 이러한 교황의 발언은 순수한 '창조론'에 반하는 것입니다. 가톨릭교회는 개신교에 비해 진화론에 훨씬 포용적인 입장을 가지고 있었습니다. 1996년 교황 요한 바오로 2세는 말하기를 "종교교육과 진화론 사이에는 아무런 대립도 없고 진화론은 가설 이상의 중요한 학설"이라고 말했습니다. 또한 "이미 있던 존재(유인원-사람과 가장 비슷한 원숭이)에 하느님이 생기를 불어넣어 아담이 탄생했으며 진화론은 지동설처럼 언젠가는 정설로 인정받게 될 것이다"라고 선언했습니다. 이탈리아 국립천체물리학연구소의 조반니 빅나미 교수는 "교황의 말씀은 우리가 빅뱅(우주대폭발)이 만든 우주의 후손이라는 강력한 메시지"라면서 "창조 후에 진화가 이뤄진 것"이라고 설명했습니다. 이것을 '유신 진화론'이라고 합니다. 물론 성경과 개신교는 인정하지 않습니다. 교황 비오 12세는 1950년 회람서신을 통해 '창세기의 설명과 다윈 진화론이 반드시 화해할 수 없는 것은 아니다'라는 요지로 진화론을 받아들이는 견해를 발표했습니다. 또한 1951년 11월 22일에는 교황청 과학원에서 '종교는 비유기물인 우주 물질의 창조와 진화를 말하는 현대 과학과 모순되지 않는다'며 빅뱅우주론과 다른 여러 과학적 발견과 이론을 다루는 장문의 연설을 했습니다.

그는 '현대의 과학적 발견들에 기초해 교황은 창조의 시기를 50억 년 내지 100억 년 전으로 설정'했습니다. 그는 '창조 순간부터 점진적 진화가 이뤄져 결국에는 지금 우리가 보는 그런 우주와 세계가 나타났다'고 말했습니다. 경향 2016년 10월 26일자 기사에 의하면 로마 교황청은 다윈의 진화론을 "논리적으로 옳다"며 인정했습니다. 로마 교황 바오로 2세는 "다윈의 진화론은 가톨릭 교의에 모순되지 않는다"며 "다윈의 진화론이 가설 이상의 사실이라는 점을 인정한다"고 밝혔습니다. 교황은 그러나 "인간의 육체는 진화했어도 영혼은 신에 의해 창조됐다"며 영혼은 신의 창조물임을 강조했습니다. 지금까지 천주교의 진화론에 대하여 살펴본 바에 의하면 개신교와는 전혀 다릅니다. 개신교는 과학이나 기타 발견물에 근거하지 않고 순전히 성경에 근거하여 순전한 창조론만 지지하고 진화론은 절대로 받아들이지 않습니다. 그러나 천주교는 구원관(믿음+선행)처럼 1+1을 좋아하는 것 같이 창조론과 진화론 모두를 지지합니다. 창조 후에 진화가 되었다고 말합니다. 그러나 신·구약 성경은 어디에서도 진화론을 인정하지 않습니다. 기독교로서 진화론을 주장하는 것은 하나님의 100% 완전 창조사역을 훼손하고 불신하는 것이 됩니다. 하나님의 천지창조의 완전성을 부정하는 것입니다. 천주교 진화론 세계관은 성경사상이 아닙니다.

개신교 진화론관

개신교는 생물에 대한 다윈의 진화론이나 그 어떤 유사 진화론도 절대로 받아들이지 않습니다. 개신교는 천지창조를 비롯한 모든 생물은 오직 스스로 살아계신 전지전능하신 하나님에 의한 완전한 창조론만 지지

하고 받아들입니다. 그 이유와 근거는 과학자들의 논리나 추정, 혹은 어떤 발견물이 아니라 오직 성경입니다. 성경은 생물, 인간을 포함하여 모든 만물을 하나님께서 창조하셨다고 합니다. 그 명확한 근거를 압축해서 인간에게 설명하셨는데 그것이 창세기 1장과 2장입니다. 만물의 창조에 대한 인간의 모든 의문을 구체적이고 명확하게 기록하여 풀어주었습니다. 이 보다 더 확실하고 믿을만한 근거는 세상에 아무것도 없습니다. 이를 믿고 안 믿고는 각자의 몫입니다. 먼저 하나님께서는 구약성경책 창세기 1장과 2장을 통해서 천지창조에 대하여 총론을 말씀하십니다.

창세기 1장 1절입니다.
"태초에 하나님이 천지를 창조하시니라"

여기서 **"태초에"**(in the beginning 베레쉬트)란 시간의 출발점인 '맨처음'을 가리킵니다. 공동번역은 '한 처음에'라고 번역했는데 여기서 **"한"**은 천지창조의 단회성을, **"처음"**은 만물의 출발점을 각각 강조하는 말입니다. **"창조"**(ברא 바라)란 '무(無)에서의 유(有)를 창조함'을 말합니다. 완전한 신적 창조 행위를 가리키는 것으로 순수한 의미의 창조를 가리킵니다. 그리고 **"천지"**(天地)는 문자적으로 '하늘과 땅' 곧 지구(地球)를 뜻합니다. 여기서는 지구를 포함하여 은하계가 자리 잡고 있는 전우주(全宇宙)를 가리킵니다. 기독교 진리인 성경(聖經)은 아무것도 없을 당시, 곧 시간의 출발점에서 스스로 살아계신 전지전능하신 하나님께서 전우주를 기존의 어떤 물질에서 만든 것이 아니라 무(無)에서 창조하셨음을 분명하게 밝힙니다. 즉 순수하고 완전한 창조론(創造論)을 말합니다. 여기에 유신 진화론이나 기타 유사 창조론 등은 있을 수 없습니다. 하나님의 천지 창조는 불완전한 창조나 향후 생물과 인간에 있어서 시간에 따라 진화(進化)가 필요한 미완성 창조가 아닙니다. 더 이상 진화가 필요치 않은 완전한 창조로 창조(created)하셨습니다. 그래서 창조 후에 '심히 좋았다'(토브 토브 very good)고 하셨습니다. 여기에 우주대폭발인 빅뱅이론과 진화론은 들어갈 틈이 없습니다. 빅뱅이론이나 진화론은 창조론을 위협하고 훼손하려는 이론으로 이는 마치 남의 집에 몰래 들어가려는 도적이나 강도와 같은 짓이며 인간이 조작해 낸 어설픈 이론에 불과합니다.

구약성경책 창세기 1장 3절부터는 1절의 총론에 이어 하나님께서 구체적으로 무엇을 어떻게 창조하셨는지를 기록하고 있습니다. 참고로, 성경은 진리(참)이기에 하나도 거짓이 없이 다 진실합니다. 하나님께서는 가장 먼저(첫째 날) 빛을 창조하셨습니다.

3절입니다.
"하나님이 가라사대 빛이 있으라 하시매 빛(light)이 있었고"

전지전능하신 하나님께서 **"빛이 있으라 하시매"** 빛이 창조되었습니다. 오직 '말씀으로만' 빛을 완전하게 창조하셨습니다. 그 이전에는 전우주에 빛이 없었습니다. 그다음(둘째 날)은 궁창(대기권 하늘)을 창조하셨습니다.

6절입니다.

"하나님이 가라사대 물 가운데 궁창이 있어 물과 물로 나뉘게 하리라 하시고"

대기권 하늘(궁창)도 하나님께서 오직 '말씀으로만' 완전하게 창조하셨습니다. 그다음(셋째 날) 창조는 각종 풀과 씨 맺는 채소와 각기 종류대로 씨 가진 열매 맺는 과목을 창조하셨습니다.

11절입니다.
"하나님이 가라사대 땅은 풀과 씨 맺는 채소와 각기 종류대로 씨 가진 열매 맺는 과목을 내라 하시매 그대로 되어"

땅 위의 각종 풀과 각종 채소와 각종 과실수 또한 오직 '말씀으로만' 완전하게 창조하셨습니다. 그다음(넷째 날) 창조는 광명인 해와 달을 창조하셨습니다.

14절입니다.
"하나님이 가라사대 하늘의 궁창에 광명이 있어 주야(晝夜 낮과 밤)를 나뉘게 하라 또 그 광명으로 하여 징조와 사시와 일자와 연한이 이루라"

궁창에 떠 있는 해와 달도 오직 '말씀으로만' 완전하게 창조하셨습니다. 그다음(다섯째 날) 창조는 물속의 각종 생물들과 하늘을 나는 각종 새들을 창조하셨습니다.

20절입니다.

"하나님이 가라사대 물들은 생물(生物)로 번성케 하라 땅 위 하늘의 궁창에는 새가 날으라 하시고"

각종 생물과 조류들도 오직 '말씀으로만' 완전하게 창조하셨습니다. 그다음(여섯 째) 창조는 땅 위의 각종 생물들과 육축들과 짐승들과 인간을 창조하셨습니다.

24절입니다.

"하나님이 가라사대 땅은 생물을 그 종류대로 내되 육축과 기는 것과 땅의 짐승을 종류대로 내라 하시고(그대로 되니라)"

26~27절입니다.

"하나님이 가라사대 우리(삼위일체 하나님)의 형상(形象 하나님의 일반 성품)을 따라 우리의 모양(내적 성품)대로 우리가 사람을 만들고 그로 바다의 고기와 공중의 새와 육축과 온 땅과 땅에 기는 모든 것을 다스리게 하자 하시고 하나님이 자기 형상 곧 하나님의 형상대로 사람을 창조하시되 남자(아담/인류의 머리)와 여자(하와/돕는 배필)를 창조하시고"

천지창조 맨 마지막 날에 땅의 각종 생물들, 동물들, 짐승들을 완전하게 창조하셨습니다. 성경은 사람과 각종 들짐승과 공중의 각종 새들을 흙으로 완전하게 창조하셨다고 말합니다.

창세기 2장 7절입니다.

"여호와 하나님이 흙으로 사람을 지으시고 생기를 그 코에 불어넣으시니 사람이 생령이 된지라"

창세기 2장 19절입니다.

"여호와 하나님이 흙으로 각종 들짐승과 공중의 각종 새를 지으시고"

하나님께서는 모든 창조를 마치신 후에 이런 말씀을 하셨습니다.

31절입니다.

"하나님이 그 지으신 모든 것을 보시니 보시기에 심히 좋았더라"

여기서 **"좋았다"**(good)라는 히브리어 'טוב'(토브)는 '놀라운', '완벽한', '아름다운' 등의 뜻이 있습니다. 그런데 **"심히 좋았더라"**(very good)고 말씀하셨습니다. 이는 창조의 완전성을 의도적으로 강조한 말씀입니다. 진화가 필요치 않게 창조하셨습니다. 하나님께서 의도하신 모든 것이 한 치의 오차나, 흠이나, 부족함 없이 완벽하고 아름답게 성취되었음을 대변합니다. 세월이 아무리 흘러도 원숭이는 영원히 원숭이로만 살고 인간은 오직 인간으로만 삽니다. 원숭이(유인원)가 사람이 되었다는 진화론은 현재까지 완벽하게 증명하지 못한 허구이자 거짓 주장입니다. 향후도 결코 증명할 수 없을 것입니다. 왜냐하면 원숭이는 원숭이대로 사람은 사람대로 각기 완전하게 창조되었기 때문입니다. 성경은 오직 순수한 창조론만 주장합니다. 그 어떠한 진화론이나 기타 이론은 배격합니다. 창조+진화론(유신진화론)도 수용하지 않습니다. 마치 인간의 구원론에서 오직 '믿음'으로만 가능하고 믿음+행위를 부인하는 것과 같습니다.

이런 차원에서 진화론에 있어서 천주교와 개신교는 전혀 다릅니다. 백번 양보해도 가장 상식적이고 기본적인 진화론에 대한 의문은 다음과 같습니다. 오랜 세월에 걸쳐 유인원이 사람으로 진화가 되었다면 지금도 전 세계적으로 어디에선가 많은 사람들이 여러 단계의 진화 과정의 모습으로 살아가야 하고 존재해야 타당합니다. 반은 원숭이 반은 인간이라든지 아니면 그 비율이 3분의 1이든지 3분의 2든지 지금도 여전히 사람으로 진화하는 원숭이나 생물이 있어야 정상입니다. 그런데 지구촌 어디에도 그런 생물, 원숭이, 사람은 전혀 없습니다. 이런 것이 없다는 것은 진화론의 허구를 증명하는 것이기도 합니다. 그러면 지금 시대는 생물의 진화, 원숭이의 진화가 단절된 것입니까? 아마 누구도 이런 것을 설명하지 못할 것입니다. 왜냐하면 그런 일은 애초에 없었기 때문입니다. 앞으로도 전 세계 어디에서든지 원숭이가 사람으로 진화되어 가고 있는 현상은 없을 것이고 발견되지 못할 것입니다. 그런 일은 전혀 일어나지 않을 것이기 때문입니다. 원숭이면 원숭이이고 사람이면 사람인 것입니다. 태초에 하나님께서 천지를 창조하실 때 각기 고유의 생물체로 완벽하게 창조하셨기 때문입니다. 진화가 필요치 않게 창조하셨습니다. 그래서 식물이나, 생물이나, 동물이나, 사람이나, 오랜 시간이 지나도 본래 창조된 모습과 본체대로 진화하지 않고 살아갑니다. 단지 일부 생물에서 지엽적인 겉모습 일부만 지역 환경과 생존을 위해서 겉 색이 약간 변화될 뿐입니다.

따라서 진화론을 주장하고 인정하는 학자들과 종교 지도자들은 설득력이 없습니다. 외적으로 남자가 여성으로 성전환수술과 성형수술을 했다고 해서 본질적으로 남자가 여성이 되는 것은 아닙니다. 여성은 본래 여성의 본체가 있고, 남자는 남자의 본체가 있는 것입니다. 그 본질과 성질은 그대로입니다. 외적인 변화가 있다고 진화라고 말하지 않습니다. 식물이나, 생물이나, 동물이나, 사람이나, 겉 색깔 등 지엽적인 일부 겉모습이 변했거나 일부 유사한 부분이 있다고 하여 진화되었다고 말하지 않습니다. 무엇이든 본질과 고유의 성질은 변하지 않습니다. 진화론은 보잘 것 없는 피조물인 일부 불완전하고 어리석은 과학자들과 인본주의자들과 종교지도자들이 하나님의 완전한 창조를 부인하고, 훼손하고, 몰아가기 위한 주장에 불과한 것입니다. 창조 이래 지금까지 사단의 지배와 통치를 받고 불신앙에 빠진 어리석은 인간들은 하나님의 모든 창조와 통치 영역을 지속적으로 도전, 저항, 왜곡, 현혹, 공격해 왔습니다. 이러한 현상은 예수님께서 인류를 심판하시기 위해서 천사들과 함께 공중으로 재림해 오실 때까지, 세상 종말 때까지 계속될 것입니다. 다시 강조컨대 진화론과 유신 진화론은 거짓이며 성경사상이 아닙니다. 이것이 개신교 진화론 세계관입니다.

제18장

동성애 세계관

　동성애(同性愛)란 여자가 여자를, 남자가 남자를 서로 애무(손과 혀로)하고, 유사성행위(손과 입으로 상대 성기를 애무하는 것/섹스 도구 이용)를 하고, 결혼하고, 섹스(항문에 성기 삽입) 하는 것을 말합니다. 성경은 이유를 불문하고 그 어떠한 동성애도 금합니다. 하나님이 창조질서로 만드시고 허락하신 사랑과 섹스 행위가 아니기 때문입니다. 동성애는 음란하고 악한 인간이 정상적인 사랑과 섹스를 거부하고 만들어낸 해괴한 짓입니다. 성경은 성소수자라고해서 진리에 반하는 짓을 행하는 자들을 동정하지 않습니다. 동성애자를 '성소수자'라고 부르는 것도 옳지 않습니다. 이들은 성소수자가 아니라 그냥 구부러지고 그릇된 동성애자일 뿐입니다. 결코 '소수자'라는 것 때문에 동정이나 존중을 받을 수 있는 대상이나 허용대상이 아닙니다. 하나님의 창조질서, 사랑질서, 성교질서, 결혼질서, 인간의 기본 규범, 상식질서 등에 반하는 동성애자는 그냥 동성애자일 뿐입니다. 성소수자가 아닙니다. 성소수자라고 부르지 말아야 합니다. 이는 인권문제로 접근해서도 안 됩니다. 성경의 바른 명령을 어기는 반칙행위입니다. 동성애자들은 하나님의 창조질서에 저항하는 자들이고 성적 탐욕에 중독된 자들일 뿐입니다. 동성애를 미워하고 버리지 않는 한 하나님의 사랑을 받지 못합니다.

하나님은 죄악을 멀리하고 미워하는 사람을 사랑하십니다. 하나님은 거룩하신 분이시기 때문입니다. 하나님을 오해하지 말아야 합니다. 나쁜 짓을 하면서도 하나님 사랑을 운운하는 자들은 잘못된 신앙을 소유한 사람입니다. 빛과 어두움이 함께 하지 못하는 것처럼 하나님과 죄악(동성애)은 함께하지 못합니다. 동성애자들 중에는 하나님을 사랑한다고 고백하는 자들이 있는데 이는 역겨운 주장입니다. 동성애는 짐승들도 하지 않는 해괴한 짓입니다. 향후 동성애를 지지하는 자들이 많을 것입니다. 그 이유는 인간의 전적 타락과 악한 본성 때문입니다. 하나님을 떠난 인간은 각종 죄악을 신(神)으로 섬기며 삽니다. 죄악 가운데 사는 것을 행복으로 여깁니다. 그 중 가장 대표적인 악행이 동성애와 우상숭배와 거짓말입니다. 그렇게 살다가 죽은 이후 세상 종말에 부활하여 인류 최후의 심판을 받고 영원한 고통의 장소인 지옥 불에 들어가 영원히 고통을 당하며 살게 될 것입니다.

천주교 동성애관

　프란치스코 교황이 한 동성애 남성에게 '하느님이 그를 그렇게 지었으며 그 모습 그대로 그를 사랑한다'고 말한 것으로 알려졌습니다. 하나님은 사람을 창조하셨지 동성애자를 창조하신 것이 아닙니다. 20일(현지시간) 영국 일간 가디언은 칠레 가톨릭 사제의 아동 성추문을 폭로한 피해자 중 한 명인 후안 카를로스 크루스가 2주 전 프란치스코 교황과 가진 비공개 면담에서 교황이 그에게 이렇게 말했다고 보도했습니다. 크루스는 이 자리에서 교황이 동성애 문제에 관해 언급하게 된 것은 성추행 피해 폭로 과정에서 일부 가톨릭 주교들에 의해 자신의 동성애 성향이 공격을 받았기 때문이라고 설명했습니다. 크루스는 "그(교황)는 '후안 카를로스, 당신이 동성애자라는 것은 문제 되지 않는다. 하느님이 당신을 이렇게 지으셨고 하느님은 이런 당신을 사랑하며 나도 개의치 않는다. 교황은 이런 당신을 사랑한다. 당신은 이런 자신의 모습에 만족해야 한다'고 말해줬다"고 했습니다. 이런 발언이 사실이라면 여전히 동성애를 죄악으로 간주하는 가톨릭교회 수장으로서는 가장 포용적인 발언이고 부적절한 발언이기 때문에 파장이 큽니다. 크루스가 교황의 발언을 정확하게 전달한 것인지에 대한 질의에 교황청의 그렉 버크 대변인은 답변하지 않았다고 가디언은 전했습니다. 그러나 가디언은 프란치스코 교황이 동성애에 포용적인 태도를 보인 것은 이번이 처음은 아니라고 지적했습니다. 교황은 2013년 7월 교황청을 상대로 한 동성애 단체들의 로비 의혹에 대한 취재진의 질의에 "나에게(누군가를) 정죄할 자격이 있는가?"라고 반문했었습니다. 크루스의 전언으로 알려진 교황의 이번 발언은 동성애를 하느님의 섭리에 의해 인간에 부여된 성적지향으로 인정하는 데 한층 다가선 것으로 보인다고 가디언은 해석했습니다. 교황이 일부 교계 보수층의 주장과 달리 동성애 성향은 개인의 선택에 의한 것이 아니라고 믿는 것으로 볼 수 있다는 것입니다. 영국 가톨릭 주간지 '더 태블릿'의 교황청 출입기자 크리스토퍼 램은 교황의 이런 발언은 놀라운 것이며 동성애를 향한 가톨릭교회의 태도에 변화가 생기고 있다는 신호라고 풀이했습니다(매일종교신문, 2018. 5. 21). 동성애는 악한 자기 본성에 끌린 개인선택이지 하나님께서 이해하시거나, 동성애 취향을 주시거나, 허용하신 것이 절대로 아닙니다.

가톨릭사전은 동성애에 대하여 이렇게 기술하고 있습니다. "일반적으로 동성 간에 성적관계를 갖는 어떤 형태입니다. 도덕적인 입장에서 보면 경향, 매력, 행동이라는 세 단계로 구분됩니다. 동성애의 경향이란 인간성이 타락한 상태에서도 성실한 노력과 하느님의 은혜로 억제할 수 있을 만한 모든 충동을 말합니다. 동성에게 성적 매력을 느끼는 것은 어떤 종류의 개인적 성질에 의한 때도 있고 또 대개의 경우는 무분별한 행위나 유혹의 결과에서 생깁니다. 그러나 이것 역시 그 자체만 가지고는 죄가 되지 않고 현실적으로는 초자연적인 공적의 기회로도 될 수 있습니다. 병적인 상태의 경우엔 치료를 받아야 됩니다. 적극적 동성애의 행위는 변명할 여지없이 계시와 교회(천주교)의 가르침을 통해서 되풀이하여 금지되고 있는 일입니다"(가톨릭사전). 천주교도 교리적으로는 동성애를 금지하고 있습니다. 그런데 일부 교황이 동성애를 인정하고 옹호하는 듯한 발언을 하고 있습니다. 아니면 가톨릭 내에서 동성애에 대한 다른 변화 기류가 있지 않나 하는 생각이 듭니다. 앞으로 지켜볼 일입니다. 아무튼 동성애자에 대한 교황의 발언은 성경적이지 않은 것만은 사실입니다. 하나님은 태초에 거룩하고 선한 사람을 창조하셨지 성경이 금하는 성적 탐욕에 중독되고 창조질서를 어지럽히는 동성애자를 창조하신 것이 아닙니다. 동성애자에 대하여 기독교인들은 비난하고 정죄해서는 안되지만 '잘못 되었다'고 '회개하라'고 '창조질서에 맞게 사랑하라'고 지적하고 주장해야 합니다.

그리고 하나님께서는 기본적으로 모든 사람들을 사랑하시지만 교만하고 고의적으로 성경에 반하는 행위를 하며 죄와 짝하며 사는 자들은 다수든 소수든지 사랑하시지 않습니다. 그들은 책망과 심판과 영벌의 대상일 뿐입니다. 이러한 근거는 신·구약 성경에 수도 없이 나옵니다. 그래서 수많은 사람들이 불신앙과 불순종과 죄악 가운데 살다가 하나님의 미움과 심판을 받고 죽었습니다. 가장 대표적인 심판 사건이 노아 때에 인류에 대한 홍수 대심판이고, 음란의 도시였던 소돔과 고모라와 주변 도시에 대한 불과 유황 심판이고, 금송아지 우상숭배와 관련하여 3천명을 칼로 쳐서 죽이신 사건이고, 출애굽 1세대(출애굽 당시 20세 이상 남자)를 광야에서 모두 죽이신 일입니다. 동성애자들이 진정으로 하나님의 사랑을 입기 위해서는 죄악인 동성애를 포기해야 합니다. 교황은 하나님의 사랑에 대해서 자신의 기준, 시각, 수준으로 주장하지 말아야 합니다. 아무 때나 하나님의 이름과 사랑을 동원하여 자신의 동성애나 악행을 합리화 하거나 변호하지 말아야 합니다. 하나님은 온갖 죄를 싫어하시고 미워하십니다. 죄를 품고 사는 자들도 미워하십니다. 우상을 숭배하는 사람들도 미워하십니다. 하나님의 사랑 안에 들어오기 위해서는 죄를 멀리해야 합니다. 그리고 동성애는 아주 나쁜 죄악인데 그런 동성애자에 자신의 모습에 만족해야 한다고 권면한 것은 아주 부적절한 조언이라고 할 수 있습니다. 교황이 그렇게 말하면 옳지 않습니다. 성경적인 사상으로 권면했어야 맞습니다. 교황의 그 어떤 주장과 말이라도 성경 사상에 벗어나면 잘못된 것입니다. 교황의 말은 항상 옳거나 진리가 아닙니다. 물론 목사의 말도 마찬가지입니다. 그래서 맹신하지 말고 상고해야 합니다.

개신교 동성애관

개신교는 이유를 불문하고 동성애에 대하여 금하고 반대합니다. 왜냐하면 하나님의 창조질서에 어긋나고 성경이 가증하게 여기고 금하기 때문입니다. 노파심에서 먼저 말씀을 드리고 갑니다. 개신교는 동성애라는 악한 짓과 행동을 미워하는 것이지 사람 자체를 미워하는 것은 아닙니다. 그리고 개신교는 과거에 어떤 이유로 관계했든 동성애를 추종했으나 성경에 대한 권면과 지도를 받고 동성애를 버린 자들은 언제든지 환영합니다. 그러나 진리에 근거한 지도와 권면에도 동성애를 버리지 못하면서 '하나님을 사랑한다'고, '신자'라고 하는 동성애자는 결코 환영하지 않습니다. 이런 사람은 하나님을 사랑하는 것이 무엇인지도 모르는 자입니다. 종종 자칭 그리스도인이라고 하면서 자신은 동성애자라고 하는 자들이 있는데 이는 궤변이고 스스로 자기 신앙을 부정하는 자입니다. 그리스도인이라는 것이 어떤 의미인지도 모르는 무지한 자입니다. 입으로는 주를 시인하면서 행동으로는 부인하는 자입니다. 아주 모순된 사람입니다. 하나님 사랑은 말로 하는 것이 아니라 하나님의 계명을 지키는 것이기 때문입니다.

요한일서 5장 3절입니다.
"하나님을 사랑하는 것은 이것이니 우리가 그의 계명들을 지키는 것이라…"

요한복음 14장 21절입니다.
"나의 계명을 지키는 자라야 나를 사랑하는 자니…"

신자들 중에는 하나님을 사랑한다는 것에 대한 개념에 대하여 오해하거나 착각하거나, 모르는 자들이 의외로 많습니다. 신앙이나 이성 간에 진정한 사랑이 무엇인지 모르는 자들이 많습니다. 경건의 모양이 하나님 사랑의 직접적인 표가 아니라 계명(하나님 말씀)을 지키는 것이 하나님을 사랑하는 표라고 성경은 분명히 말합니다. 이것을 다르게 비유하면 부동산 거래에서 누가 신실한 사람입니까? 계약서를 준수하는 사람입니다. 누가 배우자를 진실로 사랑하는 자입니까? 달콤한 말로 '사랑한다'고 속삭이는 배우자입니까? 이벤트로 감동을 주는 사람입니까? 아닙니다. 좋을 때나, 나쁠 때나, 죽을 때까지 결혼식 날 공개적으로 약속한 부부서약을 잘 지키는 배우자입니다. 진실로 배우자를 사랑하는 자는 결혼 생활이 쓰든 달든지 부부서약을 끝까지 지킵니다. 그러나 배우자를 진실로 사랑하지 않는 사람은 말로는 배우자를 사랑한다고 하면서도 부부서약을 조건과 상황, 이해관계와 자기감정과 자존심에 따라 파기해 버립니다. 이는 무조건적인 사랑이 아니라 조건적인 사랑일 뿐입니다. 성경에서 말하는 아가페 사랑도 아닙니다. 하나님은 모든 사람을 사랑하시지만 동성애를 가증하게 여기십니다. 아주 미워하십니다. 토해버리고 싶을 정도로 역겨워 하십니다. 그런즉 동성애를 버리지 않으면서 하나님을 사랑한다고 하거나 신자라고 하는 동성애자는 가짜 신자입니다. 하나님의 이름과 사랑을 망령되이 일컫는 자입니다. 성경의 근거는 다음과 같습니다. 동성애는 수천 년 전에도 있었습니다.

구약성경책 레위기 20장 13절입니다.
"누구든지 여인과 교합하듯(여자 동성애, 레즈비언) **남자와 교합하면** (남자 동성애, 게이) **둘 다 가증한 일을 행함인즉 반드시 죽일지니 그 피가 자기에게로 돌아가리라"**

여기서 **"가증한"**이란 '몹시 미워함', '역겨운'이란 뜻입니다. 과거 이스라엘은 신정국가로 하나님의 법(계명)으로 통치를 받았기 때문에 성경이 금하고 하나님께서 역겹게 여기시는 동성애를 한 자들은 죽였습니다. 우리나라는 그런 국가가 아니기 때문에 죽이지 못하고 자유롭게 동성애를 허용합니다.

신약성경책 로마서 1장 26~27절입니다.

"이를 인하여 하나님께서 저희를 부끄러운 욕심에 내어 버려두셨으니 곧 저희 여인들도 순리대로 쓸 것을 바꾸어 역리로 쓰며(여자 동성애) **이 와 같이 남자들도 순리대로 여인 쓰기를 버리고 서로 향하여 음욕이 불 일듯하매 남자가 남자로 더불어 부끄러운 일을 행하여**(남자 동성애) **저 희의 그릇됨에 상당한 보응을 그 자신에게 받았느니라"**

동성애는 순리를 거스르는 짓입니다. 동성애는 부끄러운 짓입니다. 동성애는 육적 탐욕입니다. 동성애는 그릇된 일입니다. 동성애는 반드시 보응을 받습니다. 동성애는 대부분의 짐승들도 하지 않는 짓입니다. 기 본 상식과 윤리와 인간 규범이나 도리에도 맞지 않는 해괴한 짓입니다. 동성애자들은 속히 동성애를 포기하고 회개함으로 진실로 예수님을 믿 어야 구원을 받습니다. 그렇지 않으면 이 땅에 사는 날 동안 역겨운 동성 애를 하다가 병들거나 죽어 지옥 형벌을 받게 될 것입니다. 개신교는 현 재나, 미래나 성경에 근거하여 동성애, 동성 애무, 동성섹스, 동성결혼, 동성 유사성행위(구강섹스, 수음섹스, 항문섹스) 등을 모두 금합니다. 매 우 미워합니다. 강도나 성폭행자들에 대하여 학교 등에 출입하지 못하 도록 금하는 것처럼, 교회도 고의적으로 동성애를 버리지 못하고 행하는 사람에 대하여 알게 되면 교회출입, 신학교 입학을 금하게 해야 합니다. 결혼주례 등도 금해야 합니다. 이는 차별이 아니라 진리의 문제입니다. 성도들에게 악영향을 끼치기 때문입니다. 물론 신앙상담은 가능합니다. 동성애를 버리면 언제든지 교회당 출입이 가능합니다. 기억해야 할 것 은 참 그리스도인들은 결코 동성애를 하지 않습니다. 동성애자들을 불쌍

하다고 이해하거나 지지하지 않습니다. 성소수자라는 이유로 동정이나 긍휼을 받지 못합니다. 습관적이고 고의적으로 진리를 지키지 않고 나쁜 짓, 동성애를 하면서 신자라고 하는 자들은 모두 이단, 가짜, 사이비입니다. 심판을 받고 멸망할 자들입니다. 다시 강조컨대 동성애자들은 성소수자들이 아닙니다. 성경에 반하고 인간 규범과 상식에 반하는 그릇된 성 인식과 성생활을 하는 동성애자일 뿐입니다. 이것이 개신교 동성애 세계관입니다.

제19장

이단/배교/이교 세계관

천주교는 가톨릭 교리와 신앙을 추종하지 않는 기독교 단체를 포함한 다른 종교와 사람을 이단, 배교, 이교라고 말합니다. 결론을 먼저 말씀드리면 이러한 주장은 진리나 사실이 아닙니다. 단지 천주교의 일방적인 주장일 뿐입니다. 다음 용어에 대한 사전적 의미는 다음과 같습니다. 이단(異端 heresy)이란 정통 학파나 종파에 벗어나는 설이나 파벌을 주장하는 일을 뜻합니다. 또는 기독교에서 정통적 교의나 교파 이외의 교의나 교파를 뜻합니다. 배교(背敎 apostasy)란 종교의 교의를 저버림을 뜻합니다. 또는 믿던 종교를 버리거나 다른 종교로 개종함을 뜻합니다. 이교(異敎 heterodoxy)란 기독교에서 기독교 이외의 종교를 이르는 말입니다. 기독교에 있어서 이단, 배교, 이교에 대한 모든 판단 기준은 천주교의 교리나 개신교의 교리가 아닌 성경(聖經)입니다. 천주교나 개신교의 모든 판단 기준은 기독교 진리인 오직 성경입니다. 성경사상에 벗어나고 가감(加減)한 교리, 설교, 가르침, 신앙 활동 등은 모두 이단, 배교, 이

교입니다. 이 부분에서도 천주교와 개신교는 비슷해 보이지만 큰 차이를
보입니다.

천주교 이단/배교/이교관

천주교에서의 이단(異端)이란 '세례를 받은 신자가 가톨릭 교리 중 일
부를 거부하는 집단'을 말합니다. 배교(背敎)란 라틴어로는 아포스타시
아(반역), 그리스어로는 여호와께 대한 반역, 신앙의 포기 등을 의미합니
다. 이는 세례를 통하여 참된 신앙을 받아들인 자가, 신앙을 포기하고 신
앙생활을 저버리는 행위를 함을 말합니다. 따라서 배교자란 다른 종교나
이념을 믿기 위해 스스로 혹은 강제로 자신이 믿고 있는 종교를 등진 자
를 말합니다. 이교(離敎)란 교회 공동체로부터 고의적인 이탈 혹은 이탈
한 상태에 있는 그리스도교인의 단체를 말합니다. 그 대표적인 경우가
그리스정교(正敎)를 말합니다(가톨릭 용어 사전). 이와 관련한 가톨릭교
회교리서는 다음과 같습니다.

가톨릭교회교리서 제2089조입니다.

**"…이단이란 세례 받은 후 천상적 가톨릭 신앙으로 믿어야 할 어떤 진
리를 완강히 부정하거나 완고히 의심하는 것이고, 배교란, 그리스도교
신앙을 전부 포기하는 것이며, 이교란 로마 교황에게 복종하는 것을 거**

부하거나 그에게 종속하는 교회(천주교)의 회원들과의 친교를 거부하는 것이다"

다시 정리하면 가톨릭에서 말하는 '이단'은 가톨릭 신앙으로 믿어야 할 어떤 진리를 완강히 부정하거나 완고히 의심하는 것이고, '배교'란 그리스도의 신앙을 전부 포기하는 것이고, '이교'란 교황에게 복종하는 것을 거부하고 가톨릭교회 회원들과의 친교를 거부하는 것이라고 주장합니다. 개신교의 이단, 배교, 이교 개념과는 분명한 차이가 있음을 확인할 수 있습니다. 천주교는 로마 가톨릭 신앙이 부패하고 타락하여 하나님의 역사하심으로 인하여 종교개혁을 한 종교개혁자들까지도 이단, 배교자들이라고 정죄합니다. 예를 들면 루터, 칼빈, 쯔빙글리 등을 말합니다. 천주교 신자들 중에는 부패하고 타락한 중세 천주교에 대한 종교개혁으로 탄생한 개신교를 인정하지 않는 자들도 있습니다. 모든 기독교의 판단 기준은 천주교의 교리가 아니라 성경사상입니다. 기독교의 교리와 전통도 성경사상에 맞지 않으면 틀린 것입니다. 가짜입니다. 우리 주변에는 가짜들이 많습니다.

개신교 이단/배교/이교관

개신교는 중세 시대에 부패하고 타락한 천주교에 대한 종교개혁을 통해서 탄생한 개신교(改新敎)의 이단, 배교, 이교에 대한 모든 판단 기준은 오직 성경을 통해서만 규정합니다. 개신교의 '성경·찬송 낱말 사전'에서의 이단이란 **"자기가 신봉하는 길과 달리 별도의 길을 이룸이고, 전통이나 권위에 반항하는 것이고, 하나님의 신조에 반대함"**이며 또한 **"전통의 길을 왜곡해 해석함, 분파, 종파, 교파"**라고 정의 합니다. 개혁교단인 대한예수교 장로회 합신 총회 헌법 11장 제116조 1항은 이단에 대하여 이렇게 정의하고 있습니다. **"성경의 근본 교리에 위배되는 주장을 하거나 그에 동참하면서 교회의 정당한 권면을 받지 않고, 회개도 하지 않고, 계속 그것을 고집하는 것을 이단이라고 한다. 즉 성경, 신론, 기독론, 인간론, 교회론, 종말론 중 어느 하나에 있어서도 그 주장이 본질상 성경과 위배될 경우, 그러한 주장을 하는 것 자체가 이단이다"** 한국교회 8개 교단 이단대책위원회는 2018년 6월 1일 천안에서 전체회의를 열고 이단 관련 용어를 규정했습니다. '이단'이란 **"하나님, 예수님, 성령님, 삼위일체, 성경, 교회, 구원에 대한 신앙 중 하나라도 부인하거나 왜곡하는 경우로"** 규정했습니다. '이단성'이란 **"성경과 기독교 정통교리의 가르침에 있으나 부분적으로 이단적 요소를 가진 경우로"** 규정했습니다. 성경은 예수 그리스도를 부인하는 거짓 교사를 이단이라고 합니다.

유다서 1장 4절입니다.

"이는 가만히 들어온 사람(이단자/거짓교사) 몇이 있음이라 저희는 옛적부터 이 판결을 받기로 미리 기록된 자니 경건치 아니하여 우리 하나님의 은혜를 도리어 색욕거리로 바꾸고 홀로 하나이신 주재 곧 우리 주 예수 그리스도를 부인하는 자니라"

스스로 계신 하나님으로 성부 하나님의 아들이자 인류의 유일한 구세주인 예수 그리스도의 양성(兩性), 즉 신성(神性 하나님)과 인성(人性 사람)을 부인하는 자는 이단(거짓 교사)이라는 말입니다. 이단들 중에는 예수님의 인성이나 신성을 부인하는 자들이 있습니다. 이교(타종교)인 이슬람은 예수님의 신성을 부인하고 십자가의 죽음과 부활도 부인합니다. 그래서 이슬람은 비슷한 기독교가 아니라 완전히 이교, 다른 종교입니다. 성경을 보면 유대교 대제사장들과 장로들이 유대교에서 기독교로 개종한 사도 바울을 벨릭스(로마 황제가 임명한 유대 총독)에게 고소하면서 말하기를 '이단의 우두머리'라고 거짓된 주장을 합니다.

신약성경책 사도행전 24장 5절입니다.

"우리가 보니 이 사람(사도 바울)**은 염병이라 천하에 퍼진 유대인을 다 소요케 하는 자요 나사렛 이단의 괴수(우두머리)라"**

유대교에서 기독교로 개종한 사도 바울이 구세주인 나사렛 예수 그리스도를 전하자 유대교 종교 지도자들이 바울을 이단의 우두머리로 고소한 내용입니다. 마치 천주교가 천주교에서 개신교로 개종한 가톨릭 신부였던 종교개혁자 마틴 루터를 이단이라고 주장하는 것과 비슷합니다. 천주교든, 유대교든, 개신교든 어디에 속한 것이 중요한 것이 아니라 성경에 근거한 바른 신앙고백과 주장을 하는 자가 바른 신자이고 바른 기독교입니다. 또한 성경은 이단에 대하여 거짓 선지자라고 합니다.

신약성경책 마태복음 7장 15절입니다.

"거짓 선지자들(이단자들/가짜 기독교 지도자들)**을 삼가라 양의 옷을 입고 너희에게 나아오나 속에는 노략질 하는 이리(늑대)라"**

거짓 선지자란 거짓 예언자로 하나님이 부르시지 않고 세우지 않은 가짜 선지자나 예언자들을 가리킵니다. 오늘날로 말하면 이단들입니다. 간첩(스파이)이 위장과 포장을 하여 활동하는 것처럼 겉으로는 참 신자, 참 기독교, 참 기독교 지도자처럼 말하고 가르치고 활동하지만 이단과 같은 자, 이단과 같은 교회, 이단과 같은 기독교 집단이 있으니 조심하라고 경고합니다. 기독교 안에도 이단들이 많습니다. 천주교나, 개신교나, 혹은 천주교를 추종하거나, 개신교를 추종하거나, 진리인 성경을 떠나서 가르치고, 믿고, 주장하면 양의 탈을 쓴 늑대와 같은 이단입니다. 천주교나, 기독교나, 개신교 전체가 이단이라고 할 수 없지만 그 안에서 진리를 가감(加減)하여 가르치고 믿고 신앙생활을 하는 일반신자나 종교 지도자들은 이단입니다. 성경은 이미 세상에 많은 이단들(거짓선지자)이 있다고 말합니다.

신약성경책 요한일서 4장 1절입니다.
"사랑하는 자들아! 영(자칭 기독교인이나 기독교 지도자라고 하는 신자)**을 다 믿지 말고 오직 영들이 하나님께 속하였나 시험하라 많은 거짓 선지자**(이단 지도자들/가짜 기독교 지도자들)**가 세상에 나왔느니라"**

여기서 **"영들"**이란 사람 속에 있는 영(영혼)이 아닌 '영적 존재들'(하나님의 말씀을 전한 자들)인 당시 거짓 목회자들이나 교사들을 가리킵니다. 성경은 '영들'에게는 **"진리의 영"**(진짜 신자/진짜 기독교 지도자)과 **"미혹의 영"**(가짜 신자/가짜 기독교 지도자)이 있다고 합니다.

신약 성경책 요한일서 4장 6절입니다.
"우리는 하나님께 속하였으니 하나님을 아는 자는 우리의 말을 듣고 하나님께 속하지 아니한 자는 우리의 말을 듣지 아니하나니 진리의 영과 미혹의 영을 이로써 아느니라"

"진리의 영"이란 성령의 지배를 받아 진리를 전하고 가르치는 사람을 말합니다. **"미혹의 영"**이란 사단의 지배와 통치를 받아 거짓 가르침을 전하고 사람들을 미혹하는 자들을 가리킵니다. 이에 성경은 천주교든, 개신교든 누가 성경을 가르치고 설교(미사)를 하든 다 믿지 말고 지도자가 가르치고 전하는 말씀이 하나님께, 성경에 속했는지 시험(테스트)하라고 합니다. 그렇게 하는 이유는 거짓선지자(이단 기독교 지도자)들이 진짜 종교지도자처럼 양의 탈을 쓰고 세상에 많이 존재하기 때문이라고 합니다. 참 영들인지 거짓 영들인지 시험하기 위해서는 현미경과 같은 진리를 알고 있어야 합니다. 그래야 참된 말씀을 하는지 거짓된 말씀을 하는지를 검증(팩트체크)할 수 있습니다. 성경을 바로 알지 못하고 이해하지 못하는 자들은 시험할 수 없습니다. 기독교 종교 지도자가 무조건 가르치고 전하는 대로 믿게 됩니다. 그것을 맹신 혹은 무조건 복종과 추종이라고 합니다. 마치 검증력, 분별력이 없거나 약한 갓난아이들이 누군가가 주는 대로 먹는 것처럼 말입니다. 또한 이적과 능력을 행한다고, 선한 일을 행한다고 진짜가 아니라고 합니다.

마태복음 7장 22~23장입니다.

"그날에(인류 최후의 심판 날, 세상 종말) 많은 사람이 나더러 이르되 주여 주여 우리가 주의 이름으로 선지자 노릇하며 주의 이름으로 귀신을 쫓아내며 주의 이름으로 많은 권능을 행치 아니하였나이까 하리니 그때에 내가 저희에게 밝히 말하되 내가 너희를 도무지 알지 못하니 불법을 행하는 자들아 내게서 떠나가라 하리라"

신자나 종교 지도자가 주님의 이름으로 선행, 섬김, 영적 사역 등 별의 별 일을 다 했어도 그것이 진리에서 벗어난 사역이었다면 불법을 저지른 것으로 간주하여 실격 처리가 되어 천국에 들어가지 못한다는 것을 암시합니다. 가장 대표적인 자들이 기독교 안에 있는 이단들, 거짓 선지자, 거짓 교사들, 양의 탈을 쓴 거짓 종교 지도자들입니다. 그런즉 신자나, 신부나, 목사들은 무엇을 하든지 자기 기준과 자기들이 인위적으로 만든 교리와 전통에 따라 하지 말고 성경의 기준과 계명에 따라 해야 헛되지 않게 됩니다. 천주교나 개신교 안에는 진리에서 벗어난 신앙과 교리를 가르치고, 믿고 사역하는 자들이 있습니다. 이 말씀을 새겨들어야 합니다.

요한계시록 19장 20절입니다.

"짐승이 잡히고 그 앞에서 이적을 행하던 거짓 선지자도 함께 잡혔으니 이는 짐승의 표(666-적그리스도의 표, 불신자라는 표)를 받고 그의 우상에게 경배하던 자들을 이적으로 미혹하던 자라 이 둘이 산 채로 유황불붙는 못(용광로, 지옥)에 던지우고"

여기서 **"짐승"**이란 무신론 권력의 정부를 가리키는데 사단의 하수인입니다. 사단에 속한 거짓 선지자들이 신자와 사람들을 미혹하기 위해서 사단의 능력으로 이적을 행합니다. 이적은 참이든, 거짓이든 사람들에게 강력한 매력과 힘이 있습니다. 그래서 사람들이 속아 넘어갑니다. 이적을 행한다고 다 참 신자나 능력이 있는 종교지도자가 아닙니다. 하나님의 역사가 아닙니다. 가톨릭 신자나 개신교 신자들은 어떤 이적과 치유나 초자연적인 능력을 보면 그냥 믿어 버리거나 넘어가는데 조심해야 합니다. 이단에 속한 자들도 이적을 행합니다.

개신교에서 말하는 배교(背敎)란 천주교에서 개신교로, 개신교에서 천주교로, 유대교에서 기독교로, 이슬람에서 기독교로의 개종을 배교라고 하지 않고, 진리(성경)를 저버리고 돌아서는 것, 진리가 아닌 것을 믿고 추종하는 것을 배교라고 합니다. 예를 들어 예수님의 열두 사도 중 회계를 맡은 가룟 유다와 같은 경우입니다. 은 20을 받고 유대 종교지도자들과 로마 군인들에게 예수님을 팔아 넘겼습니다. 진리에서 떠나 악한 자의 편에 섰습니다. 이것이 배교입니다. 또 하나는 일제 강점기 때 평양을 중심으로 신사참배를 강요받았는데 이때 많은 목사들과 신자들이 진리의 가르침을 떠나 일신의 안일을 위하여 우상숭배인 신사에 참배했습니다. 이것이 배교입니다. 배교의 다른 말은 배도(도리에 어긋남), 배반(저버리고 돌아섬)입니다. 종교 집단이든, 아니든, 불의와 거짓과 불법과 부패, 썩은 종교집단으로부터 뛰쳐나오는 것은 배교가 아닙니다. 그럼에도 불구하고 어떤 무리와 소속으로부터 뛰쳐나가면 배교나 배반이라고 하는데 이는 틀린 주장입니다. 억지입니다. 깡패집단에서 탈출하거나 뛰쳐나가면 배신입니까? 깡패들만 배신자라고 말합니다. 부패하고 악한 무리나 소속으로부터 탈출하는 것은 정의로운 행위이지 배교나 배반이 아닙니다. 불의한 모임, 부패한 집단, 깡패집단 등에 있다가 정의롭고 새롭게 살겠다고 탈출하면 배반했다고 하는데 이는 악한 자들의 논리일 뿐입니다. 의롭게 살고자 날마다 악한 짓만 일삼는 깡패집단에서 나오는 것은 배교나 배반 아닙니다. 정의로운 결단입니다. 과거 중세시대(16세기)에 진리가 부패하고 타락한 가톨릭에서 95개 조항을 선언하고 나온 신부 루터는 배교자나 배반자가 아닙니다. 그런즉 아무 때나 배교나 배반자라고 해서는 아니 됩니다. 무엇이든 제대로 알고 주장해야 합니다.

그리고 이교(異敎)란 다른 종교를 가리킵니다. 따라서 각 종교의 입장에서 보면 서로가 이교입니다. 예를 들어 성경에 비추어 볼 때 이슬람, 힌두교, 불교 등은 모두 이교입니다. 이처럼 이단, 배교, 이교에 대한 천주교와 개신교는 많은 차이가 있습니다. 모든 판단 기준은 항상 상식과 객관성과 진리인 성경에 기초합니다. 이것이 개신교 이단/배교/이교 세계관입니다.

제20장

추도예배(미사/제사) 세계관

추도(追悼 따를 추, 슬퍼할 도)의 사전적 의미는 '죽은 이를 생각하며 슬퍼함'을 뜻합니다. 추념(追念), 추모(追慕)라고도 합니다. 천주교에서는 예배를 '미사'라고 합니다. 불신자들은 보통 예배(미사)를 '제사'(祭祀 제사 제, 제사 사)라고 합니다. '祭'(제)는 회의문자 肉(月고기)과 手(손)와 示(책상)로 이루어져서, '제물인 고기를 손으로 제상 위에 놓는다'는 뜻을 나타냅니다. 그래서 불신자들이 드리는 제사에는 항상 고기가 제사상에 올려 집니다. 불신자들의 제사는 죽은 자와 조상, 귀신에게 드려집니다. 제사를 지낼 때 그들이 찾아와서 먹는다고 합니다. 그래서 제사 때에 음식을 차리는 것입니다. 그러나 제사 때에 조상이나 귀신이 와서 차려진 음식을 먹는 경우는 절대로 없습니다. 제사를 드리는 자들이 잘 압니다. 이미 죽은 자들은 다시 돌아오지 못하기 때문이고 귀신들(죽은 사람의 영혼이 아닌 타락한 천사들)은 사람처럼 음식을 먹는 존재가 아닌 영적 존재이기 때문입니다. 하지만 개신교에서 행하는 추도예배(적절한 표현이 아님)는 죽은 고인을 생각하지만 하나님께 드리는 예배를 뜻합니다. 참고로 예배, 찬양, 기도는 죽은 자나 산 사람에게 드리지 않고 만물을 창조하시고 영(靈)이시고 살아계신 하나님(God 삼위일체 唯一神)에게만 드립니다. 피조물이 피조물에게, 죽은 자와 귀신에게 예배(미사)하고, 기도하고, 제사하는 것 등은 있을 수 없을 뿐만 아니라 헛된 것입니다. 이것이 성경사상입니다.

천주교 추도예배(미사)관

천주교회의 추도미사(제사)는 죽은 자를 위한 기도와 조상 숭배와 맥을 같이 합니다. 가톨릭은 장례 후에도 죽은 이를 잊지 않고 그들이 하느님 앞에서 영원한 행복을 누리도록 '위령기도'를 바치도록 하고 있습니다. 참고로 위령기도(慰靈祈禱)란 세상을 떠난(죽은 자) 교우들을 위해 바치는 기도를 말합니다(가톨릭 기도서 74쪽). 이는 세상에서 보속(補贖, 지은 죄에 대하여 그 대가를 치르는 것, 죄에 해당하는 벌을 받음을 의미)을 다 못하고 죽은 사람은 천국에 들어갈 때까지 연옥(煉獄 죽은 사람의 영혼이 천국에 들어가기 전에 남은 죄를 씻기 위해 불로써 단련 받는 지옥)에서 정화되는 과정을 거쳐야 하는데, 이때 사후에 곧바로 천국에 들어가지 못한 연옥에 있는 영혼을 위해 하는 기도를 말합니다. 연옥의 영혼은 자력으로 천국에 올라갈 수도, 고통을 덜 수도 없으므로 지상의 교우들이 기도와 희생으로 빨리 천국에 오르도록 기도해야 한다고 합니다. 그 기도 중에 가장 중요한 기도는 역시 위령 미사입니다. 이 미사에는 기일 미사, 장례 미사, 보통 미사 등이 있는데, 그때마다 미사 예물과 함께 사제에게 미사 봉헌 신청을 해야 합니다(가톨릭용어사전). 물론 천주교의 이러한 위령기도 행위는 개신교에서는 절대로 행하지 않습니다. 성경 사상이 아니고 헛된 짓이기 때문입니다.

제2차 바티칸 공의회 전례헌장 제37항입니다.

"전례(典禮 일정한 의식)**에 있어서 교회**(천주교)**는 엄격한 형식의 통일성을 갖고 하지 않는다. 오히려 교회**(천주교)**는 여러 민족과 인종의 영적의식과 표현들을 존중하고 선양한다. 그리고 교회**(천주교)**는 민족들의 풍습에서 미신이나 오류와 관련되지 않는 생활양식을 호의적으로 존중하고, 가능한 그대로 보존하며, 더욱이 참되고 올바른 전례정신에 부합하기만 하면 전례 자체를 받아들인다. 사실 때에 따라서 교회**(천주교)**는 같은 의식들을 성례전 안에 포함시킨다"**(로마 성 베드로 좌에서, 1963. 12. 4)

따라서 가톨릭은 이 전례헌장에 근거하여 망자를 위한 '조상제사'를 합리화하고 정당화합니다. 물론 성경이 금합니다. 가톨릭교회는 죽은 지 3일 되는 날 '3일째 위친의 미사', 7일 되는 날은 '7일째 위친의 미사', 30일이 되는 날은 '30일째 위친의 미사'를 지냅니다. 또 매년 11월 2일은 모든 죽은 자를 위로하는 '위령의 날'로 정하고, 전(全) 세계가 같은 날 죽은 자를 위하여 위령의 미사를 지내고·있습니다. 가톨릭은 전통적인 조상숭배를 허용하며, 시체 앞에서나 무덤 앞에서, 그리고 죽은 사람 앞에서 절하는 것과 제사 지낼 때 향 피우는 것과 음식을 차려 놓는 것 등을 정당한 것으로 허용하고 있습니다. 가톨릭에서 조상들에게 제사하는 절차는 다음과 같습니다. ① 평소에 가족이 좋아하는 음식을 차려 놓습니다. ② 차례 상에 촛불 2개를 켜 놓습니다. ③ 꽃을 놓습니다. ④ 향을 피웁니다. ⑤ 벽에 십자가상을 겁니다. ⑥ 그 밑에는 선조의 사진(영전사진)을 모십니다(사진이 없으면 이름을 써 붙입니다). ⑦ 차례 상 앞에는 돗자리 또는 깔개를 펍니다. ⑧ 서열 순으로 큰절을 합니다. ⑨ 차례 음식을 나누어 먹습니다. 개신교 추도예배(제사)와는 많은 차이가 있습니다. 개신교는 죽은 자에게 기도하지 않고, 절하지 않고, 제사(예배/미사)하지 않습니다. 조상들에게도 그리하지 않습니다. 이미 죽어 영혼이 떠나 소용이 없으며 기본적으로 기도와 예배는 오직 하나님에게만 하기 때문입니다. 절은 산 사람에게만 존경과 공경의 표시로 합니다.

개신교 추도예배(미사)관

추도예배나 추모예배는 엄격하게 말하면 적절한 표현이 아닙니다. '추도 예식'이나 '추모 예식' 혹은 '추도일 기념 예배'나 '추모일 기념 예배'라고 해야 적절합니다. 왜냐하면 예배란 하나님만 생각하고 기쁜 마음으로 하나님께만 드려지는 것인데 '추도예배'(追悼禮拜)란 '죽은 이를 생각하며 슬퍼하는 예배'로 용어 자체 등에서 오해를 받을 수 있기 때문입니다. 또한 사망 당시에는 슬퍼할 수 있지만 예수님을 믿고 천국에 간 고인을 생각하며 해마다, 예식 때마다 슬퍼하는 것은 성경적으로 맞지 않습니다. 그리고 '추모예배'(追慕禮拜)란 '죽은 이를 생각하고 그리워하고 사모하는 것'으로 예배는 그 자체가 하나님만 생각하고, 하나님께만 영광을 돌리고 감사하는 것인데 고인을 그리워하는 예배를 드리는 것은 용어 자체에서 오해 받을 수 있고 예배의 본질에서 어긋나기 때문입니다. 그래서 기일(사람이 죽은 날/제삿날)에 군이 예배형식을 취한다면 '추도일 기념 예배', '추모일 기념 예배'라고 하는 것이 적절합니다. 개신교는 죽은 자를 생각하거나 위하여 예배, 기도, 찬송, 헌물, 절 등을 절대로 하지 않고 음식상도 차리지 않습니다. 이미 죽은 자에게 행하는 '조상제사'는 드리지 않습니다. 예배의 모든 행위는 산 자나 이미 죽은 고인과는 상관없이 오직 하나님께만 드리는 의식입니다. 이것이 개신교가 타종교나, 천주교나, 조상숭배자들과 다른 점입니다.

성경은 살아있는 자와 죽은 자는 숭배, 예배, 기도, 제사의 대상이 아니라고 분명히 말합니다. 예배, 기도, 찬송의 대상은 피조물이 아닌 오직 스스로 살아계신 창조주 하나님뿐입니다. 이렇게 하는 이유는 성경이 그리 말씀하고 있으며, 상식적으로나 논리적으로 죽은 자를 위해서 예배, 기도, 찬양, 절, 음식 차림 등을 한다는 것은 헛되고 헛된 일이기 때문입니다. 이는 마치 이미 죽은 식물에게 물과 비료를 주고 정성을 다하여 수고하는 것과 다르지 않습니다. 그래서 개신교는 성경사상에 따라 죽은 자에게는 일절 어떤 행위를 하지 않습니다. 오직 살아 있을 때 잘 하라고 합니다. 절(세배)도 살아 있는 사람에게만 존경과 공경의 표로 할 뿐입니다. 그 외에는 장례식장에서 영전에게, 산소에 가서 무덤에게, 어떤 그림과 조각상과 형상에게 절대로 절하지 않습니다. 그렇게 하는 이유는 그런 행위가 조상숭배와 우상숭배로 성경이 금하는 것이기 때문입니다. 성경은 기일(忌日 사람의 죽은 날, 제삿날) 때마다 슬퍼하는 것을 금합니다.

구약성경 레위기 19장 28절입니다.
"죽은 자를 위하여 너희는 살을 베지 말며 몸에 무늬를 놓지 말라 나는 여호와니라"

구약성경 신명기 14장 1절입니다.
"너희는 너희 하나님 여호와의 자녀니 죽은 자를 위하여 자기 몸을 베지 말며 눈썹 사이 이마 위의 털을 밀리 말라"

시편 106편 28~29절입니다.
"저희가 또 바알브올과 연합하여 죽은 자에게 제사한 음식을 먹어서 그 행위로 주를 격노케 함을 인하여 재앙이 그중에 유행하였도다"

구약성경 시편 31편 12절입니다.
"내가 잊어버린바 됨이 죽은 자를 마음에 두지 아니함 같고 파기(깨어진 질그릇)와 같으니이다"

시편 기자는 죽은 자를 마치 깨진 질그릇같이 마음에 두지 아니하고 생각에서 잊어버렸다고 합니다. 성경을 보면 소위 많은 성인들이 죽었습니다. 그럼에도 불구하고 성경은 죽은 성인들을 위하여 추도예배나 추모예배를 드리라고 명령하지 않습니다. 경배와 제사와 미사와 찬양의 대상은 오직 하나님뿐이기 때문입니다. 피조물은 살아 있을 때만 가치가 있지 죽으면 무생물, 흙, 영혼이 없는 그냥 물질에 불과합니다. 그리고 개신교는 예수님을 믿었다가 죽은 자나 예수님을 믿지 않고 살다가 죽은 자 모두와 유가족들에게 예의나 위로 차원에서 '명복을 빕니다'라고 하지 않습니다. 명복(冥福)이란 '죽은 뒤에 저승(사후세계)에서 받는 행복을 비는 말'(죽은 뒤 저승에서 받는 복)이기 때문입니다. 사람들이, 조문객들이 유가족들에게 명복을 빈다고 해서 죽은 자가 사후세계에서 좋은 곳에 가는 일은 절대로 없습니다. 사후세계는 천국과 지옥뿐이고 천국은 살아생전에 구세주인 예수님을 진실로 믿어야 가는 곳입니다. 그 외에는 모든 사람들은 다 지옥불에 들어갑니다. 사후에 가는 '좋은 곳'이란 따로 없고 천국(天國 하나님의 나라)뿐입니다. 예수님을 진실로 믿지 않으면 아무리 명복을 빌고 죽은 자를 위하여 유가족들이 지상에서 선행을 하더라도 천국에 들어가지 못합니다.

다시 말하지만 죽은 자에게, 죽은 자를 위해서 산 자가 이 땅에서 명복을 빌거나, 기도나 제사를 드리고 헌물과 봉사나 기부 등을 하는 것은 아무런 영향을 미치지 못합니다. 쓸데없는 짓이자 어리석은 일입니다. 마치 죽은 나무에게 물을 주고 죽은 개에게 음식을 주는 것과 같습니다. 죽은 것에 명복을 비는 것과 동일합니다. 기본 상식과 의식을 갖고 사는 사람은 이런 것을 하지 않습니다. 헛된 일임을 잘 알기 때문입니다. 무엇을 하든지 기본 상식을 가지고 생각을 하며 살아가야 합니다. 게다가 예수님을 진실로 믿지 않고 죽은 자는 곧바로 고통의 장소이자 용광로와 같은 지옥(地獄)에 들어가기에 '명복을 빕니다'라는 말은 전혀 맞지 않습니다. 신자나 불신자를 막론하고 사람이 죽으면 곧바로 영혼이 천국 아니면 지옥으로 갑니다. 이런 사실을 정확히 모르니 망자(亡者)를 위하여 헛된 제사와 기도와 명복을 빈다는 말들을 하는 것입니다. 이런 말을 하는 자들도 사후세계가 어떤 곳인지 잘 모르는 자들입니다. 예의상 그냥 하는 말일 뿐입니다. 따라서 개신교인들은 유가족들에게 막연하게 립 서비스로 '명복을 빕니다'라고 하지 않고 '슬프시겠습니다', '애도를 표합니다', '안타깝습니다', '천국에 들어가셨으니 너무 슬퍼하지 마세요', '하나님의 위로가 있기를 바랍니다' 등의 말을 합니다. 성경에 비추어 보면 이런 것도 천주교와 개신교는 많은 차이가 있습니다. 성경을 바로 알면 헛된 행위들은 하지 않게 됩니다. 지혜자나 믿음의 사람은 성경과 상식에 비추어서 어느 쪽이 성경적이고 옳은지 잘 판단할 수 있을 것입니다. 이것이 개신교 추도예배(미사/제사) 세계관입니다.

제21장

직원 조직 세계관

어느 종교단체나 각기 직원 조직이 있습니다. 각 종교단체들의 직원 조직은 각 종교마다 교리적인 의미와 상징하는 것들이 있습니다. 아무런 의미 없이 이런저런 것을 조직하지 않습니다. 그런 차원에서 바라보면 중요한 그 무엇을 발견할 수 있습니다. 특히 천주교와 개신교는 이와 같은 출처가 사람도, 세상도 아닌 성경이어야 한다는 점입니다. 왜냐하면 기독교의 모든 판단, 주장, 추진, 옳고 그름, 행동의 근거와 기준은 오직 성경이기 때문입니다. 따라서 천주교나, 개신교나, 무엇을 하든지 성경적 근거에서 한 것인지 아니면 세속적이고 인간적 산물인지를 검증해야 합니다. 만약 성경적 근거가 없거나 도리어 상반된 것이라면 모두 배격해야 합니다.

천주교 직원 조직관

천주교는 가르치기를 예수님이 열두 제자 중 베드로를 교회의 우두머리로 세우셨다고 합니다. 그래서 베드로의 후계자인 **'교황'**(敎皇)이 교회의 으뜸이 된다고 가르칩니다. 하지만 이러한 주장은 성경의 근거가 전혀 없습니다. 성경은 베드로가 교회의 우두머리라고 하지 않습니다. 그런 말씀 자체가 없습니다. 교회의 우두머리는 오직 예수님뿐입니다. 다른 열한 제자의 후계자는 각 지방 **'주교'**라고 합니다. 이 또한 성경의 근거가 전혀 없는 가르침입니다. 그리고 주교를 도와 각 지방에서 사목하는 이들을 **'사제'(신부)**라고 합니다. 그래서 천주교는 계급적이고 수직적인 구조인 교황·주교·신부·평신도로 조직되어 있습니다. 그리고 각 성당의 수석사제인 **'추기경'**이 있습니다. 교황은 로마교구의 교구장 주교이며 세계 주교단의 단장으로서 현세 천주교 교회의 통괄적 최고 사목자라고 합니다. 교황은 세계 가톨릭의 본산인 로마 교구의 교구장이며, 바티칸 시국(市國)의 원수(元首)라고 합니다. 그래서 교황은 명실 공히 지상에서 그리스도의 구원 사업을 떠맡은 그리스도의 대리자이며, 전 세계 가톨릭의 영도자일 뿐만 아니라, 온 세상의 정신적인 지도자라고 합니다. 그래서 교황을 교회의 근본이며 으뜸이라는 의미에서 교종(敎宗)이라고도 합니다(가톨릭용어사전). 물론 성경은 교황이라는 용어도 없고 그렇게 말하지도 않습니다.

주교(主敎)는 교회법에서 "하느님의 제정으로 부여받은 성령을 통하여 사도들의 지위를 계승하며, 교리의 스승이요 거룩한 예배의 사제들이며, 통치의 교역자들이 되도록 교회 안에 목자들로 세워진다"고 정의합니다(가톨릭용어사전). 성경은 주교에 대해서도 그렇게 말하지 않습니다. 신부(神父)란 사제품을 받은 성직자로 신부라고 부르는 이유는 사람들에게 영적 생명을 베풀어 주며, 아버지처럼 신자들의 영혼을 지도하고 인도하기 때문입니다(천주교용어자료집). 사제(司祭)란 영어로 프리스트(Priest)라고 합니다. 이는 '장로'(長老)를 의미합니다. 사제는 성품성사(성직)를 통하여 사제의 품위를 받으며, 주교로부터 파견 받아 그리스도의 대리자로서 미사성제를 거행하고, 주교의 협력자로서 복음 전파를 위해 일생 동안 봉사합니다(천주교용어사전). 평신도(平信徒)란 '백성'을 뜻하는 그리스어 laos(라오스)에 근거하는 이 단어는 세례 받은 그리스도인들을 가리킵니다. 평신도는 성품성사를 받지 않은 사람들이며 교회에서 인정하는 수도회에서 수도 선서를 하지 않은 사람입니다. 평신도들은 보편 사제직에 참여하며(1베드 2,5) 교회의 공적 경배에 협력할 권리와 의무를 지닙니다(가톨릭 전례사전). 천주교의 직원 조직을 보면 성경이 말하지 않은 의미와 조직을 자의적으로 만들어 사용하고 있습니다. 성경을 어느 정도 알고 있는 신자라면 잘 판단할 수 있습니다.

개신교 직원 조직관

개신교의 직원 조직은 성경에 근거한 단순 조직입니다. 성경이 말하는 교회 내의 기초 직원 조직은 목사(감독), 장로, 안수집사의 삼직(三職)으로 구성합니다.

디모데전서 5장 17절입니다.

"잘 다스리는 장로들을 배나 존경할 자로 알되 말씀과 가르침에 수고하는 이들을 더할 것이니라"

목사란 목회 성격상의 명칭이고, 본 직명은 장로입니다. **"잘 다스리는 장로"**는 교회 행정업무를 맡아 섬기는 시무장로이고 **"말씀과 가르침에 수고하는 이들"**은 성경을 선포하고 가르치는 목사를 가리킵니다.

에베소서 4장 11절입니다.

"그가 혹은 사도로 혹은 선지자로 혹은 복음 전하는 자로 혹은 목사와 교사로 주셨으니"

하나님께서 하나님의 나라를 위해서 부르신 일꾼들은 다양한 은사를 주셔서 각기 사역을 맡기셨다고 합니다.

빌리보서 1장 1절입니다.

"그리스도 예수의 종 바울과 디모데는 그리스도 예수 안에서 빌립보에 사는 모든 성도와 또는 감독들과 집사들에게 편지하노니"

위의 삼직은 높고 낮음이 없습니다. 수직적인 상하 제도가 아닙니다. 수평적인 연립제도입니다. 정년은 70세입니다. 천주교와는 달리 개신교 직원은 권리나 인격적으로 계급적이거나 수직적이지 않습니다. 단지 원만한 교회 공동체 운영과 안녕을 위해서 질서 차원에서만 수직적일 뿐입니다. 목사(牧師)는 하나님의 말씀을 전하고 가르치며, 치리와 성례(세례와 성찬)를 집행합니다. 편의상 교회의 대표자로 활동합니다. 모든 목사는 인격과 사역 면에서 동등합니다. 차별이나 우열이 없습니다. 목사가 다른 목사를 지배하지 않습니다. 목사 위에 목사 없고 목사 아래 목사 없습니다. 장로(長老)는 목사를 도와 치리와 행정을 담당합니다. 정년은 70세입니다. 안수집사(按手執事)는 남자로 교회 내에서 봉사와 구제를 담당합니다. 안수집사 정년도 70세입니다. 그 외에도 임시직원으로 전도사(지교회를 섬기는 남녀 유급 교역자), 전도인(특별히 전도의 은사를 받아 사역자하는 자), 권사(교인을 방문하여 케어 하는 자), 남녀 서리집사(봉사자, 임기는 1년)가 있습니다. 그 외에도 노회장이 있는데 이는 지역 교회들의 목사와 장로로 구성된 조직의 장인으로 해마다 투표로 선정하며 임기는 1년입니다. 또 총회장이 있는데 이는 노회에서 파송된 대표인 총대(목사와 장로로 구성)에 의해서 선출된 자를 말합니다. 임기는 1년입니다. 하지만 노회장과 총회장이라 할지라도 계급적이지 않습니다. 누굴 지배하지 않습니다. 동등합니다. 벼슬이 아닙니다. 단지 노회와 총회의 회무만을 처리할 뿐입니다. 개신교의 모든 직분은 예수님께서 제자들의 발을 씻기셨듯이 섬기는 자리입니다. 세상 지도자들이나 권세자들처럼 군림하지 않습니다.

마태복음 23장 11~12절입니다.

"너희 중에 큰 자는 너희를 섬기는 자가 되어야 하리라 누구든지 자기를 높이는 자는 낮아지고 누구든지 자기를 낮추는 자는 높아지리라"

개신교의 모든 직원 조직은 섬김을 받는 자가 아니라 섬기고 희생하는 종, 노예일 뿐입니다. 예수님께서도 섬기는 자가 되라고 하셨습니다. 성경은 교회 직원으로 교황, 주교, 사제 등의 용어 자체가 없고, 우열이나 높낮이도 없습니다. 맡은 사역이 다를 뿐 인격적으로 평등합니다. 기초직원으로 목사(감독), 장로, 집사(안수집사)를 언급하기에 성경에 있는 용어 그대로 직원을 조직하여 사용하고 있습니다. 각 직원에 대한 뜻도 성경에 나와 있는 용어 그대로만 가르칩니다. 자의적으로 용어를 만들고 뜻을 부여하여 사용하지 않습니다. 이런 차원에서 천주교와 개신교의 직원 조직은 큰 차이가 있습니다. 이것이 개신교 직원 조직 세계관입니다.

제22장

심판 세계관

성경은 세상 끝날(종말)에 인류 최후의 심판이 있다고 말합니다. 그 시점은 아무도 모릅니다. 복음이 땅 끝까지 전파가 되는 그날입니다. 그날은 하나님밖에 모릅니다. 심판, 처벌, 징계, 결산, 인과응보, 뿌린 대로 거두기라는 단어는 모든 사람들에게 부담스럽고 멀리하고 싶은 것입니다. 기본적으로 모든 사람들은 잘하든, 잘못하든 벌을 받는 것을 원치 않기 때문입니다. 하지만 영상 40도 전후의 폭염이 찾아오고, 태풍이 몰아치고, 혹한이 찾아오는 것을 싫어하고 부정해도 막을 수 없는 것처럼 모든 사람이 죽은 이후에 직면하게 되는 하나님에 의한 인류 최후의 심판도 불가항력적인 것입니다. 이를 부정하거나 싫어한다고 심판이 없어지는 것이 아닙니다. 지엽적이고 부분적인 심판은 이 땅에서 일상적으로 경험하는 것입니다. 현세에서도 심판이 있고 이를 거부하지 못합니다. 나쁜 짓을 한 사람들은 경찰에게 조사와 수사를 받고 검찰에 의해 수사와 기소를 당함으로 법원에서 심판(재판/처벌/징계)을 받아 유죄 여부에 따라 감옥에 들어갑니다. 스포츠 경기에서도 주심에 의해 일상적으로 심판을 경험합니다. 경기 중 선수가 반칙을 했을 경우 주의와 경고와 퇴장이라는 심판을 당합니다.

모든 직장에서도 직원들이 연말 결산을 통해서 심판을 받습니다. 농부들도 가을 추수 때에 자기가 수고하고 뿌린 대로 결실에 대한 심판을 받습니다. 학생들도 매 학기 중간고사와 기말고사, 그리고 고등학교 3학년 때 대학 입학시험인 수시와 수능을 보는 심판을 받습니다. 공무원 지망생들도 공무원 시험이라는 심판을 통과해야 합니다. 이처럼 심판이라는 것은 이 세상에서 일상적으로 경험하는 것으로 부인할 수 없는 것입니다. 문제는 이 세상에 살아 있을 때만 심판을 받는 것이 아니라는 점입니다. 남녀노소를 불문하고 죽은 다음, 즉 사후 어느 시점에 모든 사람들이 다시 살아나서 만인의 재판장이신 하나님(예수님)으로부터 요람에서 무덤까지의 삶에 대한 완벽한 심판을 받습니다. 믿든 믿지 않든 심판은 반드시 있습니다. 그래서 인생을 함부로 살면 안 되고 항상 심판사상에 젖어 반듯하고 거룩하게 살아야 합니다. 동시에 허물과 죄가 있든, 없든 특별사면을 받아 심판을 피할 수 있는 길도 알아야 합니다. 심판이 있다는 것은 천주교와 개신교가 일치하지만 어떤 부분에 있어서는 큰 차이가 있습니다. 큰 차이가 있다는 것은 모든 판단 기준인 성경에 근거합니다.

천주교 심판관

천주교도 사람이 죽은 다음에 심판(審判)이 있다고 인정합니다. 세상 종말에 하느님 앞에서 각자가 받는 사심판(개별심판)을 받고, 모든 사람에게 공포하는 공심판(최후 심판)을 받는다고 합니다. 그것은 **"죄가 없고 공로가 많은 사람은 천국으로 가는 상을 받고, 대죄 중에 있는 사람은 지옥 벌을 받으며, 대죄는 없지만 소죄가 있는 사람은 연옥으로 간다"**고 가르칩니다(천주교주요교리). 하지만 이는 성경에 없는 주장, 성경을 가감(加減)하는 주장이기도 합니다. 사전적 의미의 '공로'(功勞)란 '사람이 어떤 일에 이바지한 공적과 노력'을 뜻합니다. 공로는 일반적으로 노력한 업적의 공(功)이라고 말하나 여기서는 기도나 선행, 희생이나 봉사 등으로 쌓은 공적을 말합니다. 공로는 자연적인 공로와 영원한 생명을 얻을 수 있는 초자연적인 공로가 있습니다. 그중에 후자는 구원에 필수적입니다(로마 3,9~20). 그런데 초자연적 공로를 세우기 위해서는 다음의 세 가지 조건이 있어야 합니다. 선행을 해야 하며, 선행을 하되 하느님을 위한 초자연적인 지향이 있어야 하고, 은총의 상태(義化)에 있어야 합니다. 그러므로 대죄 중에 있는 자는 하느님의 영적 생명이 죽은 상태이기 때문에 고해 성사로 은총의 상태를 회복해야 합니다(가톨릭용어사전).

이러한 공로사상은 성경에 없습니다. 성경은 천국에 가는 것과 공로는 전혀 무관하다고 말합니다. 그리고 천주교는 "대죄"(大罪)란 아담이 범한 죄로 모든 인류에게 전가된 본죄인데 십계명 등, 하느님의 법을 크게 거슬러 죽음에 이르게 하는 죄로 죽을죄(死罪)라고도 합니다. "소죄"(小罪)란 죄 가운데 하느님의 은총을 잃지는 않을 정도의 죄로 자범죄라고도 합니다. 그리고 "연옥"(煉獄 달일 연, 감옥 옥)이란 가톨릭에 있어서의 연옥은 일반적으로 세상에서 죄를 풀지 못하고 죽은 사람이 천국으로 들어가기 전에, 불에 의해서 죄를 정화(淨化)한다고 하는, 천국과 지옥(地獄) 사이에 있는 상태 또는 장소를 말합니다. 대죄(大罪 전가된 본죄)를 지은 사람은 지옥으로 가지만, 대죄를 모르고서 지은 자 또는 소죄(小罪 스스로 지은 자범죄)를 지은 의인의 영혼은 그 죄를 정화함으로써 천국에 도달하게 됩니다(가톨릭대사전). 연옥은 세상에서 죄의 보속(補贖 속죄)을 다하지 못하고 죽은 영혼들이 천국에 들어가기까지 자기 죄를 보속하며 단련 받아 정화되는 상태라고 합니다(천주교주요교리). 하지만 성경은 구원에 있어서 인간의 공로를 배격합니다. 성경은 대죄든, 소죄든지 죄를 회개하지 않으면 천국에 들어가지 못한다고 합니다. 성경에는 연옥이 없고 인정하지도 않습니다. 그리고 죄 사함은 오직 하나님의 고유영역이고 권세인데 신부에게 하는 고해성사도 헛된 짓이라고 합니다. 천국과 이 세상 사이에 있는 연옥이라는 곳은 없습니다. 쉽게 말해서 연옥이라는 곳은 마치 페이퍼컴퍼니(유령회사)와 같은 것입니다. 기독교 내에 있는 것 중에 성경사상이 아닌 것은 다 가짜입니다.

개신교 심판관

    개신교는 성경사상에 따라 하나님에 의한 이 세상에서의 부분적인 심판(예, 노아시대의 대홍수 심판, 소돔과 고모라와 위성 도시 심판 등)과 세상 종말에 인류 최후의 심판이 있음을 고백합니다. 성경은 사후에 있어서 인류에 대한 심판이 있음을 분명하게 경고합니다.

    구약성경책 전도서 12장 14절입니다.
"하나님은 모든 행위와 모든 은밀한 일을 선악간에 심판하시리라"

    신자나 불신자를 막론하고 모든 사람들은 어머니 태중에서부터 무덤까지의 모든 언행, 인생의 삶에 대하여 완벽하게 심판을 받을 것입니다. 뿌린대로 거두게 될 것입니다. 사람들 몰래 행한 죄, 실정법을 피한 죄 등 모든 행위에 대하여 철저한 심판을 받을 것입니다. 그날이 멀지 않았습니다.

    신약성경책 히브리서 9장 27절입니다.
"한 번 죽는 것은 사람에게 정하신 것이요 그 후에는 심판이 있으리니"

    여기서 **"한 번 죽는 것"**이란 '육체적인 죽음' 또는 '개인적인 죽음'을 뜻합니다. 그리고 **"그 후에"**란 사후(死後 죽은 이후)를 가리킵니다. 보통 일반사람들이 사람이 죽으면 유가족들에게 위로하는 말이 있습니다. '명복을 빕니다' 이 때 명복(冥福 저승 명)이란 저승, 곧 사후세계를 가리킵니다. 일반 불신자들도 사후세계(저승)가 있음을 어렴풋이 인정합니다. 그렇지 않으면 유가족들을 상대로 거짓된 말이 될 것입니다. 성경은 사후세계가 있음을 분명이 말합니다. 사람은 죽음으로 죽음이 끝나지 않는다고 말합니다. 그 일반적이고 성경적인 근거와 논리는 명백합니다. 상식적인 논리의 핵심은 물질이 아닌 '영혼'의 존재에 있습니다. 사람은 육체와 영혼으로 구성되어 있습니다. 육체와 영혼이 잘 결합되어 있으면 산 사람이고, 어느 날 노환이나 질병이나 사고 등으로 영혼이 육체에서 떠나게 되면 '죽었다'라고 합니다. 그것을 시체라고 합니다. 육체는 물질이기에 땅에 묻거나 화장을 하고 시간이 지나면 썩어 없어집니다. 그러나 영혼은 물질이 아니므로 썩지도 불에 타지도 않습니다. 따라서 한 번 태어난 사람은 영원히 삽니다.

그러면 사람의 육체(몸)에서 떠난 영혼은 어디로 갑니까? 어디로 사라집니까? 곧바로 천국 아니면 지옥으로 갑니다. 거기에서 최후 심판을 기다리고 있다가 복음이 땅 끝까지 전파된 세상 종말에 예수님께서 천사들과 함께 인류를 심판하시기 위해서 공중으로 재림하십니다. 그때 천지에서는 이미 죽은 자들과 산 사람들의 새롭게 변화된 육체와 영혼이 재결합 후 부활(다시 살아남)하여 인류의 심판장이신 예수님 앞에 서서 최후의 심판을 받고 천국과 지옥에 들어가 영원히 살게 됩니다. 이미 오래 전에 죽은 사람들이 어떻게 살아날 수 있느냐고 의문을 품을 수 있습니다. 천지만물을 말씀으로 창조하신 전지전능하신 하나님께서 수십, 수백억명의 망자들을 초자연적인 능력으로 다시 살아나게 하시는 것은 식은 죽 먹기보다 쉽습니다. 인간의 생각으로는 불가능한 일이지만 하나님에게는 아주 쉬운 일입니다. 그렇게 하실 수 있는 것은 하나님의 전지전능성 때문입니다. 다르게 말하면 초자연적인 능력을 소유하신 분이기 때문입니다. 인간의 이성으로는 이해불가입니다. 개신교의 공동 신앙고백인 '사도신경'에도 **"저리로서**(거기로부터-하나님이 계신 곳) **산 자와 죽은 자를 심판하러 오시리라"**고 되어 있습니다. 성경의 심판사상은 진리입니다. 진리는 참이기에 때가 되면 그대로 이루어집니다.

지구상에 살면서 불공정한 재판 때문에 억울함을 당한 자들, 힘이 없어 억울함을 당한 자 등이 제대로 보상을 받게 될 것입니다. 완전범죄를 꿈꾸고 온갖 못된 짓을 한 자들은 피를 토하게 될 것입니다. 높은 권세와 많은 돈으로 선과 악을 바꾼 자들도 공정한 심판을 받게 될 것입니다. 성경을 가감하고, 이단사상과 불건전한 사상을 전파하고, 양의 탈을 쓴 종교지도자들도 무서운 심판을 받게 될 것입니다. 신앙생활, 목회사역을 자기 방식과 기준대로 행한 자들도 심판을 피하지 못할 것입니다. 온갖 불법(진리와 실정법 위반)을 행한 자들도 정확한 심판을 받게 될 것입니다. 신자나 불신자를 막론하고 하나님의 심판을 피할 사람은 아무도 없습니다. 그런즉 누구든지 사후에 심판이 있음을 알고 하나님의 말씀대로 살려고 애써야 합니다. 심판을 받기 전에 자기 죄에 대하여 진심으로 회개하고 거룩하게 살아가야 합니다. 누구든지 지옥 심판을 받지 않기 위해서는 인류의 유일한 구원자, 구세주인 예수 그리스도를 진실로 믿어야 합니다. 그러면 심판을 받지 않고 특별사면을 받아 천국에 들어갑니다. 구원을 받습니다. 불신자들과 기독교인들과 죄인들은 진정한 회개와 회개의 열매가 있는 삶이 요구됩니다. 입으로만 주여! 주여! 하는 자, 종교성만을 가지고 유대 종교 지도자들처럼 외식적으로 성당과 교회당을 출입한 자들은 위험합니다. 구원을 받지 못할 수도 있습니다. 착각 가운데 사는 기독교인들이 적지 않습니다. 이것이 성경과 개신교의 심판세계관입니다.

제23장

지도자 복장 세계관

천주교 지도자들과 개신교 지도자들의 복장은 큰 차이가 있습니다. 복장이라 함은 평상복인 가운(옷)과 머리에 쓰는 모자인 관(冠)입니다. 천주교 지도자들은 지위에 따라 가운 색깔과 모자 색깔이 다 다릅니다. 그러나 개신교 지도자들은 통일되고 규격화된 복장이 없습니다. 각자가 알아서 선택합니다. 대부분 정장 복장으로 강단에 서고 각종 집례를 행합니다. 복장에 신학과 신앙에 대한 큰 의미를 두지 않습니다. 일부 교단의 지도자들만 법관복과 비슷한 가운을 걸칩니다. 머리에 쓰는 것은 없습니다.

천주교 지도자 복장관

천주교 지도자들의 복장은 성직자들이 평상복으로 입는, 발목까지 오는 긴 옷을 말합니다. 로만 컬러에 앞이 트인 옷으로 30~40개의 단추가 달려 있습니다. 3세기까지는 성직자들의 고정된 복장이 없었는데 6세기부터 로마인들의 복장을 본따서 성직자들의 특수한 복장이 생겨나기 시작하였습니다. 처음에는 '팔리움'(Pallium)이라 하여 간단하게 된 특수 외투를 입었고, 후에 **'수단'**(soutane)이라는 긴 사제복을 입기 시작하였습니다. 수단은 중세의, 길이가 길고 헐렁한 외투에서 유래한 것으로 당시 의사나 법관들이 입었던 옷입니다. 시대가 변하면서 일반인들의 의상은 변하였으나 성직자들은 계속 이 옷을 입게 된 것입니다. 수단이란 말은 "밑에까지 내려오는 옷"이란 뜻의 프랑스어(soutane)에서 유래되었습니다. 수단의 색깔은 검은 색으로, 하느님과 교회에 봉사하기 위해 자신을 봉헌하고 세속에서 죽었다는 의미입니다. 이런 복장은 트리엔트 공의회(1546~1563년)에서 규정되었습니다. 수단의 종류로는 컬러 부분에서 발목까지 단추가 달려 있는 것도 있으며, 컬러에서 허리부분까지는 고리가 달려 있고 벨트가 있는 것도 있습니다. 수단은 성직자의 지위에 따라 그 색깔이 다른데, **사제(지방 사목)는 검정색이나 흰색을, 주교(지방 주교)는 진홍색을, 추기경(각 성당의 수석사제/교황 다음 서열)은 적색을, 교황은 항상 흰옷**을 입습니다(가톨릭대사전).

그리고 천주교 지도자들이 머리에 쓰는 관(冠)이 있습니다. 이는 교황이나 주교가 의식 때 착용하는 모자를 말합니다. 겉은 비단이나 마포로 되어 있으며, 속은 두꺼운 종이를 넣었습니다. 뒤편에는 장식용 두 개의 띠가 드리워져 있으며, 기도할 때는 이 모자를 벗습니다. 이 관은 장식을 한 것도 있는데, 예식의 장엄도나 계절에 따라 사용되는 경우가 다릅니다. 특히 장식이 없는 관은 성금요일과 장례식에 착용합니다(가톨릭용어사전). 지도자들이 쓰는 모자(冠)로는 **교황은 흰색을, 추기경은 빨간색을, 주교는 보라색을 쓰고 그 밖의 사람은 검은색을** 씁니다. 교황이 쓰는 관(冠 모자)은 맨 꼭대기의 십자가를 정점으로 3층을 이루고 있어 삼중관으로도 불립니다. 3개의 층은 교황의 삼중 직무, 곧 통치권, 성품권, 교도권을 뜻합니다(가톨릭대사전). 지금까지 살펴본 바에 의하면 천주교는 지위에 따라 복장이 다 다릅니다. 의미도 다릅니다. 물론 성경에는 교회 지도자들에게 어떤 옷을 입고 어떤 모자를 쓰라는 말씀은 전혀 없습니다. 개신교 지도자들의 복장은 각자의 자유입니다. 어떤 색깔의 옷을 입든 일반정서에 맞고 깨끗하게만 입으면 됩니다. 머리에 쓰는 모자(관)도 쓰든 쓰지 않든지 아무런 의미가 없습니다. 예배 중에는 머리에 그 어떤 것도 쓰지 않습니다. 복장과 모자에 어떤 종교적 의미도 부여하지 않습니다. 왜냐하면 성경이 그렇게 하지 않기 때문입니다. 옷은 단지 옷이고 모자는 단지 모자일 뿐입니다. 날씨나 건강 여부에 따라 이런저런 옷과 모자를 교회 밖에서 사용할 수 있습니다. 그 외에는 그 이상도 이하도 아닙니다. 이렇게 옷과 모자 등 겉모습과 외모에 신경을 많이 쓰고 의미를 부여하는 것은 주로 참 신이 없는 종교에서 그리합니다.

하나님은 예배 때나 평상시 중심(마음)을 보시고 신자들을 평가하십니다. 예배든 미사든지 기뻐 받으십니다. 아무리 외적으로 아름답고 화려하게 꾸미고 별의 별 짓을 다 해도 중심에서 진정성과 믿음이 없이 행하시면 거부하십니다. 인정하지 않으십니다. 천주교 지도자 복장은 처음부터 그리한 것이 아니라 어느 시점에서 생겨난 것일 뿐입니다. 어느 날 자의적으로 만든 복장일 뿐입니다. 성경과는 전혀 상관이 없습니다. 천주교 지도자들은 신분, 지위, 계급, 서열에 따라 옷과 모자 색깔이 다 다른데 이는 성경에서 말하는 모든 신자들과 지도자들의 왕 같은 제사장 사상과도 맞지 않습니다(벧전 2:9). 그런즉 천주교는 지도자들 복장에 대하여 종교적 의미를 부여하지 말아야 하고, 복장에 따라서 지도자들을 차별하지 말아야 합니다. 동시에 외적 복장을 통해서 어떤 권위와 위엄과 능력과 거룩성을 드러내려고도 하지 말아야 합니다. 복장에는 아무런 능력과 의미가 없습니다. 이것이 성경사상입니다.

개신교 지도자 복장관

개신교는 천주교처럼 신분과 지위에 따라 어떤 복장을 통일성 있게 착용하지 않습니다. 개신교 내 일부 교단에서 예배와 예식 때에 입는 복장이 약간 다른 면도 있지만 대부분의 교단, 특히 개혁교단에서는 특별한 복장을 취하지 않습니다. 일부 목사들이 예식 가운을 입고 권위를 나타내려고 하는데 이는 아무런 의미나 가치가 없습니다. 권위나 위엄은 겉모습과 복장을 통해서 나타나는 것이 아니라 하나님의 말씀대로 살고 그 말씀을 바르게 전할 때 발생하는 것입니다. 또한 어떤 구별된 색깔의 옷을 입는다거나 머리에 어떤 모자를 쓰는 일은 없습니다. 왜냐하면 성경이 그렇게 하라고 하지 않기 때문입니다. 그래서 개신교 지도자들은 외모 옷이나 복장으로 판단하지 않습니다. 목사들마다 정해진 복장이 따로 없습니다. 옷 색깔이나 복장에 따라 종적인 질서나 계급의식과 의미가 전혀 없습니다. 옷은 그저 옷일 뿐입니다.

베드로전서 3장 3절입니다.
"너희 단장은 머리를 꾸미고 금을 차고 아름다운 옷을 입는 외모로 하지 말고"

야고보서 2장 1절입니다.
"내 형제들아 영광의 주 곧 우리 주 예수 그리스도를 믿는 믿음을 너희가 받았으니 사람을 외모로 취하지 말라"

골로새서 3장 25절입니다.
"불의를 행하는 자는 불의의 보응을 받으리니 주는 외모로 사람을 취하심이 없느니라"

모든 목사들은 자기 형편과 취향에 따라 자기가 입고 싶은 옷, 즉 정장 양복을 입고 예배를 드리고 각종 예식을 거행합니다. 평상시의 복장과 다르지 않습니다. 개신교의 복장은 천주교와 달리 아주 심플(단순)합니다. 천주교처럼 지도자들이 입는 복장으로 신분을 나누지 않습니다. 예수님께서도 특별한 복장을 취하지 않으셨습니다. 머리에 모자를 쓰지 않았습니다. 예수님의 제자들도 캐주얼 복장으로 신앙생활과 선교활동을 하였습니다. 이것이 개신교 지도자 복장 세계관입니다.

제24장

성모송 기도 세계관

기도(祈禱 Pray)란 '바라는 바가 이루어지기를 신불(神佛 하나님과 부처) 등에게 비는 것'을 뜻합니다. 기본적으로 신이라고 믿는 대상에게 합니다. 기도는 모든 종교인과 무종교인 모두가 합니다. 기독교인들만 하는 것이 아닙니다. 천주교인, 개신교인, 불교인, 이슬람교인, 힌두교인, 무종교인 등이 다 기도합니다. 각자 자기들이 믿는 신이나, 어떤 형상(모양, 조각상)이나, 신념에 따라 어떤 대상에 기도합니다. 미신을 믿는 자들은 물을 떠놓고도 기도합니다. 각자 다 나름 신념과 신앙과 확신 가운데 기도합니다. 그 중에서 이슬람교인들이 가장 열심입니다. 언제 어디서나 하루에 다섯 번씩 이슬람 성지인 사우디아라비아 메카를 향하여 손발을 씻은 후 매트를 깔고 엎드려서 기도합니다. '알라'에게 세상의 그 어떤 종교인들이 따라올 수 없는 기도를 합니다. 이처럼 모든 종교인들과 무종교인들과 미신을 믿는 자들까지 매일 기도를 하지만 과연 효력이 있는, 실효성이 있는 기도를 하느냐가 관건입니다. 기도와 효력은 그 대상이 누구인지가 중요합니다. 살아있는 신인지 아니면 죽은 신인지, 또한 전능하신 신(神)인지 무능한 신(神)인지가 중요합니다. 만일 죽은 자에게 기도하거나 무능한 자에게 기도하면 기도가 아무런 소용이 없기 때문입니다.

비유하자면 다양한 농부들이 나름 식물들에게 비료와 물과 농약을 줄 때 헛수고 되지 않기 위해서는 어떤 식물에게 비료, 물, 농약을 주어야 합니까? 살아 있는 식물입니다. 만약 죽은 식물에게 비료, 물, 농약을 준다면 그 농부는 아무리 열심히 수고를 해도 헛수고를 하는 것입니다. 사람이 누군가에게 전화를 할 때나 편지를 쓸 때도 산 사람에게 합니다. 응답하지 못하는 죽은 자에게는 전화나, 문자나, 편지를 써서 보내지 않습니다. 기도도 마찬가지입니다. 기도를 응답할 수 있는 전능하시고 살아 있는 분이신가가 제일 중요합니다. 성경은 기도의 대상을 아주 분명하게 말합니다. 기도의 대상은 이미 죽은 자나, 피조물이나, 사람이 만든 어떤 형상이 아니라고 합니다. 그 어떤 인간도 아니라고 합니다. 전지전능하신 신(神)뿐이라고 합니다. 살아계신 분이라고 합니다. 그분은 스스로 계시며, 살아계시며, 이 우주만물을 말씀 선포로만 창조하신 전지전능하신 성삼위(三位一體) 하나님(성부 하나님, 성자 하나님, 성령 하나님)뿐이라고 합니다. 성삼위 하나님 외에는 다른 신이 없습니다. 나머지는 다 가짜이며, 아무것도 할 수 없고, 누가 어떤 기도를 하든지 듣지도, 응답하지도 못하는 허수아비인 우상(偶像)이라고 합니다. 그래서 하나님께서 이스라엘 백성들, 지구상에 존재하는 모든 기독교인들에게 여호와 하나님 외에는 다른 신들(우상들)을 있게 말라고 명령하셨습니다.

역대상 16장 26절입니다.

"만방의 모든 신(god)은 헛것이요…"

역대상 17장 20절입니다.

"여호와여 우리 귀로 들은 대로는 주(하나님)와 같은 이가 없고 주 외에는 참 신이 없나이다"

출애굽기 20장 3절입니다.

"너는 나 외에는 다른 신들(gods)을 네게 있게 말찌니라"

그런즉 하나님 외에 다른 신들이나 형상이나 피조물에게 기도해봤자 아무런 소용이 없습니다. 헛수고입니다. 그러면서 오직 하나님께만 기도하라고 합니다. 이것이 성경사상입니다. 그런데 천주교와 개신교는 기도의 대상이 다릅니다. 그것이 성모송 기도입니다.

천주교 성모송 기도관

천주교의 '성모송 기도'란 하느님이신 예수 그리스도의 어머니, 성모 마리아께 바치는 기도입니다. 천사가 마리아에게 한 축하 인사(루가 1:28)와 엘리사벳의 인사(루가 1:42)가 합쳐진 형태가 6세기부터 전해

오다가 11세기 이래로 수도원에서 봉송되었고 13세기부터 일반 신자들에게 널리 알려졌습니다. 1568년 교황 성 비오(St. Pius) 5세가 성무일도에 삽입함으로써 더욱 널리 전파되어 특히 로사리오 기도에 사용되었습니다. 성모송은 두 부분으로 나누어지는데, 첫째 부분인 "은총이 가득하신 마리아여 기뻐하소서! 주께서 함께 계시니 여인 중에 복되시며, 태중의 아들 예수 또한 복되시도다!"는 대천사 가브리엘이 마리아에게 한 축하 인사로 이루어진 찬미의 기도입니다. 둘째 부분인 "천주의 성모 마리아여, 이제와 우리 죽을 때에 우리 죄인을 위하여 빌으소서. 아멘"은 15세기경에 교회에서 만든 청원의 기도로 성모 마리아의 전구(轉求)를 간청하고 있습니다(가톨릭대사전). 참고로 전구(轉求 옮길 전, 구할 구)란 가톨릭에서 자신이 지은 죄를 용서하여 줄 것을 천주(하나님)께 직접 빌지 않고 성모나 성인 혹은 천사를 통하여 비는 기도를 말합니다. 서두에서도 언급했지만 기도의 대상은 오직 하나님께만 하는 것입니다. 천주교에서의 전구는 개신교에서 말하는 중보의 기도를 가리킵니다. 그리고 죽은 자는 누구든지 지상에 있는 기독교인을 위해서 전구, 즉 중보의 기도를 할 수 없습니다. 이미 죽은 자에게 대신 기도를 부탁하는 것은 아무런 효력이 없습니다. 그런 기도부탁 자체가 헛수고입니다. 성경 어디에도 이미 죽은 자에게 전구(轉求)를 구하는 것은 전혀 없습니다. 단지 산 사람이 산 사람에게 중보의 기도는 부탁할 수 있습니다. 산 신자가 다른 산 신자의 보호, 인도, 변화, 치유와 불신자들의 구원을 위해서 하는 기도 부탁은 성경사상입니다. 그러나 죽은 자에게 기도부탁을 하는 것, 죽은 자를 위해서 기도하는 것, 성모나 성인을 통해서 비는 기도는 전혀 성경사상이 아닙니다. 그런 행위와 내용은 성경에 없습니다. 사람이 임의로 만든 것입니다. 성모송 기도도 마찬가지로 성경사상이 아닙니다.

개신교 성모송 기도관

개신교에는 성모송 기도문이 없습니다. 성모, 성인, 천사 등에게 기도 부탁도 하지 않습니다. 성경에 그런 말씀이 없고 효력이 발생하지 않을 뿐만 아니라 헛되고 헛된 것이기 때문입니다. 기도는 산 신자가 하나님께 직접 구하는 것입니다. 성경은 산 사람에게 중보의 기도만 부탁합니다. 이미 죽은 자나 그 어떤 죽은 성인에게도 간접적으로 기도부탁을 하지 않습니다. 그래서 개신교는 성경사상에 따라 천주교처럼 성모에게 간접적으로 기도부탁을 청하지 않습니다. 이미 죽은 그 누구에게도 하지 않습니다. 오직 산 신자에게만 타인과 나라 등을 위해서 기도해 달라고 요청합니다. 그래서 개신교에는 이미 죽은 자에게, 성인에게, 마리아에게 부탁하는 전구(轉求 전달하는 기도)가 없습니다. 성경은 신자가 자신의 죄를 용서해 줄 것을 직접 하나님께 구하라고 합니다. 구세주이자 하나님의 아들이신 예수님께서 제자들에게 기도의 본질과 핵심 내용을 직접 말씀하셨습니다. 소위 '주기도' 혹은 '주기도문'입니다.

신약 성경책 마태복음 6장 9~13절입니다.
"그러므로 너희는 이렇게 기도하라 하늘에 계신 우리 아버지여! 이름

이 거룩히 여김을 받으시오며 나라이 임하옵시며 뜻이 하늘에서 이룬 것 같이 땅에서도 이루어지이다 오늘날 우리에게 일용할 양식을 주옵시고 우리가 우리에게 죄 지은 자를 사하여 준 것같이 우리 죄를 사하여 주옵시고 우리를 시험에 들게 하지 마옵시고 다만 악에서 구하옵소서!(나라와 권세와 영광이 아버지께 영원히 있사옵나이다 아멘"

    성경에 따르면 기도는 이미 죽은 자가 아닌 오직 살아계신 하나님께만 하는 것이고, 자신의 죄 사함의 요청 기도도 오직 하나님께 직접 하는 것입니다. 우리의 중보자이신 예수님을 통해서 직접 하나님께 죄 용서함의 기도를 할 수 있습니다. 다른 과정은 필요치 않습니다. 구약시대에는 신자 자신이 아닌 대제사장을 통해서만 죄 사함의 제사를 지냈습니다. 그러나 신약시대에는 중보자 예수님 때문에 하나님과의 막혔던 담(휘장)이 사라져 누구든지 예수님의 이름으로 직접 하나님께 그 어떤 기도도 할 수 있고 나아갈 수 있게 되었습니다. 예수님의 성탄과 십자가 죽음과 부활을 통해서 놀라운 변화와 은혜가 생긴 것입니다. 그리고 성모나, 성인이나, 천사는 스스로 계신 하나님이 아닌 창조된 피조물에 불과합니다. 특히 사람은 하나님께서 흙(먼지)으로 창조하셨습니다. 여기에 마리아도, 성인도 들어갑니다. 소위 성모 마리아는 피조물로써 죄 사함의 권세가 없습니다. 이미 죽은 성모 마리아는 신자의 기도를 들을 수 없고 신자들을 위해서 대신 기도도 해 줄 수 없습니다. 이미 이 세상을 떠난 자로 전구자나 중보의 기도자가 될 수 없기 때문입니다. 그래서 이른바 성모송 기도는 의미가 없습니다. 소용이 없습니다. 코미디입니다. 마치 허수아비에게 기도하거나 간청하는 것과 같습니다. 그러나 천지 어디에나 계시는 전지전능하시고 살아계신 하나님은 신자의 모든 기도를 다 들으시고 자기의 기쁘신 주권에 따라 응답하십니다. 다시 강조컨대 기도는 이미 죽은 피조물(사람, 사망한 마리아)에게 부탁(전구/중보의 기도)하거나 이들을 경유해서 하나님께 기도하는 것이 아닌 산자가 살아계신 하나님께 직접 드리는 것입니다. 어떠한 경우에도, 어떤 의미로도 피조물이자 사람인 성모에게 기도할 수 없고, 죽은 마리아에게 기도 부탁을 할 수 없습니다. 이는 성모를 신격화(중보자)하는 것입니다. 헛되고 어리석은 짓입니다. 성모 마리아는 하나님이 아닙니다. 마리아는 이미 죽었습니다. 살아있는 신자라면 누구든지 인류의 유일한 구세주요 중보자인 예수님의 이름으로 하나님께 직접 하면 됩니다. 이것이 성모송 기도에 대한 개신교 세계관입니다.

제25장

절 세계관

    절(Bowing 인사)은 오직 사람에게 하되 살아 있는 사람에게만 하는 것입니다. 숭배가 아닌 예의와 존경과 질서 차원으로 합니다. 죽은 자에게는 절대로 빌거나 절하지 않습니다. 죽은 자는 이미 영혼이 떠나 아무런 영향을 미치지 못하기고 살아 있는 생명이 아니기에 공경차원이라도 빌거나 절하지 않습니다. 죽은 자는 산 자들에게 아무런 영향을 미치지 못합니다. 그래서 개신교인들은 장례식장과 집에서 고인의 영전사진과 성묘 시 무덤에 절하지 않습니다. 제사를 지낼 때에 제사상 위에 놓인 고인의 영전 사진에게 절하지 않습니다. 또한 사람이 만든 어떤 형상, 조각, 그림, 동상, 무덤 등에 절하지 않습니다. 그렇게 하는 이유는 아무 소용이 없는 종교적 행위이기 때문입니다. 생명이 없는 죽은 어떤 것에 어떤 행위를 하는 것이 쓸데없는 짓이라는 것은 삼척동자(三尺童子 철부지 어린아이)도 다 아는 상식입니다. 비상식적인 행위입니다. 성경은 영혼이 없는 죽은 어떤 형상(동상)에게 기도하고 절하는 것은 의식에 불과한 미런한 짓과 우상숭배로 간주합니다. 그래서 천주교인이 아닌 개신교인들은 사망 시 추모(추도) 예식을 하는 예배 때도 절하지 않습니다. 그렇다고 고인이 된 부모와 조상들을 가볍게 여기지 않습니다. 불자들이나 이방인들과는 다른 방식으로 기념합니다. 부모님이든 누구든지 살아 있을 때 잘 공경하고 섬기라고 합니다. 장례식장에 가서 죽은 자, 즉 고인의 영전 사진에 엎드려 절하지 않습니다. 고인을 생각하며 묵념만 할 뿐입니다. 단지 살아 있는 유족들에게 인사와 애도의 말을 하고 이미 죽은 자가 아닌 살아 있는 유족들을 위하여 기도만 할 뿐입니다. 명절 때 성묘를 가서도 비석이나 묘 등 어느 형상(모양)에나 절하지 않습니다. 생명이 없는 것에, 생명이 떠난 대상에, 이미 죽은 자에게 합장을 하거나 빌면서 절(인사)을 하며 공경과 종교적 의미를 부여하는 것은 성경이 금하는 우상숭배에 해당합니다.

절이란 무엇입니까?

절(Bowing 인사)의 사전적 의미는 **"남에게 몸을 굽혀 공경하는 뜻을 나타냄"**을 의미합니다. 또는 **"공경하는 뜻을 나타내는 예"**를 의미합니다. 절은 공경하는 정도나 대상에 따라 예를 나타내는 방법이 다릅니다. 절에 대한 사전적 의미도 살아 있는 사람에 대한 공경과 예를 취하는 표시이자 행위입니다. 그런데 절이 종교로 넘어가면 전혀 다른 양상을 띱니다. 이미 사망한 자에게 하거나 어떤 형상을 만들어 놓고 그 앞에서 빌거나 절을 합니다. 어떤 종교적 의미를 부여하여 빌고 절합니다. 이는 빌고 절하는 자가 생명이 없는 형상과 동상에 반대급부를 생각하고 무엇을 소원하고 기대하는 숭배 행위입니다. 이렇게 되면 우상 숭배가 됩니다. 절이란 이처럼 산 사람에게 하느냐, 죽은 사람에게 하느냐, 어떤 형상과 동상에게 하느냐에 따라 그 의미와 해석이 전혀 다르게 나타납니다. 특히 불교의 경우 돌과 청동으로 만든 부처 동상에 소원을 빌고 절합니다. 기타 미신을 섬기는 자들이나 사이비 종교인들도 어떤 형상이나 동상을 만들어 놓고 그 앞에서 빌고 절을 하며 자기들의 소원을 구합니다. 성경에 보면 바벨론이나 애굽 나라 등 우상을 섬기는 이방나라 등에서는 다양한 형상과 동상을 만들어 놓고 그것이 신이라고 그 앞에서 빌고 절하며 숭배해왔습니다. 지금도 전 세계적으로 여전히 그리하는 나라들과 사람들이 많습니다. 상식적으로 생각하면 그것이 얼마나 어리석은 짓인지 압니다. 식물, 가축, 사람이든 죽은 것에 어떤 정성을 들이고 빌고 절하는 행위는 진실로 어리석고 무용한 짓입니다.

천주교 절관

가톨릭 전례사전에는 절에 대하여 이렇게 정의하고 있습니다. "간단히 머리를 숙이는 것이나 상체를 반쯤 숙이는 동작을 가리킨다. 절은 하느님께 대한 탄원과 흠숭(공경)의 표시로 전례에서 사용되기 시작하였다. 절은 사람이나 사물에 대해 존경과 헌신을 드러내거나 단순히 인사의 표시로 사용된다. 예수의 성명에 경의를 표하는 것은 성서에 기반을 둔다(필립 2,10). 해가 거듭되면서 최근에 법으로 규정되기까지 절에 대한 토론이 매우 많았다. 깊숙이 몸을 굽히는 절까지 포함한 이전의 세 가지 절은 머리를 숙이는 절과 몸까지 숙이는 절, 두 가지로 축소되었다. 성삼위가 함께 언급되거나 예수님과 마리아 그리고 그날 미사에서 기억되는 성인의 성명에서 머리를 숙이는 절을 하며 성체 축성 때에도 머리를 숙여 절한다. 성체가 모셔져 있지 않을 때 제대 앞에서, 미사 중에 특별히 지적된 말마디에 대해 몸을 굽혀 절한다" 천주교는 사람과 사물, 성인과 마리아에게도 절을 한다고 합니다. 생명이 없는 사물과 이미 사망하여 아무런 영향을 미치지 못하는 성인들과 마리아에게까지 어떤 의미로든지 절을 하는 천주교 주장은 성경사상에 정면으로 위배됩니다. 죽은 피조물(사람)은 어떤 뜻과 마음으로 하든지 절 대상이 아닙니다. 그리고 하나님(예수님)의 형상이라고 하면서 그 앞에서 절을 하고 비는 것도 성경적이지 않습니다. 공경하는 마음이든 다른 그 어떤 의미로 하든 성경은 금합니다. 기독교인들은 흠숭(공경)이든, 그 어떤 마음으로 하든지 이교도들처럼 하지 말아야 합니다. 본질상 하나님은 눈에 보이지 않는, 형상이 없는 영(靈)이시기 때문이고 십계명에서 금하기 때문입니다. 자기들이 믿는 신께 엎드려 절하고 비는 것은 오직 하나님이 아닌 우상을 숭배하는 이교도들인 이슬람과 불교 등과 같은 타종교에서나 하는 행위입니다. 하나님께든, 어떤 모양에게든, 성인들에게든 절하는 것은 성경사상이 아닙니다.

출애굽기 20장 4~5절입니다.

"너를 위하여 새긴 우상(偶像 허수아비)을 만들지 말고 또 위로 하늘에 있는 것이나 아래로 땅에 있는 것이나 땅 아래 물속에 있는 것의 아무 형상(동상)이든지 만들지 말며 그것들에게 절하지 말며 그것들을 섬기지 말라···"

그럼에도 불구하고 천주교는 성인 조각상과 성당 뜰에 세워진 마리아 동상 앞에서 빌기도 하고 머리를 숙여 절을 합니다. 또한 천주교는 불신자들처럼 고인(故人)에 대한 제사를 드립니다. 이때도 고인이 된 영정 사진에 절을 합니다. 천주교의 절 세계관은 성경과 개신교 절 세계관과는 큰 차이를 보입니다. 성경을 바로 알고 상식적인 의식을 가지고 사는 천주교 신자들은 무엇이 잘못되었는지를 알 수 있을 것입니다. 다시 강조컨대 천주교의 절 세계관은 성경적이지 않습니다.

개신교 절관

개신교는 살아있는 사람 외에는 그 어떤 것에게도 절하지 않습니다. 삼위일체 하나님의 형상이나 그림 등을 배치해 놓고 절하지 않습니다. 스스로 살아계신 하나님은 어디에나 계신 분으로 피조물처럼 어떤 형상(모양)이 아니기 때문입니다. 성경은 아무 형상이든지 만들지 말고 그것들에게 절(인사/섬김)하지 말라고 경고합니다. 이는 큰 죄악이라고 말합니다.

출애굽기 20장 4~5절입니다.

"너를 위하여 새긴 우상(偶像 허수아비)을 만들지 말고 또 위로 하늘에 있는 것이나 아래로 땅에 있는 것이나 땅 아래 물속에 있는 것의 아무 형상(동상)이든지 만들지 말며 그것들에게 절하지 말며 그것들을 섬기지 말라 나 여호와 너의 하나님은 질투하는 하나님인즉 나를 미워하는 자의 죄를 갚되 아비로부터 아들에게로 삼 사대까지 이르게 하거니와"

하나님은 눈에 보이는 형상, 모양, 동상이 아닌 눈에 보이지 않으신 영(靈)이십니다. 그래서 성경은 하나님을 예배하는 자는 신령(성령)과 진정(진리)으로 예배하라고 합니다.

요한복음 4장 23~24절입니다.

"아버지께 참으로 예배하는 자들은 신령(성령)과 진정(진리)으로 예배할 때가 오나니 곧 이때라 아버지께서는 이렇게 자기에게 예배하는 자들을 찾으시느니라 하나님은 영이시니 예배하는 자가 신령과 진정으로 예배할찌니라"

하나님은 눈에 보이는 분이 아닌 영(靈)이시기 때문에 어떤 마음으로든지 형상으로 만들거나 대치할 수 없고 사람에게 하듯 절을 할 수 없습니다. 설사 공경(흠숭)의 표현이라도 말입니다. 성경은 영혼이 없는 아무 형상, 동상에게도 절을 하지 말라고 하였기에 살아 있는 사람이 아닌 죽은 자나 어떤 형상에게도 절을 해서는 안 됩니다. 이런 성경 말씀을 잘 아는 개신교 신자들은 성인이든, 마리아든, 사물이든, 예수님 사진이든, 십자가 모양이든, 동상과 형상에게든 어떤 이유를 불문하고 절하지 않습니다. 그런데 성경에 무지한 자들과 잘못된 신앙지식을 소유한 일부 신자들이 영이신 하나님을 눈에 보이는 형상화(어떤 모양을 만듦)를 해서 경배합니다. 이는 우상을 섬기는 행위입니다. 성경사상에 도전하는 것입니다. 구약성경에서 이스라엘 백성들이 영적으로 타락했을 때 이런 짓을 했습니다. 가장 대표적인 사건이 시내산 아래에서의 금송아지 제작과 숭배 사건입니다. 금송아지를 만들어 놓고 그것이 자기들을 애굽에서 인도해 낸 신(하나님)이라고 하였습니다. 이렇게 하는 것은 자신들을 위한 것입니다. 그리고는 우상 앞에 빌고, 절하고, 섬깁니다. 그리스도인들은 이유를 불문하고 교회(성당) 안팎에 그 어떤 형상(성인이나 예수님 그림·동상·조각)이라도 만들지 말아야 합니다. 그것들에게 의미를 부여하여 절하거나 기도하지 말아야 합니다.

어떤 형상과 조각품에 대하여 미술 작품으로 보지 않고 종교적 의미를 부여하여 경배의 대상, 기도의 대상, 절하는 대상, 위로의 대상, 도움의 대상, 의지의 대상, 공경(흠숭)의 대상, 중보의 대상으로 믿고, 섬기고, 보존하는 것은 하나님이 금하신 우상숭배입니다. 교회(성당) 안팎에 돌, 나무, 청동, 그림, 조각 작품, 사진 등으로 어떤 형상을 만들어 놓고 종교적 행위를 하는 것은 모두 성경이 금하는 악한 짓입니다. 장례식장과 집 등에서 영전 사진과 흙무덤(묘)과 비석 등에 절하는 행위도 성경이 금하는 것입니다. 어리석은 짓입니다. 하나님이 미워하는 행위입니다. 우상 숭배입니다. 그런 차원에서 천주교 성당 안과 성당 뜰에 있는 각종 성인들의 그림과 조작, 마리아 형상과 동상 등은 모두 성경이 금하는 우상입니다. 그래서 개신교는 이런 것들에 기도하거나, 절하거나, 종교적 의미를 부여하지 않고 섬기지 않습니다. 공경(흠숭)하지 않습니다. 개신교는 부모에 대한 공경과 섬김도 죽으면 소용이 없고 죽은 다음에 이런저런 제사를 잘 드리는 것도 부질없는 짓이고 효도가 아니니 살아있을 때 잘하라고 가르칩니다. 무엇이든지 살아 있을 때 잘하고 살아 있는 것에 잘해야 합니다. 죽은 다음에 잘하거나 죽은 것에 절하는 것은 헛된 짓입니다. 이것이 절에 대한 개신교 세계관입니다.

제26장

위령미사(예배) 세계관

위령미사(예배)란 죽은 자를 위하여 드리는 미사(예배/제사)를 말합니다. 위령(慰靈)이란 '죽은 영혼을 위로하는 것'입니다. 불신자들도 죽은 자의 영혼을 달랜다는 위령제를 지냅니다. 위령미사의 초점은 하나님이 아니라 죽은 사람입니다. 사실 죽은 영혼은 위로할 수 없습니다. 단지 위령제를 드리는 자들의 일방적 짝사랑과 같은 것입니다. 천주교나 개신교는 스스로 살아계신 유일신(唯一神 오직 유) 하나님(삼위일체 하나님)을 믿고 숭배하지만 죽은 자들을 위하여 드리는 미사(예배), 기도(위령기도)에 관한 부분에 있어서는 천지 차이로 다릅니다. 천주교는 죽은 자를 위하여 미사나 기도를 드리지만, 개신교는 죽은 자를 위하여 예배나 기도를 드리지 않습니다. 왜냐하면 성경이 금하는 헛된 짓이기 때문입니다.

천주교 위령미사(예배)관

천주교에서 죽은 자를 위하여 드리는 위령미사(慰靈 예배)는 '**연미사**' 라고도 합니다, 연미사(煉미사)란 연옥(煉獄)에 있는 이를 위해 드리는 미사를 가리키는 옛말입니다. 연옥이란 '의인(義人)의 영혼이 천국에 들어가기 전에 자범죄(소죄)가 정화(淨化)되는 상태 또는 장소'입니다. '연미사'에 대하여 ≪한불자전≫(韓佛字典, 1880)은 ① 연옥에서 신음하는 영혼들을 위한 미사, ② 축도(祝禱)미사, ③ 마법의 의식 등으로 풀이하고 있습니다. 이 연미사를 다른 말로는 '**사자(死者)의 미사**'라고도 번역되어 일본에서 사용되기도 하였으며, 사자미사 때 쓰이는 검은 제복(祭服)의 빛깔에서 '**흑(黑)미사**'라고도 지칭되었습니다. 중세에는 네 가지의 정식(定式)이 있어서, 봉교자(奉敎者)로서 죽은 자의 기념일 미사, 사망 또는 장례식 날의 미사, 연기(年忌)미사, 사자의 보통 미사 등으로 나누어 적용되어 왔으나, 성 비오 5세 때 결정적으로 하나로 제한되어 묶어졌습니다. 오늘날 천주교 용어로는 '**위령(慰靈)미사**'라는 말로 바뀌어졌으며, '연미사'나 '사자의 미사'라는 말은 사용하지 않습니다(가톨릭사전). 정리하면 천주교의 '위령미사'는 죽은 자로서 사후에 즉시 천국에 들어가지 못하고 천국과 이 땅의 중간 지점인 연옥에 들어간 자들을 위하여 드리는 미사(예배)입니다. 죽은 자를 기념하며 하나님께 드리는 미사나 예배가 아니라 죽은 자를 위하여 드리는 미사(예배)라는 말입니다. 이래서 천주교의 위령미사는 성경이 금하는 것입니다. 죽은 자를 위한 미사, 예배, 제사는 헛되고 헛된 것입니다. 하나님 외에 그 어떤 피조물(죽은 자, 산

자)에게 미사(예배)를 드리는 행위는 우상숭배입니다. 그래서 천주교의 위령미사는 성경사상이 아닙니다.

개신교 위령미사(예배)관

개신교는 죽은 자를 위하여 드리는 위령미사, 위령예배라는 말 자체가 없습니다. 천주교의 위령미사와 같은 내용으로 죽은 자에게 드리는 예배도 없습니다. 왜냐하면 성경이 금하기 때문입니다. 성경 어디에도 죽은 자를 위하여 예배, 미사를 하라는 말씀이 없습니다. 물론 산 사람에게도 미사, 예배를 드리지 않습니다. 혹 그런 경우 하나님이 제일 싫어하시는 우상숭배가 됩니다. 미사와 예배를 받으시는 분은 오직 삼위일체 하나님, 창조주 하나님뿐이기 때문입니다. 피조물은 무엇이든, 누구든 미사, 예배, 숭배의 대상이 아닙니다. 그 어떤 성인이라 할지라도 미사, 예배의 대상이 될 수 없습니다. 그리고 죽은 자를 위하여 미사, 예배를 드리지 않는 이유는 쓸데없는 짓, 소용이 없는 짓, 헛된 종교행위이기 때문입니다. 이는 기본 상식 중의 상식입니다. 사람을 포함한 그 어떤 피조물도 죽으면 죽은 자나 죽은 것에게 행하는 그 어떤 행위도 헛되고 헛된 것이 됩니다. 산 자들이 죽은 자를 위하여 미사, 예배를 드리는 행위는 죽은 자에게 그 어떤 영향도 미치지 않습니다. 그래서 개신교는 성경사상과 일반 상식에 비추어서 죽은 자에게는 절대로 예배나 기도를 드리지 않습니다. 미사(예배), 기도, 죄의 고백은 오직 살아계신 하나님께만 드리는 것입니다.

창세기 4장 3~4절입니다.

"세월이 지난 후에 가인은 땅의 소산으로 제물을 삼아 여호와께 드렸고 아벨은 자기도 양의 첫 새끼와 그 기름으로 드렸더니 여호와께서 아벨과 그 제물은 열납하셨으나"

구약의 제사(미사/예배)때는 곡식과 동물로 하나님께 드렸습니다. 구약의 제사도 제물의 어떠함에 있지 않고 하나님께 제사를 드리는 자의 마음(중심)을 중요하게 보았습니다. 하나님께 제사(미사/예배)를 어떤 마음으로 드리느냐가 제사의 성패를 갈랐습니다. 왜냐하면 하나님은 외모를 보지 않으시고 중심(마음)을 보시기 때문입니다.

사무엘상 16장 7절입니다.

"여호와께서 사무엘에게 이르시되 그 용모와 신장을 보지 말라 내가 이미 그를 버렸노라 나의 보는 것은 사람과 같지 아니하리니 사람은 외모를 보거니와 나 여호와는 중심(中心)을 보느니라"

이 말씀은 하나님께서 이스라엘의 두 번째 왕을 세우려고 하실 때 사무엘에게 하신 말씀입니다. 하나님은 사람과 달리 사람의 마음(중심)을 보신다고 하셨습니다. 사람은 대부분 외모, 조건, 인상, 신분, 학력, 경력 등 외적 스펙을 봅니다. 이제 신약에 있어서 하나님과 예배에 관련된 말씀입니다.

요한복음 4장 24절입니다.

"하나님은 영(靈)이시니 예배하는 자가 신령(성령)과 진정(진리)으로 예배할찌니라"

예배는 스스로 살아계신 하나님께만 드려지는 것이라고 말합니다. 결코 죽은 자에게 드리는 것이 아닙니다. 구약시대에는 예배를 제사(祭祀)라고 하였습니다. 신약시대에는 제사라고 하지 않고 예배라고 합니다. 천주교는 미사라고 합니다. 아무튼 죽은 자에 대한 미사, 예배에 대하여 개신교는 이처럼 천주교와 큰 차이를 보입니다. 그 분별 근거는 성경과 상식입니다. 미사, 예배는 오직 살아계신 하나님께만 드리는 것입니다. 살아 있는 사람이든, 죽은 사람이든, 성인이든, 그 어떤 사람에게도 미사, 예배는 드릴 수 없습니다. 만일 산 사람이나 죽은 사람에게 미사, 예배, 제사를 드리는 순간 우상숭배, 조상숭배, 신사참배와 같은 무서운 죄를 범하게 됩니다. 이는 십계명 중에서 제1,2계명을 어기는 것입니다. 그런 즉 천주교인이든, 개신교인이든 성경을 바로 알고 신앙생활을 해야 합니다. 성경을 덮어놓고, 성경을 읽지 않고, 성경사상을 정확히 알지 못하고 신앙생활을 하면 분명 그릇된 신앙생활로 갑니다. 마치 육상선수가 다른 라인으로 달리는 것과 같습니다. 이는 실격이자 불법입니다. 무엇이든 바로 알고 행하여야 인정과 칭찬을 받고 헛되지 않습니다. 이것이 위령 미사에 대한 개신교 세계관입니다.

제27장

지옥 세계관

무신론자인 이탈리아의 한 언론인이 프란치스코 교황에게 다음과 같이 물었습니다. "사악한 영혼은 어디로 가고 그들은 어디에서 처벌을 받습니까?" 그러자 프란치스코 교황은 이렇게 대답했습니다. "그들은 처벌받지 않는다. 참회하지 않는 사람은 용서받을 수 없고 사라진다" 이런 인터뷰 기사가 나가자 종교계와 바티칸에는 한바탕 소동이 벌어졌습니다. 교황이 "지옥이 없다"라고 말해서 성경의 교리를 부정했다는 비판이었습니다. 그러자 교황이 나서서 말했습니다. "그것은 교황의 말이 아니라 인터뷰한 사람의 생각을 담아서 재구성한 글일 뿐이다" 그리고 프란치스코 교황은 2015년 3월 8일 지옥과 관련하여 다음과 같은 말을 했습니다. "하느님의 자리를 원하던 교만한 천사가 있었다. 하느님이 그를 용서하시려 하자 그는 '용서 같은 건 필요 없다'고 말했다. 그게 바로 지옥이다. 지옥은 인간이 스스로 걸어 들어가는 것이다" (JTBC 뉴스룸, 2018. 4. 11)

지옥(地獄)이란 불교에서는 이승에서 악업을 지은 사람이 죽어서 간다고 하는 온갖 고통으로 가득 찬 세계라고 합니다. 나락(奈落 어찌 나, 떨어질 락)이라고도 합니다. 그 반대는 극락(極樂 끝 극, 즐거울 락)입니다. 기독교에서는 죄를 지은 사람의 영혼이 구원을 받지 못하고 악마(마귀)와 함께 영원히 벌을 받는다는 곳을 말합니다. 반대말은 천국, 낙원, 하나님의 나라라고 합니다. 성경은 장소적인 지옥이 있음을 분명히 말합니다. 성경은 인류의 유일한 구세주인 예수 그리스도를 진실로 믿지 않는 사람들이 세상 종말에 죽은 자나 산 자나 새롭게 부활하여 하나님으로부터 최후의 심판을 받고 고통의 장소인 지옥 불에 들어가 영원히 살게 된다고 말합니다. 이 세상에 집이 있고 감옥이 있는 것처럼 사후에 들어가는 지옥(영원한 고통의 장소)은 반드시 있습니다. 하지만 지옥이 있다는 것을 믿는 사람들도 있고, 지옥을 부인하는 사람들도 있고, 지옥 존재에 대하여 반신반의하는 사람들도 있습니다. 그것은 각자의 마음이고 믿음입니다. 믿어지는 사람은 믿고 믿어지지 않는 사람은 무시하고 사는 수밖에 없습니다. 사망 후에 진짜인지 가짜인지를 직접 확인할 수 있을 것입니다. 그리고 지옥은 현 프란치스코 교황이 말한 것처럼 인간이 스스로 걸어 들어가는 곳이 아닙니다. 이는 마치 범죄한 사람들이 스스로 교도소로 들어간다는 말과 같습니다. 지옥은 죄인들이 스스로 걸어 들어가는 곳이 아니라 하나님에 의하여 심판을 받아 들어가는 것입니다.

천주교 지옥관

가톨릭 용어 사전에는 지옥에 대하여 이렇게 기술하고 있습니다. "지옥이란 불교에서는 극락에 반대되는 말로서 염라대왕(閻羅大王)이 다스리며, 죄인에게 고통을 주는 곳을 말한다. 그러나 그리스도교는 세상에서 대죄(원죄)를 지은 자가 죽으면, 그 영혼이 악마(마귀)와 함께 영원한 벌을 받는 곳으로써, 천국과 반대의 상태나 장소를 말한다. 여기에는 지복 직관(至福直觀 하느님을 직접 뵈옵는 천국의 행복한 상태)을 잃어버린 정신적인 고통과 뜨거운 불의 물리적 고통이 함께 있다(마태 25,26)" 가톨릭 대사전에는 이렇게 기록하고 있습니다. "일반적인 용법으로는, 못 견디게 고통스럽거나 더없이 참담한 형편이나 환경을 비유하여 이르는 말이다. 불교에서는 '극락'(極樂)의 반대말로서, 현세에서 악업(惡業)을 행한 자가 죽어서 가는 곳인데, 염라대왕(閻魔大王)이 다스리며 죄인에게 갖은 고통을 준다는 'naraka'(나라카 奈落)이다. 그리스도교에서는 큰 죄를 지은 채 죽은 사람의 영혼이 신에게 떠나 악마와 함께 영원히 벌을 받는 곳이며, '천당', '천국'의 반대말이기도 하다. 가톨릭 신학상으로 '지옥'은 악마건 인간이건 저주받은 자가 영벌(永罰, eternal punishment)을 받는 곳이다. 즉 타락한 천사와, 의식적으로 신의 사랑으로부터 떠난 상태로 죽은 인간이 영원한 벌을 받는 장소와 상태를 지칭한다. 지옥에는 두 가지의 벌이 있다. 하나는 하느님의 지복 직관(至福直觀)을 잃어버린 고통이고, 다른 하나는 외계의 물질로부터 가해지는 감각적인 고통이다. 지옥의 벌은 영원한 것이다. 이는 최후의 날을 예고한 그리스도에 의한 선언(마태 25:26), 악인은 "악마와 더불어 영원한 벌을 받는다"는 제4차 라테란 공의회(1215년)의 정의(Denz. S 801)에서 명백하다.

지옥의 존재는 하느님의 정의(正義)에 일치하고 있다. 하느님은 인간의 자유를 존중하기 때문이다. 지옥에 떨어지는 자는 하느님으로부터의 은총에 저항함으로써 자기 자신에게 현실적으로 지옥의 벌을 선고하고 있음이다. 선인(善人)이 그 덕행에 대한 보수로서 천국에서 복을 누리는 것은 당연한 일이다. 그러나 악에 대한 벌은, 덕에 대한 보상(報償)과 대응되는 것이므로, 내세에 있어서도 죄에 대한 벌이 있게 마련이다. 그러므로 악인이 죽은 뒤에 벌을 받는다는 관념은 각 민족 사이에 있어 왔으며, 이러한 인류 공통의 신념은 지옥의 존재에 대한 부수적인 증명이라고 볼 수 있겠다. 성서는 지옥의 벌의 영원성을 뚜렷이 설명하고 있다(묵시 14:11, 19:3, 20:20, 마태 25:46). 대죄(大罪 원죄)를 의식적으로 범한 자가 가는 곳이 지옥임에 비하여, 대죄를 모르고 범했거나 또는 소죄(小罪 자범죄)를 범한 의인의 영혼이, 그 죄를 정화하기 위해 가는 곳은 연옥(煉獄, purgatory)이다. 그런데 '정화를 위한 벌'이 연옥에서 가해지는 고통인 데 반하여, '지옥의 불'(Fire of Hell)은 지옥에 떨어진 자를 괴롭히는 외적인 고통이며, 이는 대상을 다 태워버리는 것이 아니라, 즉 물질적인 불이라면 영혼의 순수한 영적인 실체(實體)에 영향을 줄 수가 있는 것이다. 교리의 영역에서 볼 때, 지옥의 존재는 용인하면서도, 그 벌의 영원성을 인정하지 않는 사람도 있어왔다"(가톨릭용어사전).

그런데 제266대 프란치스코 교황은 왜 논쟁이 될 만한 지옥 부재 발언을 했는지 아리송합니다. 실제로 그렇게 믿는 것인지 인터뷰한 이탈리아 기자가 잘못 정리한 것인지는 하나님과 교황과 인터뷰한 기자만 그 진실을 알 것입니다. 교황이 발언하지 않은 말을 썼다면 기자가 잘못이고 교황이 발언한 것이 사실이면 보통 문제가 아닙니다. 앞으로 예의주시해서 지켜볼 일입니다. 그리고 지옥은 염라대왕이 다스리는 곳이라고 한 것은 전혀 성경사상이 아닙니다. 황당합니다. 성경에 염라대왕이라는 말씀이 없습니다. 염라대왕(閻羅大王)이란 지옥에 떨어지는 사람이 지은 생전의 선악을 심판하는 왕 혹은 힌두교와 불교에서 사후세계를 관장하는 가상의 군주를 말합니다. 만인을 심판하시는 분도 하나님이시고, 천국과 지옥, 이 우주만물을 다스리는 왕도 오직 성삼위하나님뿐이십니다.

개신교 지옥관

개신교는 장소적인 지옥이 있음을 분명하게 주장합니다. 그 근거는 어떤 목사나, 신자의 사상이나, 주장이 아닌 기독교 진리인 성경이 그렇게 말하기 때문입니다. 성경은 여러 곳에서 천국과 지옥이 장소적으로 있음을 증거 합니다. 기독교인이라면 부인할 수 없는 진리입니다. 지옥의 존재 여부에 대한 성경의 근거는 다음과 같습니다.

요한계시록 19장 20절입니다.

"짐승(사단의 하수인인 악한 정권)이 잡히고 그 앞에서 이적을 행하던 거짓 선지자(가짜 종교지도자)도 잡혔으니 이는 짐승의 표(그리스도를 부인하는 666표)를 받고 그의 우상에게 경배하던 자들을 이적으로 미혹하던 자라 이 둘이 산 채로 유황 불붙은 못(불못, 지옥)에 던지우고"

요한계시록 21장 8절입니다.

"그러나 두려워하는 자들(비겁한자들)과 믿지 아니하는 자들(예수님을)과 흉악한 자들(악을 행하는 자들)과 살인자들과 행음자들(음란한자들)과 술객들(마술자들)과 우상 숭배자들과 모든 거짓말 하는 자들은 불과 유황으로 타는 못(불못, 지옥)에 참예하리니 이것이 둘째 사망(첫째 사망은 육체적 죽음)이라"

마가복음 9장 47~49절입니다.

"만일 네 눈이 너를 범죄케 하거든 빼어 버리라 한 눈으로 하나님의 나라에 들어가는 것이 두 눈을 가지고 지옥(地獄)에 던지우는 것보다 나으니라 거기는(지옥) 구더기(벌레)도 죽지 않고 불도 꺼지지 아니하느니라 사람마다 불로서 소금 치듯 함을 받으리라"

마태복음 25장 46절입니다.

"저희(죄인들, 예수님을 불신했던 자들, 가짜 신자들)는 영벌(지옥 불)에 의인들(참 그리스도인들)은 영생(천국)에 들어가리라 하시니라"

지옥은 분명한 장소이며 사후(死後)에 가는 곳으로 죄 용서함을 받지 못한 사람들, 인류의 유일한 구세주인 예수 그리스도를 진실로 영접하지 않은 사람들, 양의 탈을 쓴 가짜 신자들과 종교 지도자들, 불신자들, 죄인들이 사후와 최후심판 후에 들어가는 곳입니다. 이 땅에서 아무리 착한 일, 선행을 했다고 하더라도 예수님을 진실로 믿지 않은 자들은 모두 지옥에 들어갑니다. 선행으로는 천국에 들어가지 못 합니다. 지옥은 영원히 고통만 받는 곳입니다. 몸이 불에 타지도 않고, 죽지도 않고, 회개도 소용없고, 자살 권한도 박탈당하여 영원히 고통 가운데 사는 아주 끔찍한 곳입니다. 이 세상에도 나쁜 짓을 하지 않으면 퇴근 후에, 학교에 다녀와서 천국과 같은 집으로 들어갑니다. 그러나 나쁜 짓을 하여 잡히면 재판을 받고 유죄가 인정되면 감옥(교도소)에 들어가 삽니다. 이처럼 이 세상에도 집과 감옥이 있듯이 내세에도 천국과 지옥이 반드시 있습니다. 경험자들에 의하면 감옥 생활이 너무 힘들다고 합니다. 하루도 그곳에 있고 싶지 않다고 합니다. 그래도 이 세상의 감옥은 매우 좋은 편입니다. 하지만 사후에 들어가는 불못인 지옥은 말 그대로 용광로와 같은 곳입니다. 지옥이 얼마나 고통스러운 곳이면 성경이 불못(용광로)이라고 표현했겠습니까? 생각만 해도 소름이 돋습니다. 끔찍하고 뼈와 살이 떨립니다. 그런즉 생전에 진실로 구세주인 예수님을 잘 믿고 죄 용서함을 받고 살아야 합니다. 지옥 불을 피할 수 있는 기회는 이 땅에 살아 있을 때밖에 없습니다. 복음을 들을 때입니다. 죽은 다음에는 기회가 없습니다. 그런즉 진지하고 신중하게 고민해야 합니다. 이것이 개신교 지옥 세계관입니다.

제28장

무신론자 구원 세계관

2013년 5월 22일경 프란치스코 교황은 수요일 미사 설교에서 다음과 같은 설교를 하면서 **'무신론자들도 선을 행하면 구원을 받는다'**고 주장을 했습니다. 원문은 이렇습니다. 'Pope Francis Says Atheists Who Do Good Are Redeemed, Not Just Catholics'

다음은 교황의 설교 중 일부입니다. "주님은 우리를 그의 모양과 형상을 따라 창조하셨고, 우리는 주님의 형상(일반 성품)입니다. 주님은 선행을 베푸셨고, 우리 모두에게도 선을 행하고 악을 행치 말라는 명령을 마음에 새겨놓으셨습니다. 어떤 분들은 '신부님! 이 사람은 가톨릭 신자가 아니지 않습니까? 그는 선을 행할 수 없습니다'라고 말합니다. 하지만 저는 말합니다. '아니오, 그는 할 수 있습니다' 주님은 우리 모두를 그리스도의 피로 구원하셨습니다. 여기서 모두란 가톨릭 신자만 의미하는 것이 아니라, 말 그대로 모두를 의미합니다. '모두라뇨? 신부님 여기에는 무신론자들도 포함됩니까?' 맞습니다. 무신론자를 포함한 모든 이들을 의미합니다. 우리는 선행을 통해 만나야 합니다. **무신론자라 할지라도 선을 행한다면 우리가 저곳(천국)에서 함께 만나게 될 것입니다**"(https://www.huffingtonpost.com; 네이버, 시대의 징조들). 참으로 놀라운 설교와 주장이 아닐 수 없습니다. 이러한 교황의 주장은 '만인 구원론'이고, 믿음이 아닌 행함으로 구원을 받을 수 있다는 것이고, 구세주인 예수님을 믿지 않아도 구원을 받을 수 있다는 주장입니다. 구세주인 예수님을 믿지 않고도 천국에 갈 수 있다는 사상은 성경사상에 반하는 것으로 개신교에서는 이단사상이라고 말합니다.

'제4장 구원 세계관'에서 천주교와 개신교의 구원관을 비교하여 기술한 바 있습니다. 이를 참고하시기 바랍니다. 간단하게 다시 언급하면 천주교 구원관은 '오직 믿음으로만의 구원'이 아니라 '믿음+행위'(선행)에 따른 구원관입니다. 구세주인 예수님을 믿지 않아도 구원을 받고 천국에 갈 수 있다고 합니다. 그리고 예수님을 믿어도 선행이 부족한 사람은 곧바로 구원(천국)을 받지 못하고 연옥에 들어간다고 합니다. 연옥에 간 사람을 위해서 지상에서 보속(속죄) 행위를 많이 하게 되면 연옥에 있는 사람도 천국으로 들어간다고 합니다. 이러한 천주교 구원관도 성경에 위배되는데 제266대 현 프란치스코 교황은 더욱더 성경에 반하는 주장을 했습니다. **"무신론자들도 선을 행하면 구원을 받는다"** 이러한 구원론은 신·구약 성경 어디에도 없습니다. 성경에 비추어보면 이는 명백한 이단사상입니다.

에베소서 2장 8~9절입니다.

"너희가(그리스도인들) **그**(하나님) **은혜**(선물, 공짜)**로 인하여 믿음으로 말미암아 구원을 얻었나니 이것이 너희에게서**(사람의 행위에서) **난 것이 아니요 하나님의 선물**(은혜)**이라 행위**(선행)**에서 난 것이 아니니 이는**(왜냐하면) **누구든지 자랑치 못하게 하려 함이니라"**

사도행전 4장 12절입니다.

"다른 이로서는(예수님 외 어떤 사람이나 기독교 외 타종교) **구원을 얻을 수 없나니 천하 인간에 구원을 얻을만한 다른 이름을 우리에게 주신 일이 없음이라 하였더라"**

사도행전 16장 31절입니다.

"가로되 주 예수를 믿으라 그리하면 너와 네 집(가족)**이 구원을 얻으리라 하고"**

선한 행위는 좋은 것이지만 구원에 아무런 도움, 협력, 영향을 미치지 못합니다. 선한 행위는 구원을 받은 이후 신자들의 기본 덕목이고, 성령의 열매이고, 신자 됨의 당연한 증거일 뿐입니다. 선행은 구원에 아무런 역할을 못합니다. 오직 믿음으로만 구원을 받습니다. 무신론자(無神論者)들은 말 그대로 성삼위(삼위일체) 하나님(성부, 성자, 성령 하나님)을 인정하지도 않고 믿지도 않는 자들입니다. 신(神 하나님)은 없다고 하는 자들입니다. 따라서 무신론자들은 하나님을 부정하기에 당연히 천국과 지옥도 인정하지 않고 불신하는 자들입니다. 무신론자들에게는 천국과 지옥 개념도 없습니다. 무신론자들은 내세(사후세계)를 부정하는 자들입니다. 그런데 무슨 '구원을 받는다'는 앞뒤가 전혀 맞지 않는 모순된 주장을 합니까? 예수님을 믿지 않고는 그 어떤 방법으로도 천국에 절대로 들어갈 수 없는 죄인들입니다. 무신론자들은 착하든, 착하지 않든지, 선행을 하든지, 하지 않든지 구원을 받지 못합니다. 천국에 들어가지 못합니다. 이런 프란치스코 교황의 주장대로 무신론자들이 선을 행함으로 천국에 갈 수 있다고 한다면 모든 기독교인들도 굳이 예수님을 믿을 필요가 없습니다. 하나님이신 예수님께서도 인간의 몸을 입고 이 땅에 성탄하실 이유가 없는 것입니다. 성당이나 교회당에 갈 이유가 없습니다. 불신자로 살면서 상대적인 선을 행하면 구원을 받기 때문입니다.

교황의 주장과 설교는 성경의 구원사상에 정면으로 위배되는 이단사상입니다. 상식적으로나 성경적으로 볼 때 황당한 주장입니다. 이러한 주장과 설교를 속히 철회해야 합니다. 성경에 대한 교황의 지식이 너무나도 엉터리인 것이 확인되었을 뿐입니다. 동시에 가톨릭의 성경에 대한 이해와 지식, 성경에 대한 해석과 구원관이 얼마나 부실한 가를 잘 보여 주고 있습니다. 가톨릭 수장이라는 교황의 구원관이 이러하니 나머지 추기경, 주교, 사제, 수녀, 신자들은 확인하지 않아도 미루어 짐작하고도 남습니다. 이래서 2018년 개신교 합동측 제103회 총회에서 가톨릭을 '이교'(異敎)로 규정하자고 안건으로 논의가 되었고 1년 더 연구하자고 한 상태입니다. 앞에서 많은 것을 비교 검토해 보았지만 천주교는 성경에 반하는 교리나 사상들이 너무 많아 당황스럽습니다. 성경에 기록한 것을 믿고, 성경 본문을 문맥에 따라 바로 해석한 것을 믿고 살아야 헛된 신앙

생활을 하지 않게 됩니다. 그런즉 천주교 내에서 진리에 근거해서 개혁
운동이 일어나기를 바랍니다. 이것이 무신론자 구원관에 대한 성경사상
이자 개신교 세계관입니다.

제29장

종교 통합 세계관

　지구촌 여기저기에서 나름 종교 통합(교회일치운동, 에큐메니컬 운동)을 추진하고 있는데 가장 대표적인 협의체가 있습니다. 초교파적인 교회 협의체인 '세계교회협의회'(世界敎會協議會)입니다. 이를 약칭 WCC(World Council of Churches)라고 합니다. WCC는 1948년 스위스 제네바에서 설립되었습니다. 설립목적은 초교파적 교회의 협의체 구성입니다. 겉으로의 주요 활동과 업무는 교회·교파 간의 대립·반목과 갈등을 해소하는 것입니다. 2012년 기준 가입 국가는 100개국 이상, 345여 개 교회입니다. 한국에서는 대한예수교장로회(통합), 기독교대한감리회, 한국기독교장로회(기장), 대한성공회의 4개 교단이 가입하였습니다. 로마 가톨릭도 가입되었습니다. 종교 통합에 대해서 한 가지 정리하고 넘어가야 할 것이 있습니다. 통합, 일치, 연합운동이라는 것은 겉으로 보기에는 매우 좋습니다. 반대할 이유가 없습니다. 하지만 통합에 있어서 서로 다른 교리, 성격, 내용 등의 이질적 독소 요소가 걸림돌입니다. 이런 것을 감안할 때 통합을 할 수 있는 것이 있고 통합을 할 수 없는 것이 있습니다. 혈액을 실례로 들면 이해가 쉬울 것입니다. 피는 모두 적색입니다. 모든 피는 적색이니 하나로 일치 혹은 통합할 수 있다고 생각하는 사람은 영·유아를 제외하고는 없을 것입니다. 왜냐하면 혈액은 유형에 따라 통합 혹은 호환할 수 없는 것이 있기 때문입니다.

우리가 잘 아는 것처럼 혈액은 수혈이 가능한 유형의 혈액끼리만 통합이 가능합니다. 같은 붉은 피라고 해서 모든 혈액끼리 통합과 일치, 수혈이 가능한 것이 아닙니다. 만일 호환성이 없는 혈액을 수혈 받으면 환자는 죽습니다. 이처럼 같은 종교와 다른 종교 간에도 혈액형처럼 통합이 가능한 종교와 불가한 종교가 있습니다. 그런데 어느 집단이나 사람들은 전 세계 종교를 하나로 통합, 일치시키려고 합니다. 가톨릭과 가톨릭에서 분리된 종파는 어떤지 모르지만 개신교 안에는 전혀 다른 교리를 추구하는 교단들이 많습니다. 가장 대표적인 분파가 보수와 자유주의, 그리고 이단(가짜 개신교)입니다. 보수주의 교단과 자유주의 교단, 이단들은 성경에 근거한 신앙고백과 핵심교리가 다르기 때문에 통합과 일치가 불가합니다. 성경을 가감(加減)한 이단들과는 더더욱 불가합니다. 우상을 숭배하는 이교(異敎)인 타종교와의 통합도 절대 불가합니다. 미신과 조상을 숭배하는 자들과도 통합은 불가능합니다. 그럼에도 불구하고 WCC(세계교회협의회)는 전 세계 종교를 통합하려고 합니다. 이에 WCC는 모든 종교가 하나로 통합이 불가하다는 것을 알고 꼼수를 부립니다. 모든 종교가 불편함과 부담 없이 하나로 모여서 통합을 이루어 어떤 것을 행하는 데 걸림돌이 없게 한 것입니다. 그것은 서로의 신학, 교리, 구원, 고유의 신앙고백, 기타의 것에 대하여 인정하는 것입니다. 예를 들어 기독교는 '오직 예수 그리스도를 믿어야만 죄 용서함을 받고 구원을 받는다'고 가르칩니다. 이것이 기독교 구원관의 핵심입니다. 그러나 WCC는 '기독교에만 구원이 있는 것이 아니라 다른 종교에도 구원이 있다'고 말합니다. 그것을 서로 존중하고 인정하자고 합니다. 그것이 '종교 다원주의'입니다. 이러한 상대적인 구원관은 구원의 상대성이나 다원성을 인정하지 않고 절대적 구원관을 믿는 종교단체에서는 통합, 일치가 불가합니다. 타협의 여지가 없기 때문입니다. 타협을 하는 순간 그것은 곧 자기가 신봉하는 신앙과 종교에 대한 부정이 됩니다. 그래서 개신교는 상식과 진리에 맞는 배타성이 있습니다.

또한 WCC는 '혼합종교'를 추구합니다. WCC는 초교파적 교회의 협의체라고 했습니다. 그 결과 짬뽕처럼 완전히 '혼합주의'(모든 종교는 같다)로 갑니다. 어찌 모든 종교가 같다는 것입니까? 이는 마치 모든 동물은 같다고 하는 말과 동일합니다. 아마 결국 모든 종교는 선을 추구하는 면에서 같다는 뜻일 것입니다. 개신교의 보수와 개혁교회는 선을 추구하는 종교가 아니라 진리를 추구하는 종교입니다. 진리를 추구하면 선한 행위는 자동으로 따라옵니다. 타종교와는 전혀 다릅니다. 같을 수가 없습니다. 이는 개신교와 성경에 대한 오해와 무지에서 나오는 발언입니다. 이러하니 같은 기독교 안에서도 전혀 다른 혈액형처럼 신앙고백이 다르기에 통합이 불가합니다. 여기에 기독교가 아닌 다른 종교, 기독교에서 보면 '이교'(異敎)들까지 통합과 일치를 시도합니다. 참으로 놀라운 일이 아닐 수 없습니다. 이런 말도 안 되는 통합과 일치로 가기 위해서 불가피하게 '종교다원주의'와 '혼합주의'를 주장합니다. 그런즉 WCC는 보수교단, 개혁교회의 성경 세계관에 따르면 도저히 가입하거나, 통합하거나, 협력할 수 없는 협의체입니다. 성경적으로 보면 이단사상을 추구하는 협의체입니다. 함께 협력하고 활동하는 순간 스스로 자기 신앙과 교리를 부정하는 것이 됩니다. 하나님에 대한 신앙의 순수성과 순결성이 사라집니다. 모든 종교가 동등하게 됩니다. 그러므로 건전한 개신교 교단들이 어찌 종교 통합에 참여할 수 있겠습니까? 다른 종교에도 구원이 있다는 것을 인정하는 '배교'(背敎)를 하지 않고는 통합은 불가합니다. '다른 종교에도 구원이 있다'는 WCC의 주장은 구세주인 '예수님을 믿지 않고도 구원을 받을 수 있다'는 말과 같습니다.

그래서 건전한 개신교 교단은 WCC에 가입하지 않고 있습니다. 자유주의 신학과 교리를 추구하는 개신교 교단들만 가입하고 있습니다. 통합, 일치를 한다는 것은 이처럼 절대로 용납할 수 없는 교리(신학)에 대한 이질적인 독소가 있어 불가합니다. 그런데도 종교 통합과 일치를 추구하는 종교 단체와 지도자들이 있습니다. 자기들이 신봉하는 교리와 신(神)을 믿으면 되는데 왜 세계 종교를 통합하려고 애쓰는지 그 저의가 심히 의심스럽습니다. 무엇이든지 하나로 통합을 시도하는 것은 세력을 확장하여 강력한 힘을 갖고 그 무엇을 시도하려는 것이 분명합니다. 그것이 선한 것이 될 수도 있고, 악한 것이 될 수도 있습니다. 문제는 종교 통합이라는 것입니다. 역사적으로나 성경적으로 보면 하나님의 진리를 떠난 종교 통합은 항상 하나님을 대적했습니다. 성경대로 사는 기독교인들과 교회들을 핍박했습니다. 그래서 진리에 배치되는 사상을 추구하는

WCC의 초교파적인 종교 통합 추구가 심히 우려스러운 것입니다. 이들 통합 종교가 종국에 무엇을 할지 예의주시해야 합니다. 여기에 로마 가톨릭도 적극적으로 동참하고, 협력하고 있습니다. 가톨릭 지도자들도 세계 종교 통합에 매우 주도적으로 활동하고 있습니다. 자유주의 신학과 교리를 추구하는 일부 개신교 교단들도 동참하고 있습니다. 향후 언젠가는 그 속내와 실체가 드러날 것입니다. 겉으로 외치는 화합, 단결, 일치 등은 곁가지에 불과하다고 생각합니다. 언젠가는 진정한 종교 통합 의도가 나올 것입니다.

'종교신문'에 따르면 교회 일치 운동의 하나인 '한국신앙직제'(한국 그리스도교 신앙과 직제협의회)가 2014년 5월 22일 창립되었습니다. 개신교, 천주교, 정교회 등으로 갈라진 그리스도교 일치운동(에큐메니컬)을 더욱 활발하게 펼치기 위한 전담기구인 한국그리스도교 신앙과 직제협의회(한국신앙직제)가 22일 서울 정동 대한성공회 서울대성당에서 창립총회를 열었습니다. '한국신앙직제'에는 천주교, 정교회, 한국기독교교회협의회(NCCK)와 NCCK 회원 교단인 대한예수교장로회 통합, 기독교대한감리회, 한국기독교장로회, 한국구세군, 대한성공회, 기독교대한복음교회, 기독교대한하나님의성회, 기독교한국루터회가 참여했습니다. 교회 일치운동은 같은 신앙을 갖고도 그동안 마치 다른 종교처럼 서로 무관심하고 배타적이었던 그리스도교가 오해와 편견에서 벗어나 상호비방을 중지하고 서로를 받아들이자는 운동입니다. 한국에서는 한국천주교회, 한국정교회, NCCK 회원교단이 1986년 일치기도회를 시작으로 교류를 지속해 왔습니다. 2001년 '한국 그리스도인 일치운동'을 조직해 매년 일치기도회, 일치포럼, 신학대화, 신학생 교류 등 공교회 차원의 일치운동을 해 왔습니다.

지금까지 일치운동이 교회 일치의 관심 확대에 무게를 두었다면 '한국신앙직제'는 신학적 대화를 포함해 본격적인 일치를 위한 활동에 중점을 두게 됩니다. '한국신앙직제'는 '세계교회협의회(WCC) 신앙과 직제위원회'를 본보기 삼아 운영됩니다. 가깝게 사귀기, 함께 공부하기, 함께 행동하기, 함께 기도하기 등을 통해 한국 그리스도인들의 일치와 교파 간의 신앙적 친교를 도모할 계획입니다. 이날 창립총회는 개회 선언과 경과보고, 정관·조직구성 심의, 창립선언문 채택 등으로 진행됐습니다. '한국신앙직제'는 창립선언문에서 "이 땅에 들어온 지 각각 230년과 130년이 된 한국 천주교와 개신교는 격동의 역사 한가운데서 만나 해방과 자유, 정의와 평화를 위한 투쟁의 자리에서 협력해 왔다"며 "일치운동의 확대를 위해 신앙과 직제 협의회를 창립한다"고 선언했습니다. 신앙직제는 "이 땅에 복음이 전래된 이래 개신교와 정교회, 천주교가 공식 기구를 통해 연대의 틀을 강화하고 일치의 증진과 선교 협력으로 나아가는 단초를 마련한 것은 그리스도교 역사뿐 아니라 전체 사회의 건강한 발전에도 크게 기여할 것"이라고 강조했습니다. 천주교 주교회의 교회일치와 종교간대화위원장 김희중 대주교는 "신앙이 혼이라면 직제는 혼을 끌어내고 열매를 맺게 하는 가시적 행위"라면서 "앞으로는 예수님의 지상명령인 일치 안의 사랑, 진리 안의 사랑으로 울타리 밖의 사람들까지 함께 나아가자"고 말했습니다. 이 '한국신앙직제도'도 'WCC 신앙'을 따라 운영된다고 합니다. 앞에서 언급했지만 WCC는 보수교단과 개혁교회가 도저히 수용할 수 없는 '종교 다원주의'와 '혼합종교 사상'을 추구한다는 것입니다. 전 세계적인 보수교단과 개혁교회는 성경에 근거하여 배타적 구원관을 추구합니다. '배타적 구원관'이란 '오직 예수 그리스도를 믿어야만 구원을 받는다'는 것입니다. 진리에 있어서 성경은 배타적입니다. 이는 성경의 명백한 증거입니다.

사도행전 4장 12절입니다.

"다른 이로서는(예수님 외에는) **구원을 얻을 수 없나니 천하 인간에 구원을 얻을 만한 다른 이름**(어떤 사람과 타종교와 선행)**을 우리에게 주신 일이 없음이니라 하였더라"**

우리 죄(하나님의 택한 백성들)를 위하여 성탄하시고 십자가에 대속 죽음을 하신 분은 예수 그리스도뿐입니다. 다른 종교에도 구원이 있고, 선행을 하면 구원을 받고, 다른 종교들도 선을 추구하니 다른 종교에도 구원이 있다는 사상은 절대로 수용하지 못합니다. 이것이 보수 개신교의 배타성입니다. 배타성은 나쁜 것이 아닙니다. 진리를 진리라고 말하고, 자기가 믿는 하나님이 유일신이라고 주장하는 것이 왜 나쁜 배타성입니까? 당연하고 상식입니다. 어떤 사람이 사람들 앞에서 자기를 낳아준 아버지는 오직 한 분이라고 하는 것이 왜 배타성입니까? 당연하고 맞는 말입니다. 어느 자식이든 그렇게 말해야 정상입니다.

참과 진리에 대한 배타성은 옳은 것입니다. 자기를 낳아준 분이 여기도 있고 저기도 있다고 해야 마음이 넓고 좋은 사람입니까? 이것은 말이 되지 않는 것입니다. 모든 종교는 자기들이 신봉하는 신에 대하여 배타성이 있어야 정상입니다. 서로 다르다고 공격하거나 비방(비난)하고 욕하는 것은 옳지 않지만 좋고 나쁨과 옳고 그름을 따지는 비판은 나쁜 것이 아닙니다. 자기 신앙과 교리를 믿고 주장하면 됩니다. 이에 다른 주장을 하면 하나가 될 수 없는 것입니다. 짐승들도 배타성이 있어 다른 종과 섞여서 살지 않습니다. 같은 종끼리 살고 어울립니다. 짐승들이나, 사람들이나, 세계 다양한 종교들도 배타성이 있어야 정상이고 상식입니다. 그런데 종교인을 포함한 모든 사람들은 구원에 대한 예수 그리스도의 유일성을 주장하면 배타적이라고 공격합니다. 세계의 모든 사람들은 자기가 믿어지는 것만 믿으면 됩니다. 믿어지지 않는 다른 주장은 무시하면 됩니다. 욕하고, 공격하고, 비난하고, 배타적이라고 해서는 옳지 않습니다. 세계의 모든 사람들은 각기 배타적입니다. 배타적이지 않은 사람이 없습니다. 만일 배타적이지 않다면 큰일 납니다. 사람은 무엇이든지 자기 소유와 신앙에 대하여 배타적이어야 합니다. 배타적이라는 말이 어떤 개념인지 바르게 알고 비판해야 합니다. 타당하고 합당한 배타성은 좋은 것이고 상식입니다. 배타성이 없으면 다 무너집니다. 무질서하게 됩니다. 세상은 짬뽕이 됩니다. 배타성이 없는 사람과 종교단체가 심각한 것입니다. 이것도 아니고 저것도 아닌 사람입니다. '네가 믿는 신도 참이고 내가 믿는 신도 참이다', '너의 종교에도 구원이 있고 내가 믿는 종교에도 구원이 있다'라고 한다면 포용력이 뛰어난 것이고, 정상입니까? 틀린 것입니다. 어떤 주장을 해도 개념에 대한 정확한 이해를 가지고 해야 합니다. 이런 차원에서 WCC에 가입하여 활동하는 천주교를 비롯한 모든 종교인과 종교단체들은 비정상입니다.

천주교 종교 통합관

천주교의 교회 일치 운동(종교 통합)은 1964년 2차 바티칸 공의회에서 공식화되었습니다. 이 운동은 언어, 의식, 지역적 특권, 정신적 조류, 법 조직, 선호되는 활동 등의 다양성을 인정하는 데서부터 시작됩니다. 교회의 지속적인 내적 쇄신과 개혁을 위해서는 먼저 분열된 다른 그리스도교와도 화해가 이루어져야 한다는 것입니다. 따라서 로마 가톨릭에서 분리된 그리스 정교, 개신교와의 통합 문제, 세계교회공의회(WCC 종교 다원주의 추구)를 수렴하는 것 등의 과제를 안고 있습니다. 따라서 한국 천주교회도 이를 바탕으로 개신교 형제들과 대화하고 공동 기도, 집회, 성서 공동 번역 등을 꾀하는 한편, 자신을 쇄신하고 현대 세계에 대한 적응을 통해, 적극적으로 일치 운동을 벌여 나가고 있습니다(가톨릭용어사전). 2017년 3월 JTBC 보도에 따르면 프란치스코 교황은 이런 발언을 했습니다. **"천국은 모두에게 열려 있습니다. 신을 믿지 않아도 양심을 따르면 신이 자비를 베풀 것입니다"** 이러한 사상을 갖고 있으니 WCC에 가입하여 종교 통합을 위해서 활동하는 것입니다. 교황의 이 말씀은 성경사상에 정면으로 위배됩니다.

신자라면 다음과 같은 기본 성경지식이 있습니다. '천국은 하나님이 예비하신 곳이고, 천국은 구세주인 예수님을 믿고 죄 용서함을 받아야만 들어가는 곳', '천국은 아무리 착하게 살아도 인류의 유일한 구세주인 예수 그리스도를 믿지 않으면 사후에 입성하지 못하고 심판을 받아 지옥에 들어간다' 이런 성경지식은 기독교 신자라면 기본입니다. 그런데 교황이 말하기를 '하나님 없이도, 구세주 없이도 천국에 들어 갈 수 있다'고 한 발언은 진리를 떠난 주장입니다. 이러한 주장은 예수 그리스도의 성탄과 십자가의 대속죽음과 부활을 모두 부인하는 것이 됩니다. 교황의 말처럼 양심에 따라 행동하면 누구든지 천국에 가고 구원을 받을 수 있는데 굳이 하나님, 예수님을 믿을 필요가 없는 것입니다. 이는 확대해석이 아닙니다. 이는 불신자들의 생각과 다르지 않은 주장입니다. 불신자들도 착하게 살면 사후에 좋은 곳에 간다고 말합니다. 그래서 죽은 자를 생각하며 유가족들에게 '명복(저승에서의 복)을 빕니다'라고 하는 말입니다. 이런 믿음과 신앙고백은 교황도 위험합니다. 구원에 대하여 장담하지 못합니다. 구원은 신분과 지위로 가는 것이 아닙니다. 오직 예수 그리스도에 대한 믿음뿐입니다. 교황의 믿음과 신앙고백이 성경사상에 배치된다면 교황도 천국에 들어가지 못합니다. 어느 기독교인이든 이런 신앙이라면 천국에 들어가지 못합니다.

개신교 종교 통합관

개신교는 성경사상에 따라 어떤 사람과 단체와 종교와도 하나 됨을 지지하지만 진리(성경) 안에서만 통합과 일치를 주장합니다. 이질적인 신앙고백에 대해서는 통합을 거부합니다. 왜냐하면 성경이 그렇게 주장하기 때문입니다. 이는 상식이자 진리입니다. 참 그리스도인은 자기 사상대로 사는 자들이 아니라 성경사상 대로 사는 자입니다.

고린도후서 6장 14~16절입니다.

"너희는 믿지 않는 자와 멍에를 같이하지 말라 의와 불법이 어찌 함께 하며 빛과 어두움이 어찌 사귀며 그리스도와 벨리알(사단)이 어찌 조화 되며 믿는 자와 믿지 않는 자가 어찌 상관하며 하나님의 성전과 우상이 어찌 일치가 되리요…"

여기서 **"믿지 않는 자"**란 하나님을 믿지 않는 불신자로 이교도를 가리킵니다. 동시에 참 진리를 추구하지 않는 모든 종교단체와 사람을 가리킵니다. 성경은 불신자들과 **"멍에를 같이하지 말라"**고 합니다. 이 말은 불신자와 사귀지 말라는 뜻이 아닙니다. 그들의 영적, 도덕적, 가치관, 세계관 기준에 조화되지 않는 이질적인 요소들이나 사람들의 결합을 금지하는 뜻입니다. **"멍에"**(목에 매는 짝)란 '수레나 쟁기를 끌기 위하여 말과 소의 목에 얹는 구부러진 막대'를 말합니다. 말과 소는 멍에가 매우 중요합니다. 멍에(목에 매는 짝)가 다르면 말과 소는 큰 고통을 당합니다. 멍에(목에 매는 짝)가 다르면 불신자와 신자가 결혼이든, 사업이든, 어떤 일이든 사사건건 어려움과 고통에 빠지게 될 것입니다. 서로에게 좋지 않습니다. 신자와 불신자는 교리, 도덕, 가치관 등 모든 영역에 있어서 멍에(목에 매는 짝)와 같은 삶의 기준이 다릅니다. 사람이 같은 기준을 가지고 사는 것도 힘든데 전혀 다른 기준(가치관, 신앙, 세계관, 주일관 등)으로 산다면 그 무엇을 함께 한들 고달프고, 그릇된 길로 가고, 실패의 길로 가게 될 것입니다.

그래서 가능하면 불신자는 불신자와, 신자는 신자와 함께 쟁기질을 하는 것이 지혜입니다. 그리고 **"의와 불법이 어찌 함께 하며"**란 의인의 삶의 원리인 **"의"**와 악인의 삶의 원리인 **"불법"** 사이에 그 어떤 공통적인 요소도 없기 때문에 이 두 원리는 함께 통합하는 것처럼 모순된 일이 없다는 점을 말하고 있습니다. **"빛과 어두움"**은 서로 속성과 성질이 완전히 조화되는 요소가 없기 때문에 사귈 수 없습니다. 통합과 일치는 불가능합니다. 도리어 서로를 파괴할 뿐입니다. 그리고 하나님이신 **"그리스도"**와 사단인 **"벨리알"**은 근본에서부터 조화가 불가합니다. 그리스도는 의로운 하나님이시며 빛의 주관자이십니다. 반면 사단인 벨리알은 불법의 영이며, 어두움의 권세 잡은 자입니다. 따라서 그리스도와 사단은 서로 손을 잡을 수 없다는 말씀입니다. 통합과 일치가 불가능함을 말합니다.

그리고 **"믿는 자와 믿지 않는 자가 어찌 상관하며"**란 서로 절대로 사귈 수 없다는 것이 아니라 타협할 수 없다는 것이며, 불신자의 불경건한 삶에 영향을 받지 말라는 뜻입니다. 그리고 **"하나님의 성전과 우상이 어찌 일치가 되리요"**란 신자가 불신자와 멍에(목에 매는 짝)를 같이하지 말아야 할 결정적인 이유입니다. **"하나님의 성전"**이란 영(靈)이신 하나님이 거하시는(임재하시는) 곳입니다. 예수님을 믿는 사람들은 성령 하나님이 거하시는 성전(聖殿)입니다. 이에 반해 **"우상"**(偶像 허수아비 형상)이란 사람들이 조각하여 만든 형상에 불과합니다. 신(神)이 아닌 우상입니다. 하나님은 스스로 살아계신 창조주이십니다. 우상은 피조물인 인간들이 만든 허수아비입니다. 따라서 하나님의 성전과 우상이 일치, 통합되는 것은 마치 사람과 짐승이 일치한다고 하는 것과 같은 것으로 하나님을 모독하는 것입니다. 인간을 모독하는 것으로 사람을 짐승 수준으로 격하시키는 것입니다. 이처럼 진리, 교리, 신앙, 가치관, 세계관, 삶의 기준 등이 전혀 다르거나 상당히 다른 종교, 다른 사람, 다른 단체들과의 통합, 일치가 불가능함을 말합니다. 진리를 따르는 참 기독교인은 절대로 비진리를 추구하는 사람들과 종교단체와는 협력은 말할 것도 없고 통합과 일치는 있을 수 없는 일입니다.

그럼에도 불구하고 다른 종들과 통합과 일치를 하는 자들이 있을 수 있습니다. 그러기 위해서는 참 진리를 버리고 타협하는 변질, 부패, 배교를 해야 가능합니다. 서로 일생을 서약한 부부들이 다른 이성과 불륜을 맺는 것은 기본적으로 불가능한 일입니다. 그러나 가능하게 만드는 자들이 있습니다. 어떤 자들이 그리 합니까? 평생 순결을 지키겠노라고 결혼식장에서 서약한 약속을 저버리고 배신하는 배우자들입니다. 절개와 지조와 신의가 있는 부부는 죽으면 죽었지 다른 이성과 불륜인 통합, 교합(交合)을 하지 않습니다. 서로 통합할 수 없는 사람인데 어찌 통합을 할 수 있습니까? 변질만이 가능하게 합니다. 전혀 다른 진리와 세계관을 가진 종교들과 사람들과 이런저런 명분을 만들어 WCC처럼 종교통합에 가입하고, 협력하고, 통합을 주장하는 종교나 종교지도자들은 배교자들입니다. 변절자들입니다. 타락한 자들입니다. 빛이 어두움과 통합, 일치하기 위해서는 빛을 포기해야 합니다. 참 기독교인들이 비진리를 추구하는 종교단체나 종교인들과 통합과 일치를 하는 것은 이와 같은 것입니다.

서글픈 일입니다. 이런 원리의 연장선에서 구약성경은 이렇게 말합니다.

레위기 19장 19절입니다.

"너희는 내 규례를 지킬 찌어다 네 육축을 다른 종류와 교합(交合 통합)시키지 말며 네 밭에 두 종자를 섞어 뿌리지 말며 두 재료로 직조(짜는 일)한 옷을 입지 말찌며"

신명기 22장 9~11절입니다.

"네 포도원에 두 종자를 섞어 뿌리지 말라 그리하면 네가 뿌린 씨의 열매와 포도원의 소산이 다 빼앗김이 될까 하노라 너는 소와 나귀를 *겨리하여 갈지 말며 양털과 베실로 섞어 짠 것을 입지 말지니라"

* "겨리"란 본래 두 마리의 소가 함께 끄는 쟁기를 가리킵니다. 여기서는 나귀와 소가 하나의 멍에(목에 매는 짝)를 같이 메고 쟁기를 끄는 것을 말합니다. 그러면 멍에가 서로 맞지 않아 큰 고통을 당합니다. 이는 동물에 대한 잔인한 학대에 해당합니다.

이 말씀은 서로 다른 두 종류가 섞이거나 혼합되는 것을 금한 말씀입니다. 이 말씀은 깊은 영적 진리를 내포하고 있습니다. 일차적으로는 하나님의 창조 법칙에 근거하여 자연의 질서 및 순리를 그대로 따르라는 것입니다. 이차적으로는 여호와 신앙과 속된 이방 종교, 영적인 것과 육적인 것을 혼합시키지 말고 잘 구별하여 순수한 여호와 신앙을 유지하라는 것입니다. 이처럼 하나님께서는 자연(피조물)의 순수성을 예로 들어

택한 백성(하나님의 친 백성)으로 하여금 여호와 신앙의 순수성과 순결성을 유지하도록 교훈하셨습니다. 또 혼인(결혼)에 있어서도 우상을 섬기는 이방인들과의 결합(통합)을 금하셨습니다. 그 이유는 이스라엘 백성들의 영적, 도덕적 순결성, 거룩성을 유지하기 위해서였습니다.

신명기 7장 3~6절입니다.

"또 그들(이방인들)과 혼인(결혼)하지 말찌니 네(이스라엘) 딸을 그(이방인) 아들에게 주지 말 것이요 그(이방인) 딸로 네 며느리를 삼지 말 것은 그가 네 아들을 유혹하여 그로 여호와를 떠나고 다른 신들(우상)을 섬기게 하므로 여호와께서 너희에게 진노하사 갑자기 너희를 멸하실 것임이니라 오직 너희가 그들에게 행할 것은 이러하니 그들(우상을 섬기는 이방인들)의 단을 헐며 주상을 깨뜨리며 아세라 목상을 찍으며 조각한 우상들을 불사를 것이니라 너는 여호와 네 하나님의 성민(聖民)이라 네 하나님 여호와께서 지상만민(地上萬民) 중에서 너를 자기 기업의 백성으로 택하셨나니"

구약이나, 신약이나 하나님께서 자기 백성들에게 요구하시는 것은 영적, 도덕적 순결한 생활입니다. 그러기 위해서는 모든 영역에 있어서 거룩(구별)한 삶을 살아야 합니다. 이러한 구별된 삶을 해치는 것은 창조의 질서와 진리와 신앙이 다른 사람, 같은 종교 안에서도 신앙고백이 다른 신자와 종교, 이단, 우상숭배자, 종교단체와의 통합입니다. 통합은 듣고 말하기에 좋은 것이지만 이질적인 성질과 통합하면 순수성을 잃어버립니다. 같은 종끼리만 통합해야 순수성을 유지할 수 있습니다. 그렇지 않으면 물 컵에 다른 색감을 타버리는 것이 되어 물의 고유 성질을 변질시키고 훼손해 버립니다. 그래서 정치권에서 관용적으로 사용하는 말이 있습니다. 물타기 발언, 물타기 기사와 보도, 물타기 전략입니다. 본질을 흐리게 하는 것을 뜻합니다. 로마 가톨릭을 비롯해서 WCC(세계교회협의회)가 세계 종교를 통합하려는 것은 상식적으로나 성경사상에 비추어 볼 때 전혀 순수하지 않고 맞지 않는 행위입니다.

짐승들도 다른 종끼리는 어울리거나 통합하지 않고 교배하지 않습니다. 짐승들도 이질적인 종과는 통합과 사귐과 교배를 하지 못한다는 사실을 아는데 이성과 영혼이 있는 인간은 창조의 원리와 질서, 교리, 상식, 성경에 반하는 이질적인 통합을 시도하고 있습니다. 꼼수까지 부리면서 추진하고 있습니다. (꼼수라 함은 이질적인 신앙고백, 교리, 신앙을 피차 배타하지 않고 인정하고 존중하는 전략을 말합니다). 그 결과 모든 종교에도 구원이 있다는 종교 다원주의 사상을 주장하게 된 것입니다. 이래서 개신교의 보수와 개혁교단에서는 종교 통합을 지지하지 않고 반대합니다. 이 정도 설명이면 충분히 이해가 되었을 것으로 생각합니다. 천주교가 진정으로 성경사상을 믿고 따른다면 이질적인 종교단체들, 우상숭배 단체들, 미신 종교 단체들, 신앙고백이 다른 종교단체들과의 종교 통합 노력은 중단해야 합니다. WCC에서도 탈퇴해야 합니다. 만일 그렇지 않는다면 천주교는 이미 신앙의 순수성과 순결성을 포기했거나 잃어버린 종교라고 할 수 있습니다. 신앙고백이 다른 종교끼리는 절대로 종교 통합은 불가합니다. 이것은 거룩한, 진리에 합당한 배타성입니다. 이것이 종교 통합에 대한 개신교 안에 있는 개혁교회와 정통교단의 세계관입니다.

제30장

십자군 전쟁 세계관

십자군전쟁(十字軍戰爭)은 1095년 교황 우르바노 2세가 일으킨 전쟁입니다. 한 마디로 하나님을 믿는 로마 가톨릭(천주교)이 일으킨 종교 전쟁입니다. 두산백과사전에는 십자군 전쟁을 이렇게 기록하고 있습니다. "11세기 말에서 13세기 말 사이에 서유럽의 그리스도교도들이 성지 팔레스타나와 성도 예루살렘을 탈환하기 위해 8회에 걸쳐 감행한 대원정입니다. 11세기 말에서 13세기 말 사이에 서유럽의 그리스도교도들이 성지 팔레스타나와 성도 예루살렘을 이슬람교도들로부터 탈환하기 위해 8회에 걸쳐 감행한 원정입니다. 그리고 이 전쟁에 참여한 군사를 '십자군'이라고 부릅니다. 당시 전쟁에 참가한 기사들이 가슴과 어깨에 십자가 표시를 했기 때문에 이 원정을 십자군이라고 부르게 되었습니다. 십자군의 태동이 종교적 요인에 의한 것이라는 점은 명확하고, 또한 유일신(唯一神)을 믿는 그리스도교도와 이슬람교도와의 배타적 싸움이라는 점에서도 종교전쟁으로 인정 됩니다" 참고로 이슬람교는 기독교와 전혀 상관이 없는 이교(異敎)입니다. 이슬람교도 유일신을 주장하지만 그렇다고 기독교의 하나님과는 전혀 상관이 없습니다. 이슬람은 신론(神論)에서 삼위일체(三位一體 성부 하나님, 성자 하나님, 성령 하나님)를 부인합니다. 예수님을 하나님의 아들로 인정하지 않고 십자가의 죽음과 부활도 부인합니다. 이슬람교에 대하여 정확히 모르는 사람들은 '알라'가 하나님의 뜻으로 번역되고, 유일신을 믿고, 일부 성경과 성경에 나오는 인물들을 인용한다고 하여 비슷한 종교나 같은 하나님을 믿는 것으로 알고 있는데 기독교와 이슬람은 전혀 다른 종교입니다. 신론(神論)도 다르고, 구원관(救援觀)도 전혀 다른 종교입니다. 아무튼 십자군 전쟁은 가톨릭 신앙과 신자들을 보호하기 위해서 칼과 창 등을 동원하여 무력과 폭력으로 타종교인 이슬람과 싸운 전쟁입니다.

성경은 이러한 전쟁을 지지하지 않습니다. 왜냐하면 싸움, 전쟁에 대한 성경사상과 기준은 시종일관 비폭력이기 때문입니다. 성경은 국가 간의 전쟁일지라도 방어적인 전쟁만 무력 사용의 정당성을 인정하고 탐욕에 따른 침략 전쟁의 경우 무력 사용을 지지하지 않습니다. 하나님이 명하시지 않은 침략 전쟁은 십계명 제10계를 어기는 탐욕 전쟁입니다. 구약성경을 보면 하나님만을 믿는 신정국가인 이스라엘이 주변 국가들과 여러 전쟁을 했습니다. 그러나 만물의 주인이자 절대주권자인 하나님께서 우상숭배와 온갖 악하고 부정한 죄악을 심판하는 차원에서만 전쟁을 허용하셨고 명하셨을 뿐입니다. 지구상에서 벌어지고 있는 각종 전쟁과 같은 차원에서 명하시지 않으셨습니다. 하나님이 명하시지 않은 인간들의 전쟁은 이웃의 국토, 재물, 사람 등을 탐하는 것에서 출발합니다. 하나님께서는 이런 전쟁을 지지하지 않습니다. 성경은 신앙을 지키기 위해서 동원하는 모든 폭력도 금합니다. 성경은 '칼을 휘두른 자들은 칼로 망한 다'고 말씀하고 있습니다. 진리를 믿고 따르는 참 기독교 사상에 젖어 사는 자들은 항상 비폭력과 진리와 사랑으로 싸웁니다. 이것이 모든 이방 종교나, 이방 사람들이나, 나라들과 달리 성경의 싸우는 기준입니다. 그렇게 싸우다가 희생합니다. 그래서 순교를 당하는 것입니다. 예수님도 강력한 능력을 소유하신 전지전능하신 창조주 하나님이셨지만 비폭력으로 대응하시다가 순교를 당하셨습니다. 이것이 싸움에 대한 하나님의 방식과 성경방식입니다.

하지만 이 같은 싸움, 전쟁 방식이 하나님의 방식으로 무력하고 실패하는 것 같지만 최후에 승리합니다. 전능하신 예수님께서 죄도 없이 억울하고 무력하게 십자가에 달려 죽으시므로 실패한 것처럼 보였습니다. 하지만 3일 만에 부활 승천하시어 만인을 심판하시는 재판장이 되셨고 만인이 그의 앞에 무릎을 꿇었습니다. 삼위일체 하나님을 믿지 않는 이교도인 이슬람처럼 자살폭탄 테러나 무력을 사용하는 지하드(聖戰) 방식과는 천지차이입니다. 자살폭탄 테러와 십자군 전쟁처럼 싸우다가 죽는 것은 순교가 아닙니다. 참 순교란 성경 말씀대로 순종함으로 끝까지 진리에 대한 믿음을 지키려다 죽임을 당하는 것을 순교(殉敎 따라 죽을 순, 가르칠 교)라고 합니다. 순교라는 말은 아무 때나 마구 사용하는 것이 아닙니다. 성경사상에 비추어 보면 십자군 전쟁은 잘못된 폭력전쟁입니다. 하나님과 성경방식의 전쟁이 아닙니다. 이방 종교와 세상 사람들의 해결방식, 싸움방식입니다. 다시는 이런 방식의 전쟁과 테러와 싸움은 없어야 합니다. 가슴과 어깨에 십자가를 붙이고, 십자가 깃발을 들고 무력으로 전쟁을 행하는 것은 하나님을 욕되게 하고 주의 영광을 가리는 부끄러운 일입니다. 기독교인들은 이유를 불문하고 폭력적인 방법을 사용하지 말아야 합니다.

천주교 십자군 전쟁관

가톨릭대사전에는 십자군 전쟁에 대하여 다음과 같이 기술하고 있습니다. "그리스도교를 수호하고 성지(聖地)를 탈환하기 위해 서방교회의 원정군이 행한 중세 최대의 군사원정이었다. 13세기 중엽부터 원정군들이 입은 옷에 십자가가 그려 있다하여 이렇게 불리게 되었다. 1. 동기: 직접적 동기는 1071년 셀주크 터키족이 지중해 동해안에 진출하여 성지를 점거하고 순례자들을 박해한 사건과 터키군의 위협을 받은 비잔틴 황제가 교황에게 세 차례나 군사적 도움을 요청한 데 있다. 1096년 11월 클레르몽(Clermont) 교회 회의에서 교황 우르바노(Urbanus) 2세는 이 원정을 제창하였고, 여기에 강화된 교황권, 성지에 대한 오랜 관심, 그리고 동방과의 무역을 원하는 이탈리아 상인들의 야심 등의 요인이 결합되어 원정이 시작되었다. 대사(大赦 죄 용서)를 받고 전사할 경우 순교자의 칭호를 얻는다는 데서 참가자들은 크게 고무되었으며 또한 영토에 대한 기대와 유럽의 인구 압력 등으로 귀족과 농민들이 대규모로 참여하게 되었다. 2. 경과: 실제적 원정 시기는 1096년부터 원정이 끝내 실패하고 최후의 라틴령(領)이었던 아크르(Acre)가 함락당한 1291년까지이나 보통 동부 유럽으로 진출한 오스만터키족과의 니코폴리스(Nicopolis) 접전을 최후로 하여, 원정을 속개시키는 데 실패한 비오(Pius) 2세가 서거한 1464년을 원정이 완전히 끝난 해로 본다. 제1차 원정(1096~1099년): 동방세계를 구하고 성지를 탈환함을 목적으로 하였다. 안티오키아 함락(1098년), 예루살렘 탈환(1099년)에 성공했다. 지휘관 고드프리(Godfrey)가 '성묘(聖墓)의 수호자'로 임명되고 향후 20년간 안티오키아, 트리폴리, 예루살렘, 에데사를 잇는 라틴령이 성립되었다. 제2차 원정(1147~1149년): 이슬람 세력의 반격으로 에데사가 함락(1144년)되면서 시작, 예루살렘에 이르지 못하고 실패하였다. 제3차 원정(1184~1192년): 붉은 수염의 프리드리히(Friedrich) 황제, 영국왕 리처드(Richard) 1세, 프랑스의 필립(Philipp) 2세 등이 참가하였으나 예루살렘 재탈환에는 실패하였다. 제4차 원정(1202~1204년): 원래의 의도를 벗어나 콘스탄티노플을 함락시키고 라틴제국을 세웠다(1204년). 이 탈선으로 동·서 교회의 분열이 조장되고 이슬람 세력에 대한 동방세계의 방위력이 결정적으로 약화되었다. 제5차 원정(1217~1221년): 시리아에 남아 있는 프랑크왕국 소유지를 방위하려고 노력, 2차의 대규모 이집트 원정이 모두 실패하였다. 성 프란치스코는 '술탄'(Sultan)을 개종시키기 위해 중동으로 여행을 떠났다.

제6차 원정(1228~1229년): 프리드리히 2세가 협상을 통해, 군사적으로 다시 한 번 예루살렘을 회복하였다. 제7차(1248~1254년) 및 8차(1270년) 원정이 모두 실패함으로써 실제적 원정은 모두 끝났다. 서방에서는 차츰 십자군 원정에 반대하는 여론이 조성되고 비폭력적인 설교를 통해 이 지역에 복음을 전파하려는 운동이 일어났으며 유럽 자체 내에서는 이 교도 문제, 즉 스페인의 무어인, 이교 슬라브인, 프랑스 남부의 알비시(市)의 이단 등 더 현실적인 문제들이 다가왔다. 3. 결과: 이 원정은 결국 실패로 끝났지만 봉건제도(封建制度 토지를 통해 주군과 봉신 간에 형성되는 관계)에 묶여 있던 유럽 사회에 정치적·경제적·종교적으로 새바람을 불러 일으켜 근대로 넘어가게 하는 데 크게 기여하였다. 대부분 원정기간 중에 탄생하여 전통적인 은둔생활 대신에 군사적 활동과 병자와 순례자에 대한 봉사를 병행했던 기사수도회는 서구의 수도 생활에 새 요소를 첨가하였고 비잔틴 문화 및 이슬람 문화와의 접촉으로 이들에 의해 보존·발전되고 있는 아리스토텔레스의 철학에 눈을 돌리게 되어 이것은 스콜라사상(9세기에서 15세기에 걸쳐서 유럽의 정신세계를 지배하였던 기독교 신학에 바탕을 둔 철학적 사상)으로 발전되었다. 또한 1차 원정의 승리로 절정에 올라 있던 교황권이 계속되는 원정의 실패로 크게 실추되었다는 점도 특기할 만하다. 그러나 성지탈환이라는 소기의 목적을 달성하지는 못하였지만 이교도의 더 이상의 세력 확장은 저지되었다는 점 또한 이 원정의 성과라 하겠다"(가톨릭대사전)

십자군 전쟁이 실패로 끝났든, 승리로 끝났든, 여러 성과가 있든 없든, 천주교인들이 일으킨 종교전쟁은 하나님이 기뻐하시지 않는 전쟁이고, 성경과 하나님의 싸움방식과 기준이 아닙니다. 하나님께서는 총과 칼 등의 무력방식으로 하나님 나라를 확장하거나 방어하지 않습니다. 신앙을 지키고 신자들과 가톨릭교회를 보호하는 차원이라 할지라도 이런 방식은 하나님이 금하시는 것입니다. 어떤 변명과 합리화를 해도 무력을 동원한 십자군 전쟁은 성경방식이 아닙니다. 기독교 입장에서 보면 부끄러운 전쟁입니다. 가톨릭은 이에 회개하고 다시는 무력을 사용하는 신앙방어, 신앙쟁취 행위는 결코 하지 말아야 합니다. 가톨릭은 성경사상에 대한 잘못된 이해와 신앙, 그리고 하나님에 대한 무지와 오해로 이런 전쟁 외에도 전 세계적으로 개신교도들과 원주민들을 비롯하여 많은 사람을 핍박하고 죽였습니다. 역사적인 기록이 다 있어 부인할 수 없는 사실입니다.

개신교 십자군 전쟁관

개신교는 총과 칼을 사용하는 신앙 수호 전쟁, 무력을 동원하여 교회를 지키려는 그 어떠한 침략적, 탐욕적, 폭력적 전쟁, 싸움도 지지하지 않습니다. 왜냐하면 진리인 성경이 금하고 하나님의 방식과 기준이 아니기 때문입니다. 그래서 개신교는 무력 전쟁을 일으킨 일이 없습니다. 전쟁도 방어차원(정당방위)에서만 할 수 있습니다. 예수님의 제자 베드로도 초기에 이런 부분에 대하여 잘못된 신앙 지식을 가지고 있었습니다. 어느 날 밤 대제사장들과 장로들에게서 파송된 무리들이 예수님을 잡으려고 몰려왔을 때 제자 중 하나인 베드로가 예수님을 보호하고자 칼을 꺼내어 대제사장의 종인 '말고'의 오른쪽 귀를 잘라버렸습니다. 그러자 구세주인 예수님께서 '말고'의 귀를 다시 붙여 주시면서 다음과 같이 말씀하시므로 기독교인의 무력 사용을 금하시고 경고하셨습니다.

마태복음 26장 52절입니다.

"이에 예수께서 이르시되 네 검을 도로 집에 꽂으라 검을 가지는 자는 다 검으로 망하느니라"

이러한 말씀은 세계 역사에서 그대로 실현되었습니다. 역사적으로 총과 칼과 탱크와 비행기 등 강력한 군사력과 무기를 동원하여 무력으로 이웃 나라를 침공한 국가들은 하나 같이 다 실패했고 패망했습니다. 가장 대표적인 나라가 로마, 독일, 일본, 몽고 등입니다. 이 세상을 창조하시고, 각 나라의 경계를 정하시고, 이 우주만물을 통치하시고, 주관하시는 하나님께서 세상 종말까지 일반은총 가운데 세계 나라를 질서 있게 보호하십니다. 이에 하나님의 방식과 기준이 아닌 탐욕에 의한 침략 전쟁을 일으킨 나라와 지도자들은 다 심판하셨고 앞으로도 심판하실 것입니다. 기독교는 공의와 사랑의 종교입니다. 공의에 따른 만인의 심판은 하나님이 하실 것입니다. 기독교인들은 무엇을 하든지 이 땅에서 하나님의 사랑으로 살아가야 합니다. 사랑은 이웃과 이웃 나라와 이웃 종교, 타 종교에 대하여 무력을 사용하지 않습니다. 하나님의 사랑, 십자가의 사랑으로 대해야 합니다. 저들이 선한 짓을 하든지, 악한 짓을 하든지 사랑으로 대하고, 사랑으로 용서하고, 사랑으로 설득하고, 사랑으로 오래 참고, 그러다가 때리면 맞고, 보복하지 않고 순교당하는 것이 성경사상입니다. 성경은 악을 악으로 갚지 말고 선으로 악을 이기라고 합니다. 이웃을 사랑하라고 합니다.

로마서 12장 17절입니다.

"아무에게도 악으로 악을 갚지 말고 모든 사람 앞에서 선한 일을 도모하라"

로마서 12장 21절입니다.

"악에게 지지 말고 선으로 악을 이기라"

마태복음 22장 39절입니다.

"둘째는 그와 같으니 네 이웃을 네 몸과 같이 사랑하라 하셨으니"

선으로 악을 이기고, 보복(복수)하지 않고, 비폭력으로 싸우고, 사랑으로 대하는 것이 성경과 하나님의 대응 방식입니다. 구세주인 예수님이 본을 보여 주셨고, 예수님의 12제자들이 하나님의 방식으로 복음을 전하고 살다가 대부분 세상적인 잘못도 없이 다 비참하게 순교 당했습니다. 어찌 보면 싸우는 방식에 있어서 하나님의 방식과 성경방식이 얼마나 미련하고 답답하게 보이는지 모릅니다. 세상 사람들과 세상이 비웃을 수 있습니다. 자기들의 방식이나 세상 방식과 너무나도 다르기 때문입니다. 그래도 어찌합니까? 만물의 주인이신 하나님이 정한 싸움 방식이 비폭력이고 사랑의 방식이기에 참 기독교인들은 선택의 여지가 없습니다. 마치 운동선수들이 정해진 시합 방식대로만 경기를 하는 것과 같습니다. 그렇게 시합방식이 정해져 있어도 적지 않은 선수들이 이를 무시하고 반칙을 합니다. 기독교인들 중에도 하나님의 싸움방식을 무시하고 자기 기준과 자기들 좋을 대로 행하는 자들이 있습니다. 과거 천주교가 그리 했습니다. 그것이 십자군 전쟁이고, 이슬람의 정복 전쟁이고, 각종 침략전쟁들입니다.

  개신교는 하나님과 십자가를 걸고 진리에 반하는 전쟁을 하지 않습니다. 종교가 다르다고 이슬람이나, 이단들이나, 다른 종교들처럼 협박하고, 강제로 개종을 시도하고, 무력과 폭력을 행사하거나 죽이지 않습니다. 자신들의 죄악과 치부를 덮고 감추기 위해서 뇌물을 주고, 누군가에게 협박과 압력 등을 행사하지 않습니다. 기본적으로 참 종교는 폭력, 협박, 강제 개종 요구, 살해, 고문, 전쟁, 불법 등을 행하지 않습니다. 가짜 기독교 집단이나, 이단들이나, 가짜 종교집단이 무력, 협박, 폭력, 거짓, 은폐 등을 사용합니다. 자기들이 믿는 신을 모독하거나 경전을 훼손하면 곧바로 보복을 합니다. 그러나 참 기독교인들은 상대방이 어떻게 행하든지 시종일관 비폭력으로 정의롭게 행합니다. 상대방 종교를 존중하고 배려합니다. 자신들과 다른 주장을 한다고 폭력을 행사하고 살인을 자행하지 않습니다. 폭력으로 보복하지 않습니다. 인류의 유일한 구세주인 예수님에 대한 복음은 전하되 상대방 종교를 존중합니다. 미워하지 않습니다. 혹 자신이 속한 나라가 정당성이 없는 침략전쟁 등을 일으켜도 무력을 사용하지 않습니다. 상대방을 죽이지 않습니다. 이것이 참 기독교인의 자세입니다. 오직 타국이 침략해 왔을 때만 정당방위 차원에서 대응합니다. 참 개신교 신자들은 시종일관 하나님의 방식을 따라 행합니다. 하나님과 성경의 방식은 그 어떠한 경우에도 폭력적이지 않습니다. 구세주인 예수님께서 잘 보여 주셨습니다. 억울하게 피해를 입어도 묵묵히 참고 고난을 당하는 삶을 삽니다. 보복하지 않습니다. 손해 보면서 삽니다. 그러나 참 진리에서 벗어나거나 추구하지 않는 종교집단은 하나 같이 폭력과 보복, 살인을 행사합니다. 이것이 십자군 전쟁에 대한 개신교 세계관입니다.

제31장

낙태 세계관

　헌법재판소가 2019년 4월 11일 오후 낙태하는 여성과 의료진을 처벌하도록 한 형법 '낙태죄' 조항이 헌법에 합치하지 않는다는 결정을 했습니다. 이에 따라 국회는 2020년 12월 31일까지 법을 개정해야 합니다. 헌법재판소는 형법 조항(제269조 1항, 270조 1항)의 위헌 여부를 판단해달라며 산부인과 의사가 낸 헌법소원·위헌법률심판제청 사건에서, 재판관 4명(헌법불합치), 3명(단순위헌), 2명(합헌) 의견으로 헌법불합치 결정을 선고했습니다. 헌재는 2020년 12월 31일까지 국회에서 법을 개정하도록 주문했습니다. 현재의 법은 개정 이전까지만 한시적으로 적용됩니다. 향후 낙태를 해도 법적인 처벌은 받지 않게 됩니다. 낙태(落胎 떨어질 낙, 아이 밸 태)란 인위적으로 태아를 모태로부터 떼어내는 것을 말합니다. 임신중절 수술 혹은 소파수술이라고도 합니다. 보통 아이를 지운다고 말합니다. 낙태라는 말은 그 참상에 비추어 볼 때 너무 완곡한 표현이라고 생각합니다. 이는 마치 일본군이 여러 나라 여성들을 성 노리개로 삼은 것을 '위안부'라고 말하는 것과 유사합니다. 이러한 말은 가해자의 입장에서 칭하는 용어입니다. 낙태도 마찬가지입니다. 낙태라고 하면 그리 심각하게 느껴지지 않습니다. 따라서 좀 더 정확히 말하면 낙태는 '**친자태아살인**'(親子胎兒殺人)이라고 함이 마땅합니다. 여기에 시술을 맡은 의사들도 낙태(친자태아살인) 공범들입니다. 정확한 통계는 없지만 우리나라에서 해마다 이루어지고 있는 '낙태(친자태아살인)' 건수는 한해에 35만 건에 이른다고 합니다. 통계로 잡히지 않은 시술까지 감안하면 이보다 두 세배는 될 것으로 추측합니다.

국가인권위원회(이하 인권위)가 헌법재판소에 '낙태죄 조항은 위헌'이라는 취지의 의견서를 제출했습니다. 인권위는 2019년 3월 17일 '낙태한 여성을 형법 제269조 제1항에 따라 처벌하는 것은 여성의 자기결정권과 건강권, 생명권, 재생산권 등을 침해한다'는 내용을 담은 의견서를 헌법재판소에 제출했다고 밝혔습니다. 인권위는 결정문에서 낙태죄는 여성의 자기결정권 침해라고 밝히면서 "출산은 여성의 삶에 중대한 영향을 끼치는 사안임에도, 여성 스스로 임신 중단 여부를 결정할 자유를 박탈한다"며 "(여성들이) 경제적·사회적 사안에 관해 공권력으로 간섭받지 않고 스스로 결정할 수 있는 자기 결정권을 인정하고 있지 않다"고 밝혔습니다. 이어 "민주 국가에서 임신을 국가가 강제할 수 없는 것과 마찬가지로 자신의 삶에 절대적인 영향을 끼치는 낙태 역시 스스로의 판단에 따라 결정할 권리가 있고 국가는 이를 보장해야 한다"고 입장을 전달했습니다. 또한 형법이 예외를 두지 않고 낙태를 전면 금지하고 있다는 점, 모자보건법 상 낙태 허용 사유도 매우 제한적이라고 지적하면서 여성의 건강권, 나아가 생명권을 침해한다고 봤습니다. 인권위는 이와 관련해 "여성이 낙태를 선택할 경우 불법 수술을 감수할 수밖에 없고, 의사에게 수술을 받더라도 불법이기 때문에 안전성을 보장받거나 요구할 수 없다"며 "수술 후 부작용이 발생해도 책임을 물을 수 없어 여성의 건강권, 나아가 생명권이 심각하게 위협받고 있다"고 적었습니다. 인권위는 또 낙태죄가 모든 커플과 개인이 자신들의 자녀 수, 출산 간격과 시기를 자유롭게 결정하고 이를 위한 정보와 수단을 얻을 수 있는 재생산권을 침해한다고 꼬집었습니다. 인권위는 진정한 여성 인권이 무엇인지 잊고 있는 것 같습니다. 또한 여성의 인권보다 더 우선하고 중요한 생명존중을 잊고 있는 것 같습니다. 낙태는 친자태아살인이기에 낙태가 여성의 인원을 보호한다는 것은 말장난에 불과한 넌센스입니다. 세상의 그 어떤 인권보다 생명을 중시하고 존엄하게 여기는 인권보다 더 우선하는 것은 없습니다. 인권위는 무엇이 진정한 인권인지 모르는 것 같습니다.

대한민국은 OECD(경제협력개발기구) 국가 중에서도 1위라고 합니다. 세계보건기구 등의 조사를 근거로 볼 때 해마다 전 세계적으로 '낙태(친자태아살인)'가 4천만 명이 넘는다고 합니다. 해마다 남한 인구에 육박하는 귀한 생명들이 친모와 의사의 공모 하에 세상에 출생하기도 전에 비참하게 죽임을 당하고 있습니다. 이는 엄청난 죄악입니다. 반인륜적인 행위입니다. 이러한 살인행위(낙태)를 아무렇지도 않게 생각하는 사람들이 너무 많아졌습니다. '낙태(친자태아살인)'를 너무나도 쉽게 생각하는 추세입니다. 인명 경시풍조가 만연해 있다고 할 수 있습니다. 하나님으로부터 반드시 천벌을 받게 될 것입니다. 뿌린 대로 거두게 될 것입니다. 다행스러운 것은 아직까지 '낙태(친자태아살인)'에 있어서만큼은 기본적으로 천주교와 개신교가 반대의 뜻을 같이하고 있습니다. 하지만 천주교에 미묘한 변화가 일어나고 있습니다. 여성에 대한 낙태죄 처벌에 대하여 폐지를 주장하고 나섰습니다. 지금까지는 의사와 산모 모두에게 낙태죄에 대해 처벌 받는 것을 지지해 왔습니다. 상식적, 인륜적, 성경적으로 볼 때 낙태는 산모나 시술 의사나 명백한 살인행위입니다. 그러므로 모든 기독교인들은 말할 것도 없고 불신자들도 '낙태(친자태아살인)'를 당장 금해야 합니다. 혹 기독교인으로 '낙태(친자태아살인)'를 한 사람이 있다면 즉시 철저하게 회개하고, 잘못에 따른 벌과 고통을 달게 받고 다시는 살인행위를 하지 말아야 합니다.

천주교 낙태(친자태아살인)관

천주교 용어사전에는 낙태에 대하여 다음과 같이 기술하고 있습니다. "낙태란 자연 분만(自然分娩) 이전에, 아직 생존 능력이 없는 태아를 모체 외로 배출시키거나, 모체 안에서 살해하는 행위를 말한다. 성서는 자궁 속의 생명이야말로 반드시 인격적 존재의 견지에서 생각해야 한다고 했다(출애 21,22~24). 왜냐하면 태아의 생명은 하느님 앞에 특별한 가치를 지니며(시편 139,16), 태아에게도 영생을 얻도록 하셨기 때문이다(1디모 2,4). 생명은 하느님의 선물이며 인간은 영생을 위해 창조되었다. 따라서 가톨릭에서는 인간 생명의 시작을 잉태의 순간으로 보기 때문에, 여하한 상황을 막론하고 중절 행위는 엄금한다. 그러나 한국에서는 우생학적, 의학적인 이유 등으로, 모자의 생명과 건강을 보호한다는 입법(모자보건법) 취지와는 달리, 낙태의 허용 범위가 점점 확대되어 가고 있는 실정이다. 범죄로서의 낙태 외에 긴급할 경우, 산모의 생명을 구하기 위해 행하는 수술은 무죄일지 모르나, 사실 모자 보건법은 도덕상으로는 용납할 수 없다. 어떻게 생각하든 인간의 생명, 탄생과 죽음은 하느님의 영역에 속한다(필립 1,20~24). 따라서 인간 스스로의 결정으로, 인간의 생명을 종식시켜서는 안 되는 것만은 확실하다" 그러므로 천주교 신자라면 결코 낙태(친자태아살인)는 하지 말아야 합니다. 그리고 최근 낙태죄와 관련하여 산모와 시술 의사에 대하여 쌍방처벌을 해 왔는데 산모에 대해서는 낙태를 해도 처벌을 받지 않게 해야 한다는 구체적인 내부 주장이 나왔습니다. 이는 여러 가지를 암시합니다.

다음은 매일종교신문의 기사입니다. "천주교 생명운동본부가 여성에 한해 형법상 낙태죄 처벌조항폐지가 가능하다는 입장을 밝혔다고 한국일보가 19일 보도했다. 의사에 대한 처벌 조항은 유지해야 한다는 입장이지만, 그동안 인공임신중절(낙태) 합법화에 줄곧 반대 입장을 유지해온 천주교 측에서 제한적이나마 형법 개정에 동의한 것은 이번이 처음이다. 헌법재판소가 진행 중인낙태죄 위헌 여부 심판의 선고가 임박했다는 관측이 나오는 가운데, 가장 보수적인 천주교 측의 입장이 변화돼 주목된다. 천주교 주교회의 가정과생명위원회 산하 단체인 생명운동본부는 18일 한국일보에 보낸 입장문에서 "여성의 죄를 면하는 것은 얼마든지 가능하다'라고 밝혔다. 반면 의료진 처벌 조항은 유지해야 한다고 밝혔다. 형법 제269, 270조는 각각 낙태한 여성과 시술한 의료진을 처벌하도록 규정하고 있는데 이중 269조의 폐지에 대해서만 동의한 것이다. 생명운동본부는 정부가 합법적 낙태 사유를 규정한 모자보건법을 제정하려는 움직임을 보였던 1970년부터 천주교계의 대응 논리를 개발해온 기구다. 이번 입장문은 주교회의의 공식 입장은 아니지만 주교회의의 생명윤리 연구·교육·홍보를 전담하는 가정과생명위원회의 위원장인 이성효 주교의 검수를 거쳤다. 입장문은 "태아도 엄연한 인간 생명이며 결국 낙태는 생명을 죽이는 행위"라며 '낙태는 죄'라는 기존 입장을 유지했다. 의사에 대한 처벌은 유지해야 한다고 주장한 이유다. 다만 여성의 경우 이미 임신한 순간부터 낙태를 결정하고 실행하기까지 사회·경제적, 개인적 고통과 부담이 크니 형법으로 처벌할 필요가 없다는 것이다. 천주교 측은 특히 여성 처벌하는 조항이 낙태에 대한 여성들의 인식을 바꾸는 데 결정적 영향을 미쳤다고 봤다. 차희제 생명운동본부 운영위원은 "여론형성 과정에서 여성에 대한 처벌이 부각되면서 여성들이 낙태를 생명의 문제가 아니라 자기 결정권의 문제로 인식하게 됐다"라면서 "그런 부작용을 줄이기 위해 여성들의 부담을 덜어줄 필요가 있다"라고 설명했다. 실제로 이달 발표된 한국보건사회연구원 연구결과에 따르면 지난해 만 15~44세 여성의 75%가 형법 개정 필요성에 동의했는데 그 중 66%가 "인공임신중절 시 여성만 처벌하기 때문"이라는 이유(최다 응답)를 꼽았다. 생명운동본부는 모자보건법상 인공임신중절 허용 기준을 '사회경제적 사유'까지 확대하자는 여성계의 주장에 대해서는 반대 입장을 고수했다. 임신 12주까지는 임산부의 뜻대로 인공임신중절을 허용하자는 의견에 대해서도 "낙태 자유화를 의미한다"라고 반대했다. 그러면서 대안으로 양육비와 교육비 지원, 미혼모 시설 확충, 인공임신중절 상담기구 설치 등 여성에 대한 심리적, 경제적 지원을 강화할 것을 주문했다. 동시에 남성에게도 양육 책임을 부여하고, 남성이 양육의무를 이행하지 않을 경우 국가가 먼저 여성에게 양육비를 지급하되, 남성에 구상권을 청구하는 방안을 제안했다"(매일종교신문, 2019. 2. 19).

천주교 서울대교구장 염수정 추기경은 14일 국회 본관 경당에서 국회 가톨릭신도의원회와 함께한 미사 강론에서 '낙태죄 폐지'에 대한 반대 의사를 표했습니다. 염 추기경은 "태중에 새 생명을 품고 있는 어머니의 자기 결정권이 태아의 생명권보다 더 소중할 수는 없다"며 "모든 인간 생명은 수정되는 순간부터 아버지의 것도, 어머니의 것도 아닌, 새로운 한 사람의 생명으로 보호돼야 하고, 그 존엄성이 존중돼야 한다"고 강조했습니다(매일종교신문, 2019. 3. 15). 만일 낙태에 대한 처벌이 사라지면 그에 따른 죄의식도 상당히 약화될 가능성이 큽니다. 그리하면 더욱 쉽게 낙태할 가능성이 커집니다. 성경사상과 일반 기본형법 정신에 따르면 위법과 죄를 범하면 그에 대한 벌을 받는 것은 기본 사상입니다. 사람들은 처벌을 하고 안하고에 따라서 악행 여부의 결과가 많은 차이를 보입니다. 사람들이 윤리적이고 도덕적으로 뛰어나서 준법을 하는 것이 아닙니다. 불법과 위법을 하면 처벌을 받기 때문에 그것이 무서워서 준법을 하는 자들이 상당수입니다. 처벌 조항이 있어도 반칙을 하는데 처벌 조상이 폐지되면 성문을 열어 주는 것과 같습니다. 처벌이 없는 곳에는 반칙이 난무합니다. 무질서가 판을 치게 될 가능성이 농후합니다. 다른 것에서 잘 보여 주고 있습니다. 아마 여성, 산모에 대한 낙태죄 폐지가 되면 지금보다 훨씬 더 낙태가 확산될 가능성이 큽니다. 바라기는 아직 확정이 되지 않았지만 로마 가톨릭이 낙태죄에 대하여 끝까지 반대하기를 간절히 바라는 바입니다. 반드시 그래야 합니다.

개신교 낙태(친자태아살인)관

성경은 이유 여하를 막론하고 낙태를 절대로 금합니다. 성경은 정자와 난자가 수정되어 여자의 자궁에 착상하는 순간부터 생명, 사람, 인간으로 간주합니다. 그래서 낙태를 '친자태아살인'이라고 부릅니다. 원치 않은 임신일지라도 한 번 임신이 되면 반드시 출산해야 합니다. 강간이나 성폭행을 당해 임신이 되었어도 그러한 이유 때문에 살인인 낙태를 합리화시키지 못합니다. 어떤 임신이든 생명에 대한 생사(生死) 결정은 하나님의 주권이자 영역이기 때문입니다. 그리고 사람의 생명은 여성의 그 어떤 것보다 우선하고, 가치가 있고, 중요하고, 바꿀 수 없습니다. 여성의 자기결정권과 권리보다 우선합니다. 혹 산모와 태아 중 둘 중의 하나를 선택해야 하는 극히 예외적인 일이 발생했을 때를 제외하고는 어떠한 이유에서든지 태아를 낙태하는 것은 살인으로 간주하여 금합니다. 낙태를 한 자들은 반드시 살인죄로 하나님의 심판을 받습니다. 생명은 인간들이 각자 처지, 형편, 어떤 조건, 합당한 이유 등에 따라 마음대로 할

수 있는 존재가 아닙니다. 인간을 창조하시고 살아 있는 생령을 주신 분
도 하나님이시오, 인간의 생명을 거두어 가시는 분도 하나님이십니다.
생명에 대하여 인간이 사사로이 취급할 수 없습니다. 그래서 성경은 살
인과 생사의 절대주관자에 대하여 명백하게 말합니다.

출애굽기 20장 13절입니다.
"살인하지 말지니라"

사무엘상 2장 6절입니다.
"여호와(하나님)**는 죽이기도 하시고 살리기도 하시며 음부**(지옥)**에
내리게도 하시고 올리기도 하시는도다"**

창세기 2장 7절입니다.
"여호와 하나님이 흙으로 사람을 지으시고 생기(生氣)**를 그 코에 불어
넣으시니 사람이 생령**(生靈)**이 된지라"**

욥기 1장 21절입니다.
"가로되 내가 모태에서 적신(벌거벗은 몸)**으로 나왔사온즉 또한 적신
이 그리로 돌아올찌라 주신 자도 여호와**(하나님)**시오 취하신 자도 여호
와시오니 여호와의 이름이 찬송을 받으실찌니이다 하고"**

기본적으로 생사(生死)의 절대 주권은 오직 스스로 살아계신 하나님
만이 행사할 수 있습니다. 왜냐하면 하나님께서 천지만물과 사람을 창조

하시므로 주인이자 소유자이시기 때문입니다. 그래서 신·구약 성경은 이런 사실을 증거하고 있는 것입니다. 그리스도인들은 어떠한 경우에도 낙태를 해서는 안 됩니다. 낙태는 '친자태아살인'이고 동시에 하나님의 절대주권과 영역을 침범하는 죄악입니다. 폴리스라인(Police line)처럼 하나님의 라인(God line)을 침범한 월권입니다. 혹 알게 모르게 낙태를 한 그리스도인들은 진심으로 회개하고 다시는 낙태를 하지 말아야 합니다. 낙태 수술을 한 자들은 나름대로 변명과 이유와 핑게거리가 있을 것입니다. 아무리 그 이유가 합리적으로 보여도 살인은 살인입니다. 낙태살인에 대해 진실로 회개하면 죄 용서함은 받지만 그에 대한 대가는 어떤 방식과 모양으로든지 반드시 받게 될 것입니다. 그것이 죄를 범하면 피해가지 못하는 벌입니다. 살다보면 얼마든지 원치 않는 임신이 있을 수 있습니다. 경제적인 이유나, 미혼모나, 실수나, 강간이나, 성폭행이나, 근친상간이나 친부에 의한 임신과 형제간에 의한 임신 등 도저히 출산할 수 없는 경우도 있을 것입니다. 실제로 이런 경우가 많습니다. 원치 않게 임신한 자의 현실적인 사정과 형편을 고려하면 출산할 수 없습니다. 그래도 낙태, 살인에 대한 명분은 되지 않습니다. 이런 경우도 반드시 출산해야 합니다.

극히 예외적인 경우가 있기는 합니다. 산모와 태아 중 하나만 선택해야 살 수 있는 경우입니다. 이때도 전문가와 의료진과 온 가족이 진지하게 상의해서 결정해야 합니다. 이러한 고통과 슬픔과 천인공노할 일들은 범죄한 인간들이 이 세상을 살아가면서 원하든, 원치 않든지 겪고 당하는 것입니다. 사람을 죽이고 살리는 고유주권은 오직 생명의 주인이신 창조주 하나님만이 가지고 있습니다. 인간에게는 그런 권리가 없습니다. 사람의 생명보다 더 귀하고 우선하는 것은 세상에 없습니다. 그럼에도 불구하고 불신자들은 양심에 거리낌 없이 낙태를 시도합니다. 하지만 기독교인들은 생사의 주관자가 하나님이시고 사람이 이런저런 합리적인 이유나 계산으로 사람의 생명을 좌지우지할 수 없다는 것을 잘 압니다. 그런즉 그리스도인이라면 낙태는 아예 생각조차 하지 말아야 합니다. 다시 강조컨대 낙태는 친모와 의사가 공모하여 자기 자식을 죽이는 무자비한 '낙태(친자태아살인)'입니다. 이러한 살인행위를 '낙태'라는 말로 미화시키지 말아야 합니다. 이는 분명히 야비하고, 비정하고, 반인륜적이고, 악하고, 잔인한 행위입니다. 낙태는 창조주 하나님의 고유권한과 영역을 침범하는 교만이자 죄악입니다. 이것이 개신교 낙태(친자태아살인) 세계관입니다.

제32장

성탄절 메시지 세계관

성탄절이 돌아오면 세계인들은 설레고 들뜬 마음으로 성탄절을 맞이합니다. 북한에서도 성탄절인 2018년 12월 25일 북한 종교 단체가 우리 측 종교인에게 성탄 축하 영상 메시지를 보내왔습니다. 처음 있는 일입니다. 성가를 부르는 미사 장면과 설교를 하는 예배 모습이 담겼습니다. 성탄절(聖誕節)이란 보통 임금이나 성인이 태어난 날을 뜻합니다. 기독교에서의 성탄절이란 영(靈)이신 하나님이시자 구세주인 예수님께서 죄인들을 죄와 영원한 형벌에서 구원하시기 위해서 이 땅, 즉 이스라엘 베들레헴 마구간에 인간의 몸으로 태어나신 날입니다. 피조물인 인간의 탄생과 하나님이신 예수님의 탄생은 출생의 과정과 결과와 목적에 있어서 비교할 수 없는 차이가 있습니다. 그래서 예수님의 탄생을 '거룩할 성'을 붙여 성탄(聖誕)이라고 부르는 것입니다. 우리가 바로 알아야 할 것은 성탄절의 주인공은 불우한 이웃이나 세계 평화가 아니라 예수님이시고 기쁨의 대상은 죄인들 중에서 하나님의 친 백성들입니다. 이러한 근거는 기독교 진리인 성경(聖經)이고 예수님의 이름 속에 성탄의 목적과 본질이 들어 있습니다.

마태복음 1장 21절입니다.

"아들(구세주 예수님)**을 낳으리니**(성탄) **이름을 예수라 하라 이는**(왜냐하면) **그가**(성탄하신 예수님이) **자기 백성**(친 백성)**을 저희 죄**(원죄와 자범죄)**에서 구원**(영생, 천국)**할 자이심이라 하니라"**

예수님께서 성탄하신 목적이 예수님 이름 속에 명백하게 들어 있습니다. 그것은 **"자기백성을 저희 죄에서 구원할 자이심이라"** 예수님께서 성탄하신 목적은 사회적 약자나, 불우한 이웃을 돕거나, 정치적으로 세계평화를 위해서 오신 것이 아니라 자기 백성을 저희 죄에서 구원하기 위해서라고 합니다. 이것이 성탄의 본질이자 핵심입니다. 여기서 **"자기백성"**이란 친 자식, 친족 개념으로 하나님의 친 백성을 가리킵니다. 즉 만세전에 택함을 받은 사람인데 진실로 예수님을 구세주로 영접한 자들과 영접할 자들을 말합니다. 예수님은 만인을 구원하기 위해서 성탄하신 것이 아닙니다. 성경은 만인구원론을 배격합니다. 성경에 '모든'이라는 말이 있지만 이는 인류 전체를 가리키는 것이 아니라 하나님의 친 백성 모두라는 한계와 범위를 말하는 것입니다. 안타깝게도 성탄은 하나님의 택한 백성들이 아닌 사람들과는 상관이 없습니다. 정리하자면 인류의 유일한 구세주인 예수님은 수많은 인류 중에서 하나님의 자녀로 선택된 자들의 죄를 대신 짊어지시고 구원하기 위해서 이 땅에 성탄하신 것입니다. 물론 우리는 누가 하나님의 백성으로 택함을 받았는지 모릅니다. 예수님을 진실로 믿는지 믿지 않는지의 결과를 가지고만 알 수 있습니다. 예수님께서 이 땅에 성탄하신 목적과 본질은 죄인들인 자기백성들의 구원을 위함입니다. 그런데 성탄절이 왜곡, 변질되어 불우이웃돕기나 이 땅의 평화를 위한 것으로 둔갑해 버렸습니다. 그 외에도 산타클로스, 점등을 단 트리 세우기, 캐롤송, 루돌프 사슴, 선물 주기, 소원 들어주기 등 성탄의 본질과는 상관이 없는 문화가 자리 잡았습니다. 성탄절에 천주교 성당이나 개신교 교회당에서 예수님께서 성탄하신 목적과 본질을 바로 전해야 하는데 다른 의미, 다른 주제의 메시지를 전하기도 합니다. 그렇다고 나쁜 메시지는 아닙니다. 하지만 무엇이든지 절기와 주제와 본질에 맞게 메시지를 전해야 합당합니다. 예를 들어 결혼식 메시지가 좋다고 장례식 때 전하거나 장례식 메시지가 좋다고 결혼식 때 전하면 되겠습니까? 메시지 내용은 기념과 행사의 본질과 취지에 맞게 전해야 바르고 아름다운 것입니다. 그렇지 않으면 엉뚱한 메시지가 전해져 본질을 왜곡, 퇴색시키고 가치와 의미를 반감시킵니다. 사람들로 하여금 오해하게 만듭니다.

현재 성탄절의 본질에서 벗어난 메시지로 세상과 세상 사람들 또는 일부 기독교인들이 성탄의 의미와 본질을 잘못 이해하고 있습니다. 이제 성탄절은 죄인들을 구원하기 위하여 예수님께서 성탄한 날이 아니라 불우한 이웃과 낮고 낮은 사람들을 돕고 찾는 날로 인식되고 있습니다. 이런 불우이웃돕기는 천주교와 개신교가 일 년 내내 실천해야 하는 덕목입니다. 1년 중 그 어느 때보다도 성탄절은 모든 인류가 죄인이라는 사실을 외쳐야 합니다. 동시에 죄인들을 구원하시기 위해서 하나님이신 예수님께서 인간의 몸으로 이 땅에 성탄하신 것이라고 외쳐야 합니다. 그러면서 이 성탄하신 구세주 예수님을 믿어야 구원을 받고 참된 평화가 깃든다고 전해야 합니다. 성탄절에는 성탄의 본질과 내용을 충실하고 그에 관한 메시지를 전해야 합니다. 그래야 성탄절이 됩니다. 그렇지 않으면 성탄절이 아닙니다. 지금의 성탄절은 성탄의 주인공인 예수님은 없고 불우한 이웃과 세계 평화만 주인공이 되어 있을 뿐입니다. 이렇게 성탄절이 왜곡, 변질된 책임은 개신교와 천주교의 성탄 메시지가 한몫을 하였습니다. 기독교인들의 책임이 큽니다. 당사자들이 성탄절을 본질에서 벗어나 외치니 세상과 세상 사람들이 성탄절이 그런 날로 인식된 것입니다. 참으로 탄식할 일입니다.

천주교 성탄 메시지관

천주교도 성탄의 의미는 바로 알고 있을 것으로 생각합니다. 가톨릭 대사전에 의하면 성탄에 대하여 이렇게 기술하고 있습니다. **"예수 그리스도께서 인간을 구원하시기 위해 사람으로 태어나심을 말한다"** 그런데 성탄 미사에서의 메시지는 성탄의 본질과는 전혀 다릅니다. 매년 성탄의 본질에서 벗어난 미사 메시지를 전하고 있습니다. 프란치스코 교황이 크리스마스이브인 2018년 12월 24일(현지시간) 인간의 죄와 구원에 대하여 전한 것이 아니라 자본주의적 물욕을 버리고 소박한 삶의 의미를 되새길 것을 전 세계에 촉구했습니다. AP·로이터통신 등 외신에 따르면 프란치스코 교황은 이날 바티칸 성베드로대성당에서 집전한 성탄 전야 미사에서 설교를 통해 **"오늘날 많은 사람이 소유에서 의미를 찾는다"**고 한탄하시면서 이러한 메시지를 전했습니다. 교황은 마구간에서 가난하게 태어난 예수의 삶을 통해 이 세상의 모든 사람, 특히 탐욕에 물든 사람들이 진정한 삶의 의미를 되새겨야 한다고 강조했습니다. 그러면서 **"우리 스스로에게 한번 물어보자. 내 삶을 위해 이 모든 물질적인 것과 복잡한 삶의 방식이 정말 필요합니까? 이러한 불필요한 잉여 없이 더 소박한 삶을 살 수 있지 않을까?"**라고 했습니다. 교황은 이어 **"만족할 줄 모르는 탐욕은 모든 인류 역사의 특징"**이라면서 **"심지어 지금도 역설적으로 일부가 사치스러운 만찬을 즐길 때 너무나 많은 이들은 생존에 필요한, 일용할 양식조차 없이 지낸다"**고 지적했습니다.

프란치스코 교황은 2018년 12월 25일 정오 예멘과 시리아 등 분쟁지역에서 총성이 그쳐 전쟁으로 고통 받는 사람들이 없기를 바란다고 기원했습니다. 교황은 이날 바티칸 성베드로대성당 발코니에서 발표한 성탄절 공식 메시지 '우르비 에트 오르비'(라틴어로 '로마와 온 세계에'라는 뜻)에서 "모든 나라와 문화 속에서 박애가 자리 잡고, 다른 종교끼리도 형제애를 갖기를 바란다"고 말했습니다. 교황은 2015년 내전 발발 이후 1만여 명의 사망자가 발생하고 1천400만 명이 굶주림으로 고통을 받는 예멘을 언급하면서 "국제사회의 휴전 노력으로 마침내 전쟁과 배고픔에 지친 어린아이와 예멘인들이 안도할 수 있기를 바란다"고 말했습니다. 프란치스코 교황은 이어 "국제사회가 정치적 해법을 모색한다면 삶의 터전을 버리고 다른 곳으로 떠났던 시리아인들이 평화 속에 마침내 그들의 고국으로 돌아갈 수 있을 것이다"라며 평화를 위한 노력을 당부했습니다. 이 스라엘과 팔레스타인의 평화회담 재개도 거듭 촉구한 교황은 "평화회담 은 하느님께서 사랑을 보여주기 위해 선택한 땅에서 70년간 이어진 분 쟁을 끝낼 수 있을 것이다"라고 말했습니다. 해마다 이런 메시지를 전하 고 있습니다. 물론 다 좋은 말입니다. 좋은 말이라고 해서 때에 맞지 않 게 전하면 이는 전하지 않은 것만도 못하게 됩니다. 도리어 성탄의 본질 을 왜곡시키는 것이 됩니다. 탐욕, 전쟁, 평화, 불우한 이웃, 낮고 천한 삶 을 사는 사람들 찾아가기 등의 메시지는 평상시에 하면 됩니다. 이런 메 시지는 성탄절이 아닌 날에 전해도 충분하고 부족함이 없습니다.

구세주 예수님의 성탄은 이런 주제들보다 비교할 수 없을 정도로 인 류에게 중요한 메시지인데도 전하지 않습니다. 이는 마치 수학 시간에 국어를 가르치고, 영어 시간에 음악을 가르치는 것과 같습니다. 들어서 나쁠 것은 없지만 말이 되지 않고 황당한 것입니다. 그럴 것 같으면 굳이 수학·국어·음악 시간을 왜 따로 나누고 배웁니까? 성탄절에는 성탄절 의 본질에 대한 메시지만 전하면 됩니다. 다른 주제는 다른 날에 전해도 충분합니다. 성탄절의 메시지는 '죄로 인하여 저주 가운데 있는 인류에게 현재 죄의 바다에 빠져 영원히 멸망당할 수밖에 없는 상태이므로 성탄하 신 구세주 예수 그리스도를 믿어야 구원을 얻는다'고 외치고, 설교하고, 강론해야 합니다. 성탄 메시지의 내용은 죄인들을 향하여 죄인이라고 외치고 회개를 촉구해야 합니다. 구원의 길은 오직 예수님을 믿어야 한 다고 외쳐야 합니다. 그리하여 하나님의 백성들이 이런 죄에 대한 메시 지를 듣고 자기 가슴을 치고 하나님께 나아와 회개하며 새롭게 살게 해야 합니다. 하나님과의 원수 관계를 화평(평화)의 관계로 만드는데 힘써야 합니다. 이보다 더 중요한 성탄 메시지는 없습니다. 영혼의 죽고 사는 것이 이 세상에서 가장 가치 있고 중요하기 때문입니다. 다른 것을 아무리 잘 한다고 해도 영혼이 구원을 받지 못하면 다 헛것이 되기 때문입니다. 그런즉 천주교(로마 가톨릭)의 성탄 메시지도 바뀌어야 합니다. 성탄절마다 성탄의 본질과 목적에 맞는 죄와 구원의 메시지가 전해져야 합니다. 그 외에 불우이웃돕기, 세계 평화, 인간의 탐욕, 나눔, 사랑 등은 성탄일이 아닌 다른 날에 수시로 전하고 실천해야 합니다. 그래야 바른 성탄 메시지가 될 것입니다. 그렇지 않으면 성탄과 무관한 메시지만 남발하게 됩니다. 도리어 성탄절을 왜곡시키고 훼손하게 됩니다.

개신교 성탄절 메시지관

개신교의 성탄 메시지는 그래도 비교적 성탄절에 맞게 전하는 것이 일반적이지만 그래도 일부 목사들은 성탄의 본질에서 벗어난 메시지를 전하는 자들도 있습니다. 예수님의 탄생은 보통 피조물인 인간의 탄생과는 목적과 출생과정에서 전혀 다릅니다. 보통 인간은 생물학적 과정을 통해서 출생합니다. 남녀의 성교를 통해서 임신하고 출생합니다. 출생하는 목적도 생육하고 번성하기 위함입니다. 그러나 예수님의 탄생은 생물학적이지 않고 초자연적인 능력으로 임신되고 탄생하셨습니다. 하나님은 천지만물을 말씀으로만 창조하셨듯이 자신이 원하시면 무엇이든지 하실 수 있습니다. 한 마디로 하나님은 못하시는 것이 없습니다. 하나님은 사람처럼 유한한 존재가 아니시고 초자연적인 능력을 소유하신 분이시기 때문입니다. 동시에 구세주인 예수님은 인간의 죄를 대신하여 십자가를 지셔야 하기에 죄가 없어야 했습니다. 그래서 성령 하나님의 역사로 죄를 초월하여 출생을 하신 것입니다. 숫처녀 마리아의 몸을 통해서 임신이 되었지만 성령 하나님의 초자연적은 신비한 능력으로 임신되었고 탄생하셨습니다.

마태복음 1장 18절입니다.
"예수 그리스도의 나심은 이러하니라 그 모친 마리아가 요셉과 정혼하고 동거하기 전에 성령으로 잉태된 것이 나타났더니"

예수님의 임신과 출생은 상식과 논리, 생물학적인 것을 초월하는 과정을 통해서 되었습니다. 이것이 가능한 이유는 하나님의 전능성입니다. 마리아와 결혼하기로 약정된 목수인 요셉도 마리아의 임신이 이해가 되지 않았고, 실망스러웠고, 몹시 당황하였습니다. 다른 남자와 불륜을 통해서 임신한 것으로 이해하고 있었습니다. 이에 조용히 관계를 정리, 파기하고자 하였습니다. 이 일을 생각할 때 천사가 요셉에게 나타나서 요셉의 의문을 풀어주고 요셉의 마음을 돌이키게 하였습니다.

마태복음 1장 20절입니다.
"이 일을 생각할 때에 주의 사자가 현몽하여 가로되 다윗의 자손 요셉

아 네 아내 마리아 데려오기를 무서워 말라 저에게 잉태된 자는 성령으로 된 것이라"

그러면서 주의 천사는 요셉에게 아들을 낳을 것이라고 알려 주었고, 예수라는 이름까지 지어 주면서 그 이름의 뜻까지 알려 주었습니다. 예수라는 이름의 뜻은 그가 이 땅에 성탄하신 목적이 담겨 있습니다.

마태복음 1장 21절입니다.
"아들을 낳으리니 이름을 예수라 하라 이는 그가 자기 백성을 저희 죄에서 구원할 자이심이라 하니라"

이 말씀 속에 성탄의 목적이 들어 있습니다. '자기 백성을 저희 죄에서 구원하기 위해서 성탄하셨다'는 것입니다. 여기서 **"자기 백성"**이란 하나님의 친 백성으로 보통 인간 세계에서 친자식 개념입니다. 자기 가족, 자기 백성, 자기 자녀를 가리킵니다. 다시 말하면 '만세전에 택한 사람을 구원하기 위해서 성탄하셨다'는 것입니다. 모든 사람을 구원하기 위함이 아닌 '자기 백성들의 죄를 대신 갚고 그들을 천국으로 데리고 가기 위해서 성탄하셨다'는 말입니다. 이것을 개신교 장로교에서는 선택 혹은 예정이라고 합니다. 구원은 하나님의 절대주권에 따라 천지가 창조되기 전인 만세전에 택함을 받은 자, 예정을 받은 자들만 구원을 얻게 됩니다. 이것이 예정론, 선택론 사상입니다. **"자기 백성"**이라는 말이 이를 확증해 줍니다. 자유주의 신학과 신앙에서는 '모든'이라는 단어 때문에 '만인구원론'(인류 전체)을 주장하지만 예수님의 이름 속과 성경의 전체 내용 속에는 그런 수가 포함되어 있지 않습니다. 만세 전에 택함을 받은 하나님의 친 백성 모두를 가리킬 뿐입니다.

보통 사람들이 출생하는 것은 죄인을 구원하기 위해서가 아닙니다. 이 땅에서 생육하고 번성하기 위함입니다. 그러나 예수님의 탄생은 인간들과 달리 죄인들, 자기 백성들을 구원하시기 위해서 이 땅에 성탄하신 것입니다. 그래서 예수님의 탄생을 거룩한, 구별된 성탄(聖誕 거룩할 성, 태어날 탄)이라고 하는 것입니다. 사람의 탄생을 성탄이라고 하지 않습니다. 사람은 거룩하지 않기 때문입니다. 거룩은 오직 하나님에게만 붙일 수 있는 말입니다. 불교에서는 석가모니의 탄생을 말하기를 '부처님 오신 날'이라고 신격화하는데 기독교 입장에서 볼 때 납득하기 어려운 말입니다. 부처, 석가모니는 신이 아닙니다. 우리와 동일한 인간이고 죄인입니다. 우리 자녀들이 탄생할 때 '오신 날'이라고 말하지 않습니다. '탄생했다', '출생했다'라고 할 뿐입니다. 오직 하나님이신 예수님의 탄생만 성탄이라고 할 수 있습니다. 그리고 성탄하신 예수님의 이름에 비추어 볼 때 성탄절이 어떠해야 하는가를 제시해 줍니다. 오늘날 성탄절은 이벤트의 날, 낮고 낮은 곳을 찾아가는 날, 불우이웃을 돕는 날, 먹고 마시고 즐기는 날로 변질되었습니다. 마치 식목일이나 현충일이 변질되어 연인과 가족끼리 놀러가는 날, 쉬는 날로 퇴색한 것과 비슷합니다. 성탄의 본질과는 동떨어진 날이 되어 버렸습니다. 성탄과 상관이 없는 휘황찬란한 트리와 점등, 산타, 캐롤, 선물 주고 받기 등이 성행하고 있습니다. 물론 나쁜 것들은 아니지만 바른 것도, 성탄절의 본질도 아닙니다.

성탄절은 분명 기쁜 날입니다. 그래서 기뻐하고 즐거워해야 합니다. 왜 기쁜 날입니까? 구세주가 이 땅에 성탄하셨기 때문입니다.

누가복음 2장 10~11절입니다.
"천사가 이르되 무서워 말라 보라 내가 온 백성에게 미칠 큰 기쁨의 좋은 소식을 너희에게 전하노라 오늘날 다윗의 동네에 너희를 위하여 구주가 나셨으니 곧 그리스도 주시니라"

성탄을 달리 말하면 여러 사람들이 배를 타고 가다가 파도에 난파되어 어느 무인도 외딴 섬에 갇히게 되었는데 어느 날 자신들을 구하려고 구조선이 무인도 섬에 찾아온 것과 같습니다. 그래서 절망 가운데 구조를 받은 사람들은 해마다 이 날을 기억하고 기념하며 감사하고 기뻐합니다. 구조 받은 것에 대한 기쁜 날입니다. 이처럼 성탄절은 죄인을 죄에서 구출, 구원하기 위해서 예수님께서 이 땅에 성탄하신 날입니다. 그러면 이에 대한 감사와 기쁨이 있어야 합니다. 그런데 성탄절에 전혀 다른 것들이 주인행세를 합니다. 마치 군산시에서 해마다 하는 국제철새축제 때 철새도 없고, 철새를 찾는 자들도 별로 없고 오직 사방에 장사치들만 활개를 치고 사람들은 먹고, 마시고, 즐기기만 하는 것과 비슷합니다. 성탄절이 이런 날이 되어 버렸습니다. 처음부터 이러지는 않았습니다. 지금과 달리 오래 전에는 성탄의 본질에 충실하게 지냈습니다. 방송에서도 성탄절 전후로 성화가 많이 방영되었습니다. 이젠 텔레비전에서 성탄 성화도 사라졌습니다. 성탄이라는 타이틀을 걸고는 온갖 연예와 오락만 판을 치고 있습니다. 성탄과는 상관이 없는 프로만 성행합니다. 성탄은 얼굴 마담 역할만 하고 있습니다.

　기독교인들, 만세 전에 택함을 받은 자들에게는 성탄절은 너무나도 기쁜 날입니다. 그러면서 한편으로는 하나님께 감사하고 미안한 마음이 있어야 합니다. 예수님의 성탄은 우리 택자들을 위해서 십자가 위에 양손과 양발에 못박혀 희생 제물이 되기 위해서 오셨기 때문입니다. 그래서 기뻐하면서도 경건하게 보내야 합니다. 이는 마치 국민들의 생명과 나라를 지키기 위해서 죽은 군인들을 기념하는 현충일을 기뻐하면서도 경건하게 보내는 것과 마찬가지입니다. 성탄절은 이런 성탄의 내용을 알리는 날이 되어야 합니다. 불우이웃돕기나 착한 일은 평상시, 연중 내내 하는 것입니다. 기독교인들이 스스로 성탄절을 변질, 왜곡, 퇴색시키지 말아야 합니다. 이제 세상과 세상 사람들은 성탄절은 먹고, 마시고, 즐기고, 여행가고, 밤새워 놀고, 선물 주는 날로 인식하고 있습니다. 천주교 미사와 일부 개신교 설교가 성탄절을 변질시키는 데 일조하고 있습니다. 그런즉 개신교도 성탄절 메시지가 세계 평화니, 불우이웃을 도와야 한다느니, 낮고 천한 사람들을 찾아가고 사랑해야 한다는 등의 메시지는 삼가야 합니다. 이런 메시지는 다른 날에 전하고 사람들의 죄에 대하여, 구원에 대하여 전해야 합니다. 세상과 세상 사람들과 일부 거듭나지 않은 신자들이 불편해하더라도 전해야 합니다. 화재가 나서 사람들이 죽어가고 있는데, 바다에 빠져 죽어가고 있는 상황에서 세계평화를 외치고, 불우이웃을 돕자고 외치고 한다면 얼마나 황당한 일입니까? 말이 되지 않습니다. 개신교의 모든 목사들은 이런 사실을 바로 인식하고 성탄절의 메시지는 성탄의 본질에 맞게 전하여 죄인들을 구원하는데 힘써야 합니다. 예수님은 이 세상의 정치적인 평화를 위해서 성탄하지 않으셨습니다. 택함을 받은 죄인들이 하나님과의 평화를 다시 회복하고 누리기 위해서 오신 것입니다. 우리라도 성탄절의 의미와 본질을 바로 이해하고, 외치고, 전하며 살아야 합니다. 이것이 성탄절 메시지에 대한 개신교 세계관입니다.

제33장

매장과 화장 세계관

사람은 한 번 태어나면 누구든지 반드시 죽습니다. 각종 질병, 교통사고, 스트레스, 전쟁, 자살, 노환 등 다양한 이유로 죽지만 이는 간접적인 이유이고, 죽음에 대한 직접적인 이유는 죄(원죄), 즉 인류의 대표자이자 머리이며 최초로 창조된 인간 아담과 하와가 하나님의 말씀에 불순종한 결과로 주어진 벌(심판)입니다. 그래서 어느 가정이든지 죽음을 경험하지 않은 집안이 없습니다. 우리 자신도 언젠가는 반드시 죽습니다. 우리나라 통계를 보면 한해에 약 30여만 명이 죽습니다. 이렇게 죽는 사람들은 매장(埋葬 시체나 유골을 땅에 묻음. 토장)을 하든지 화장(火葬 시체를 불에 살라 장사하는 일)을 합니다. 과거에는 주로 매장을 했지만 오늘날에는 매장지와 환경과 비용 문제 등으로 대부분 화장을 합니다. 보건복지부가 발표한 화장률 현황에 따르면 2015년 우리나라 화장률은 선진국 수준인 80%를 넘었습니다. 1994년 20.5%이던 화장률이 20여 년 사이에 약 4배 증가했습니다. 이렇게 화장을 함에 있어서 일부 기독교와 기독교인들 중에는 부활과 관련하여 생각을 달리 하는 일이 생겼습니다. 무슨 말인가 하면 화장을 하여 유골(遺骨 재)을 어떻게 처리하느냐에 따라서 부활에 있어서 다르게 생각하거나 오해하는 자들이 있는 것이 현실입니다. 이에 대하여 천주교와 개신교의 주장이 다릅니다. 천주교는 화장을 한 후 유골(재)을 땅이나 바다 등에 뿌리는 것은 육신의 부활을 믿는 그리스도교 신앙에 어긋난다고 말합니다. 그러나 개신교는 유골(재)을 어떻게 처리하든지 부활과 아무런 상관이 없고 성경사상에 어긋나지 않는다고 주장합니다. 이에 대한 논리와 근거를 살펴보고자 합니다.

천주교 매장과 화장관

천주교는 전통적으로 죽은 사람의 매장(埋葬)을 권장합니다. 그렇다고 화장(火葬)에 반대하는 것은 아닙니다. 다만 화장하고 나서 유골(재)을 땅이나 바다에 뿌리거나 유품처럼 집에 보관하는 것은 육신의 부활을 믿는 그리스도교 신앙에 어긋나는 것으로 보고 금합니다. 유골의 재는 묘지나 성당, 또는 교회가 인가한 봉안당 등 성스러운 장소에 모셔야 한다고 주장합니다. 가톨릭 용어사전은 화장(火葬)에 대하여 다음과 같이 말합니다. "화장이란 죽은 사람의 시신을 불에 태움을 말한다. 이는 중요한 교리 문제 때문에 한때는 가톨릭에서 금하기도 하였다. 유럽의 몇몇 사람들은 부활 신앙에 대해 정면 도전의 한 수단으로 이를 주장하였다.

그리고 하느님께서 이미 타 버린 재와 연기를 가지고 어떻게 영혼과 육신을 가진 사람으로 부활시킬 수 있을까 하는 것이 부활 교리에 혼란을 일으켰던 것이다. 구약이나 신약에서는 모두 매장하였다(창세 50:26; 요한 11:17). 초대 교회에서도 기도와 찬송 그리고 예절을 행한 후 묘지로 향하였고, 묘지에 성수를 뿌리는 등의 예절을 행한 후 매장하였다. 이때의 교회 장례 예절 전체는 부활의 희망을 의미했다. 1960년 교황 바오로 6세의 칙서를 통해, 교리를 반대하는 이유 때문에 그렇게 한다는 증거가 없는 한, 화장을 선택한 사람에게 교회 장례 예절을 허용하였다. 따라서 사제는 죽은 자를 위해 기도할 목적으로 화장장에도 갈 수 있다. 그렇다고 그곳에서 장례 예식 전체를 거행할 수는 없으며, 재는 장지에 묻거나 경건하게 모시면 될 것이다"

교황청은 2016년 8월 위령성월을 맞아 매장과 화장에 관한 새 문헌을 발표했습니다. 교황청 신앙교리성이 지난 8월 매장과 화장에 관한 새로운 지침을 담은 훈령 '그리스도와 함께 부활하기 위하여'를 발표한 데 따른 화장에 대한 첫 지침을 한국천주교주교회의(이하 주교회의)가 마련했습니다. 주교회의 측은 "그 동안 한국 천주교에서 화장에 대한 공식적 지침이 없었는데 이번 지침 마련으로 신자들에게 화장 과정에서 어떤 행위가 가능하며, 어떤 행위는 금기시되는지 정해졌다"며 의미를 부여했습니다. 주교회의는 "육신의 부활을 부정하는 등 교리에 어긋나지 않으면 화장을 금하지 않는다"며 "유골을 공중이나, 땅이나, 바다 또는 다른 어떤 장소에 뿌리는 '산골행위'는 허용되지 않는다"고 강조했습니다. 화장한 유골을 공중이나 땅, 바다에 뿌리거나 집에 보관하는 것은 육신의 부활을 믿는 그리스도교 신앙에 어긋난다는 입장입니다. 또 재는 묘지나 성당, 혹은 교회가 인가한 봉안당 등 성스러운 장소에 모셔야 한다고 권고했습니다. 육신의 부활을 믿는 천주교는 전통적으로 죽은 이의 매장을 권장하지만, 화장에 반대하진 않습니다. 교황청이 유해를 자연에 뿌리는 것을 금지하는 것은 이런 행위가 모든 사물에 신성이 깃들어 있다는 '범신론'이나 인간도 자연의 일부로 죽은 뒤에는 자연으로 돌아간다는 '뉴에이지' 사상과 연관이 있다고 여기기 때문입니다. 이에 따라 한국천주교주교회의는 화장할 경우 유골은 묘지나 교회가 마련한 거룩한 장소에 보존돼야 하지만 우리나라에서는 묘지 납골당에 모시는 것이 허용된다고 밝혔습니다. 또 '산골행위'는 허용되지 않습니다. 단, 최근 우리나라에서 급증 추세인 수목장(樹木葬)은 허용했습니다. 수목장은 유골을 지정된 수목 밑이나 뿌리 주위에 묻는 행위로, 유골을 '직접 뿌리는 행위'로 보기 어렵다고 봤습니다. 수목장은 매장의 의미도 있다는 입장입니다"(매일종교신문, 2016.11.10)

개신교 매장과 화장관

개신교는 매장(埋葬)과 화장(火葬) 모두를 금하지 않습니다. 또한 화장을 한 후 유골(재)에 대하여 어떻게 처리하든지 금하지 않습니다. 그렇게 하는 이유는 영혼이 떠난 육체는 생명이 아니기 때문이고, 구세주와 인류의 심판자이신 예수님께서 공중으로 재림해 오실 때, 곧 세상 종말 때에 지구촌에서는 수천 수백 년 전에 죽은 자와 산자, 신자와 불신자의 부활에 아무런 지장이 없다고 믿기 때문입니다. 매장(토장)을 해도 시간이 지나면 살과 뼈는 모두 썩고 산화되어 없어집니다. 장소적인 의미가 없습니다. 화장을 해도 살은 불에 타 없어지고 재만 남지만 이 재(유골)도 시간이 지나면 다 산화되어 없어집니다. 매장과 화장을 하여 한 곳에 놓든지 땅과 바다와 공중에 뿌리든지 모두 산화되어 사라지지만 부활에 아무런 장애를 초래하지 않습니다. 왜냐하면 죽은 자와 산자의 부활은 인간이나 자연 스스로 되는 것이 아닌 전지전능하신 하나님께서 초자연적인 능력으로 행하시기 때문입니다. 시체를 화장을 하여 재를 땅과 바다와 공중 등 사방에 뿌렸다고 해서 천지만물을 말씀으로만 창조하신 전능하신 하나님께 부활을 못 하게 하지 않습니다. 유골을 사방에 뿌렸다고 하여 부활을 걱정하거나 의심하는 것은 하나님의 전능성을 불신하는 것입니다. 지구촌 어디에 유골을 모아놓았든 뿌렸든지 부활에는 아무런 지장이 없습니다.

개신교는 전지전능하신 하나님을 전적으로 믿기에 신자들이 매장과 화장을 하여 유골(재)을 어떻게 처리하든지 개의치 않고 걱정하지 않습니다. 그래서 매장과 화장 후 유골 처리에 대해서 각자 주권에 맡깁니다. 혹 하나님의 전능성, 초자연성에 대하여 불신하게 되면 부활과 연관 지어 유골을 아무 곳에나 뿌리지 못할 것입니다. 그리고 개신교는 천주교처럼 "'범신론'이나 인간도 자연의 일부로 죽은 뒤에는 자연으로 돌아간다는 '뉴에이지 사상'과 연관이 있다"고 여기지 않습니다. 그리고 성경은 매장에 대해서는 언급하고 있지만 화장에 대해서는 다른 언급이 없습니다. 성경은 기본적으로 매장을 소개하지만 화장을 하는 것도 성경사상에 위배되지 않기에 매장을 해도 좋고 화장을 해도 좋습니다. 사망자에 대하여 매장과 화장을 한 후 뼈와 유골(재)처리는 유가족들이 의논하여 처리하면 됩니다. 그래서 개신교는 교리나 제도로 매장과 화장에 대하여 다른 지침을 규정하고 있지 않습니다. 각자의 형편과 소견대로 하도록 하고 있습니다. 일체 간섭하지 않습니다. 신·구약 성경을 보면 매장이 소개됩니다. 예수님도 십자가에 달려 죽으신 이후 무덤에 매장되었습니다. 요셉과 나사로도 무덤에 장사했습니다.

창세기 50장 26절입니다.
"요셉이 일백십 세에 죽으매 그들이 그의 몸에 향 재료를 넣고 애굽에서 입관하였더라"

마태복음 27장 58~60절입니다.
"빌라도에게 가서 예수의 시체를 달라 하니 이에 빌라도가 내어 주라 분부하거늘 요셉이 시체를 가져다가 정한 세마포(삼베)로 싸서 바위 속에 판 자기 새 무덤에 넣어 두고 큰 돌을 굴려 무덤 문에 놓고 가니"

요한복음 11장 17절입니다.
"예수께서 와서 보시니 나사로가 무덤에 있은 지 이미 나흘이라"

예수님의 시체도 무덤에 매장을 하였기에 매장을 하는 것이 좋으나 그럴 형편이 되지 못하는 사람들은 비용이 가장 적게 드는 화장을 해도 신앙과 부활에 있어서 아무런 문제가 없습니다. 또한 화장을 했을 때 유골(재) 처리에 있어서 깊은 고민을 할 것이 없습니다. 유골을 한곳에 처리하든지 바다, 땅, 공중, 산 등에 뿌리든지 부활과는 아무런 상관이 없습니다. 그런즉 쓸데없는 걱정을 할 필요가 없습니다. 하나님은 전능하시고 초자연적인 능력을 소유하고 계시기 때문에 염려할 것이 전혀 없습니다. 유골을 사방에 뿌리게 되면 부활에 악영향을 미친다는 천주교 주장은 성경적이지 않습니다. 혹 공중에서 비행기 폭발로 죽은 신자, 배를 타고 가다가 바다에서 침몰하여 죽어 시체를 찾지 못한 신자, 각종 화재 사고로 시신을 발견하지 못한 신자 등은 부활하지 못합니까? 전혀 그렇지 않습니다. 부활을 유한한 사람이 일으킨다면 이런 주장이 맞지만 인간의 창조와 부활은 전지전능하신 하나님, 초자연적인 능력을 행하시는 하나님이 행하시기에 어디에서 어떻게 죽었든 유골(재)을 어디에 묻거나 뿌렸든지 부활에 아무런 영향과 지장이 없습니다. 그리고 개신교는 천주교의 교황청이 유해를 자연에 뿌리는 것을 금지하는 염려나 이유도 해당이 되지 않기에 화장 후 자유롭게 처리하는 것에 대하여 개의치 않습니다. 왜냐하면 개신교 신자들은 기본적으로 유골을 바다나 공중 등에 뿌릴 때에 사물에 신성이 깃들어 있다는 '범신론'이나 인간도 자연의 일부로 죽은 뒤에는 자연으로 돌아간다는 '뉴에이지 사상'으로 하지 않기 때문입니다. 그러므로 이런 부분에 대하여 염려, 의심, 두려움을 갖지 않기 바랍니다. 이것이 개신교 매장과 화장 세계관입니다.

제34장

3·1운동 참여 세계관

　'3·1운동'이란 1919년 3월 1일 침략군이자 강제점령군인 일본에게 빼앗긴 나라를 되찾기 위해 수많은 한국인들이 태극기를 들고 거리로 나와 목숨을 걸고 대한독립만세를 외쳤던 역사적인 애국적 항쟁이자 혁명운동입니다. 이때 7천 5백여 명의 사람들이 일본군의 총칼로 희생당했습니다. 1만 6천여 명이 부상을 당했습니다. 현재의 대한민국은 이들의 희생 위에 되찾은 나라입니다. 위키백과는 3·1운동에 대하여 다음과 같이 기록하고 있습니다. "3·1운동(三一運動) 또는 3·1만세운동(三一萬歲運動)은 일제 강점기에 있던 한국인들이 일제의 지배에 항거하여 1919년 3월 1일 한일병합조약의 무효와 한국의 독립을 선언하고 비폭력 만세운동을 시작한 사건이다. 3·1혁명(三一革命) 또는 기미년에 일어났다 하여 기미독립운동(己未獨立運動)이라고도 부른다. 대한제국 고종이 독살되었다는 고종 독살설이 소문으로 퍼진 것이 직접적 계기가 되었으며, 고종의 인산일(=황제의 장례식)인 1919년 3월 1일에 맞추어 한반도 전역에서 봉기한 독립운동이다. 만세 운동을 주도한 인물들을 민족대표 33인으로 부르며, 그밖에 만세 성명서에 직접 서명하지는 않았으나 직접, 간접적으로 만세 운동의 개최를 위해 준비한 이들까지 합쳐서 보통 민족대표 48인으로도 부른다. 이들은 모두 만세 운동이 실패한 후에 구속되거나 재판정에 서게 된다. 약 3개월 가량의 시위가 발생하였으며, 조선총독부는 강경하게 진압했다. 조선총독부의 공식 기록에는 집회인수가 106만여 명이고, 그중 사망자가 7,509명, 구속된 자가 4만 7천여 명이었다. 한편 뉴라이트 신복룡 교수나 일본의 야마기 겐타로는 약 50만 명 정도가 3·1운동에 참여하였다고 주장하고 있다. 3·1운동은 현대 대한민국 정부 수립의 역사적 기원이 되었다. 3·1운동을 계기로 다음 달인 1919년 4월 11일 중국 상하이에서 대한민국 임시정부가 수립되었다. 한편 3·1운동을 계기로 군사, 경찰에 의한 강경책을 펴던 조선총독부는 민족분열책인 일명 문화통치로 정책을 바꾸게 되었다"

1919년 3·1운동은 종교계가 주도했으나 천주교는 공식적으로 참여하지 않았습니다. 당시 민족대표 33명은 천도교(15명), 개신교(16명), 불교(2명) 등 천주교를 제외한 종교인들로 구성됐습니다. 한국천주교주교회의 의장 김희중 대주교는 2019년 2월 20일 발표한 3·1운동 100주년 기념 담화에서 이에 대하여 참회와 사과를 했습니다. 부끄럽고 안타깝게도 천주교는 천주교 신자들의 독립운동 참여를 금지했습니다. 나중에는 천주교 신자들에게 일제의 침략 전쟁에 참여할 것과 신사 참배(우상숭배)를 권고하기까지 했습니다. 이런 사실을 100년이 지나서야 오늘 처음으로 김희중 대주교가 밝혔습니다. 필자도 오늘에서야 알고 충격을 받았습니다. 오늘날 천주교의 적극적인 사회정의구현과 참여 모습에 비추어 볼 때 1919년 3·1운동 참여 금지와 일본의 침략 전쟁에 참여할 것과 신사참배(우상숭배)를 권고한 것에 대한 최초의 고백은 충격 그 자체입니다. 우리사회에 비춰지고 알려진 천주교의 모습과는 너무나도 다른 역사적 사실 앞에 아연실색하지 않을 수 없습니다. 이런 사실을 100년 동안 침묵하고 숨겨온 것도 충격 그 자체입니다. 하나님을 믿지 않는 불신자들과 우상을 섬기는 종교인들도 나라를 되찾고자 목숨을 걸고 외치고 외치다가 죽었는데 말입니다. 천주교는 무슨 핑계를 댄다고 해도 변명의 여지가 없습니다. 참으로 부끄러운 고백이자 역사입니다.

천주교 3·1운동 참여관

한국 천주교가 3·1운동과 대한민국 임시정부 수립 100주년을 맞아 과거사를 참회하고 사과했습니다. 한국천주교주교회의 의장 김희중 대주교는 20일 발표한 3·1운동 100주년 기념 담화에서 "백 년 전에 많은 종교인이 독립운동에 나선 역사적 사실을 우리는 기억한다"며 "그러나 그 역사의 현장에서 천주교회가 제구실을 다 하지 못했음을 고백한다"고 말했습니다. 또 "한국 천주교회는 시대의 징표를 제대로 바라보지 못한 채 민족의 고통과 아픔을 외면하고 저버린 잘못을 부끄러운 마음으로 성찰하며 반성한다"고 말했습니다. 한국 천주교가 과거사에 대해 구체적인 사실을 언급하며 공개적으로 사과한 것은 이번이 처음입니다. 한국 천주교는 2000년 12월 '쇄신과 화해'라는 과거사 반성문건을 내놓았지만 당시에는 천주교 전래 이후 교회가 저지른 각종 잘못을 포괄적으로 반성하는 형식이었습니다. 독립운동에 나서지 않은 것에 대해서도 '일제 식민통치기 민족독립에 앞장선 신자들을 이해하지 못하고 제재한 점'이라고만 언급했습니다. 1919년 3·1운동은 종교계가 주도했으나 천주교는 공식적으로 참여하지 않았습니다. 당시 민족대표 33명은 천도교(15명), 개신교(16명), 불교(2명) 등 천주교를 제외한 종교인들로 구성됐습니다. 김대주교는 "조선 후기 한 세기에 걸친 혹독한 박해를 겪고서 신앙의 자유를 얻은 한국 천주교회는 어렵고 힘든 시기를 보냈다"며 "그런 까닭에 외국 선교사들로 이뤄진 한국 천주교 지도부는 일제의 강제 병합에 따른 민족의 고통과 아픔에도, 교회를 보존하고 신자들을 보호해야 한다는 정교분리 정책을 내세워 해방을 선포해야 할 사명을 외면한 채 신자들의 독립운동 참여를 금지했습니다. 나중에는 신자들에게 일제의 침략 전쟁에 참여할 것과 신사 참배를 권고하기까지 했다"고 덧붙였습니다. 김 대주교는 또 "당시 교회 지도자들의 침묵과 제재에도, 개인의 양심과 정의에 따라 그리스도인의 이름으로 독립운동에 참여한 천주교인들도 기억하고자 한다"며 "한국 천주교회의 지난 잘못을 덮으려는 것이 아니라, 시대의 아픔과 좌절에도 쓰러지지 않고 빛과 소금의 역할을 했던 그들을 본받고 따르기 위함"이라고 말했습니다. 이어 "한국 천주교회는 과거를 반성하고 신앙의 선조들에게 부끄럽지 않은 후손이 되어, 한반도에 참 평화를 이루고, 더 나아가 아시아와 세계 평화에 이바지할 수 있도록 기도하며 끊임없이 노력할 것"이라고 밝혔습니다(매일종교신문, 2019. 2. 20). 천주교에 바라기는 다시는 전과 같은 부끄러운 행동은 이유를 불문하고 취하지 않아야 합니다. 정교분리를 운운하며 보신주의에 빠지지 말아야 합니다.

아래는 김희중 대주교 담화문 전문입니다.

"존경하고 사랑하는 국민 여러분!

올해 우리는 3·1운동과 대한민국 임시 정부 수립 100주년을 맞이하였습니다. 지금 우리 사회에서는 국내외를 가리지 않고 각계각층에서 활동한 수많은 독립운동가를 기리고, 독립운동을 재평가하고 그 정신을 이어가려는 움직임이 활발하게 진행되고 있습니다. 백 년 전에 많은 종교인이 독립운동에 나선 역사적 사실을 우리는 기억합니다. 그러나 그 역사의 현장에서 천주교회가 제구실을 다하지 못하였음을 고백합니다. 조선 후기 한 세기에 걸친 혹독한 박해를 겪고서 신앙의 자유를 얻은 한국 천주교회는 어렵고 힘든 시기를 보냈습니다. 그런 까닭에 외국 선교사들로 이루어진 한국 천주교 지도부는 일제의 강제 병합에 따른 민족의 고통과 아픔에도, 교회를 보존하고 신자들을 보호해야 한다는 정교분리 정책을 내세워 해방을 선포해야 할 사명을 외면한 채 신자들의 독립운동 참여를 금지하였습니다. 나중에는 신자들에게 일제의 침략 전쟁에 참여할 것과 신사 참배를 권고하기까지 했습니다. 3·1운동 100주년을 맞이하며 한국 천주교회는 시대의 징표를 제대로 바라보지 못한 채 민족의 고통과 아픔을 외면하고 저버린 잘못을 부끄러운 마음으로 성찰하며 반성합니다. 그리고 당시 교회 지도자들의 침묵과 제재에도, 개인의 양심과 정의에 따라 그리스도인의 이름으로 독립운동에 참여한 천주교인들도 기억하고자 합니다. 그들의 발자취를 찾아 기억하려는 것은, 한국 천주교회의 지난 잘못을 덮으려는 것이 아니라, 시대의 아픔과 좌절에도 쓰러지지 않고 빛과 소금의 역할을 했던 그들을 본받고 따르기 위함입니다. 3·1 독립 선언서는 우리 민족의 독립이 세계 평화와 인류 행복의 단계라고 했습니다. 신분과 계층, 이념과 사상, 종교가 다르더라도 우리 민족은 독립이라는 목표를 위하여 열과 성을 다하고 목숨까지 바쳤습니다. 그러나 해방 이후에 마주한 민족의 또 다른 고통, 곧 분단과 전쟁, 오랜 대립과 갈등을 겪었으며, 이제 이를 극복하고 한반도의 참 평화를 이루기 위한 과제를 풀어가고 있습니다. 우리는 3·1운동의 정신을 이어받아 서로의 다름이 차별과 배척이 아닌 대화의 출발점이 되는 세상, 전쟁의 부재를 넘어 진정한 참회와 용서로써 화해를 이루는(성 요한 바오로 2세 교황, 2000년 세계 평화의 날 담화, 9항 참조) 세상을 만들고자 합니다. 한국 천주교회는 과거를 반성하고 신앙의 선조들에게 부끄럽지 않은 후손이 되어, 한반도에 참 평화를 이루고, 더 나아가 아시아와 세계 평화에 이바지할 수 있도록 기도하며 끊임없이 노력할 것입니다"(한국천주교 주교회의 의장 김희중 대주교, 2019. 2. 20)

개신교 3·1운동 참여관

개신교 지도자들과 개신교 신자들은 1919년 3월 1일 만세운동에 적극 참여하였습니다. 개신교는 신자들의 만세운동 참여를 금하지 않았습니다. 만세 운동을 주도한 33인(불교 1명, 천도교 15명) 중 가장 많은 16명이 참여하였습니다. 이러한 참여와 행동은 성경사상에 근거한 것입니다. 성경은 불의에 거룩하고 비폭력으로 항거하라고 합니다. 피 흘리기까지 죄와 싸우라고 합니다. 이웃 나라가 이웃 나라의 영토를 침략하여 강제로 빼앗는 행위는 하나님이 세우신 각 국가 영토 분할 질서에 어긋나는 죄악입니다. 이웃을 사랑하라는 성경사상에도 맞지 않습니다. 사람이 다른 사람을 사랑하듯 나라들도 다른 나라를 존중하고 서로 사랑해야 합니다. 이웃의 소유를 탐하지 말라고 합니다. 어느 나라도 다른 나라를 폭력적으로 빼앗을 수 없습니다. 이는 약탈이자 탐심입니다. 성경은 어떤 형태의 탐심도 금합니다. 어느 누구보다도 나라를 사랑하라고 합니다. 이스라엘 백성들도 이방인의 침공에 적극 대항했습니다. 일반 상식에 비추어 보아도 자기 집에 무력 침공하는 자들과 자기가 사는 성을 공격하는 무리들, 자기 나라를 빼앗기 위해서 쳐들어오는 자들에 대하여 온 국민들이 방어하고, 혹 나라를 빼앗겼다면 다시 나라를 되찾기 위해서 저항하고 항쟁하는 것은 기본이자 상식 중의 상식입니다. 특히 종교인들은 앞장서서 싸워야 합니다. 이러한 기본상식과 성경사상에 따라 개신교와 신자들은 나라와 민족을 위해서 3·1만세운동에 적극 가담하여 항쟁을 하였습니다. 이런 항쟁과 저항운동은 억울하게 침략을 당한 백성으로써 마땅한 자세입니다. 일본의 침략행위는 정당성도 없고 탐심에 젖은 약탈과 강도행위의 죄악이기 때문입니다. 집안에 강도와 도적이 들어오면 저항하고 물리치려는 시도를 하는 것이 정상입니다. 그것이 비폭력으로 행한 3·1운동입니다.

히브리서 12장 4절입니다.

"너희가 죄와 싸우되 아직 피 흘리기까지는 대항치 아니하고"

출애굽기 20장 17절입니다.

"네 이웃의 집을 탐내지 말찌니라 네 이웃의 아내나 그의 남종이나 그의 여종이나 그의 소나 그의 나귀나 무릇 네 이웃의 소유를 탐내지 말찌니라"

마태복음 22장 39절입니다.

"둘째는 그와 같으니 네 이웃을 네 몸과 같이 사랑하라 하셨으니"

골로새서 3장 5절입니다.

"그러므로 땅에 있는 지체를 죽이라 곧 음란과 부정과 사욕과 악한 정욕과 탐심이니 탐심은 우상숭배니라"

정의롭지 못한 국가 간의 전쟁, 침략은 폭력이자 강탈이고 탐욕입니다. 악한 짓이라고 합니다. 그래서 성경은 이러한 탐욕적이고 야만적인 침략을 금합니다. 그런즉 대한민국을 무력으로 강점한 일본에 대하여 비폭력으로 저항, 혁명, 만세운동을 행하는 것은 주권국가와 국민으로서의 정당방위이자 마땅한 기본 권리입니다. 개신교는 이러한 성경사상에 기초해서 3·1만세운동에 적극 참여하고 희생당했습니다. 과거나 현재나 미래나 백성들이 어떤 식으로든지 자기가 속한 나라를 사랑하고 지키는 것은 당연한 자세입니다. 죽지 않기 위해서 비겁한 행동은 하지 말아야

합니다. 특히 기독교인들은 어느 누구보다도 나라가 위기에 처하면, 부
당한 침략과 지배를 당하면 죽음을 두려워하지 말고 성경적인 방법과 방
식으로 앞장서서 선하게 싸우고 저항해야 합니다. 이것이 개신교 3·1운
동 참여 세계관입니다.

제35장

성직자 남녀 세계관

천주교와 개신교는 각기 성직자들이 있습니다. 천주교에는 교황, 추기경, 주교, 신부 등이 있고, 개신교에는 목사 등이 있습니다. 천주교에는 남자들만이 교황, 추기경, 주교, 신부가 될 수 있습니다. 여자 교황, 여자 추기경, 여자 주교, 여자 신부, 여자 사제가 없습니다. 수녀들이 있긴 하지만 이들은 천주교 성직자들은 아닙니다. 로마 가톨릭에도 여성들도 신부가 되게 해 달라는 청원이 많다고 합니다. 하지만 아직까지는 남자만 천주교 성직자가 될 수 있습니다. 여자 성직자는 허용하지 않습니다. 로마 가톨릭(천주교)에서 분리되어 나간 성공회는 여성 성직자를 세우지만, 정교회는 여성 성직자를 허용하지 않습니다. 개신교에는 많은 교단이 있습니다. 각 교단(총회)마다 여자목사가 있는 곳도 있고 없는 곳도 있습니다. 자유주의와 실용주의 신학과 신앙을 추구하는 교단에서는 여성에게 안수를 행하여 목사직을 줍니다. 그러나 정통 개혁주의 교단에서는 여자목사를 허용하지 않습니다. 그 이유는 남녀 차별이 아니라 창조질서로 신·구약 성경이 명백하게 금하기 때문입니다. 그 근거와 이유를 개신교 성직자관에서 구체적으로 제시하겠습니다. 아무튼 천주교와 개신교 내 정통 개혁교회 교단이 공히 여성을 성직자로 세우지 않지만 그 근거와 이유는 판이하게 다릅니다.

천주교 성직자(목사/신부) 남녀관

천주교에는 주교, 사제 그리고 부제품을 성품(聖品)이라고 합니다. 성품(聖品)이란 가톨릭에서 칠품 가운데 상위에 속하는 주교직, 사제직, 부제직을 이르는 말입니다. 한 마디로 천주교의 품계(등급)를 말합니다. 성품 성사를 받을 자격과 요건은 먼저 세례를 받은 자로서 하느님의 부르심을 받아 성실하게 사제직을 희망해야 합니다. 그리고 주교에 의해 적격자라고 인정된 남자이어야 합니다. 또한 법적 연령인 25세 이상이어야 하고, 합당한 지식(철학 신학 6년 이상)을 갖추어야 하며, 하급직(독서직, 시종직)을 받아야 합니다. 그리고 법으로 정한 기간(6년)을 지켜야 하며, 단체 생활을 하며 성품 받을 의향도 있어야 합니다(가톨릭용어사전). 아무튼 로마 가톨릭은 정통 개혁주의 교단처럼 남자에게만 성직(목사/신부)을 허용하고 여성에게는 성직을 허용하지 않고 있습니다. 천주교 신자들의 말에 의하면 다음과 같은 이유 때문에 여자에게 성직을 주지 않는다고 합니다. 남성만이 가톨릭교회 성직자로 서품될 수 있는 이유는 예수 그리스도께서 남성이셨기 때문이라고 합니다. 미사는 예수 그리스도의 희생 제사 바로 그 자체로서, 미사를 거행하는 그 시간에 천주 성자 예수 그리스도의 십자가 희생이 실재로서 재현되는 가톨릭교회의 전례입니다. 이 십자가 희생을 재현하는 미사 때는 사제가 또 다른 그리스도가 됩니다. 우리 육신의 눈으로는 볼 수 없지만, 영적인 차원에서 사제가 그리스도와 동일해진다는 것입니다. 그렇기 때문에 과거 제2차 바티칸 공의회 전에는 사제만이 성체(성찬식 때 예수님의 몸을 상징하는 음식. 개신교에서는 떡이나 빵)를 손으로 만질 수 있었습니다. 미사 중에 사제는 일반 사람이 아닌, 그리스도 그 자체가 되기 때문입니다. 그래서 지금 이루어지고 있는 '손영성체'가 당시에는 신성 모독이었습니다. 무릎을 꿇고 혀로만 받아 모실 수 있었던 것입니다(입영성체).

그리고 또 하나의 이유로는 '예수님의 열두 제자와 구약의 제사장에도 여자가 없었고 모두가 남성이었기 때문이라고 합니다. 물론 개신교에서는 두 가지 이유 모두를 인정하지 않습니다. 왜냐하면 이런 이유로 여성을 성직자로 세우지 않는 직접적인 성경말씀이나 근거가 없기 때문입니다. 로마 가톨릭의 분파인 정교회도 여성 성직자를 세우지 않는다고 합니다. 그러나 독신 성직자만 성직자로 허용하는 것과 누룩을 넣지 않는 빵을 성체(聖體)로서 사용하는 로마 측의 관행에 대해서도 동방이 반대하였습니다. 즉, 동방정교는 결혼한 사람도 성직자가 되는 것을 허용했으며, 로마 교황을 다른 주교들보다 높은 위치와 권력을 가진 이로 인정하지 않았습니다. 이런 이유들로 1054년 결국 동서로 분열하여, 예루살렘, 안티오키아, 알렉산드리아, 콘스탄티노플을 배경으로 한 정교회와 로마를 배경으로 한 로마가톨릭교회로 분리되었습니다. 그리고 1534년 로마 가톨릭으로부터 분리해나간 영국 국교회의 전통과 교리를 따르는 성공회는 여자 성직자를 허용합니다. 잉글랜드 성공회는 2014년 7월 14일 영국 요크에서 열린 총회에서 480년 만에 주교직을 여성에게도 허용하는 내용의 교회법 개정안을 통과시켰습니다. 2017년 11월에는 영국 성공회 최초로 이란 출신 여주교(굴리 프란시스 데캐니)가 탄생했습니다. 잉글랜드 성공회에서는 현재 성직자 5명 중 1명이 여성입니다.

개신교 성직자(목사/신부) 남녀관

"대한예수교장로회 합신(예장합신·박삼열 총회장)은 2017년 9월 총회에서 여성 목사 안수는 불가하다고 재확인했다. 예장합신 전남노회는 2016년 9월 101회 총회에 '여성 목사 안수에 대한 우리 교단의 분명한 입장 규명의 건'을 헌의했다. 신학연구위원회(구자신 위원장)는 이를 받아 1년간 연구했다. 구자신 위원장(한뜻교회)과 안상혁 교수(합동신학대학원 역사신학)가 맡아 연구 보고서를 작성했고, 이번 총회에서 발표했다. 구자신 위원장은 **"남자가 여자보다 우월해서가 아니라, 하나님께서 세우신 창조질서이기 때문에 우리가 여성을 안수하여 직분(목사·장로·안수집사)을 계승하게 하는 일은 앞으로도 없을 것**"이라고 결론지었다. 안상혁 교수는 "예장합신은 성경 66권을 정확 무오한 하나님의 말씀으로 받는다. 그리고 이미 성경의 본질과 성경 해석의 원리 부분에서 언급한 것처럼 성경의 특성을 그대로 받고 해석하고 적용하는 교단"이라며 예장합신 헌법에 따라 여성 목회자를 안수할 수 없다고 했다. 위원회는 **"여성 목사(안수) 문제는 사회·문화적 차원에서 결정할 문제가 아니다. 이것은 하나님의 창조질서의 근간에 속한 문제이다. 성경은 여성을 목사로 세우는 것을 금하고 있는 것이 분명하므로 우리는 여성 목사(안수)를 허용하지 않아야 한다"**고 명확하게 밝혔다. 위원회는 '교단 내 모든 교회에서 여성 목사를 강단·행사에 직·간접적으로 세우는 일이 없도록 한다. 교인이 다른 교회로 이명해 갈 때 여성 목사가 목회하는 교회는 피하도록 한다. 여성 목사가 설교하는 집회에 참여하지 않도록 하며, 여성 목사의 설교를 시청하거나 청취하는 것을 가급적 피하도록 권면한다. 교단 신학교 교수 임명 시 여성 목사 안수에 대한 의견을 확실히 묻는다. 타 교단에서 예장합신으로 전입하는 목사에게 여성 목사 안수에 대한 생각을 확인한다. 예장합신 여교역자와 목회자 아내는 담임목사 지도하에 교육·심방 사역에 참여할 수 있다. 목회자 아내가 목사 안수 받으면 그 목회자는 예장합신에서 목회할 수 없다'는 내용을 개교회에 제안해야 한다고 했다. 총대들은 별다른 이견 없이 보고서대로 받기로 결의했다"(뉴스앤조이, 2017.09.20).

합동교단 총신대, 고신교단 고신대, 합신교단 합동신학대학원대학교 등은 여자 목사 안수를 주지 않습니다. 여자목사를 인정하지 않습니다. 그 이유는 성경이 금하기 때문입니다. 그래서 개혁교회에서는 여자목사가 없습니다. 자유주의 신학과 신앙을 추구하는 교단, 교회만 여자에게 안수를 주고 여자목사가 있습니다. 여성에게 목사직을 주지 않는 이유는 남녀 차별이나, 남녀 우열이나, 남존여비나, 어느 나라의 문화가 아닙니다. 또한 남자가 잘나거나 여자가 못나서도 아닙니다. 실용적인 문제는 더더욱 아닙니다. 기본적으로 하나님께서 세우신 창조질서 안에서 교회와 부부의 질서라고 말합니다. 창조질서와 진리는 시대 상황과 인간의 필요에 따라 변할 수 없습니다. 이러한 창조질서는 극히 예외적인 경우를 제외하고는 세상 종말, 주님의 재림 때까지 유효합니다. 그러나 배교를 쉽게 하는 그리스도인들, 자유주의 사상과 실용주의 사상에 물든 교단이나 교회, 목사와 신자들, 세속문화와 사상에 동화된 목사, 신자, 신학자, 교단과 교회는 이러한 창조질서를 존중하지 않습니다. 창조질서를 무시하고 시대 조류와 요구와 필요에 따라 무질서하게 행합니다. 자기들 소견에 옳은 대로 합니다. 성경 역사를 보면 창조 이후로 인간은 늘 하나님의 계명을 거역하고 불순종하여 왔습니다. 가장 대표적인 사건이 하와와 아담이 선악과를 따먹은 일이고 다양한 우상을 숭배한 일입니다. 지금도 이러한 우상숭배와 선악과 따먹기는 진행 중입니다. 전 세계 많은 교단, 교회, 목사, 신자들은 현재나 미래에도 모양만 다르지 계속해서 창조질서에 반하는, 하나님의 계명에 어긋나는 새로운 형태의 선악과를 따먹고 주장과 행동을 할 것입니다. 이러한 현상은 새로운 것이 아닙니다. 놀라울 것도 없습니다. 극히 일부를 제외하고 대부분의 신자들과 교회들은 항상 그래왔습니다. 노아시대의 노아의 여덟 가족, 소돔과 고모라에서의 롯의 가족 세 명이 잘 말해 줍니다. 진실로 하나님을 사랑하고 존중하는 목사와 신자들은 하나님이 정해놓으신 한계와 창조질서에 맞게 살 것이나 상당수는 하나님이 정하신 한계와 질서를 벗어나 불순종한 이스라엘 백성들처럼 자기들 소견에 좋을 대로, 자기들 기준과 세상의 기준과 흐름에 따라 이렇게도 하고 저렇게도 무질서하게 신앙생활을 하고 주장할 것입니다.

이제부터는 구약과 신약에서의 남녀관계, 역할, 질서에 대해서 살펴보겠습니다. 먼저 창세기 말씀을 살펴보겠습니다. 우리가 잘 아는 것처럼 남자와 여자, 즉 사람은 하나님께서 흙으로 창조하셨습니다. 남녀를 동시간 대에 창조한 것이 아니라 시간의 차이를 두고 창조하셨습니다. 이는 남녀의 역할에 깊은 의미가 숨어 있음이 드러납니다. 먼저 순서상 인류의 머리이자 대표자인 남자 아담을 창조하신 후 여자 하와를 남자의 갈빗대를 빼내어 창조하셨습니다.

창세기 2장 7절입니다.
"여호와 하나님이 흙으로 사람(아담)을 지으시고 생기를 그 코에 불어넣으시니 사람이 생령(산 사람)이 된지라"

창세기 2장 22~23절입니다.
"여호와 하나님이 아담에게서 취하신 그 갈빗대로 여자(하와)를 만드시고 그를 아담에게로 이끌어 오시니 아담이 가로되 이는 내 뼈 중의 뼈요 살 중의 살이라 이것을 남자에게서 취하였은즉 여자라 칭하리라 하니라"

오직 기독교만, 성경만 사람(남자)의 창조와 여자의 태생에 대하여 구체적으로 기록하고 있습니다. 어느 종교에도 이러한 기록은 없습니다. 왜냐하면 사람은 하나님만이 창조하셨기 때문입니다. 다른 종교는 사람이 어떻게 생겨나게 되었는지 그 근원을 전혀 모릅니다. 모르는 것이 당연합니다. 성경을 통해서만 알 수 있기 때문입니다. 이것을 완전한 창조론이라고 말합니다. 이러한 창조론은 진화론과 빅뱅 등의 다른 이론을 배격합니다. 그리고 유신 진화론도 부정합니다. 유신 진화론이란 하나님이 창조 시에 자연계의 생명체에게 진화를 할 수 있는 능력을 부여하여, 지금의 다양한 생명체들이 생겨났다고 보는 기독교 창조론의 하나입니다. 이는 완전한 창조를 부정하는 이론입니다. 그리고 여자가 남자에게로 시집오는 근거도 명확하게 제시합니다. **"여자를 만드시고 그를 아담에게로 이끌어 오시니"** 여러분은 그동안 왜 남자가 여자에게로 가지 않고 여자가 남자에게로 시집을 온다고 하는지, 실제로 그렇게 하는지 궁금했을 것입니다. 이 또한 사람이 만든 제도나 문화가 아닌 하나님이 그리 만드시고 행하신 것입니다. 하나님께서는 이렇게 남자와 여자를 창조하셨습니다. 남녀 창조의 목적은 생육하고 번성하여 땅에 충만하게 하기 위함이고, 하나님을 영화롭게 하게 하기 위함입니다. 다음에서 여자(하와)를 창조한 이유, 여자의 지위와 자리를 확인하겠습니다. 머리와 대표는 둘이 될 수 없습니다. 하나는 머리이고 다른 하나는 머리를 보좌하는 일을 해야 정상적으로 돌아갑니다. 이런 원리, 질서에 따라 세상에서의 모든 조직과 직장과 공동체에서도 대표자, 회장, 사장, 리더를 하나만 세웁니다.

창세기 2장 18절입니다.

"여호와 하나님이 가라사대 사람의 독처하는 것이 좋지 못하니 그를 (아담, 남자) 위하여 돕는 배필(여자, 아내)을 지으리라 하시니라"

성경은 남자(남편)를 상대하여 여자(아내)는 돕는 배필로 창조하셨다고 말합니다. 여기서 **"돕는 배필"**이란 남자(남편)에 대한 여자(아내)의 역할을 말한 것이지 남성의 우위나 여자의 무능을 뜻하는 것이 아닙니다. 이는 창조질서와 역할에서 수직적인 종적관계를 말한 것입니다. 물론 인격적으로는 평등합니다. 이는 역할에 있어서 남녀의 수직적인 질서를 언급한 것입니다. 남녀의 우열개념이 아닙니다. 그리고 여자인 아내는 보좌하는 역할을 맡았음을 알 수 있습니다. 앞으로 뒤에 언급할 성경말씀들이 일관성 있게 이러한 사실을 더욱 명확하게 뒷받침 해 줍니다. 이러한 말씀을 듣다보면 일부 여성들과 사모들과 아내들이 은근히 기분이 상하고 불편할 수 있으나 감정적으로 지지 말고 인간이 세운 질서가 아니라 만물의 주인이신 창조주 하나님께서 세우신 질서라는 것을 놓치지 말아야 합니다.

디모데전서 2장 12~13절입니다.

"여자(女子)의 가르치는 것과 남자(男子)를 주관하는 것을 허락하지 아니하노니 오직 종용할지니라! 이는 아담이 먼저 지음(창조)을 받고 이와가 그 후며"

성경은 여자(아내)가 남자(남편)를 가르치는 것, 즉 주관하는 것을 허락하지 않았다고 합니다. 이는 창세기 2장 18절 여자(아내)가 남자(남편)

를 돕는 배필의 역할 말씀과 일관되게 일치합니다. 그렇게 된 이유에 대해서도 말합니다. 창조의 순서 때문이라고 합니다. 어찌 보면 너무나도 단순해서 항복하기가 쉽지 않은 논리를 제시합니다. 앞에서 언급했지만 남녀의 창조 순서는 단순하지 않고 깊은 의미가 있다고 이미 말한바 있는데 바로 이런 이유 때문입니다. 창세기 3장으로 가면 교회와 부부질서에 있어서 남녀의 질서가 더욱 명확하게 언급되어 있습니다. 이는 하나님의 명령과 경고를 어기고 선악과를 따먹은 범죄 사건과 무관하지 않습니다. 다시 말하면 하나님의 말씀에 불순종한 일과 연관되어 언급합니다. 아내는 일생동안 남편을 사모할 뿐만 아니라 남편의 다스림, 통치를 받는다고 합니다. 선악과 사건 이후 죄에 대한 벌칙으로 연관되어 주어진 말씀입니다. 이는 아내, 여자, 사모가 가정과 교회에서 주관자가 될 수 없다는 의미입니다. 이는 세상 종말까지 불변의 질서이자 여자(아내)의 한계입니다. 인간의 주인이신 하나님께서 그리 정하셨습니다. 세상적으로 말하면 인간세계(지구촌)라는 거대한 조직을 효율적으로 하기 위해서입니다. 그래서 짐승들도 머리가 하나입니다. 머리가 둘인 짐승과 동물들은 없습니다. 사람도 팔 다리 등 지체들이 많지만 머리는 단 하나입니다. 머리를 중심으로 지체들이 협력하여 돌아갑니다. 그래야 몸이 정상적이고 효율적으로 작동하고 움직일 수 있습니다. 머리가 둘이고 상황에 따라 지체들이 돌아가면서 머리 역할을 한다면 몸은 괴물이 되고, 좌초되고, 망가지고 말 것입니다.

창세기 3장 16절입니다.

"또 여자(아내)에게 이르시되 내가 네게 잉태하는 고통을 크게 더하리

니 네가 수고하고 자식을 낳을 것이며 너는 남편을 사모하고 남편은 너를 다스릴 것이니라 하시고"

    창조주 하나님께서는 창세기 2장과 3장 아담과 하와가 범죄하기 전과 범죄한 이후의 가정과 교회에서의 남녀 관계와 역할, 남편과 아내의 관계와 역할이 창조질서와 벌칙 말씀을 통해서 명확하게 구분이 됩니다. 이 모든 남녀, 부부질서는 사람이 만든 것이 아니라 만물의 주인이자 창조주 하나님께서 자기의 기쁘신 뜻에 따라 창조질서와 벌로 세우신 것이라는 말씀입니다. 이 말씀은 남편(남자)이 아내(여자)를 폭력적인 방법으로 다스리라는 뜻이 전혀 아닙니다. 아내(여자)를 인격적으로 존중하고 자기 목숨처럼 사랑하며 다스리라는 말씀입니다. 이제 신약성경으로 넘어갑니다. 남녀와 부부의 질서는 더욱 발전하여 교회의 머리됨의 개념과 연관되어 말씀합니다. 성경의 한 부분만 살펴보겠습니다. 아내들에게 자기 남편에게 복종하라고 합니다. 그러면서 여성명사인 교회된 신자들이 교회의 머리인 예수 그리스도께 복종하듯이 아내의 머리인 남편에게 복종하라고 합니다. 복종(服從)이란 명령대로 따르는 것을 말합니다. 즉 교회인 신자들이 하나님의 명령에 따라 교회의 머리인 예수 그리스도에게 복종하듯이 아내(여자)의 머리인 남편(남자)의 명령과 다스림에 복종하라고 합니다. 사람이 말할 때 복종이라는 뉘앙스는 좋게 느껴지지 않지만 하나님께서 말씀하시는 복종은 좋은 것입니다. 그대로 순종하고 지키면 복이 됩니다.

    에베소서 5장 22~23절입니다.

"아내들이여! 자기 남편에게 복종하기를 주께 하듯 하라 이는 남편이 아내의 머리됨이 그리스도께서 교회(신자)의 머리됨과 같음이니 그가 친히 몸의 구주시니라"

이런 하나님의 계명과 말씀에 대하여 믿음의 여성들, 사모들, 아내들은 '아멘'이라고 인정하고 따르지만 일부 신앙의 성숙도가 덜한 여성들과 사모들과 아내 된 신자들은 불편한 마음과 항복되지 않는 그 무엇이 일어날 수 있습니다. 왜냐하면 먼저 자존심이 상하고, 남편이 존경스럽지 못하고, 남편이 마음에 들지 않고, 아내가 무엇이든지 더 뛰어나고, 합리적이고 실용적으로 볼 때 이해가 가지 않기 때문입니다. 과거와 달리 요즈음은 여자나, 아내나, 사모들의 학벌과 실력과 능력이 출중하기에 묵묵히 실력이 없는 자처럼 창조질서를 지키고 절제하기란 쉽지 않습니다. 사람이란 잘난 체를 하고 싶어 합니다. 아내(여자)와 사모의 역할과 위치인 돕는 배필, 다스림을 당함, 복종함의 질서는 남녀와 부부가 잘나고 못남의 문제, 차별의 문제, 어느 나라의 비뚤어진 문화, 여성 비하나 남존 여부, 우열 등이 아니라고 했습니다. 인간이 범죄하기 전, 인간이 범죄한 이후, 교회의 머리됨의 개념에 따른 창조질서라고 했습니다. 이는 천국 헌법과 같은 것이고 하나님의 명령인 하명입니다. 이러한 질서와 법은 피조물인 인간과 범죄한 인간이 하나님께 재론과 불공정함을 따질 성격이 되지 못합니다. 그런 자격과 위치에 있지 않습니다. 인간은 하나님의 창조질서에 대하여 범죄 전과 범죄 이후 하나님께 입도 뻥끗할 자격과 권리가 없습니다. 이는 피조물이라는 한계성과 만물의 주인이신 하나님의 절대주권입니다. 좋고 싫고, 공정하고 불공정하다가 없습니다. 잘

됐다거나 잘못되었다는 푸념을 할 것이 못됩니다. 하나님이 행하시는 일은 완전하십니다. 불공정한 것이 없습니다. 피조물은 그저 순종할 뿐입니다. 그것이 인간의 한계입니다. 그 이상 가타부타 불만을 가지는 것은 교만이자 불신앙과 불순종입니다. 하나님께 대한 항명입니다. 이 정도면 남녀와 부부의 질서와 역할에 대한 설명과 이해가 충분하다고 생각합니다. 하나님께서는 창조의 원리와 질서에 따라 교회 안에서의 여자의 위치와 역할에 대한 한계 범위를 명확하게 설정해 주셨습니다. 교회 안과 부부관계에서 여자가 여자의 머리인 남자들을 가르치거나 주장하거나 관리하는 것을 금하셨습니다. 마치 교회에서 남자의 머리인 예수 그리스도에게 복종하는 것처럼 그리하라고 합니다. 이 또한 만물의 주인이신 하나님이 정하신 규칙, 법, 한계, 질서입니다. 하나님도 남녀를 차별하신다, 남자 편이시다, 교회 안에서도 남녀 차별이 있다가 아닙니다. 그것은 성경사상과 하나님에 대한 무지, 억지 주장, 오해입니다. 성경에 대한 이해부족입니다. 자칭 교회 안에서 실력이 있고, 인기도 있고, 설교도 잘한다는 분들과 능력과 믿음이 뛰어나다고 하는 여성들, 사모들이 오해하면 안 됩니다.

그 이유는 앞에서도 언급했듯이 개인의 실력이나 능력차원, 교회에 많은 도움이 되고 안 되고, 시대적 요구나 필요의 접근이 아니기 때문입니다. 남편과 목사의 잘나고 못남, 교인들이 좋아하거나 허락하고 안 하고의 차원도 아닙니다. 성경은 결코 여성이 남성보다 못났다고 말하지 않습니다. 무가치하다고 하지 않습니다. 남성만 편애하지 않습니다. 남성이 여성보다 더 뛰어나다고 하지 않습니다. 단지 하나님이 정한 질서에 따른 위치, 역할, 차별이 아닌 차이라고 말할 뿐입니다. 축구로 이야기하자면 감독이 누구는 공격수로 세웠고 누구는 골키퍼로 세웠다는 것입니다. 이는 선수 차별이 아닌 질서와 역할 분담일 뿐입니다. 그런데 실용주의와 개인능력주의 절대가치를 추구하는 민주주의와 자본주의 사업적 원리와 가치 사상에 중독된 현대 여성들과 이런 질서와 역할을 충분히 이해하지 못하는 여성과 사모와 아내들은 이런 차이에 대하여 반항하고 잘못된 것이라고 외칩니다. 질서보다 어떤 일에 있어서 합리주의와 성과, 실용주의와 능력위주로 해야 한다고 말합니다. 일반기업은 그렇게 돌아가고 있습니다. 일부 신자와 교회들도 교회 성장과 더불어 비판 없이 좋게 받아들이고 있습니다. 그 이유는 그것이 가장 실용적이고 합리적으로 보이기 때문입니다. 누가 나서든 어떻게 하든지 교회가 성장하고 모두가 좋아만하면 그만이라고 말합니다. 질서는 없고 결과만 중시합니다.

이는 실용주의 신앙과 가치관입니다. 아무리 성도들이 좋다고 해도, 사람들의 생각이 그럴듯해 보여도 성경이 전혀 지지하지 않는 것들이 많습니다. 신자들과 교회의 모든 판단과 척도는 성경입니다. 세상과 세상 원리나 유행과 시류, 기업적 마인드가 아닙니다. 하나님과 하나님의 나라 운영방식과 기준과 질서는 세상나라와 다릅니다. 오늘날 일부 보수교단에서 뜨거운 이슈가 되고 있는 교회 안에서의 여성 안수(여성목사) 문제도 이런 흐름에서 이해하면 됩니다. 신학을 한 일부 여성들이 자신들도 목사로 안수해 달라고 아우성입니다. 자신들도 충분한 능력이 있고 또한 이 시대가 필요로 하는 인재라고 주장합니다. 남녀를 차별하지 말라고 외칩니다. 또한 남자 못지않게 교회 사역도 잘 한다고 합니다. 일반적으로 보면 틀린 말은 아닙니다. 하지만 성경에 비추어 보면 틀린 것이 됩니다. 교회 안에서의 여성 전도사와 집사, 권사의 위치는 머리됨의 위치나 역할이 아니므로 성경에 충돌되지 않습니다. 남성 담임목사의 허락 하에 각 부서에서 하나님의 말씀을 가르치고 설교 할 수 있습니다. 그러나 목사의 자리, 즉 여성목사는 단순히 말씀을 맡은 자가 아니라 교회의 머리됨, 즉 교회 전체, 여자의 머리인 남자들까지 주관하고 이끄는 대표자의 위치와 역할로 하나님이 세우신 창조질서에 위배되기에 허락할 수 없습니다. 그뿐만이 아니라 기본적으로 성경이 금합니다. 하나님은 무질서의 하나님이 아닙니다. 시대와 필요와 능력과 상황에 따라 그때그때 질서를 바꾸거나 남녀를 번갈아 가면서 가정과 교회의 머리와 대표로 세우시지 않습니다. 극히 예외적인 경우를 제외하고는 창조질서대로 쭉 갑니다.

사사기 4장을 보면 비상시에 남녀의 창조질서를 뛰어넘은 극히 예외성과 단회성을 띤 단 한 번의 사건이 나옵니다. 이 또한 사람이 창조질서를 무시한 것이 아닌 창조질서를 세우신 하나님이 그리하셨습니다. 이는 하나님의 절대주권입니다. 당시 이스라엘 백성들이 거의 다 영적으로 부패하고 타락하였습니다. 이스라엘에 지도자가 없자 각기 자기 소견에 옳은 대로 행하였습니다. 그 시대가 사사기 시대입니다. 일반적인 통치방식이 아닌 비상한 방식대로 통치되는 비상 시대였습니다. 특히 지도자, 사사, 머리로 쓸 남성들도 다 타락했습니다. 그래서 하나님께서는 자기 주권에 따라 불가피하게 예외적이고 한시적으로 여성 지도자인 '드보라'를 이스라엘의 사사로 세워 잠시 이스라엘을 지도하게 한 후 물러나게 하셨습니다. 그 외에는 하나님께서 여성 지도자를 세우신 예가 없습니다. 특별한 예외적인 경우를 보편적으로 이해하고 일반화를 주장하는 것은 억지와 오해입니다. 이러한 원리는 일반사회에서도 마찬가지입니다. 여성의 머리됨에 대한 신·구약 전체의 일관된 흐름과 보편적인 질서 규범을 보아야 합니다. 특히 일부 목사 사모들이 교회 안에서 매우 적극적인 자세를 취하고 있습니다. 마치 머리처럼, 남자를 주관하는 것처럼 행동하기도 합니다. 남편 목사를 좌지우지 합니다. 사모가 남편 목사를 다스립니다. 성경적으로 볼 때 심히 부끄러운 일입니다. 무질서 그 자체입니다. 불신앙입니다. 못난 짓입니다. 교만한 행위입니다. 경거망동한 태도입니다. 혹 이러한 주장에 대하여 사모들이 불쾌하게 여기실지도 모르지만 아닌 것은 아니고 오해하고 있는 것은 바로 알아야 합니다. 무지하면 용감하게 행동합니다. 사모들은 목사도 아니고 남자의 머리도 아닙니다. 개인적으로는 남편의 다스림을 받아야 하고 교회에서는 담임목사와 교회조직의 다스림을 받아야 합니다. 묵묵히 창조질서와 역할에 따라 돕는 배필의 역할만 잘 감당해야 합니다. 스포츠 종목에서는 이러한 질서가 잘 지켜지고 있습니다. 여러 명의 코치들은 오직 그림자처럼 감독을 돕는 배필처럼 보좌할 뿐입니다. 온갖 수고를 다 해도 방송과 언론에 드러나지도 않고 나타나지도 않습니다. 인터뷰도 하지 않습니다. 감독만 인터뷰합니다. 그래서 소외되는 것처럼 보이지만 우승 때에는 동일한 혜택과 보상을 받습니다. 코치로 있으면서 감독의 역할을 하는 코치는 없습니다. 이러한 자기 위치를 한탄하거나 열등하게 생각하는 코치들도 없습니다. 코치들은 처음부터 자기 한계와 분수를 압니다. 그래서 하와처럼 하나님처럼, 감독처럼 되려고 불법, 월권, 선악과를 따먹지 않고 자기

자리를 지킵니다.

　남편이 담임목사라고, 남편보다 더 능력이 있다고 나서서 지시하고, 명령하고, 통치하는 행위는 크게 잘못된 것입니다. 교회의 행정이나 설교 등 모든 일에 머리됨의 위치에 서 있으면 잘못 서 있는 것입니다. 목사 사모도 여성으로서 교회 안에서는 잠잠하고 남성 목사의 지도와 통치를 받아야 합니다. 사모도 교회의 한 회원으로 발언권은 있지만 통치의 자리에는 설 수 없습니다. 사모는 목사의 아내이고 교회의 한 회원일 뿐입니다. 그 이상의 어떤 열심과 욕심과 나섬은 위험하고 옳지 않습니다. 몇몇 교회에서는 사모가 나서서 교회 일을 하므로 담임목사보다 더 인기가 있고 영향력이 있다는 말을 들었습니다. 이것은 좋은 징조도, 건강한 교회의 모습도 아닙니다. 아주 무질서하고 못난 짓입니다. 이는 마치 대통령의 영부인이 나서서 국무위원들에게 대통령처럼 행세하는 것과 같습니다. 영부인은 남편인 대통령을 돕는 배필이지 대통령이 아닙니다. 아무리 남편인 대통령이 국정을 무능하게 이끌어도 전면에 나서서 남편 대통령을 주관하거나 국무위원들에게 지시와 명령과 간섭을 하지 않습니다. 그런 권세도 없습니다. 영부인이든, 사모든 남편을 잘 보좌하고, 가정 일을 잘 하고, 자녀들을 잘 양육하면 됩니다. 그 이상 훌륭한 영부인, 사모는 없습니다. 목사의 지도력에 지나치게 월권행위를 하고 영향력을 행사하는 사모도 혹 있을 것입니다. 교회에서 부교역자들에게 명령하고 지시하는 사모가 있다고 들었습니다. 이것은 매우 못난 짓이고, 무지한 행동이고, 부끄러운 일입니다. 분수를 모르고 자기 자리를 이탈한 반칙행위와 같습니다. 아름다운 것이 아닌 탈선입니다. 아름다운 사모의 모습은 목사가 교회를 잘 이끌어갈 수 있도록 표 나지 않게 내조하고, 교인들의 여러 소리들을 가감 없이 전하고, 기도하며 자녀들을 잘 양육하는 것입니다. 교회에서 남편 목사를 더욱 빛나게 하고 자기는 숨는 자입니다.

그런데 교회에서 사모가, 가정에서 아내가 남편보다 더 능력이 있고 실력이 있다고, 시대가 필요로 한다고, 자기 생각이 더 좋고 옳다고 남편에게 명령하고, 지시하고, 자기 마음에 들지 않는다고 자기 성질대로 하고, 큰 소리로 외치고, 남편과 목사에게 이래라저래라 명령하고, 무시하는 자세는 하나님이 세우신 교회와 부부의 질서를 어지럽히고 훼손하는 짓입니다. 하나님의 일을 방해하고 불순종하는 모습임을 알아야 합니다. 오늘날 여느 교단을 떠나서 교회의 성성과 질서를 찾아보기가 쉽지 않은 시대가 되었습니다. 부부들도 마찬가지입니다. 보통 주변의 부부들을 보면 부부질서는 없습니다. 자기 하고 싶은 대로 말하고 행동합니다. 그렇게 하고 나면 기분은 시원할지 모르지만 하나님이 기뻐하지 않으시고 복이 되지 않습니다. 이는 무질서 그 자체입니다. 부부의 질서가 거꾸로 돌아갑니다. 각자 자기 기분과 감정대로, 자기 소견에 옳은 대로, 자기 생각과 신앙대로 좌지우지합니다. 자꾸 인간의 잣대, 인간의 기준, 자기 기준을 들이대며 정당화시키려고 합니다. 이는 성경적 신앙의 모습이 아닙니다. 교회에서 교인들이 사모에 대하여 아무리 지지를 하고 인정을 해도 사모는 자기의 재능과 끼와 능력을 하나님의 질서 속에 종속시키고 자기 자리를 지켜야 합니다. 이스라엘 백성들이 모세를 신처럼 떠받들려고 했을 때, 이방인들이 바울을 신처럼 여기려고 했을 때 펄쩍 뛰며 아니라고 한 것과 자기 자리를 지킨 것처럼 교회와 가정에서 사모들과 여자들과 아내들은 자기 자리, 자기 위치를 잘 지켜야 합니다. 그런 여자, 아내, 사모가 지혜롭고 겸손한 사모요 멋진 자이며 믿음의 사모와 아내입니다. 아무리 성도들이 부추기고 바람을 불어 넣어도 그리해야 합니다. 이렇게 말하면 고리타분하고 시대를 모르는 주장이라고 할 수도 있습니다. 그러나 이러한 질서, 원리, 한계, 계명은 목사의 말이 아니라 성경이 그렇게 말씀하고 있습니다. 하나님의 기준과 질서입니다. 목사들과 신자들과 아내들의 의식과 가치관, 신앙이 세속화, 합리화되면 성경이 답답하게 보일 것입니다. 웃기는 주장이라고 할 것입니다.

오늘날 이와 같은 무질서 경향과 현상들은 일반 가정에서는 일반적이고, 일부 교회들과 믿음의 가정에서 조차 하나의 보편적인 양상을 띠고 있습니다. 교회와 신자 부부들이 위험할 정도로 세속화, 자유주의와 실용주의 사상과 신학, 신앙으로 무너지고 있습니다. 다시 한번 말씀드리지만 교회와 가정의 질서는 능력이나 인기, 시대적 필요, 실력으로 정해지는 것이 아니라 하나님께서 세우신 창조 질서대로 운행되는 것입니다. 교회와 그리스도인들의 모든 판단기준은 세상 경향, 세상 대세, 세상 흐름, 세상 문화, 세상 유행, 인간의 기준, 기업 마인드가 아니라 오직 성경입니다. 질서파괴와 성과나 능력위주의 분위기는 포스트모더니즘의 한 단면이기도 합니다. 신자들과 교회의 세속화된 한 모습입니다. 세상 기업들의 가치관입니다. 하나님이 세우신 질서를 묵묵히 따르는 신자들이 그리운 시대가 되었습니다. 자기 분수와 위치와 역할을 바로 알고 묵묵히 자존심과 성질을 죽이고 겸손히 충성을 하는 신자들이 그리운 시대입니다. 그러나 묵묵히 질서를 지키기보다 너도나도 나서려고만 합니다.

얼마든지 나설 수 있고 실력을 발휘할 수 있는 능력이 있어도 자기의 능력과 뜻을 하나님의 말씀과 질서 속으로 종속, 복종시키고 털 깎는 자 앞에서 묵묵히 기다리고 따르는 양과 순종하신 예수님처럼 자기의 위치와 역할, 사명만을 감당하는 아내, 사모, 신자 된 여성들이 절실한 때입니다.

예수님도 무엇이든지 하실 수 있는 능력을 소유하신 하나님이셨지만 묵묵히 성부 하나님의 말씀대로만 행하셨습니다. 절제하셨습니다. 능력이 없는 자처럼 행동하셨습니다. 교회와 신자 부부들만큼이라도 자신의 지·정·의·신을 하나님의 말씀에 복종시켜 하나님이 세우신 부부의 질서와 교회 안에서의 여성의 위치와 역할을 잘 감당하기를 원합니다. 담임목사가 좀 부족해도, 남편이 좀 부족해도 담임목사와 남편을 겸손히 돕고 세워서 남편과 담임목사가 교회와 가정을 잘 경영할 수 있도록 최선을 다하는 사모와 아내가 현명하고, 지혜롭고, 아름다운 믿음의 여성입니다. 그리하면 교회와 가정이 바로 섭니다. 그 혜택, 행복, 기쁨은 동일하게 사모와 아내에게도 돌아갑니다. 남편과 목사가 바로서야 아내와 성도들이 행복하게 됩니다. 아무리 아내와 성도들이 잘났어도 남편과 담임목사가 제 역할을 못하면 그 가정과 교회는 행복하지 않게 됩니다. 가끔 이런 사건들이 일어나곤 합니다. 올림픽과 아시안 게임, 동계올림픽 때 1등으로 들어왔는데 금메달을 박탈당하는 경우입니다(미국 육상 선수 메리언 존스-세계 육상선수권 대회 금메달). 홈런을 쳤는데 인정을 받지 못합니다(미국 프로야구의 홈런왕 베리 본즈). 규칙 위반과 반칙이요 금지약물을 복용한 불법 때문입니다. 오늘날 신자들이 깊이 민감하게 경계해야 할 부분입니다. 물불을 가리지 않고 주의 일을 하고 자기 신분과 지위와 자리를 이탈하여 안하무인으로 하면 되는 것이 아닙니다. 주관적인 열심과 확신과 신앙과 기도를 하면서 무질서하게 합니다. 그렇다고 하나님께서 인정해 주는 것이 아닙니다. 자기의 열심을 내는 것은 좋으나 하나님이 정한 질서와 규칙 안에서 열심과 봉사, 주장과 희생이어야 헌신과 수고가 헛되지 않고 주께로부터 칭찬과 인정과 상을 받습니다. 신자인 아내와 교회 안의 사모와 자유주의 신학에 물들어 여성목사로 활동하고 있는 수많은 여성들이 특히 주목해야 합니다.

지금이라도 교회와 가정에서 여성의 머리됨을 포기해야 합니다. 여성 목사직을 내려놓아야 합니다. 혹 그렇게 한 사모와 여성과 아내들이 있다면 회개해야 합니다. 자기 자리로 돌아가야 합니다. 성경사상에 따라 아내의 자리, 사모의 자리, 여성의 자리로 돌아가야 합니다. 하나님의 나라 백성들은 능력과 합리적인 방법과 세상 유행과 경향에 따라 무엇을 하는 자들이 아닙니다. 자기 생각과 판단에 따라 사는 자들이 아닙니다. 오직 우리 신앙과 행위의 유일한 기준과 법칙인 성경 말씀과 하나님이 세우신 고유의 질서대로 하는 것입니다. 그러니 오해가 없어야 합니다. 담임목사와 남편이 진리와 법률에 위반되는 주장과 행위를 하지 않는 이상, 자기 생각과 다르고 자기 마음에 들지 않아도 사모와 여성과 아내들은 남편에게 복종하고 존중해야 합니다. 무시하거나, 명령하거나, 훼방하지 않아야 합니다. 혹 자기 기준에 비추어 볼 때 염려가 되는 부분이 있다면 겸손히 참고의 말을 하거나 하나님께 기도하면 됩니다. 객관적인 자료를 제공하여 참고하도록 하면 됩니다. 누구든지 성경에 대한 무지나 잘못된 배움과 지식과 신앙, 자기 자존심과 성질, 그리고 그릇된 확신과 세속적인 시각과 가치관은 위험하기 짝이 없습니다. 불법 신앙생활과 헌신으로 갈 공산이 큽니다. 자기 생각과 기준대로 살 것 같으면 하나님을 신앙할 이유가 없습니다. 자기 방식대로 살면 됩니다. 성경은 하나님이 세우신 계명과 질서를 무시하고 자기 성질과 기준과 신앙에 따라 신앙생활을 하는 자들에 대하여 다음과 같이 경고합니다.

마태복음 7장 21~23절입니다.

"나더러 주여 주여 하는 자마다 천국에 다 들어갈 것이 아니요 다만 하늘에 계신 내 아버지의 뜻대로 행하는 자라야 들어가리라 그 날에 많은 사람이 나더러 이르되 주여 주여 우리가 주의 이름으로 선지자 노릇 하며 주의 이름으로 귀신을 쫓아내며 주의 이름으로 많은 권능을 행치 아니하였나이까? 하리니 그 때에 내가 저희에게 밝히 말하되 내가 너희를 도무지 알지 못하니 불법을 행하는 자들아! 내게서 떠나가라 하리라"

그런즉 목사와 남편에 비하여 아내와 여성과 사모의 생각이 좀 더 낫다고 여겨도 오직 하나님이 세우신 질서와 규범에 따라 가정과 교회에서 지혜롭고 겸손하게 행동하는 여성들과 사모들과 아내들이 되기를 바랍니다. 그래야 온갖 수고와 신앙생활이 헛되지 않습니다. 인정을 받습니다. 아름다운 것이 됩니다. 합법이 됩니다. 그러면 나중에 남편과 담임목사와 함께 동일한 상을 받게 됩니다. 이런 여성 신자들, 믿음의 아내들, 사모들이 되기를 예수님의 이름으로 바랍니다. 이것이 개신교 성직자 세계관입니다.

참고문헌

가톨릭대사전

천주교용어자료집

천주교 용어사전

천주교 전례사전

박도식, 『천주교 주요교리』, 서울: 바오로딸, 2017.

조영엽, 『가톨릭교회교리서 분석·평가·비평』, 서울: CLC, 2015.

유선호, 『천주교도 기독교인가?』, 서울: 할렐루야서원, 1991.

릭 존스 외 저, 정동수·박노찬 역, 『천주교는 기독교와 완전히 다릅니다』, 인천: 그리스도 예수안에, 2015.

로레인 뵈트너 저, 이송훈 역, 『로마 카톨릭 사상 평가』, 서울: CLC, 2014.

랠프 E. 우드로우 저, 김덕균 역, 『로마 카톨릭의 어제와 오늘』, 서울: CLC, 2002.

우드로우 외 저, 정동수 역, 『천주교의 유래』, 인천: 그리스도 예수 안에, 2015.